역사적, 경제적, 사회 · 문화적 접근

한국 법학의 철학적 기초

역사적, 경제적, 사회 · 문화적 접근

한국 법학의 철학적 기초

김 철 著

한국학술정보㈜

개관(序文)

이 책을 구성하는 글들은 다음과 같은 의도와 목적을 가지고, 쓰여진 것이다.

첫 번째, 2007년 현재까지 한국법학이 통례적으로 취급하는 범위와 시야를 넘어서서, 지금까지 통상적이고 관례적인 논의를 전혀 다른 시점에서 내려다 봄으로써 앞으로의 방향과 가야 할 길을 암시하는 것이다. 그러나 법학에서의 예언적·묵시록적 역할은, 철저하게 지금까지와 현재 영위되고 있는 것의 실상(實相)을 알알이 적나라하게 드러내고, 성찰하며 반성하지 않으면 안 된다(김철, 한국법학의 반성, 1997). 한국법학의 반성은 최근에야 학계와 법조계에서 로스쿨 법제와 관련하여 이루어지고 있다. 지은이는 한국법학의 과거와 현재에 대한 평가를 법제도의 보편성과 특수성(김철, 1993)의 문제로 파악하여 왔다. 세계사의 진행에서 법학의 근대성(김철, 2006)과 법학의 현대성(김철, 1993)의 문제가 한국에서 제대로 논의되지 않았음을 밝혀왔다.

두 번째, 2007년 현재 사법부를 비롯한 법조계와 법학계를 구성하고 있는 사람들의 전문석·직업적 오리엔테이션을 법학적 지식과 경험에서 분석할 때, 어떤 시대의 교육과 가치관 — 그리고 이윽고 그들의 법의식과 법 훈련의 시대성 — 을 만나지 않을 수밖에 없다. 우리에게 영향을 준 어떤 경향의 법학과 법학에 대한 태도와 가치를 이제는 냉정하게 거리를 두고 객관적으로 비교하고 평가할 때가 온 것이다. 이 문제는 법

문화의 문제이기도 하고, 한국의 경우 현대 한국 시민 문화의 문제이기도 하다(김철, 현대 한국문화에 대한 법철학적 접근, 2000). 비교법적 도움은 세계 제 2차대전 끝나기 이전의 도이치 제 3제국의 법문화와 시민의식을 사회심리학자와 사회학자의 학제적 조사에 의해서 과학적으로 규명한 데서 받는다(김철, 사회적 차별의 심층심리학적 접근, 2002).

  세 번째, 오랫동안 한국의 법학계는 산업화 사회의 도전 앞에서 전문화를 꾀해왔다고 할 수 있다. 그 전문화가 얼마나 내실(內實)이 있느냐는 법조계에서 평가할 일이거니와, 한국의 법학계－엄밀히 말하자면 강단 법학계는 한국의 법조계, 특히 사법부에 비교해서 전문성의 이유로 조각조각난 지식이 실정법학의 이름으로 존재하는 편린화의 경향을 보여 왔다. 예를 들어 형법과 민법교수는 헌법교수와 사교 이상의 전문용어에 의한 커뮤니케이션은 이례적이다. 커리큘럼에서 존재하는 전공과목으로 여러 기본법 과목의 높은 벽을 넘어서 담당교수의 창문을 노크할 수 있는 카나리아는 기초 법으로 불리는 "법에 대한 철학, 역사, 문학"이었고 최근에는 법에 대한 사회학, 경제학, 심리학과 같은 최신의 종류이다. 자연적인 생태계(ecology system)로서의 한국 법학계에 그러나 기초 법학류라는, 매개역할을 하는 벌레(나비, 벌)와 새(어떤 종류의 새는 꽃가루의 매개역할을 한다고 한다)들이, 더 이상 자연적 역할을 하지 않는 것이 아닌가라는 염려가 있어왔다. 생태계의 이변으로 벌레와 새의 종류와 숫자가 현저하게 줄어들고, 게다가 강력한 번식력을 가진 외래종의 벌레와 새들이 크게 번식하여, 지난 수 십 년 동안 생태계의 균형(homeostasis)을 교란한 결과, 실정 법학이라는 한국의 꽃, 법제도론이라는 한국의 나무, 한국법학이라는 한국의 자연에 불임상태를 가져왔다. 결과는 수입 법학에의 더 큰 의존이다.

네 번째, 다른 비유를 보자. 최근 한국의 건축공학은 세계적 규모의 건축물을 짓고 있다. 고층건물을 지을 때 얼마만큼 기초공사를 하는가, 위로 솟기 위해 얼마나 밑으로 파 내려가는가는 누구나 볼 수 있다. 마찬가지로 한국의 법학이라는 상상속의 건물의 집합군(群)은 어떤 기초공사를, 어떤 깊이로 한 뒤에 세워졌는가를 얘기할 수 있다. 이 책의 군데군데에서 지적한 지난 시절 한국법학이라는 빌딩 집합군(群)중 어떤 것들은 기초공사를 하기는 했는데 세계 1차대전(1914 – 1918)당시의 공법이든가 해서 도저히 2차대전(1936 – 1945)이후 새롭게 전개된 세계질서에 맞지 않을 뿐더러, 하물며 1989년의 역사적 대사건인 동유럽 – 러시아 혁명 이후의 최현대 세계질서 아래에서의 공법과는 너무 차이가 난다고 지적하고 있다(김철, 사람의 권리의 온전성을 위한 법철학적 시도, 2006). 1997 – 1998 동아시아와 한국을 엄습한 외환위기 이후 한국이 어떤 반성을 할 수 있었는지, 또한 FTA 이후를 어떻게 예비해 왔는지 돌이켜 볼 일이다.

다섯 번째, 오랫동안 그리고 더욱 최근에도 한국의 법학의 가장 큰 특징은 내용보다 형식, 실질보다 명목이 더 강조되는 경향을 보여 왔다. 이것의 시작은 고대 그리스 자연철학자들이 지적한 "그렇게 보이는 것"(외관) 과 실재로 존재하는 것의 차이를 잊고 마는, 외관의 유혹에 약한, 그래서 TV 이미지에 따라서 투표하고 마는 무력한 현대의 대중이 일상적으로 겪는 일이다(김철, 자유지상주의에 대한 반성, 2006). 법학사에서 형시주의(formalism)와 명목주의의 역사적 기능은, 그 때까지 압도적인 구체제(ancient regime)의 지배구조를 살짝 덮고, 그 덮은 거대한 가리개 천에 아름다운 그림을 그릴 때에 나타난다(김철, 법학의 현대성과 사회학적 법학, 2006).

여섯 번째, 개화기를 이어서 식민지 법학교육 이후 한국법학의 기본적 문화를 결정한 것은, 반성하건데 소급해서 조선조 500년의 법문화를 특색 지운 것과 닮은 점이 있다(김철, 2007). 이 때 문화라고 한 것은 사고방식(how to think it)을 가르 킨다. 주자학과 성리학의 세계는 2007년의 한국법학의 입장에서 볼 때 근대 대륙의 관념론의 세계와 공통점이 많다(김철, 법률 사상사강의, 2007). 조선후기의 실학자들은 주자학의 전통에서 벗어나고 싶어 했다(김철, 지식의 한계와 시대, 2007). 약간의 비약을 감수하고 논의한다면 20세기 한국에서 유례없이 오래 계속된 권위주의적 지배의 시대는 조선조 후기까지의 주자학의 시대와 상사점이 있다고 할 수 있고 조선조에 한국의 규범이 주자학에 집착한 것과 같이 한국의 권위주의 시대에 법학자들은 관념론 철학에 집착하였다. 당연히 조선조 후기에 이르기까지 한국의 정통 유학이 세계사의 흐름을 전혀 무시한 것처럼 한국 현대의 권위주의적 지배기간 동안 한국의 전통적 법학은 세계사의 2차대전 이후의 방향과 1989년의 동유럽 러시아혁명 까지도 처음에는 눈 감을 만큼 맹목적이 되어 갔다.

일곱 번째, 이 책의 모든 내용은 전환기의 한국 법학을 이끌 수 있는 법 사상과 방법론의 모색을 시도한 것이라고 할 수 있다. 서양법사의 대범한 단락으로는 근대 시민 혁명기를 예비한 것은 계몽 철학 시대로부터 시작된 근대 자연법론의 태풍의 시기라고 할 수 있다. 서양 근대 법사상이 조우(encounter)한 적군은 앙상 레짐(ancient regime)으로 대표되는 절대주의나 그 변형으로서의 제한적 계몽군주제가 감싸고 있는 중세사회의 사회·경제적 구조였다는 데에는 이론의 여지가 없다. 서 유럽대륙에서는 비교법의 역사에서 보건대, 1919년 세계 제1차대전이 끝날 때까지 앙상 레짐이 옹호하는 모든 것들이 존속하였다. 한국의 법학은 이점도 간과하였다(김철, 현대법과 사회학적 법학, 2006). 서 유럽대륙에 있어서, 프랑스 혁명을 저지한 구체제의 마지막 보루는 오스트리아 - 헝가리 제국과 프로이센 제국으로 제1차대전의 결과 비로소 붕괴하였다. 세계 제1차대전의 세계사적 의의는 한국의 법학계에서는 무시해 왔다. 중세 신성로마제국 이후의 유럽대륙의 지배자로서의 구체제에 대한 반대는 1789년 프랑스혁명과 나폴레옹전쟁에 의해서 시작되어 1차대전(1914 - 1918)이 끝남으로서, 매듭지어졌다. 1차대전 이후 절대주의 내지 타협적인 계몽군주에 의한 회색시대가 끝난 것이다. 한국의 법학이 1920년대에 영향 받은 것은, 신흥 일본제국이 참조한, 1919년 이전의 서유럽의 구체제에 속하는 프로이센과 오스트리아 헝가리 제국에서 황제의 보호아래에서 번성한 구체제를 기반으로 한 절대주의적 자연법론이었다. 서 유럽의 영향중에서도 구체제에 속하지 않는 사상과 철학은 이미 불온한 것으로서 분류되었다(유진오, 양호기(養虎記). 1차대전에 의해서 서 유럽 세계가 새로운 법학의 시대로 들어간 것을 한국의 법학자들은 동아시아의 역사적 제약으로 바로 보지 못하게 된 것이다. 따라서 흔히 "대륙법"으로 불리는, 서 유럽대륙의 법체계도 앙샹 레짐 시대의 것이냐 1차대전 이후의 것이냐를 분별할 수 없었다. 그리고 식민지 시대의 명칭대로의 "대륙법의 계수"는 역시 몰 역사적이며 몰가치적인 맹점을 가지고 있는 것을 지금까지의 한국의 기초법학은 무시해왔다. 예를 들면 프로이센 일반 란트법(ALPS 1794년)에서 전제하는 법치주의는 명백히 전체주의와 군국주의의 표현 일뿐 1차대전 이후나 2차대전 이후에 세계사의 주류에서 평가할 때 "계속"할 수 있는 것도 아니며, "전통"으로 존중해야 될 것도 아니디(김철, 2006). 지금까지 한국의 법학은 "법치주의"라는 전제 아래에서, 서유럽대륙에서 1789년 프랑스혁명에서 1919년 합스부르크왕가와 호헨쫄레른 왕가의 몰락에 이르는 긴 과정을 바로 보지 않았을 뿐 아니라 1차 대전 이후의 경위도 참조하지 않았다. 명백히 루이왕조의 법치주의도, 샤를르마뉴 황제의 법치주의도 합스부르크 왕가나 호헨쫄레른 왕가의 법치주의도 법이라는 이름으로 통치하기를 원하였다. 프로이센 통일제국(1871－1919)의 법치주의는, 유럽 앙샹레짐의 마지막 보루였던 로마노프왕가의 제정러시아에 크게 침투하여, 최전성기에는 모스크바 대학 법학부의 모든 교수는 프로이센 출신으로 채워졌다(김철, 러시아 소비에트 법, 1989). 실로 1917년 볼세비키 혁명으로 붕괴될 때까지, 유럽 구체제의 완강한 참호였던 제정러시아의 법치주의는 서유럽 구체제가 발달시킨 절대주의적 법치주의를 답습하였다. 1차대전과 러시아혁명이 경과하면서, 당시 영국을 제외한 전 유럽에서, 절대주의적 자연법론을 표방한, 앙샹레짐의 세 개의 제국이 사라져갔다. 만약 동아시아의 1919년의 사정이, 일본제국의 팽창으로 특징 지워지지 않았더라면 제국의 영향아래 절대주의적 법치주의를 학습하고 있던 조선도 달라졌을 것이다. 일본제국은 이미 서유럽에서는 붕괴해버린 프로이센과 오스트리아 헝가리제국의 절대주의적 법치주의가 그들의 제국을 위해서는 꼭 필요했고, 이를 "계수"할 국가적 필요가 있었다. "대륙법 전통"이라는 것은 이 때 전제군주에 의한 일반적 금지에 대한 조건부 해제의 방식 중 가장 논리적이며 설득적인 것으로 법학 엘리트에게 학습되었다. 이러한 역사적 경위를 가진 절대주의적 법치주의의 대륙법 전통은 약 1세기가 경과한 뒤, 2006년 한국의 한 경제인에 의하여 다음과 같이 인식되고 고백되어진다.

"절대주의 대륙법 개념은 이기적이고 무질서한 국민을 전지전능한 왕이 계도해야 한다는 생각에서 나왔어요. 그래서 모든 게 국가의 허가 없이는 못하게 돼 있습니다. '원칙금지, 예외허용'이지요. 이와 달리 영미법은 왕권 제약에서 출발했기 때문에 '원칙자유, 예외금지'입니다."(규제개혁위원회 민간위원장 박종규, 이코노미스트, 2006. 12. 10)

한국의 법학은 이른바 대륙법계 국가에서 시도된, 개념법학으로부터의 해방을 꾀한 법학자들을 '불온한 자들' 또는 '비국가적인 태도'로 무시해왔다. 이런 태도는 1930년대 이후의 한국이 겪은 식민주의자들의 교육 방식이었고, 이 교육 방식이 놀랍게도 해방 이후에도 한국의 법학에서 사라지지 않았다고 할 수 있다. 절대주의에 대한 반대(키르히만 1848), 나치즘 국가주의 시대의 비국가적 태도(칸트로비츠 1933) 같은 것은 물론이고, 왜 이미 1차대전 전후의 새로운 법학의 태도가 구체제의 대표적인 영역 – 오스트리아 헝가리제국과 프로이센 영역 – 에서 주목을 받지 못하고, 대서양을 건너서야, 인정을 받았는지는 무시해 버린다(Ehrich의 1918년, 김철, 2001, 2006).

2007년 한국의 법학은 새로운 단계에 들어섰다. 2004년 일본은 오랜 동안의 전통을 깨고 시민 민주주의 전통의 법제도를 도입하였다. 한국이 지금 기도하고 있는 법학과 사법의 일대 쇄신은 다른 나라 제도의 역사적 형성을 직시하고 한국이 1900년대 이후 집착해왔던 어떤 관행과 전통을 극복할 때 비로소 가능한 것이다. 지금까지 당연하게 여겨져 왔던, 법학의 여러 방법론을 극복하는 것은 그것들의 시대적·역사적 제약과 한국사회에 미친 영향을 직시하고 미래지향적이 될 때 가능한 것이다. 이 책에서 기도된 새로운 전망은 이상과 같은 취지와 목적을 가진다.

2007. 8　　저자

목 차

제2부 경제학적 접근

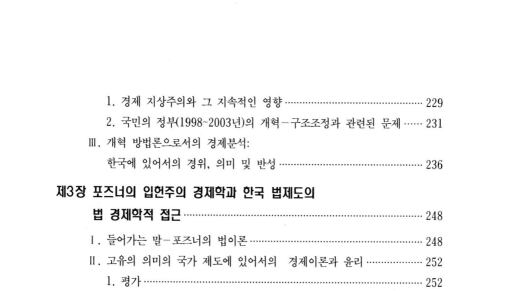

3부 사회적·문화적 접근

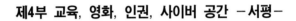

제4부 교육, 영화, 인권, 사이버 공간 −서평−

제 1 부 역사적 접근

제1장 법과 윤리: 자연법과 법실증주의

I. 서 문

한국인은 인격적 통합의 위기를 겪고 있다. 이 위기는 이미 50년대 가끔 공포 속에서 그들 자신에게 그들의 생애가 무엇을 위해 있으며, 어디로 그들이 향하고 있는가를 스스로에게 되물어볼 때 개별 인격체로서의 남자와 여자가 겪게되는 그러한 종류의 위기이다. 이제 사람들은 그 질문을 개별 인격체로써 뿐만이 아니라 나라 안에서 집단적으로도 묻고 있다. 한국의 모든 문화는 일종의 신경 질환의 가능성에 직면하고 있는 듯하다.

위협적인 질환의 주된 증상은 공식 제도에 대한 신뢰의 대량상실이다. 신뢰상실은 공식제도의 소비자의 측에서 뿐 아니라 공식 제도를 만드는 사람이나 공식 제도를 분배하는 사람들 측에서도 마찬가지이다.[1]

두번째 주된 증상은 정신적 가치(윤리)에 대한 대량의 신뢰 싱실이다. 정신적 가치에 있어서도 사회나 대학의 낮은 자리에 앉는 사람들 뿐만이 아니라 높은 자리에 오르는 사람들도 마찬가지이다. 어떤 세대에 있

---

1) 해롤드 버만과 김철, 『종교와 제도-문명과 역사적 법이론』, -제1장 법과 제도의 종교적 차원 p.33. 민영사, 1992년, 또한 김철, 현대의 법이론- 「시민과 정부」의 법-MYKO International Ltd. 1994 현대의 표징 p.3

어서나 사람들이 정신적 가치에 대한 존중과 공식제도에 대한 존중을
잃고 있다는 불평이 들어오기 마련이라고 역사가들은 가르치고 있다.
그리고 우리들 역사의 앞선 어떤 시대 보다도 더욱 열심히 정신적 가치
에 집착하는 법을 지키는 동 시대인이 있다는 것 역시 사실이다. 그럼
에도 인격적 통합의 위기는 놓칠 수 없는 사실이다.[2]

우리 사회의 상황은 공공 관심사의 중요 항목으로 사회 정의가 위치
하고 있다. 시민의 권리, 대중의 반대, 도시의 무질서, 생태계의 파괴
그리고 무엇보다도 권력의 남용 등이 전례없이 긴급한 사회 문제로 대
두되었다. 이 사회 문제들은 정치적 공동체를 한계선까지 긴장시키고
있다. 이전에 사회 개혁의 수단으로서의 법 제도는 중요한 문제로 떠올
랐으나 이제는 법 제도가 존재하고 있는 기초 자체, 법의 정당성 여부
그리고 우리 사회의 윤리적 기초까지도 문제시하게 되었다.[3]

법학자들이 법학의 내부에서 각 분과법의 기술(技術)적 부분에 열중
하고 있는 동안 법학 전부에 대한 강한 의문과 국가 법의 존립 자체에
대한 회의가 다른 분야에서나 일반인에게서 일어나고 있다. 법과 질서
가 단지 슬로건으로만 느껴질 때 법치주의는 그 내용이 공허하게 느껴
지고 권리의 실천이 좌절될 때 입헌주의는 실감이 나지 않는다. 2차 대
전 종전이후 50년 동안 진행된 경과가 어느 순간 덧없이 느껴질 정도
로 우리 사회의 기본적 문제점은 그 매듭이 완전히 풀리지 않고 있는
느낌이다. 기본적 문제점은 무엇인가? 첫째 입헌 주의(立憲主義)의 문
제이다. 둘째 법치 주의(法治主義)의 문제이다. 그리고 첫째와 둘째를
통해 가장 밑바닥에 놓여있는 문제는 윤리적(倫理的) 기초(基礎)의 문
제이다.

---

2) 같은 사람, 같은 책 참조,
3) 참조, 필립 노네이와 필립 셀즈닉, 법리학과 정책과학, 김철 註, 미발표 번
역문, *Law and Society in Transition: Toward Responsive Law* Harper &
Law, 1978

오랫동안 한국인들은 제도의 문제, 경제성의 문제에 집착하였다. 제도 개선, 제도 개혁이 선진국으로 가는 모든 문제를 해결할 줄 알았다. 또한 어떤 정치적 소용돌이에서도 경제성의 문제는 증진시킬 수 있다고 믿었다. 그런데, 이제 제도와 경제의 문제, 법과 경제의 문제가 그 액면 그대로가 아니고 배면에 우리 역사가 해결하지 못한 가장 고질적인 문제가 있다는 것을 알았다. 도덕성의 문제이다. 개인의 도덕성, 집단의 도덕성, 사회의 도덕성 그리고 국가의 도덕성이다.

제기된 문제는 법학자의 전문화된 용어로 표현하면, "법과 윤리"의 문제로 표기된다. 그리고 21세기를 3년 앞둔 한국 사회의 법과 윤리의 문제는 여러 측면에서 다룰 수 있다. 필자는 우선 법학자로서 다음에는 넓은 의미의 사회윤리를 다루는 교육가로서 이 문제를 접근하고자 한다.

한국 법학과 한국 사회의 가장 큰 문제는 실정법에의 과다한 집착이다.[4] 실정법의 타당성, 타당범위, 윤리성을 철저히 검토하지 않는 한국 법학의 관행을 되새기기 위해서 실정법 / 자연법(實定法 / 自然法)의 대칭적 개념을 설명한다. 실정법의 기초의 문제를 고찰하고 법실증주의(法實證主義), 자연법론의 철학과 역사, 제도를 음미하면서 검토하기로 한다. 주된 서술은 서양법 전통의 음미이나 동 아시아의 특징과 한국 법학의 특징을 약술한다.

이 모든 문제는 분과법을 다루고 있는 이른바 전문 법학자의 일상적인 과업과 작업의 수준은 넘는 것이다. 전문화가 이룩한 특수화는 한국의 법학자와 법조인도 산업화 이후 어느 정도 성취하였으나 전문화와 함께 진행되어야할 다른 방향의 중요한 문제; 종합회와 이해법학(理解法學), 지식법학(知識法學)의 성취가 미미하다는 점이다.[5]

---

4) 참조, 김철, "법제도의 보편성과 특수성", "행정법학의 역사", "튜더와 스튜아드정부에서의 행정과 법"의 세 에세이는 이 문제가 주제가 되었다. 특히 p.35 "법의 문자에 집착함 對 근본법 또는 고차법"의 절을 주의, 『법제도의 보편성과 특수성』, Myko International Ltd. Seoul.

법학 초학자에게 있어서 지금 논의하는 영역은 "법의 효력의 문제", "법과 도덕의 문제"가 된다. 실정법과 자연법의 문제를 다루다가, "법과 질서"의 한국적 의미가 어떻게 왜곡될 수 있는가를 알게 된다. 우리가 알고 있는 법치 주의가 문명사에서의 어떤 유형인가를 짐작할 수 있다.

이 글을 쓰는 시점은 2천년을 3년 앞둔 한국이나 한국의 법, 법의 지배와 입헌주의와의 관계를 보다가, 우리는 법 제도사의 근대의 가치에 다시 주목한다. 최근 약 80년간의 전례없는 전체주의적 질서를 해체한 러시아가 다시 문명사의 주된 시대의 가치에 회귀하는 것을 관찰하고 있다.

윤리는 흔히 제도와 법, 경제와 다른 영역이며 다른 개념으로 받아들여져 왔다. 흔히 윤리는 법 제도나 경제와는 분리되거나 경우에 따라서는 긴장 또는 갈등 관계에 선다고 생각하도록 유도되어져왔다. 즉 "경제를 위해 어느 정도 윤리는 뒤에 물러나야 된다"는 식이다. 또는 "윤리 의식과 법 감정은 다르다"라는 식이었다. 두 가지 사고방식을 지

---

5) 이해 법학과 지식법학에 대해서는 막스 베버의 "법과 경제", "법과 사회"의 오랜 전통에 따라 제도와 법을 객관적으로 인식하는 데서 부터 더 나아가 제도와 법을 역사적으로 이해하는데 까지 나아간다. 참조, Max Weber, *Wirtschaft und Gesellschaft*. 4 Aufl Tuebingen 1956

이해 법학 (Verstehende Jurisprudenz)의 방식에 대해서는, 보라, Shira B. Lewin, Economics and Psychology: Lessons For Our Own Day From the Early Twenties Century, p1298, Journal of Economic Literature, Vol. XXXIV(September 1996) "This notion is closely related to what Max Weber called verstehen. Weber argued that, in the social sciences, we can not perform the controlled experiments that are possible in the physical sciences. However, the social sciences possess something better than experiments; In studying human beings, we have a significant advantage because **we are ourselves human being**, and we can therefore comprehend the motives behind human behavior directly through our own introspection. This verstehen, or intuitive understanding of human motivation, is what distinguishes the human sciences from the physical sciences(Weber 1922, pp.18 - 19)

난날의 한국사회의 動員機制(Massmedia, 사회교육)가 고취하였다. 결과는 부패이다. 한국 사회는 부패 구조를 깔고 성장하여왔다. 이 부패 구조를 가능케한 것은 법의 탈윤리화(脫倫理化)와 성문법위주의 형식적 법치주의였다.

II. 실정법의 효력의 문제 / 법실증주의와 자연법론

실정법은 왜 효력을 가지는가 / 타당성과 강행성 / 오래된 두가지 문제 / 실정법 이외의 다른 법이 존재하는가?

법(Recht, Droit, Jus, Pravo)과 법률(Gesetz, Loi, Lex, Zakon)은 다른 뜻이다. 법은 집단 명사이며 법률은 개별화된 것이다. 실정법은 의회에 의해 통과된 국가 의사로서 강제력을 가지는 법이다. 법은 최초에는 넓은 의미의 뜻으로 실정법과 함께 다른 법도 포함한다.

법이 왜 효력을 가지는가에 대한 근본적인 의문은 고대 그리스 때부터 두가지 방향이 있다. 첫째, 국가 기관에 의해서 강제력을 가지기 때문이라는 것이다. 둘째, 강제력보다는 타당하기 때문에, 궁극적으로 올바르기 때문에 효력을 가진다는 뜻이다. 인간의 문명 만큼이나 오래된 이 두 방향의 대답은 긴장 관계에 있다. 인간의 법에 대한 생각을 두 방향으로 요약하면 강제력 때문에 효력을 가진다는 생각을 법실증주의라고 하고 이에 대해서 타당성을 가지기 때문에, 올바르기 때문에 효력을 가진다는 생각을 자연법론이라고 한다. 법실증주의와 자연법론의 대립은 국가주의자(國家主義者)와 국가주의 아닌자의 대비 만큼이나 오래되고 스펙트럼의 여러 면이 있다. 이 문제는 법의 기초에 대한 법철학적인 근본 물음이다. 이 근본 물음의 가장 최근의 그리고 널리 퍼진 문외한들의 역사적 에피소드는 도이치 제3제국의 법치 주의였다. 나치

의 법관들은 "법의 이름하에", "법에 정해진 절차에 따라", 수백만의 인류를 죽음의 장소로 내보냈다.6)

　법 효력에 대한 전문적 법이론은 방대하다. 자연법론과 실정법론의 긴장에 대한 역사는 실로 인간 공동체의 역사만큼이나 길고 복잡하다. 요약하면 최근의 전문화된 법철학자들의 용어에서는 어느 정도 이 오래된 긴장은 이완된 느낌이다. 산업 사회와 기술 사회의 영향 때문이다. 이것은 철학이 과학철학으로 중점이 바뀌고 형이상학과 윤리학이 다소 뒤로 물러난 것과 궤도를 같이한다. 이제 법이론가들은 다른 용어로 사유하기를 택하기도 한다.7) 그러나 관점이 다를 뿐 기본적 문제는 같다.

---

6) 도이치 제3제국의 법집행과 전후 처리문제에 대해서 참조, Richard A. Posner *Overcomming Law* 특히 Part One '4 The Profession in Criss: Germany and Britain' pp.145 Harvard Univ, Press, 1995

　전후 전범처리에 대해서는 참조, Hannah Arendt, *Eichman in Jeru-salem - a Report on the banality of Evil* 1994 edition, Penguin Books. 이 문헌은 도이치 출신의 망명 철학자 한나 아렌트가 나치의 주요전범이었던 아이히만의 예루살렘 전범재판을 취재한 것이다. 인상적인 것은 아이히만은 시종 당시의 법제도안에서 그는 그저 성실히 나날을 살아가는 생활인으로서 평범하게 주어진 일을 처리했다고 술회하는데 있다. 부제목이 「악(惡)의 일상성(日常性)과 평범성(平凡性)」으로 붙은 것은 이와 같은 이유이다.

　또한 2차대전 직후의 전범처리를 둘러싼 소비에트 러시아와 다른 연합군과의 관계에 대해서는 *Nüremberg Trial No.46 Law in Eastern Europe*, A Series of Publication issued by the Documentation Office for East European Law, Leiden University 1993. Martinus Nijhoff Publishers.

7) 자연법과 법실증주의의 이원적 대립은 역사적으로 의미있으나 1980년대에 와서는 특히 자연법이라는 용어가 법학전문어로서는 지나치게 부피가 커져서 정확하게 다룰 수 없다는 생각에서 이 오래된 용어를 우회하는 법학자가 있다. 그러나 이런 경우에도 자연법의 어떤 부분을 완전히 기피하지 못하는 것은 인류문화 자체에 대한 태도와 마찬가지이다.

　Ely는 그의 법학 방법론에서, 해석 주의(解釋 主義, interpretivism)과 비해석주의 (非解釋 主義non - interpretivism)을 대비시키고 있는데, 이것은 법실증주의 대 자연법론의 이분법과 대비할 수 있다.

　참조, John Hart Ely, *Democracy and Distrust, A Theory of Judicial*

실정법에 대한 사유는 대칭적으로 자연법에 대한 사유를 동반한다. 인간의 국가 생활에서 국가 제도가 완비된 어떤 경우에도 실정법만의 지배는 생각하기 힘들다. 이에 대한 사유는 플라톤과 아리스토텔레스 때부터 시작되었다. 현대인은 국가제도가 사회제도를 거의 압도하고 경제와 사회 모든 부분에 있어서 거의 완벽하게 보이는 제도법 위에서 살고 있어서 국가법이외의 어떤 법도 그의 생활에서 직접적으로 찾아내기 힘든 것처럼 보인다. 그러나 이것은 외관일 뿐 우선 어떤 국가 법도 완벽하지 않다. 어떤 법이 존재할 지라도, 있을 수 있는 모든 사건과 사례(事例)에 대해서 입법자가 모든 경우를 총괄한다는 것은 불가능한 일일 뿐 아니라 순전히 입법 기술상의 문제에 있어서도 어떤 문제에 대해서 법을 제정한다는 것은 이미 제정법이외의 사항을 양해한다는 것을 동시에 의미한다. 어떤 입법자의 의도도 인간의 개별 사례에 완벽하게 타당할 수 없다.

그러나 실정법에 대한 집착과 숭배는 또한 인간의 공동 생활과 국가 생활에 있어서 항상 있어 왔다. 그 이유는 첫째는 맞지 않는 실정법이라도 전혀 없는 상태보다는 낫다는 생각이다. 무엇보다 나은가? 인간의 변덕, 기분, 그때 그때의 상태, 결정하는 자의 개인적 속성 또는 결정하는 자가 폭군일 경우의 비일관성은 파괴적인 경향을 가져온다. 따라서 "악법도 법이다." 두번째로 근세 절대주의 국가이후 공동생활의 초점이 한사람 혹은 소수의 최종 결정자에게 귀착된 경우 국가의사의 제도화의 필요성이다. 이것은 첫째의 경우가 인간성의 자연과 관련된 데 비해 두번째는 절대주의 시대의 특징이다.

이제 우리는 인류의 역사를 이 문제를 위해 개관해야 될 단계에 이르렀다. 실정법주의의 근거가 되는 주권자의 의사 또는 국가의사는 역사적으로는 근세(近世)의 특별한 산물이다. 서양에 있어서의 중세 사회는 동아시아의 한국인이 생각하기 어려운 다원화(多元化) 경향이 있었

Review, Harvard univ. press. 1980

다; 재판 관할권의 문제에 있어서 그러하다. 중세 사회의 재판 관할권은 단일한 세속 군주의 영역에 속한것이 아니었다. 교회법과 교회 법정은 약 1천년에 달하는 긴 세월동안 세속 권력과 평행해서 관할 신민에 대한 관할권을 동시에 가졌다. 또한 중세말의 법의 원천은 교회법 뿐만 아니라 봉건법, 상인법, 길드법, 도시법, 왕의 법, 장원법과 같은 우리로서는 경험하지 못한 다양한 지역과 직능법을 가지고 있었다.[8] 동 아시아인이 법이라는 문자에서 연상하는 것은 흔히 국가 형벌권의 표현으로서의 형벌 법규이며, "법을 엄하게 함으로써 기강과 풍습이 선다"는 전통 사회의 단일한 국가 의지의 표현이다. 또한 동아시아인의 경험에서 압도적인 법은 거의가 국가독점의 단일한 입법권을 생각한다.

우리는 서양 근세 절대주의의 표현인 국가 주권의 최고성, 영토 고권(高權), 영민고권(嶺民高權)이 확립될 당시의 국가법 절대 주의를 상기하고 있다.[9] 절대 왕권이 확립된 시기는 국가마다 다르다. 유럽에서 최

---

8) 참조, Harold J. Berman, *Law and Revolution – The Formation of the Western Legal Tradition*, Harvard Univ, 1983.

9) 흔히 일반 이론이 강단 법학으로서 발달된 한국의 헌법 교과서에는 일반 국가학(Allgemeine Staatslehre)의 유산으로서 국가의 3요소를 1. 주권 2. 영토 3. 국민으로 기술한다. 이런 방식과 이 방식의 연원인 일반 국가학(Allgemeine Staatslehre}은 그 성립의 토양 자체가 근세 절대주의 국가성 립기이다.

프로이센의 경우 비스마르크 헌법이전에는 여러 분방으로 나누어진 연합 국가와 같은 형식이었고, 오늘날과 같은 국가적으로 테두리 지어진 단일 국가가 아니었다. 국가 성립과 건설기에 있어서의 관변 지식인의 임무중의 하나가 새롭게 건설된 제국의 국가적 의미를 신민에게 고취하고 국가 주의를 전파하는데 있었다. 실로 프로이센 국가학은 비스마르크 시대에 있어서는 신흥 공업국가의 유럽에 있어서의 팽창과 궤적을 같이 했다. 이 점은 메이지 국가학도 같다.

메이지 유신에 의해서 국가 제도를 정비한 일본 제국은 이윽코 동 아시아에 있어서의 팽창과 함께 국가 주의를 신민에게 고취할 필요성이 있었다. 비스마르크 헌법학과 메이지 헌법학(明治 憲法學)은 이와 같이 절대 주의의 부름에 호응하는 것이었다.

특별히 흥미로운 것은 1889년의 메이지 헌법학에 대한 가장 큰 공로자

초로 절대 왕권이 성립된 것은 부르봉 왕가로서 18세기 초에 확립되었다. 1774년의 루이 16세가 "내가 곧 국가이다."라고 하였을 때 루이 16세의 의사가 곧 프랑스 국가 의사이고, 왕의 의사의 형식화가 곧 법률이 되었다.[10] 1871년 남 도이치연맹이 프러시아의 북 도이치연맹과 조약을 체결했을 때 도이치 제국이 성립되고 프러시아왕이 도이치황제가 되었다. 그 이전의 사정은 의회의 반대를 분쇄하고 통일을 수행하기 위해 빌헬름 1세가 군대개혁을 시작하고 비스마르크를 수상에 임명하였었다. 이와 같이 비스마르크 법체계는 군대와 관료집단을 등뼈로 하는 관료 국가였다.[11]

이와 같은 역사 속에서 프랑스와 프로이센의 법학이 발달하였다. 당연히 법학자는 절대주의의 국가 통일에 봉사하는 관변(官邊) 법학자였다. 군주의 의사가 곧 국가 의사인 법률을 가장 "법학적 방식에 의해서", "과학적 방식에 의해서" 해석하고 방어하는 임무를 수행하였다. 그들에게 있어 실정법 이외의 다른 요소를 인정한다는 것은 겨우 성립된 중앙 집권 국가의 영속성을 위협하는 것이었다. 실정법의 효력에 다른 요소를 더하는 것은 국가의 중심인 군주의 우위를 의심하는 것이었다. 따라서 법률의 해석에 있어서도 관료국가나 혹은 군대에 의해서 유지되는 국가의 특징대로 획일성(劃一性)과 예외 없음을 특징으로 하고 있다.

지금까지 절대 주의 시대의 서양의 주권의 확립과 그에 따른 주권자

는 이토 히로부미(伊藤博文)였다. 따라서 한일 합방이후 설치된 관립 대학과 민립 대학의 법학과 헌법학의 교재는 주로 1889년의 메이지 헌법에 대한 가장 권위있는 반 공식적 주석서였던 이토 히로부미 著의 일본국 헌법으로 추측된다.

10) 김철, 『법제도의 보편성과 특수성』, 특히 행정법학의 역사, p.26 Myko International Ltd. 1993

11) 위의 사람, 위의 책, pp.24, 1993년

의 명령인 실정법의 우위를 개관하였다.

서양 법 전통의 역사를 개관함에 따라서 우리는 동 아시아 그리고 한국에 있어서의 시대구분에 주목하지 않을 수 없다. 서양에 있어서의 절대 주의는 근세(近世)의 특징이며, 근세는 이윽고 정치 사상과 법 사상에 있어서 시민 혁명의 시대인 근대(近代)로 이행하는 것이지만, 동 아시아에 있어서는 근세와 근대의 분수령이 문제가 된다. 언제부터 시민계급이 주역이된 근대 사회로 볼 것인가? 우리가 익숙한 서양 법 전통의 주된 흐름으로써는 불충분하다. 일본의 경우 1889년의 메이지헌법이 근세 절대 주의의 표현인 동시에 또한 일본의 개화가 시작되었다는 점에서 근대성을 인정하지 않을 수 없다. 즉 부분적으로 교육과 사상에서 일본의 절대 주의는 근대사회의 어떤 특징을 배양하는데 주도하였던 것이다. 2차대전이 끝날 때까지 일본에서 서양 근대 사회의 특징인 자발적이며, 참여적인 시민 계급이 공동체에 관여한 일은 물론 없다. 이런 의미에서 종전과 함께 비로소 시민적 근대성은 시작되었다고 볼 수밖에 없다. 한국의 경우 1910년부터 1945년까지 식민지의 경험을 가졌다는 점에서 그리고 2차대전이후 패전국이 아니라 승전국의 힘에 의해서 독립하였다는 점에서 특이한 점이다. 1945년이후 비로소 입헌주의가 시작되었다는 점에서 서양적 의미에 있어서의 근대 시민사회의 시작도 같다. 식민지 경험은 한국의 법과 사회에 동 아시아에 있어서도 특이한 점을 가미하였다.12)

---

12) 흔히 한국의 법치 주의를 역사적으로 접근하는데 동 아시아적 특징만을 위주로 하는 경우가 있다. 이것은 서양 전통의 법치 주의를 주안점으로 하는 경우보다는 나은 것이지만 2차 대전 이후에 성립된 신생 독립 국가중 식민지의 유산을 사회 구조상 그대로 가지고 있다는 점에서 일면 제3세계의 법과 사회의 특징도 참조할 만하다.

참조, Stewart MacPherson *Social Policy in the Third World*, Wheatsheaf Booksltd, 1982

문학 이론에 있어서 주도적인 서구문학의 이론과 구별된 제3세계의 문

Ⅲ. 서양 근대에 있어서의 법의 성립과 효력의 문제 / 아메리카와 프랑스 혁명

근세 절대주의 왕권에 반대한 시민 계급의 출현은 근대의 특징이다. 법의 개념에 있어서 이미 논한 대로 근세 절대 주의 왕권이 법실증주의를 국가적 통일과 대외적 팽창의 도구로 삼았던데 비해, **근대 세계는 이와 같은 왕권에 의한 실정법을 부인하는 데서부터 출발하였다.** 법의 개념에서 이때 시민계급에 봉사한 것은 자연법의 개념이었다.13) 근대 자연법의 특징은 첫째 합리주의, 둘째 개인주의, 셋째 급진주의라고 볼 수 있다. 1789년 8월 26일 프랑스 국민 의회에 의해서 채택된 인권선언의 전무는 천부 불가양 그리고 신성한 인권의 개념과 시민의 청구권을 "자명한 원리"라고 선언하였다. 제퍼슨에 의해서 집필된 아메리카의 독립선언문은 역시 "자명한 원리"에 기초하고 있다.14) 이 양 선언서에서 "자명한 원리"라고 한 것은 무엇인가? 더 이상 설명할 필요가 없는 수학적 공식과 같은 것으로 표현하고 있으나, 그 내용은 근세 이전 사회에서 보편적으로 받아들여졌던 세속법과 구별되는 자연법의 존재를 가리키고 있다. 중세 사회에 있어서는 자연법은 신의 법으로부터 유래하며 성서에 계시된 신의 법과 인간의 자연에서 출발한 법으로 구성되어 있었다. 르네상스이후의 인간 중심주의와 합리주의가 이러한 중세적 자연법에서 초월적 요소를 제외하고, 이윽고 이성의 시대의 특징으로 인간 이성의 자연이라는 뜻으로 자연법의 의미내용을 전용하였다. 근대인들은 이제 더 이상 법개념에 있어서 신의 권위를 빌릴것도 없이 스스

학이론을 한국문학의 이론에 적용시켜야 된다는 주장이 있다. 참조, 趙東一, 한국문학의 이론,

13) 근세의 흐름은 1. 르네상스 2. 종교개혁 3. 합리주의로 요약된다.

14) 프랑스 인권선언은 참조, 황산덕, 법철학, pp.79, 법문사 또한 아메리카 독립선언은 같은 책, pp.80

로 명료하고 간단한 원리를 자연법으로 개념하였다.[15] 둘째 근대 자연
법의 또 다른 특징으로서의 개인주의는 프랑스 인권선언 제1조의 "모든
인간은 출생 및 생존에 있어서 자유롭고 평등한 권리를 가지고 있다."
와 "토마스 제퍼슨의 독립선언서에" 우리들은 만인이 평등하게 창조되
었다는 것, 만인이 창조주로부터 어떤 양도할 수 없는 권리를 받았다는
것, 이러한 여러 권리들 중에는 생명, 자유 및 행복의 추구가 포함되어
있다는 것을 자명한 진리라고 믿는다."에 나타나 있다. 개인주의라고 얘
기할 수 있는 것은 자유롭고 평등한 권리의 주체가 출생 및 생존에 있
어서의 모든 인간이며, 이때 인간은 근세 절대주의에 있어서의 집단명
사(集團名詞)로서의 국민이 아니다. 또한 중세봉건주의에 있어서의 특
정한 직능(職能)집단, 길드에 속한 사람, 장원경제(莊園經濟)에 속한
사람, 어떤 계층(階層)에 속한 집단이 아니다. 이것은 제퍼슨의 독립 선
언서에 더 한층 명료히 나타나는데, "창조주로부터……권리를 받았다."
라는 구절은 그리스도교의 창조론에서 "인간은 신의 모상에 따라서 창
조되었다."라는 성서적 진리의 영향을 받고 있다. 이때 창조된 인간은
국민으로서의 인간이 아니다. 계층 집단으로서의 인간이 아니다. 직능
집단으로서의 인간도 아니다. 농노로서의 인간도 아니다. 귀족으로서의
인간도 아니다. 인류의 한 사람으로서의 개인으로 창조된 것이라는 뜻
일 것이다. 이와 같이 근대의 두 가지 문서에 의해 처음으로 인간은 집
단이 아닌 개인으로 다시 태어나게 된 것이다.[16] 셋째, 근대 자연법론

---

15) 근대 자연법이 이성주의와 합리주의의 특징을 가진 것은 이 시대의 특징이다.
　　John Finnis, *Natural and Natural Rights*, Clarendon Press. Oxford.
　　1980. 또한 Leo Strauss, *Natural Right and History*, The University of
　　Chicago press, 1953.
16) 아메리카 독립혁명과 그리스도교와의 관계에 대해서
　　김철, "수정제1조에 관한 연구-조항성립사와 해석의 문제-" pp.47-75
　　『해체기의 비교제도론』, 1992. 1994. Myko International Ltd.
　　또한 아메리카의 국가와 교회와의 관계에 대해서는 같은 사람, "국가와

의 급진 주의적 성격에 대해서는 인권 선언문과 아메리카 독립 선언서에 의하면 "모든 인간은; 자유롭고 평등한 권리를 가지고 있다. ; 또한 모든 사람이 평등하게 창조되었고 모든 사람이 창조주로부터 양도할 수 없는 권리를 받았다"는 구절에서 보여질 수 있다.

프랑스 제1공화국과 아메리카 연방 성립의 제도적 기초가 된 두 문서는 처음으로 공식적으로 인간의 평등한 출생과 평등한 권리를 선포한 것이다. 이와 같이 1776년과 1789년의 양 선언의 언어가, 제도안에 나타난 근대 자연법의 내용이다. 따라서 아메리카 합중국 헌법과 프랑스 1공화국헌법은 그 정당성의 연원을 이와 같이 표명된 자연법에 두고 있는 것이다. 이 자연법이 이후의 넓은 의미의 법의 지배의 원천이 되는 것이다.

순수한 법철학의 문제로서는 이와 같이 제도를 기본적으로 바꾼 자연법을 형성시킨 것은 근대 자연법론중 존 로크와 루소의 자연법이다.[17] 근대 시민사회의 이론중 사회 계약의 성질에서 원초적 상태에 있어서의 비관적 가정은 다른 형태의 자연법론, 즉 홉스에 의한 거대 국가의 형성과 주권의 절대성으로, 절대 국가의 성립에 이바지했다. 지금까지 보아온 대로, 근세 절대주의의 해체와 근대 시민 사회의 성립에 주된 역할을 한 것은 실정법의 이론이 아니라 자연법의 이론이었다. 따라서 절대주의 성립시기에는 법실증주의가, 근대 시민 사회의 성립 시기에는 자연법 이론이 주도하였다. 법의 효력의 문제도 또한 같았다. 자유주의적 자연법론의 결론에 의하여 시민의 동의없는, 사회 계약의 위탁의 범위를 넘는 법의 성립은 원천적으로 무효였다.

교회와의 관계 - 수정 제1조의 판례분석을 중심으로 - ", 같은 논문집, pp.26 - 46

17) 참조, 김여수, 『법률사상사』, p.54 - 64 p.49 - 50 1976. 박영사,

Ⅳ. 동아시아에 있어서의 자연법론과 법실증주의 /
메이지 헌법과 식민지 법학교육

　동아시아에 있어서의 사정은 어떤가? 이미 우리가 보아온 대로 일본의 근세 국가 성립에 법실증주의 특히 실증주의적 공법 이론이 봉사했음을 밝혔다.18) 여기서 우리는 메이지 유신으로부터 시작된 일본 계몽기에 시작된 일본의 법학에 대해 주의하지 않을 수 없다. 분과법의 영역에 따라 물론 다른 방식이 쓰여졌겠지만 어떤 법학도 그 시대의 산물이다. 1889년 메이지 헌법 성립이후 1945년 2차대전 종전 때까지 일본의 입헌주의와 법치주의의 내용이 분과법의 분기에도 불구하고 법학의 방법을 결정했을 것이다. 계몽기 이후 일본의 신 법학에 강한 영향을 끼친 것은 유럽에 있어서의 절대주의적 자연법론의 영향하에 있던 법학자들이라고 생각된다. 프로이센 일반란트법19)의 경우 계몽적 절대주의에 입각한 황제의 가부장적 배려를 로마법의 훈련을 받은 관료법학자들이 입법화한 것이다. 이 경우 법의 효력은 두말할 나위없이 입법자, 주권자, 절대권력자의 명령적 행위이다. 신민의 복지는 그들에게 원래 있은 것이 아니라 국가의 가부장적 권력이 그들에게 배려하는 것이다. 일본의 법학자가 이와 같은 계몽적 절대주의의 영향하에 있었으리라고 추측이 된다. 따라서 일본의 경우도 1945년 이전에, 존 로크나 몽테스키외 또는 루소의 자연법 사상이 직접적으로 제도화된 경우는 거의 없다고 추측된다. 1945년 이전에 일본법학의 영향아래에 있었던 한국의 경우도 크게 다르지 않을 것이다. 따라서 법의 효력의 문제나 법의 연원

---

18) 각주 9. 참조 또한 김철, "유럽에 있어서의 형식적 법치주의의 발달", p.16, "명목적 법치주의와 형식적 법치주의의 결합", p.18 「법제도의 보편성과 특수성」, Myko International Ltd. Seoul. 1993.

19) 참조, 김철, '유럽에 있어서의 형식적 법치주의의 발달', 「법제도의 보편성과 특수성」, pp.16, 1993년

으로서의 자연법의 존재는 순수 사유의 형태로는 가능했겠으나 어떠한 현실적인 제도와 또는 이것을 에네르기로하는 시민 사회의 존재는 찾아 볼 수 없다고 생각한다. 특히 식민지 지식인에게 허락된 최소한의 지적 (知的)인 공간(空間)은 이상에서와 같은 전반적 분위기 아래에서, 더욱 더 법률의 지배가 좁은 의미에서, 형식적인 의미에서, 또한 되도록이면 기술법(技術法)적인 영역에서 유효하였다고 볼 수 있다. 해방 이후도 상당히 오래 계속된 이와 같은 법학의 특징은 실로 한 두 세대로서는 바뀌어질 수 없는 것으로 1945년 이후에 입헌주의의 표류가 가중시켰 다고 볼 수 있다. 따라서 1945년 이후에도 지속된 식민지 교육의 영향 과 명목적인 입헌주의는 법치주의로 하여금 다음에서 서술하듯이 가장 좁은 의미의 법률의 지배로 일관하게 되는 것이다.

V. 실정법의 기초의 문제 / 절대주의 법학 / 존재와 당위의 이원론

근세 서양의 절대주의시대에 발달한 절대주의적 자연법론의 특징은 다음과 같다. 첫째, 모든 법은 영원한 최고의 원리에 기초를 두고 있다. 둘째, 최고의 원리에서 출발하여 논리적 사유의 방법에 따라서 법의 기 본원리와 모든 법 명제를 세부에 까지 추론한다.[20] 절대주의적 자연법 론의 다른 이름인 법학적 자연법론의 둘째의 특징인 그 방법을 보면 그 것은 이성에 의한 최고의 원리에서 출발하는 한에 있어서는 합리주의의

---

20) Wagner, Heinz, *Das geteilte Eigentum im Naturrecht und Positivismus, Untersuchungen zur Deutschen Staats–und Rechtsgeschichte*, begründet von O. v. Gierke, 149 Heft, 1938. S. 38–9. 김여수, 위의 책, p.65에서 인용

견지에 입각한 것이고 또한 최고의 원리에서 세부에 걸쳐 합리적으로 법을 연역하는 한에 있어서는 바로 체계화의 태도인 것이다. 연역적 합리주의와 체계화는 이 절대주의적 법학의 뚜렷한 특색을 이루는 것이라고 할 수 있다.

법이 기초를 두는 영원한 최고의 원리는 다음과 같다. 「모든 사람은 힘껏 평화로운 사회관계를 유지하기 위하여 노력해야 한다」(Sammuel Pfendorf(1632‐1694)). 「네가 타인에 의하여 행해지기를 바라지 않는 것은, 너도 또한 타인에 대해서 하지 말라」(Christian Thomasius (1655 ‐1728)).

이와 같이 설명된 최고의 원리는 과연 도덕 법칙과 무엇이 다른가? 흔히 절대주의 법학의 한 분기인 절대주의적 자연법론이 그 자연법의 인식에 있어 도덕과 우선 자연법을 구별한다라고 설명하나 방금 든 이 명제에서 영원한 최고의 원리라고 예를 든 것으로서 도덕법칙 아닌 것이 없다. Pfuendorf의 명제는 평화의 주제로서 모든 종교와 윤리에 공통된 명제이다. 토마지우스의 명제는 성서의 황금률로 더 알려진 것이다. 그 시대의 법학자들에 의해서 표명된 최고의 법원리는 그 내용은 인간의 오래된 도덕원칙, 윤리원칙, 종교의 내용일 뿐이다.

여기서 우리는 근세 이후의 법학의 일반적 경향에 대해 엄격히 지적할 수 밖에 없다. 근세법학의 특징은 고대 그리스, 로마의 정신적 원류와 중세 천년의 종교적 전통의 연장 위에 있었다. 그러나 이미 논한 대로 중세는 양검이론에 의하여 교회권과 군주권이 병립하고 있었는데 비해서 근세의 정치적, 국가적 특징은 강대해져가는 세속군주의 주권에 있었다.21) 근세인의 정신적 유산은 지적(知的)훈련이나 도덕적 훈련은 스콜

---

21) **르네상스와 근세 절대주의의 성립, ……가치 체계와 권위에서의 해방(解放)은 개인주의의 성장으로 그리고 이윽코 무 정부 주의의 지점으로 나아갔다.** 르네상스 시절의 사람들의 마음에는 이전의 지성적, 도덕적, 정치적인 모든 훈련은 모두 스콜라 철학과 교회 정부와 관련되어 있었다. 그러

라 철학 및 이전의 신학과 관계되어 있었다. 새로이 추가된 고전 문명의 요소에도 불구하고 여전히 정신적 유산의 중심에는 종교적 영향이 강하게 있었다. 그러나 근세법학의 객관적 환경은 중세 봉건주의가 아니요, 교회법의 관할도 아니요, 이제는 새롭게 일어나는 민족국가의 절대군주였다.

근세 법학자는 따라서 시대의 추세에 맞추어서 종교적 요소, 윤리적 요소를 그들의 학문의 전제에서 제거하고 되도록 세속적이며 중성적인 개념을 만들지 않으면 안되었다. 우리가 위의 절대주의적 자연법의 '최고 원리'에서 본 바대로 이것은 원래 종교적 가르침과 다르지 않다. 그러나 그들은 이것을 법학적 원리로 따로 개념하기를 원했다. 또한 이들 원리는 윤리 원칙과 다르지 않다. 그러나 그들은 윤리의 이름으로 세속 군주의 목적에 봉사하는 법학자가 될 수 없었다. 실로 **종교와 윤리에서 독립된 중성적 법개념이라는 것은 이와 같이 세속군주의 목적에 봉사하기 위한 법학자들의 가장된 개념이었다.** 이와 같은 목적을 위해서 "법학의 과학화"가 행해졌는데, 15－6세기에 새로 발견된 고대 로마법중

므로 르네상스의 사람들에게는 교권으로부터의 해방은 도덕과 정치에서의 해방을 의미하는 것이었다.……15세기 **이탈리아의 도덕적 정치적 무정부주의는 극도에 이르렀으며, 마침내 마키아벨리의 이론이 나왔다.** 참조, 김철, 『현대의 법이론－「시민과 정부의 법」－』p.1－2

이러한 폐단의 한 면에서는 오랜 정신적인 속박에서 벗어남이 일부의 사람들로 하여금 예술과 문학에 놀라운 업적을 남길 수 있게 하였다. 그러나 이런 사회는 불완전한 것이다.……종교개혁과 반종교개혁은 이탈리아의 스페인의 복속과 결합되어 이탈리아와 근세 르네상스의 장난섬 모두에 끝장을 내고 말았다.

이 움직임이 알프스 북쪽까지 퍼졌을 때 똑같은 무정부 주의의 성격을 가지게 되었다.……르네상스를 통해서 부활된 인문주의는 이윽코 다음과 같은 조건을 만나게 되었다.……무질서 속에서 왕권은 강화되고 이 왕권이 상인과 결합되어 이윽코 절대주의 국가로 이행하게 되었다.

참조. Bertrand Russll, *A History of Western Philosophy*, p.491. George Allen & Unwin Ltd. 1979

시민법의 부분이 이와 같은 중세법의 탈 종교화, 탈 윤리화에 상당한 개념적 장치를 부여했다. 16세기와 17세기에 이르러서 부분적으로 교회가 왕권에 복속함으로 인해서 통치자의 의도보다 더 높은 법의 원천이라는 생각이 처음으로 심각하게 도전되어졌다. 그러나 국가의 최고 통치자가 그의 뜻을 맞추어야될 신의 법이나 자연법이 존재한다는 것은 여전히 부정되지 아니하였다. 이 시대 새로운 철학적·과학적 개념이 법학에 있어서 당위와 존재의 구별을 하게 되었고, 이 구별 때문에 주권에 대한 새로운 정치이론은 누구나가 주권자의 명령이나 존재하는 어떤 법에 대해서 도전하는 권리를 부인하였다.22) **당위와 존재의 구별23)이라는 한국의 법학도가 처음부터 익히는 당연한 전제는 근세 국가주의시대의 산물이며, 이와 같은 편리한 법철학으로 말미암아 근세 절대주권은**

---

22) Harold J. Berman, "The Law‒Based State", (Rechtsstaat)(with special reference to developments in the Soviet Union) *The Harriman Institute Forum* Volume 4, Number 5 May 1991, the W. Averell Harriman Institute for Advanced Study of the Soviet Union Columbia University
　　이 논문을 필자에게 보내준 해롤드 버만교수에게 감사한다. 그러나 한국 대학의 사정은 이 논문에 의거한 연구를 거의 6년이나 지연시켰다.

23) 한국 법학의 입문 과정에서 가장 처음에 나오는 절이 법과 도덕의 구별이다. 이것은 고등학교 에서의 교과 수준이라면 그런데로 교육적 의미가 있다고 하겠다. 그러나 법과 도덕을 엄격히 구별하는 이 방식은 항상 어디서나‒즉 세계 제2차대전 이후의 주된 문명권 어디에서나 보편 타당성(普遍妥當性)을 지닌 법학 방법론은 아니다. 이 구별론의 연원은 신 칸트학파의 방법 이원론으로 우리 나라에서 널리 읽히는 라드브르흐도 서남 도이치학파에 속한다고 한다.
　　이 방법 이원론이 법학상의 거의 유일 무이한 것으로 한국 법학에 자리잡은 것은 시민적 민주주의를 경험하지 못한 일본을 통해서 서양의 법학을 수입한 탓이다. 일본 사회의 특성상 서양의 원류중에서 그들의 개화기와 절대주의 성립기 그리고 국가 팽창기에 그들에게 필요하며 이해가능한 것만 선택적으로 수용하였고 이것이 종전 이전의 법학 교육을 통해 한국에도 종전 이후 50년이 되기까지 영향을 미치고 있다. 존재와 당위의 엄격한 이 분법은 칸트 원류(源流)의 관념적 법철학의 순수 사유로는 가치가 있으나 자유주의적 자연법론의 시민 문화에서는 그 적용이 대단히 제한적이다.

강화되었으나 법학은 이전의 풍부한 내용을 상실하였다.

이제 법학자는 신학과 윤리학에서 독립된 주장을 할 수 있게 되었다. 법학의 중립화를 위해서 되도록 새로 만들어지는 법개념은 그리고 무엇보다도 법학적 방식은 원칙에서 연역되는 순수 논리와 사유의 방식으로 가장 큰 특징은 법의 세계 외부에 있다고 생각되는 정치적, 사회적, 경제적 변수를 제거하는 일이었다. 이와 같이 법적 사유는 순수 논리와 연역적 사유가 되었다. 이것이 절대주의적 자연법론의 내용이다. 유럽에 있어서 근세 절대주의 군주의 보호하에 행해진 입법행위와 법전 편찬은 이와 같은 법 문화의 반영이었다. 프로이센 일반 란트법(Allgemeine Landrecht für die Preussischen Staaten)은 법학적 자연법론의 영향하에 만들어진 것이다. 이와 같이 '정치체제에 불구하고 효력을 가지는' 일반 법의 존재는 이와 같은 환경에서 만들어졌다.

VI. 계몽적 전제군주체제와 절대주의에서의 법실증주의와 자연법론의 관계

국가의 법이 오로지 주권자의 명령 형태로만 족하다는 법실증주의와 법의 올바름, 타당함을 근거로하는 자연법론의 대립을 고찰하여 왔다.

계몽적 절대 군주하에서의 법학자들도 위 절에서 본 바대로 법의 일반원리를 자연법적 원칙에서 구하였다. 그 구별의 큰 의미는 근대의 자유주의적 자연법론 영향하에서의 입법으로 넘어가게 되었다. 실로 프로이센의 프리드리히 빌헬름의 법전편찬 작업,[24] 러시아의 카테리나 치하의 입법 작업,[25] 알렉산더 치하의 법전편찬 작업[26]은 모두가 위 절에서

---

24) 참고, 김철, 『법제도의 보편성과 특수성』, 특히, p.25. 1993.
25) 참조, 김철, '제2장 러시아-소비에트 체계의 역사적 기초(歷史的 基礎)'

말한 절대주의적 자연법론의 영향하에서 법학적 자연법론이 행한 것이다. 이 한도 내에서 법이 주권자의 명령이라는 법실증주의는 제한된 의미이나 자연법론과 교차하고 있다하겠다. 따라서 근세 절대주의 시대에는 다음과 같이 말할 수 있다. ; 법실증주의와 자연법론의 구별은 법이론상으로는 엄격한 구별이 일단 가능하다. 이때 법실증주의와 엄격히 구별되는 자연법론은 윤리학, 신학, 형이상학 또는 국가철학의 형태로 논의될 수 밖에 없다. 그러나 지금까지 우리가 고찰한 대로 이와 같은 자연법론의 내용을 순수 사유형태로서만 존재하는 것이 아니라 근세 절대적 자연법론자에게 영향을 미쳐 절대군주가 계몽주의의 정신하에 행한 많은 입법작용에서 간접적으로 영향을 끼친것이다. 따라서 이론상 구별되는 이 이분법은 위에서 말한바 대로 제한된 의미에서는 서로 교차하게 된 것이다. 이 이유는 우리들의 성찰로서 가능하다. 어떤 절대군주도 자신의 주권의사에 의한 입법행위를 정당화하는 기반을 무시하지 않는다. 즉, 어느 정도 안정된 절대권력은 그것의 번영을 위해서라도 안정성과 예측가능성을 위해 자연적 정의와 신민의 법감정을 송두리채 무시하지는 못한다. 아니 실제로는 잉글랜드를 포함한 유럽 전역에서 프랑스 혁명의 여파가 결과적으로 비엔나체제에 의해서 구체제쪽으로 굳어졌다 할 지라도 여러나라에 있어서의 사정은 구체제(舊體制 Ancient Regime)의 무제한적 절대 권력이 안심할 만한 사정은 못되었다고 볼 수 있다. 어느 정도 군주는 늘 신민의 뜻을 제한적으로 수용해야 되었고 그렇지 않는 경우에도 신민의 복지는 군주 체제에 있어서도 마지막 정당성의 보루가 되었었다. 법의 윤리성의 문제는 비단 현대에 있어서의 민주주의를 경험한 시

또한 'p.516 러시아 근대 법학(近代 法學)의 부분' 『러시아 소비에트법』, 1989. 민음사.

26) 참조, 같은 사람, 같은 책, p.527 『러시아 소비에트 법문화연표』, 또한 참조, 김철, 「한국법의 문제점」, p.24 러시아에 있어서의 국가주의 전통, 1997. 미발표논문

민사회에 있어서만의 문제는 아니었다. 법의 정당성의 문제는 고대로부터 철학자뿐만이 아니라 집권자 쪽에서도 늘 문제를 삼아왔던 것이다. 심지어 생각할 수 있는 가장 적나라한 권력의 표현인 고대 중국의 형법의 경우에 있어서도 이의 정당성을 위한 윤리적 변론은 항상 가능했다. 현대 세계에서 가장 실정적 의미의 명령법을 구사한 1930년대의 스탈린 체제에서 조차도; 조세프 스탈린은 소비에트법에 그의 사람들이 그 법제도가 원래 옳다라고 믿게 하는 요소, 즉, 정서적 요소와 종교적 요소를 도입하였다. 그렇지 않았으면 소비에트법의 설득적 요소는 전적으로 사라져버리고 스탈린 조차도 전적으로 폭력의 위협만으로는 지배하지 못했을 것이다. 스탈린은 잠재적 적에 대해서 모든 폭력을 행사하였으나, 모든 지위와 계층의 사람들 사이에 지지를 획득하는 원천으로써 '사회주의적 적합성'을 고취하였고, '사회주의적 적합성'과 '법의 안정성'의 이름으로 소비에트 법원의 존엄과 소비에트 시민의 의무와 권리의 신성함을 다시 건설하려고 시도하였다.27)

따라서 실제에 있어서 어떤 실천적인 입법가도 오로지 주권자의 명령이라는 이유만으로 특정한 법을 신민에게 강요하지는 않았다. 항상 정당성, 도덕성, 그리고 신민의 복지의 이름 아래였었다.

VII. 근대 자유주의적 자연법론에서의 자연법과 법실증주의

흔히 전문적 법학자들은 자신의 영역이라는 울타리 뒤에서 되도록

---

27) 헤롤드 버만과 김철, 『종교와 제도 – 문명과 역사적 법이론 – 』, p.42, 보라, 헤롤드 제이 버만, 『소비에트 유니온에 있어서의 정의: 소비에트 법의 해석』(제2판, 케임브리지, 매사추세츠. 1963)

보다 넓은 고찰을 피함으로써 제한된 영역의 직업적 순수성을 지키려한
다. 따라서 특히 근세 유럽의 황제의 법학자의 전통 또한 제국의 법학
자의 전통의 연장선에 선 법학자들은 근세(近世)와 근대(近代)의 구별
이 주는 중요한 자연법론의 차이 즉 절대적 자연법론(絶對的 自然法
論)과 자유주의적 자연법론(自由主義적 自然法論)의 구별을 회피한다.
법학적 자연법론(法學的 自然法論)이 절대주의적 자연법론의 다른 이
름인 것은 역사적으로는 그의 현대의 출발시점까지 계속된 상황이다.

존 로크와 장 자크 루소는 따라서 전문 법학에 있어서는 오로지 철
학이나 사상이 연계된 기초과목에서만 잠시 취급하는, 법학의 영역이
아닌 오로지 정치사상이나 순수 철학의 영역에서만 문제가 되는 것으로
다루어 왔었다. 이것은 법개념에 있어서 몰 시대성(沒時代性) 즉 어떤
법 개념이 어느 시대에 어떤 필요에 의해서 나타났는가? 라는 것을 의
식적으로 회피함으로써 안정성을 기대할 수 있다는 태도28)이다.

---

28) 한국의 법학의 분과에서 그 개념의 시대성을 논해주는 것은 헌법학의 일부
개념, 행정법학의 일부 개념에 그친다고 말해도 과언이 아니다. 사법학(私
法學)의 분야에서는 흔히 근대 민법의 원칙에서 현대법의 원칙으로 넘어가
는 몇 줄의 설명은 실제로는 동 아시아인들이 역사적으로 경험하지 못한,
서구 인들이 17세기 부터 수세기에 걸쳐서 이루어낸 근대의 성과를 몇 가
지 사회·경제 문제를 서술한후 곧 황급히 현대의 문제로 옮아가는 몰역
사성(沒歷史性)을 범하고 있다. 「법은 논리가 아니라 경험이다.」(Holmes,
Common Law)
   계약자유의 원칙은 곧 그것의 극단적인 폐단으로 옮아가는데 이것은 물
론 일반 이론으로서는 타당성이 있다. (Gillmore, Death of Contract Law)
그러나 한국에서의 법학교육의 실상은 다음과 같은 비유가 적절하다. 이것
은 흡사 10대의 소년이 청년기를 거치지 않고 바로 중년의 법칙으로 옮아
가서 조로(早老)에 빠지는 것과 같다. 도식적(圖式的)이며, 유형화(類型化)
한 지식의 주입(注入)이 어떤 결과를 가져오는 지는 현재 한국의 법학이
어떻게 쓰여지고 있는가를 관찰하면 알 수 있다. 제도(制度)만의 문제가
아니고 학문 내용(內容)도 문제이다. 옳고 바름(正誤)의 문제가 아니라 경
과(經過)의 문제이다.
   형법학에 있어서 자유주의적 국가관은 현재 지배적인 여러 형법이론과는
아무 관계도 없는 것처럼 형법 교과서는 주로 기술적(技術的)인 개념 장

국가와 사회의 구성원리로서의 근대 자연법의 대두가 인간의 역사에 가져온 것은 이전의 국가, 이전의 사회와는 급격한 단절(斷絶)이었다.[29) 우리는 현대세계에 있어서의 열전과 냉전의 원인이된 이데올로기 전쟁에 지난 세월 지나치게 많은 정력을 소모하였기 때문에 실로 인간의 역사에서 지속적인 의미가 있는 것은 1917년의 러시아 혁명이 아니라, 17세기와 18세기에 있어서의 근대인의 혁명이었다는 것을 항상 잊기 쉽다. 법학의 영역에서 특정 분과를 제외하고는 근대 시민혁명이 한국사회나 한국국가의 성립에 있어서 또한 한국 법학의 전개에 있어서도 어떤 중심적인 테마를 가져야 하는지 잊기 쉽다. 흔히 현대사회의 문제 즉 독점의 문제, 사회악의 문제, 갖가지 도시화의 문제에 몰두해서 막상 근대성(近代性)의 문제를 검토하는 것을 간과한것이 아닌가 반성해 볼 일이다.

치(槪念 裝置)에 열중하고 있다. 근세 절대주의에 있어서의 형법과, 사회계약론이 가져다 준 자유주의국가에 있어서의 형법이 그 기본에 있어서 무엇이 다른지 명료하게 제시하는 바가 없다. 이러한 형법을 종전(終戰) 이후 약 50년간 계속한 뒤의 한국의 법학은 주로 어디에 쓰이고 있는가?

근대 자연법론은 철학이며, 이론이며, 사회의 설명이었으나 그 내용의 영향은 수세기에 걸친 국가와 사회의 대 변동을 인간의 의식의 수준에서 예비하였다. 시대적 가치가 충분히 부하(負荷)된 어떠한 법학 이론도 근대 자연법론의 영향에서 보는 바대로 그의 충실한 학도로 하여금 사회변화를 일으키게 할 것이다. 법학의 여러 개념 장치가 명료한 시대의 가치를 의식하지 않은 것은 한국만의 특징인가? 또는 1997년 현재 여전히 사회의 구조와 국가의 구성에서 절대주의적 요소, 중세적 요소를 그대로 가지고 있는 흔히 말하는 「불변의 인간성」 탓인가?

29) 참조, 근대혁명의 서구인에 대한 영향에 대해서는 오이겐 로젠스토크 휘시 (Eugen Rosenstock Huessey), 「혁명으로부터; 서구인의 자서전」, 1938.

제2장 유럽 기원의 형식적 법치주의와 그 진화

-사회학적 법학의 전개-

I. 현대의 시점

현대(現代, Contemporary Times)란 법제도사에서나 법학사에서는 1차 대전 직후인 1919년 이후를 가리킨다. 과학기술사에서 볼 때 1902년 Wright brothers가 비행기 시험에 성공하였다거나, 거의 같은 해에, Sigmund Freud가 아메리카에 초청되어서 강연하였다거나 해서 20세기 -즉 1900년대 초- 의 시작을 현대의 기점(基点)으로 삼을 수도 있다. 그러나 보다 더 1919년경을 현대의 출발로 삼는 사회사, 경제사적 이유가 있다. 연대기 순으로 첫째, 1917년 1차 대전이 끝나갈 무렵 러시아 제국이 볼세비즘(volshevism)혁명에 의해 무너졌다. 즉 나폴레옹 전쟁 이후 구체제(ancient regime)의 리더였으며, 유럽 자유주의의 적이었던 로마노프왕조가 붕괴했다. 세계역사상 최초의 무산계급(노동자, 농민)의 국가가 시작되었다. 1917년 U. S. S. R 헌법이 성립되었다.

연대기적으로 두 번째이나 보다 중요한 이유는 1차 대전의 세계사적 의미 때문이다. 한국 사람에게는 1차 대전은 식민지의 종속에서 벗어나는데 실패하였기 때문에, 무의미하게 여겨져 왔다. 세계 대전의 진원지 였던 유럽에서는 앙샹 레짐 이후 유럽 대륙을 지배해 왔던 권위주의적 지배의 대 제국(empires) - 프로이센 제국, 오스트리아 - 헝가리 제국과 이들과 동맹한 오스만 터키제국이 몰락(沒落)하였다.

유럽에 있어서의 1차 대전의 결과는, 대륙의 주요 세력 들이였으며, 프랑스혁명 - 나폴레옹 전쟁이후 황제 권과 귀족의 지배를 뜻하는 구체제(舊體制)제국들의 붕괴와 몰락을 의미한다.

먼저 서기 862년 이후의 러시아 제국30)이 붕괴하였다. 다음 1817년 통일 이후 유럽대륙의 열강이었던 Freußen제국이 붕괴되었다. 다음 역시 Vienna체제이후 유럽 대륙의 지배 세력이었던 오스트리아 - 헝가리 (Austria - Hungary)제국이 붕괴되었다.

II. 법학과 관련된 현대의 시대적 특징

1) 경제적으로 볼 때, 근대 초기의 자유방임주의, 자유주의 또는 자유지상주의가 그 극성기를 지나고, 자유방임은 방종과 부패, 범죄로, 자유지상주의는 정반대의 국가통제를 불러일으킨다는 것이 나타나기 시작했다. 영국에 있어서의 초기 방임주의 경제는 국부론(國富論, Adam Smith)과 같은 고전주의 경제학의 시대를 열고, 산업혁명과 함께 번영을 가져왔다. 그러나 산업화와 도시화는 도시 빈민층을 양산하고, 빈곤의 고리에서 각종 사회문제를 가져오게 되었다.31)

---

30) 1917년 혁명의 직접 대상은 1613년 이래의 로마노프 왕조 였다. 그러나 제정 러시아의 연표는 1019년에 러시아 법이 법전화 됨으로 소급하고, 988년에 그리스정교를 국교로 했으며, 노보그라드에서의 서기 862년을 기점으로 한다. 김 철, 『러시아 - 소비에트법 - 비교법 문화적 연구』527쪽 민음사 1989
31) George Owell 『런던과 파리의 영락(零落)생활』

영국의 노동운동, 사회민주주의 운동이 이에 대응하고, Fabian Society 같은 노동당의 이념적 선구가 나타났다. B. Russell 역시 이 시기에 도이치 사회민주주의에 대한 관심을 가지게 된다. 이 문제는 국가사회주의를 경험한 2차대전 이후에는 물론 다른 시각을 가지게 된다. 또한 한국에서는 1998년 IMF외환위기 이후 또다른 문제의식을 가지게 된다.

2) 법학이론은 이 시대에 「자유」에서 「정의」 또는 「공정」으로 중점이 이동하게 된다. 민법의 계약자유는 계약 공정의 원칙으로 변용하게 된다.

소유권과 재산의 신성절대시는 이제 근대 초기의 특징을 벗어나서 소유권과 재산의 상대화로 진행되었다. 개인책임, 과실 책임의 원칙도 변화하게 되었다.

관련되어서 한국의 어떤 단계를 연상하게 되는 것이 있다.

III. 한국이 식민지의 유산으로서 물려 받은 형식적 법치주의의 유럽에서의 기원

초기 법치주의(道具的 法治主義)의 한국에서의 전개는 형식적 법치주의(形式的 法治主義) - 형식으로서의 법치주의와 관계가 있다. 그 기원은 유럽에 있어서의 외관적 입헌군주정 - 외관으로서의 입헌군주정 - 시대에 유래한다.

외관적 입헌 군주정은 절대 군주정이 시대의 요구에 따라 어쩔 수 없이 헌법과 법률을 채택했으나, 그렇다고 시민 혁명이 일어난 나라처럼 국민과 시민에게 다 내어주는 것은 절대 할 수 없고, 의회도 있어서 때때로 의회가 중요한 것을 취급하기도 하나 과도하게 요구하면 의회를 소집하지 않거나 문을 닫아 버리는 방법을 쓰는 경우이다. 결정권은 아직도 군주와 그의 관료, 경찰, 군대에게 있는 경우이고 주권은 군주에게 있다.

외관적 입헌 군주정의 예는 1765년 이래로 체코 왕국을 지배한 합스부르크(Habsburg) 연합왕가의 레오폴드(Leopold)Ⅱ세로 계몽 군주였으나, 1848년 다시 반동 정책을 실시하여 왕과 국민의 관계가 경직되게 된다. 1848년 2월 혁명이 일어났는데, 혁명의 목적은 유럽 앙샹 레짐의 대표 격인 합스부르크(Habsburg) 연합왕가를 타파하고, 공화정을 성립시키는 것이었다.

다른 예는 도이치 제2제국인 비스마르크(Bismark) 체제를 들 수 있다. 1861년 황제 빌헬름 프리드리히(Kaiser Wilhelm Friedrich)가 군대개혁을 시작 하고, 1862년 황제가 의회 반대를 쳐부수고, 통일을 수행하기 위해서 비스마르크를 수상에 내세우게 된다. 황제는 군대, 경찰, 관료를 주축으로 해서 강한 국가를 세우고자 했는데, 비스마르크의 강력한 지도력이 필요했다. 부국강병 정책으로, 1871년 프랑스와의 전쟁에서 승리하고, 도이치 제2제국이 성립한다. 황제의 주권을 강화하여 분열된 제국을 통일하게 되었으나, 입헌주의는 외관과 명목이었다.

이후 황제주권의 도이치제2제국은 1914년 제1차 대전의 주된 책임을 져야 할 국가가 될 때까지 그리고 1918년 패전하여, 1919년 베르사이유 조약에 의해 막대한 전쟁 책임을 부과 당하고, 제국은 해체되며, 새로운 질서를 국제 사회가 요구함에 따라, 국내 선거에서 새로운 주류로 사회민주주의자가 나타나게 된 것이다. 결국 외관적·명목적 입헌주의였던 비스마르크 헌법제도는 일단 통일에는 도달하였으나, 도이치 국가주의의 팽창주의, 군국주의의 경향때문에 일으킨, 제1차 대전의 전쟁 책임으로 해체되게 된다. 1919년의 바이마르 헌법 길시는 도이치 역사상 처음으로 주권과 결정권이 황제에서 국민으로 옮아간 실질적 입헌주의의 실험이었다. 대단히 이상적인 조문을 철학적으로 요약한 바이마르 헌법은, 그러나 국민이 실질적으로 주인이 되는 입헌주의 경험의 짧음과 패전의 책임으로 비롯한 경제적 불안정때문에 의회 선거를 통해 다수당이 된 국가사회주의자들에게 국가주의, 군국주의를 결합시켜, 제3제국을 건설하는 길을 터 주었다. 다시 도이치제국은 1차대전에 이어 세계대전의 주된 원인 제공자가 된다. 1945년 종전으로, 다시 해체되고, 연합국에 의해 새로운 질서로 이행하도록, 강제교육, 인도된다. 분할 통치와 전범 재판이라는 전후 청산 과정과 함께, 다시 국민이 주권자가 되는 입헌주의의 길로 인도되는 법적 문서가 본 기본법이다. 도이치의 입헌주의는 비스마르크 헌법의 명목성과 국가사회주의 시대의 형해시대를 패전에 의해 극복하였다. 두 번의 세계대전에서 그들 국가의 정체성을 부인 당하고, 그들의 주권자였던, 황제와 국가 사회주의 집단을 국제 사회가 후퇴시킴으로써, 비로소 1919년과 1948년 두 번 도이치 국가의 주권자가 되었다.

도이치의 입헌주의는 바이마르헌법이든 본 기본법이든 세계대전이라는 전무후무한 인류의 비용과 희생으로 가능하게 된 것이고, 비용 계산은 500만이 도살당한 역사적 소수민족 뿐 아니라, 동아시아에서도 군국주의와 결합된 팽창주의에 의해서 36년간 정체성과 자율성을 부인 당한 한국인의 희생도 계산하여야 할 것이다.[32]

Ⅳ. 형식적 법치주의의 역사적 예

법치주의라고 하기는 하나, 어떤 다른 목적 - 가장 자주는 전제정치와 독재 정치 (Despotism)의 계속 - 을 위해서 법을 만들고, 이용하는 경우. 황제

---

32) 따라서 본 기본법의 존엄권은 유대 민족의 희생 뿐 아니라 동아시아의 역사적 소수민족인 한국인의 36년간의 희생위에 서 있는 것이다. 실로 인간의 존엄과 가치는 신성로마제국 - 비스마르크의 제2제국 - 국가 사회주의의 제3제국의 연장선에 선 도이치 국가주의의 아들이 아니다. 오히려 13세기와 17세기, 그리고 1776년과 1789년의 위대한 인류의 전통이 두 번의 세계 대전을 이기고, 1948년 황제와 독재자의 폐허위에 꽃피운 것이다.

의 절대 권력을 미화하기 위해서 계몽주의적 교육목적을 내세우고 실상은 자연적 자유를 억압하는 경우. 쉽게 얘기하면 근대적 입헌주의나 근대적 시민국가도 제대로 안되면서, 법치 또는 법과 질서를 강조하는 경우이다.

예를 들어 프로이센 일반 란트법 (Allegeine Landrecht für die Preussischen Staaten 1794. 6. 1 공포)-ALPS의 내용을 보자

같은 법 Ⅱ-2 §67~§69: 건강한 어머니는 그 자(子)에 수유(授乳)하여야 한다.

또한 같은 법 Ⅱ-2 §738: 모(母) 또는 유모(乳母)는 2살 이하의 자(子)를 밤중에 같은 침대에 재우는 것을 금지한다.

같은 법 Ⅱ-1 §174, §181 (부부의 성생활에 대한 법적인 권리·의무)

이 법에서처럼 실정법(實定法)위주의 법실증주의(實證主義)를 강제한다면, 어떤 개인생활, 사회생활, 국가생활이 전개 될 것인가?

1789년의 프랑스 대혁명으로, 프랑스는 1791년 헌법으로 공화국 체제가 되었다. 물론 그 이후 나폴레옹의 대두로 다시 통령에서 황제정으로 옮아간다.

1794년 6월 1일의 도이치는 아직 황제 주권의 시대이고, 프랑스 혁명의 직접적인 영향은 부분적일 뿐 이었다. 따라서 1871년 비스마르크 헌법 아래에 있어서의 실정주의 공법이론은 오늘날 국민주권 시대의 공법이론으로 쓰일 수 없다.

또한 이 시대의 법치주의는 근대적 입헌주의와 함께하는 근대적 법치주의와는 거리가 아득하다는 것을 알 수 있다.

Ⅴ. 형식적 법치주의 계속

1) 형식적 법치주의의 전통은 1871년 이후 비스마르크 헌법아래에 있어

서 실정주의 공법이론(實定主義 公法理論)으로 전개되었다고 하는데, 우리가 가치개념으로서 파악하는 근대적 입헌주의(立憲主義)의 이념형(理念型, Ideal type; Idealtypus)과는 거리가 먼 것에 의문의 여지가 없다.

1800년대 후반의 실정주의 공법이론은 이와 같이[33] 이해되어야 하고, 한국의 법학이 법치주의의 설명에서 명료한 가치에 입각하지 않고, 지난날의 입헌군주시대의 용어와 설명[34]을 교과서 서두에서 길게 소개하지 않을 수밖에 없는 것은 아직도 극복하지 못한 지난날의 식민지의 유산 때문이거나, 법과 법학에 대한 맹목적인 태도 때문이다.

2) 1945년 이후 문민정부 이전의 한국의 입헌주의는 실질적 의미의 헌법이 아니라 외관적 명분(外觀的 名分)에 따르는 명목적(名目的) 의미의 헌법이었다고 본다. 따라서 법치주의 역시 근세 계몽주의 법학의 이분법(二分法)이 편리하게 보여주는 대로, 명목과 실질, 형식과 내용의 분리를 보여준다. 오랫동안 한국의 권위주의 시대의 법학은 명목과 실질 또는 실상의 분리를 교묘하게 연결시켜서, 외관상의 종합성을 보여 주었다. 이름 즉 타이틀과 그 이름 아래에서의 실지 내용의 분리는, 한국문화에서의 큰 골짜기로, 이를 극복 못하면, 어떤 분야도 항상 양 절벽 사이에 걸린 밧줄과 같은 불안정을 감수해야 한다. 오랫동안 한국의 법치주의 또한 명목만으로 통용되고, 그 내용은 빈 것이거나, 다른 것으로 채워진 시대가 계속 되었다.[35] 법개념 이나 법제도 또한 이런 특징이 너무나

---

33) 시대의 배경에서 복고주의(復古主義 - 옛것은 모두 좋다.)
34) 모든 법학에서 공통된 현상
35) 전형적 서양 입헌주의의 특징은 국민주권주의와 법치주의가 같이 나타난다. 한국의 대표적 강단 법학이 열거하는 입헌주의의 요소로, 국민 주권 원리, 기본권 보장, 법치주의, 대의제, 권력 분립, 성문 헌법을 드는 것이 통설이다. 권영성 2005년도 판 7쪽 - 8쪽 국민주의를 구현하는 수단으로 다수결의 원칙 (majority)이 있고, 각종 투표가 발달된다. 만약 이행기의 국가에서 보여지는 대로 법치주의에 모순되는 다수의 결정은 어떻게 될까. 선거에는 이겼으나, 올바른 법을 위반했을 때는 어떻게 될까의 문제로 생각하면 된다. 한국에서 대중 민주주의가 확산되면서, 대중문화에서, 다수의 지배가 생활

뚜렷해서, 법에 대한 냉소적 허무주의가 만연하는 경우가 많았다. 명목적
법치주의는 결국 위장적 법치주의라고 할 만큼 이중성의 폐해가 컸었다.

VI. 형식주의에서 탈피하려는 노력

이미 1850년대 이후에 도이칠란트를 지배하고 있던 형식주의와, 형식
주의에 근거한 개념에만 의존하는 법학으로부터의 해방을 기도하는 노
력이 있었다. 법 개념 자체의 유용성에 대해서 의문을 제기하는 것은[36]
「법학의 과학(학문)으로서의 무가치성에 관하여」[37]라는 논문이다. 또한
형식적으로 사회를 외면적으로 규율하는 법이 아니라, 사회내부에서 실
지로 구속력을 가지고 통용되는 "살아있는 법(Living Law)"의 발견이
필요하다고 주장되었다.[38] 자유법 운동이라고 불리는 이 학파는 사회관
계와 사회맥락(Social Relation & Social Context)에서 현실로 살아서
작용하는 법의 실상을 파악함으로써 사회와의 밀접한 관련을 파헤치려
고 했다.

방식으로 등장하였다. 그러나 이 대중문화는 다수결의 방식이 법의 지배를
거역하지는 못한다는 생활문화와 사고방식까지 성숙하지는 못하였다. 정치
영역에서는 선거소송에 의한 승자의 법에 의한 퇴장, 경제영역에서는 투명
성이 없는 거대기업의 승승장구가 이윽고 법에 의한 청산, 교육영역에 있어
서는 성과주의를 내세운 사학 집단의 정치적 다수 세력에 대한 로비에 의해
특징 지워지는 것이 한국에서의 다수결과 법치주의의 관계이다.

36) 헤르만 칸트로비츠 Herman Kantrowicz (1877~1940): 1933년 Nazis 집권
"비국가적 태도" 영국과 미국에 대한 우호적 태도.

37) 키르히만 Kirhiman (1802~1884) 절대주의에 대한 반대: 혁명에 대한 동정
(1848년)

38) 오이겐 에를리히 Eugen Erlich (1802~1922): 일찍부터 사회학이나 경제학
자와 교류를 했다. 작은 대학에서 강의·연구 → 별 주목받지 못함. → 그러
나 America에서 인정

막스 베버(Max Weber)는 법학자로 출발하여 "중세 상사회사에 대한 연구"로 학계로써 출발하였다. 그의 역사적 시야는 점차로 폭넓게 발전되어서 더 넓은 영역의 사회학(Sociology)에 이바지하게 되었다. 그의 저작인 "경제와 사회"는 경제 사회학의 주춧돌과 대들보가 되었으며, "종교와 사회"는 종교 사회학의 출발이라 할 만하다. 그 밖에 "프로테스탄티즘의 윤리와 자본주의 정신", "직업으로서의 학문(Wissenschaft als Beruf)", "직업으로서의 정치" 등 사회과학에의 진입로를 열었다.

그의 법사회학은 한국에서는 법학자체에서 보다도 사회학자에게 알려졌다.

신대륙에서는 자유법 운동－개념법학에서의 해방－법사회학적 방식이 알찬 결실을 얻게 되었다. 즉, 유럽대륙에서는 큰 성과를 얻지 못한 법사회학이 신대륙에서는 본격적인 방법으로 성숙해서 법학자들에게 영향을 주었다.

아메리카(America)에 있어서의 반 형식주의(形式主義)의 유럽에서의 계보와 신대륙에서의 흐름은 다음과 같다.

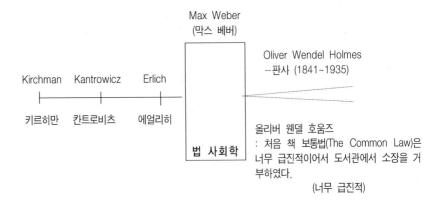

올리버 웬델 호움즈(Oliver Wendel Holmes)는 그 당시 법학의 굳고 딱딱하며 껍질이 두꺼움(경직성 硬直性)을 비판하고 재판절차에 대한

심리학적 고찰함으로써 전통주의자를 분노하게 하였다. 올리버 이후 로스코 파운드 (Roscoe Pound1870~)는 Havard Law school 법학교수로 **사회학적 법학 Sociological jurisprudence**의 아버지가 되었다. 아메리카의 반 형식주의는 올리버 웬델 호움즈를 지나 로스코 파운드에서 완성되었다. 로스코 파운드 이후 85년이 지나고 2004년 일본의 사법개혁이 시행되었다. 앞으로 얼마나 진행할지는 아직 실험기간이라 할 것이나, 한국에 있어서의 법학의 개혁이 흔히 논의되는 제도적 문제보다 그 내용에 있어서 현대사회의 요구에 부응하려면 로스코 파운드가 주창한 사회학적 법학의 변용에 의거하는 수밖에 없을 것이다.

Ⅶ. 법학의 진화와 시대의 변화 - 사회학적 법학(1)

1) 역사를 어디에 쓸 것인가? 이미 지나간 일의 기억과 회고는 그 자체로 가치 있다기보다 현재와 미래에 있어서의 문제 해결에 도움이 되어야 한다. 환자를 치료할 때, 우선 환자의 질병의 역사부터 기록된 것을 검토하여야 한다. 프로이드는 현재의 정서적 장애(Emotional disturbance)를 치료하는데, 과거의 억압된 경험 – 때로는 수십 년 전의 외상(trauma)에서부터 치료의 대상을 찾았다. 의학에서는 아무도 역사적 접근을 부인하지 못했다. 그런데 왜 사회적 질병을 치료하는 법학에서는 역사를 명백한 치료의 목적으로 쓰지 않고, 현재의 급박한 문제 해결과는 동떨어진, 한낱 지난 날의 회고담이나 이미 현재나 미래 와는 단절된 이야기 거리로만 그치고 마는 것일까?

2) 진화(Evolution, 進化)라는 것은 20세기에 와서 비로소 자연계의 역사 (자연사自然史)를 이해하는데 동원된 어휘이다. 현재의 인간의 생태학적 특징은 늘 그래왔던 것 같으나, 적어도 고생물학(古生物學)의

도움을 빌리면, 50만 년 전의 직립원인 Pithecan Tropus Erectus, 또는 100만 년 전의 자바(Java)원인, 네안데르타르Neanderthal인에 와서는 현재의 모습에 가까이 왔으나, 같지는 않다. 인간을 포함한 자연은 오랜 세월을 두고 서서히 변화해 왔고, 그 변화에는 방향이 있다고 생각된다.

3) 50만년이나 100만년의 자연의 역사는 길고 긴 역사이다. 그러나 발생학(發生學, Genetics)으로 자연을 보도록 하자.

세포가 분열되어서 기관(Organ)을 이루는 모든 과정을 보자. 강장동물(腔腸動物)의 예를 들기로 하자.

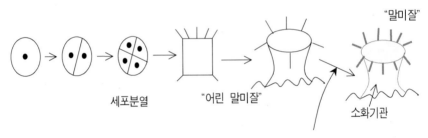

4) 한국에서 제도와 법의 개혁을 논의할 때 많은 사회과학자 또는 법학자가 범하게 되는 실수가 어디서 연유되는가?

5) 사회제도와 법제도를 포함해서, 모든 제도(Institution)를 어떤 시간과 장소에서 고정 불변한 것으로 파악한다. 예를 들어서 함부르크 대학의 법학부는 늘 같고 변하지 않는 독일적 특징을 가지고 있다고 생각한다. 그러나 실제로는 변하고 있다. 즉, 두 가지 전혀 다른 모델ㅡ전통 독일식과 최신 미국식 두가지 모델ㅡ을 시험하고 있다.

6) 이미 본 바대로 인간을 포함한 자연계는 과거 수백만 년 동안 늘

변화해 왔고, 그것을 진화(Evolution)라고 부르든, 신의 뜻이라 부르든 어떤 방향을 향해 변화해 왔다. 개체생물도 발생에서 성숙에 이르는 긴 과정이나 그 이후에도 늘 변화의 궤도위에 서 있다. 만사를 고정된 것으로 파악하는 방식은 절대주의적 경향의 법학자[39])에게서 가장 잘 나타나는데, 이들이 만든 법률 해석학은 역시 그 시대의 절대주의를 배경으로 하고, 헌법이든 제정법이든 규칙이든 어떤 법이든 고정된 뜻만을 가진다고 가르쳐 왔다. 이것을 법률 해석학의 신학적 성격[40])이라고 한다.

VIII. 사회학적 법학(2)

1) 20세기가 시작 된 1900년대에는 문명사적으로 새로운 기운이 많이 나타나던 때였다. 라이트 (Wright) 형제가 처음 하늘을 날았다. 프로이트가 아메리카의 초청으로 대학에서 강연을 시작하고, 주목을 끌기 시작했다.

1905년과 1907년 두 번에 걸쳐서, 로스코 파운드가 미국변호사협회(America Bar Association)에서 처음으로 사회학적 법학이 필요하다고 힘주어 말해서 시골 변호사들을 어리둥절하게 만들었다. 법학의 20세기는 이렇게 시작되었다.

2) 사회학적 법학의 단계

법학 또는 법의 발전 역시 주된 생산 활동, 산업 구조 또는 테크놀로

---

39) 유럽의 절대군주가 약간 계몽주의적으로 타협해서 다소 유화정책을 쓸 때, 제한적으로 의회의 뜻을 받아들이는 시늉을 할 때, 아직은 전제 군주제일 때…….

40) 신학의 성격. 성경도 고정된 성격을 가진다. (영원한 하나님의 뜻은 불변이다.) 그러나 중세 때의 성경해석과 현재의 성경해석이 불변의 부분도 있으나, 달라진 점도 많다.

지의 영향을 받는다.[41]

산업혁명 초기의 테크놀로지와 생산 및 사회조직의 영향을 받아서, 어떤 세계관이 만들어졌는데, 이 세계관은 유럽의 입헌군주제나 제한적 입헌주의 시대에 관료제나 경영조직의 합리화에는 도움이 되었다. 어떤 세계관이 만들어졌는가를 보도록 하자.

산업혁명은 최초에 증기기관의 발명으로 새로운 동력(動力)이 기차의 바퀴를 움직이고 자동차의 바퀴를 움직이게 되었다.

기계장치와 생산기계의 놀라운 쓰임새와 가져다주는 효과를 개항 이전의 한국인은 몰랐다. 병인양요 등에서 서양인의 기선(汽船)은 조선인의 눈에는 매우 놀라웠다. 신사 유람단을 일본에 파견했을 때 유람단이 가장 놀라워했던 것은 기차였다. 기선을 타고, 기차를 보고, 자동차와 방직 기계에 흥미로워 했다.

산업 혁명이 진행 되면서, 서양인들은 기계 장치 들을 보고, 인간의 조직 즉, 관료 조직과 군대 조직도 놀라운 기계장치와 생산기계처럼 조직 구성할 수 없을까? 라고 생각하게 되었다.

군대조직이나 공장조직 등의 인간조직도 기계조직과 비슷한 구조로서 효율과 정확성을 요구한다.

기계론적 세계관과 기계론적 사회관(Mechanische Weltanschauung / Gesellschaftsanschauung)이 나타난다. 인간이 만든 조직 중 군대 조직이 가장 효율성과, 신속·정확성을 목표로 한다.

---

41) 여기에 반대되는 견해는 법과 법학은 정신과학(Geistes wissenschaft)의 영역이다. 따라서 정신(Geist)의 세계에서의 전개과정 일뿐 자연계나 자연과학 도는 테크놀로지와 관계없다.

예를 들어서, 스멘트 Smendt 학파는 사실(sein)과 규범(sollen)을 엄격히 구별하는 방법2원론을 고수한다는 점에서, 그리고 법학은 정신과학에 속한다는 근대 도이치의 철학적 전통을 묵수한다는 점에서, 자연과학의 발달, 테크놀로지 공학의 발달과 전혀 담을 쌓고, 이 장에서 논하는 1900년 이후의 새로운 문명사의 전개와도 분리되어 있다.

이런 기계론적 사회관은 법학에 있어서도 영향을 미치게 되었다. 물론 법률 해석학에도 영향을 미치게 되었다. 기계론적 사회관에 기초하고 있는 법학과 해석 법학은 기계 조직의 설계도와 같이 논리적이고 의문의 여지를 남기지 않는 점에서 그리고 일의적(一意的)이므로, 효율적이다. 이런 논리성과 효율성이 후진국의 빠른 성장을 위해서 많이 이용되었다. 우리 나라도 일제 강점기 이후 위로부터의 근대화 시기에 있어서 도이치와 일본의 영향을 많이 받았다.

생물학적 세계관을 들어 보자. 생명은 시초가 있다. 시초는 단순하다. 시초 중 시초는 세포이다. 세포는 분열해서 복잡해진다. 복잡해지다가 어떤 기관(organ)을 형성한다. 예를 들면 위장이다. 기관이 발달되고, 여러 기관이 모여서, 유기체가 되고, 전체로서의 식물이든 동물이든 인간이든 살아있는 개체가 된다. 그래서 유기체(organism)의 개념이 생긴다. 그 다음 단계는 유기체로서의 개체가 모여서 이루는 종과 류의 단계이다. 개체는 모여서 종(種)을 이룬다. 종은 류(類)를 이룬다. 그 다음 단계에서 사회가 발생하고 사회는, 살아있는 완전한 몸으로서의 유기체적 성질을 가지고 있다. 이와 같이 생산기계의 세계와 생태학(ecology), 생물학(biology)의 세계는 다르다.

Ⅸ. 사회학적 법학의 전개(3)

잎장의 요약은 생물학(biology)과 생태학(ecology)의 발견과 법칙을 유추(類推, analogy, analogie)해서, 사회학적 법학에 적용하는 것이다.[42] 이것은 기계론의 세계관을 법률해석학에 적용하는 관료법학이나 군주제

---

42) 어떻게 적용했나? 시기에 따라서 달랐다. 유기체론적 사회관에서 진화론적 사회관, 생태학적 세계관 등 다양한 모습이었다.

입헌주의에서 더 진행 된 것이다.

다음의 단계는 인간 행동의 과학인 심리학을 법학에 적용하는 것이다.[43]

법 해석, 법 판단, 재판 과정 그리고 판결을 전통 법학에서처럼 오로지 "객관적 질서"와 변하지 않는 "법 원칙"이 오로지 적용되는 세계로만 파악할수 있다. 이렇게 파악하는 것이 지금까지 동아시아 및 과거의 한국 법학 또는 이것에 결정적 영향을 준 컨티넨탈 전통·형식 법학의 특징이었다. 여러분이 지금까지 금과옥조(金科玉條)로 생각해 온 교과서 법학, 강단 법학의 알파(α)요 오메가(ω)였다. 재판이 이루어지는 법원에서 모든 절차에서의 그리고 입법과정에서의 주된 행동자(行動者, actor)가 판결에 어떤 영향을 미치는가를 과학적으로 파악해서, 앞으로의 개선방법을 모색하는 것이다.[44]

급격히 변동하는 사회적 맥락에서는 실재 사회현실 (Social reality)과 명목상 논해지는 현실이 괴리가 심하다. 실제 법의 운용 (Operation of law)과 명목상 법의 운용이 다르다. 따라서 실상을 조사해야 한다고 변

---

43) 한국에 있어서 심리학적 법학의 초기적용은 「법심리학회」에서 주로 형사정책과 관계해서 부분적으로 다루고 있다. 아직 초기이다. 더 본격적으로 심리학을 법학에 적용시킨 예로는 "법학에 있어서 인간을 어떻게 파악할 것인가? 어떤 인간상이 법학에서의 대상이 될 것인가?라는 큰 맥락에서 출발한 예가 있다. 유기천(Paul. K. Ryu)교수는 정신분석학을 인류학에 응용한 Yale대학의 Interdisciplinary(여러 학문의 경계를 넘나드는)연구의 주된 시대였던 1940's~1950's의 영향을 받은 것으로 보인다.
이후 개발독재와 유신시대와 신군부시대를 잇는 긴 기간 동안 한국에서의 법학에 있어서는 점차로 기계론적 세계관에 입각한 법률해석과 그것의 교육방식으로서의 교과서 법학만이 주도하였다. Yale학파의 학제적 연구는 한국법학에서 자취를 감추었다.

44) 예를 들어 사법 행태론 (Judicial behavior)를 들 수 있다. 더 큰 역사적 맥락은 한국에 있어서 1994년 전후에서, 권위주의 체제가 해방의 단계로 넘어갈 무렵 비로소 법학의 민주화와 시민사회에 있어서의 법학과 다른 사회과학과의 관계가 다시 논의되고, 학제적 연구도 다시 살아나기 시작하였다. 법학이 권위주의에서 벗어나는 방법으로서 친숙한 교육제도라는 모습으로 논의되었다.

동기의 아메리카 학자들과 법률가들이 느꼈다. 그때까지 아메리카 법학도 구 세계의 유산에 의존하고 있었다. 아메리카 법학이 그때까지는 자기 땅의 자기 현실을 취급할 정도로 대담하지 못했다.

X. 관습과 인습으로서의 법학하는 방식

관습이나 인습으로써 내려온 "법학 하는 방식" 즉 법학 방법론[45]에서 벗어나기 시작한 경위를 다룬다.

시대는 세계 대공황 전기이고 시대의 정치·경제사정은 전체주의 세력이 뜨고 있었다. 이때의 각성은 그때까지 존중해 왔던 선배들의 방법이 더 이상 적합하지 않다고 느낀 것이다. 경제 사회의 강한 필요성이 그때까지 취급하지 않았던 사회적 사실[46] (1920년대까지 북아메리카의 법학도 법 해석이나 법 개념의 좁은 반복에 열중해서[47]), 「사회적 사실 (Social fact)」의 분야를 다루지 않았다.

인류의 법학의 역사에서 가장 실제적, 실용적 관점에서 보면 애초에 법조문이 있었고 – 함무라비 법전, 모세의 10계명 유대법, 8조금지법, 한비자 시절의 중국형법조문 – 그 법조문을 해석하는 데에서 고대 역사가 시작되었다. 고대 로마에서 쓰던 법들은 로마법대전(Corpus Iurius Civilis)인데 몇 부분으로 구성되어 있으나 그 중 중심부분은 역시 법해

---

45) 방법론은 법학 공부의 모든 과목과 분야에 공통된 문제이다.

46) 4) Question; Do we treat social fact in korean jurisprudence? Y / N Then, what is our most main & direct & practical goal in studying law → To interpret legal clause(법조문 해석)

47) North America의 법학은 1789년 이후 영국법 – Black stone의 Commentary to England – 이 교과서가 되었다. 코멘타르란 조문별로 해석하는 전통적 유럽방식이다. 영국방식은 Commentary에 기본을 두고 있었다.

석과 해석에 따른 여러 의견이다. 고대사회의 가장 단순한 "하지마라"법, 즉, 금지법－모세의 법도 단순한 "하지마라"와 "하라"의 10개 조문이다. －부터, 고대 로마의 상당히 분화된 시민법이나, 그 후 중세와 근세까지 법학을 결정한 것은 이미 주어진 금지법이든 임의법이든, 이것을 어떻게 해석해서 실제 일어난 사건에 맞추어 적용하느냐의 문제였다. 르네상스의 기폭제가 된 고전부흥 운동도, 고대 로마법이나 그 계승으로서의 유스타니우스 법전을 어떻게 해석하느냐에 초점이 있었다. 법률해석학은 통용되는 세계가 안정된 제국일 경우에는 회의없이 유용하게 쓰여 졌다. 그러나 지리상의 발견이나 과학의 발전에 의해서 이전의 고정된 환경과 사회 및 세계가 영역이 확장되고 고정된 것이 아닌 끊임없이 변화하는 세계에 있어서는 사실의 확인에 있어서 문제가 생긴다. 법률을 해석·적용하기 위해서는 먼저 사실의 세계가 밝혀지고 확정되어야 한다. 사실의 세계 자체가 팽창되고 과학의 발전에 의해서 의미, 내용이 달라지고 있는 경우에는 사실확정 자체가 어려워지고 사실에 대한 과학의 도움을 받아야 한다. 잠깐 법학자의 역할로부터 탐험가의 역할로 옮겨보기로 하자.

탐험가의 일은 리빙스톤(Livingstone), 아문젠(Amunzen), 콜럼버스(Columbus), 탬플톤(Tamplton), 피어리(Piery), 마르코 폴로(Marco polo), 왕립 영국지리학회(Royal British Geographic Society)와 관계된다. 탐험가와 마찬가지로 지적모험은 지리상의 모험과 같이 미지의 세계에 존재하는 익숙하지 않은 위험성에도 불구하고, 헌신, 집중과 몰입, 자기희생에 의해서 그러나 대가는 알 수 없는 상태에서 새로운 세계를 밝혀내는 것이다. 전형적 법학자는 지적 모험에서 가장 멀다. 학자나 학문의 가치만 따진다면, 지적모험을 않는다는 점에서 "전통법학의 학문으로서의 무가치성"을 논할 수도 있다. 1930년대 이후 경영경제학, 심리학, 경제학과 같은 전문가들의 영향이 산업화된 사회에서 점점 뚜렷하게 되었다. 법이 판단해야 할 사례 중에서 이들 전문가들이 담당해야 될 영역들이 특수화 되고 특정되면서 법 판단의 주체로서의 법학도나 법조인은 이들 전문가 들의 영역에 대해서 충분한 지식이 없이는 법률 판단에 앞선 사실 판단 에서 고배를 마시지 않을 수 없었다. 법학방법론에 있어서의 이러한 변 화는 경제 제도론 자들과의 협력에 의해서 가속되었다.

법과 권리의 우위 원칙
 -러시아와 동아시아에 있어서의 체제변환의
                          기초로서-

이 글의 가장 큰 동기는 지난날의 제정러시아의 법학자나 소비에트 러시아의 법학자나 동아시아를 비롯한 후진국의 법학 엘리트가 청산해야 될 공통적인 태도를 가지고 있다고 보는데서 출발한다.

Ⅰ. 러시아에 있어서의 법치주의 역사

소비에트 시대 (1917-1987)에 법과 권리에 대한 기본 태도는 마르크스의 교의에 의해 결정되었다. 즉 법은 계급 정치의 하녀이다. 그러나 이런 기본 교의와는 달리 소비에트 시대의 유일한 지배 정당은 법을 압도적인 지배의 도구로 이용하였다. 개인의 권리란 지배하는 세력이 적합하다고 판단하는 데로 정해졌다.[48)

---

48) John N, Hazard, *Communism and Their Law: A Search for Common Core of the Legal Systems of the Marxian Socialist States* 521 (1969)
　　John Hazard 교수는 1990년 말 필자가 그를 방문했을 때, 미국 비교법 학회 회장이었다. 러시아 법의 개척자중 한 사람으로써 Harold Berman

"고차(高次)법과 인간의 권리의 우위의 원칙"49)은 지나간 시대(1917
-1987)의 사회주의의 원칙에 있어서는 당연하지 않았고 오히려 '새로운
사고'로 여겨졌다. 북미와 서유럽에서 오랫동안 당연히 여겨져 왔던 "(고
차)법과 인간의 권리의 우위 원칙"은 사회주의 법체계 아래에 있어서는
이단자들에 의해서 주장되어졌다. 새로운 사고는 안드레이 사하로프와
같은 처벌된 이단자에 의해서 1968에서 1971년 사이에 주장되어졌다.50)

　사회의 민주화, 많은 사람이 관계되는 공적인 문제들에 대한 공개적
인 논의, 그리고 (고차)법의 지배와 기본적 인권을 보장하는 것이 결정
적인 중요성이 있다고 나는 간주한다.
　　　　　－안드레이 사하로프, 브레즈네프 서기장에게, 1972년 6월51)

───────────────

(Harvard & Emory)과 함께 20세기의 가장 현저한 법학자로 기억될 것이
다. 두 사람의 업적에 대해서는 김 철, 『러시아 소비에트 법-비교법 문화
적 연구』(서울:민음사, 1989) 참조
49) the supremacy principle of law and rights의 한글 직역은 법과 권리의 우
위원칙으로 된다. 그러나 한국인의 무의식적인 지각기능은 "법과 권리"라
고 할 때, 법의 지각을 넓은 뜻으로 자연적으로 받아드리는 문화에서 배양
되지 못했다. 서구인들이 principle of law and rights라고 할 때는 law의
뜻을 '보편적으로 통용되는 도덕원칙과 일치하며 어떤 사람과 국가에 의해
서도 침해될 수 없는 권리와 정의'를 의미하고 있다. 동아시아의 역사적
유산은 법의 함의가 도덕원칙과 일치하는 보다 넓은 뜻이 되지 못하고 주
로 (중국고대 왕조의 법가사상에서 보는 바 데로) 국가주의, 형벌주의, 실
정주의에 의해서 뒷받침되는 법을 연상하게 된다. 따라서 "법의 우위"의
원칙은 동아시아 특히 한국현대에 있어서는 자칫하면 실정법 만능주의를
의미하는 것으로 되기 쉽다. 따라서 the supremacy principle of law and
rights를 고차법과 인간의 권리의 우위의 원칙이라고 풀어서 쓴 것이다. 참
조, William E. Butler "The Rule of Law and the Legal System," in
Stephen White et. el. ed. *Developments in Soviet Politics, 1990.*
50) Peter Juviler, "Human Rights and Russia's Future", *The Parker School
Journal of East European Law 1995 / VOL.2 Nos. 4-5(New York,
Columbia University)*
51) Andrei D. Sakharov, *"Postscript to Memorandum"*, in *Sakharov Speaks*
153(Harrison Salisbury ed 1974)

이러한 새로운 사고는 실제로 러시아 공산주의 치하에서는 낯선 것이
었다.52) 1986년에서 1989년까지 진행된 절반만의 민주적 개혁이나
1990년에 행해진 당의 권력 독점의 제거는 '고차(高次)법과 권리의 최
고 원칙'에 대한 반대를 끝내지 못했다. 반동적인 정치가들에 의해서
도전이 계속되었는데 민주주의와 시장경제의 전반적인 경험 미숙, 그리
고 볼셰비키 혁명 이전에 존재했던 괜찮은 시민적 질서를 공산당이 파
괴했기 때문에 법의 지배로 가는 길을 저해하였다. 따라서 1991년 12
월 소비에트 공화국 연방이 와해되고 난 후 '고차(高次)법과 권리의 우
위 원칙'이 힘을 얻었으나 '법의 정치에의 종속 원칙'53)의 강력한 잔재
물들은 계속해서 새롭게 성립된 러시아와 다른 독립 주권국가에서 힘을

---

52) John Newbold Hazard, "The Evolution of the Soviet Constitution", (ed.
Donald Barry) *Political & Legal Reform in the Transition Period* (New
York: M. E. Sharpe, 1992) Hazard 교수의 영전에 경의를 표한다. 그는
러시아법의 연구를 비교법이라는 보다 넓은 맥락에서 공인된 대학의 독자
적 영역으로 높인 2차 대전후의 개척자였다. 컬럼비아 대학 러시아 연구소
의 공법 교수로 출발하여, 컬럼비아 법과대학의 교수로 재직하였다. 추도
논문집으로는, "John Newbold Hazard (1909 - 1995)", *The Parker School
Journal of East European Law,* Vol.2 No.2(New York: Columbia
University, 1995)

53) 법치주의와 입헌주의의 한국에 있어서의 현상을 볼 때마다 법이 정치에 종
속되었던 가장 대표적인 역사적 예로서 마르크스 레닌주의의 예를 들지 않
을 수 없다. 즉, 이 체제에 있어서는 법을 지배의 수단으로 보고 따라서
법은 정치에 종속된다. 북미와 서구 전통의 국가에서는 관계가 달라진다.
법과 권리가 정치보다 우위에서는 법의 지배의 원리가 국가 생활, 시민 생
활, 정치 경제 문화 생활의 전제이다. 한국인들은 1948년 건국 이후 명목
상으로는 입헌주의와 법치주의를 채택하였으나(1948년 제 1공화국 헌법 이
후) 한국의 역사는 입헌주의와 법치주의의 내용과 실상을 경험하게끔 내버
려두지 않았다. 그 결과로 한국 문화의 어떤 부분은 헌법과 법을 정치의
수단으로 당연히 받아들이는 태도를 배양시켜 왔다. 만약에 서구와 북미
전통의 '법과 권리의 우위' 원칙이 실질적으로 지켜지지 않고 항상 정치에
종속된다면 그 나라는 어떤 명목적인 선언적 헌법을 가졌든 안 가졌든, 권
위주의나 전체주의 국가의 사회생활과 본질적으로 유사한 국면을 계속
가지게 될 것이다. Peter Juviler, 윗글(1995), 495쪽

떨치게 되었다. 새롭게 성립한 러시아는 처음에는 법의 지배의 길을 걸어가고 있는 것으로 보여졌다. 그러나 1992년부터 1993년 사이의 입법부와 행정부간의 대결 1년 뒤에 민주주의는 쇠퇴했다.54) 그때 이후 중앙에서는 점점 권위주의적이며 낙하산 같은 입법을 해대고 다른 한편에서는 사회적, 정치적 무정부주의가 진행되었기 때문에 법의 지배, 즉 법치주의는 지속적으로 거점을 잃어 왔다. 어쨌든 한 나라의 법의 지배를 향한 전진의 지침이 되는 것은 인간의 권리의 상태이다. 러시아에 있어서의 인간의 권리에 대한 전반적 전망은 전적으로 부정적이기보다는 혼돈 되어 있다. 러시아가 개혁의 유산들을 모아서 "법의 지배" 국가로 진행하는 것은 대개 위험하며 폭력적인 반동에 의해서 방해받아 왔다.55) 따라서 우리는 1991년 소비에트의 해체기에 다시 서서 러시아의 법치주의의 문제를 그때의 시점에서 음미하려는 노력을 하지 않을 수 없다.

─이 어찌된 일인가? 한 때는 20세기의 법체계를 3분하였던 사회주의 법체계의 모국이었던 러시아가56) 사회주의 법체계를 포기하였다.57) 다시 러시아는 그의 법체계와 헌법 제도에 있어서 이른바 주도적인 서

---

54) 그 결과로 예를 들어서 토지법과 같은 영역에서 여전히 구세력이 다수를 차지하고 있는 입법부와 이른바 시장경제를 급속하게 추진하는 행정부간의 갈등은 옐친 행정부 이후의 의미있는 진행을 크게 저해하였다. 참조. 김철, 『러시아 토지소유, 이용, 양도에 관한 법제』, 대학원 강의 교재(서울; 고려대학교 국제대학원, 1997년)

55) Peter Juviler, 윗글(1995), 496─497쪽

56) 김철, 『러시아 소비에트 법』, p.37─47 특히 1. 사회주의 법체계가 자율적인 법체계인가? p.37 1) 개념적─형식적 범주로서의 사회주의 법 p.39 2) 역사적, 정치적, 경제적 그리고 사회적 범주로서의 사회주의 법 p.40 3) 사회주의 헌법 체계의 요소들 p.41 같은 사람 같은 책(1989년)

57) 러시아 헌법 제정 전후의 사정은 서구의 주된 법체계에서의 법학자가 참여, 조언하였다. 대단히 특기할 만한 사항은 한국의 법학계와 유사하게도 아메리카와 도이칠란트의 법학자들이 경쟁적으로 참여한 점이다. 상세한 사정은 후술한다.

양 제도를 다시 수용하는 단계로부터 출발하였다. 이 단계에 있어서 우리는 반문하지 않을 수 없다. 이것은 당연한 것인가? 사회주의 혁명 이전에 있어서 이미 러시아는 오랫동안 국가 제도를 존속시킨, 나폴레옹 전쟁 당시 유럽 최대의 제국이었다.[58] 도이치의 어떤 학자는 "러시아는 강한 법치주의 전통을 가지고 있지 못하다."라고 기술하고 있다.[59] 도이치란트 법치주의의 시각이라고 보여진다. 왜냐하면 어떠한 외국의 영향도 보여주지 않는 러시아의 관습법만을 담고 있는 Russkaia Pravda는 11세기까지 소급한다.[60] 비잔틴문화의 계승자로서 동로마 제국 패망(15세기)이후 군주에 의한 법개혁·수집의 법전 편찬은 짜아·러시아의 주요한 과업이 되었다. 자유주의적 개혁의 군주 Alexander(1801-25)는 러시아 권리장전(Russian Charter of rights)을 계획하였으며, 알렉산더의 개혁 2기(1807-12) 시대의 Michael Speransky는 법과 합법적 절차에 기반을 둔 군주 체제를 기도했다. 법치국가의 계몽군주적 개념을 시도

---

58) 김철, 같은 책 (1989년) 『러시아-소비에트 법체계의 역사적 기초』, p.55-77 "유럽 혁명의 실패는 러시아의 콧대를 높였다. 러시아는 홍수에 잠긴 유럽에 홀로 우뚝 서서 유럽 구체제의 구원자가 되었다. 자유주의적, 급진적 유럽인에게 러시아는 지고한 적이었다. 증오했으나 존경했고 최대의 유럽 국가로 인정하였다." 러시아와 1848년의 혁명.

59) Karin Schmid, "Legislation on Administrative Procedure in Czechoslovachia and the Soviet Union", in Feldblugge ed. *The Emancipation of Soviet Law,* (Dordrecht; Martinus Nijhoff Publishers, 1992) 1990년까지의 법발전을 주로 다루고 있다. 도이치 법과 제정러시아의 관계에 대해서 개략적인 것은 구체적으로 법학에 대한 문제는 아니나 참조. 이인호. "모스크바 자유 석공회와 장미 십자단" 「러시아 知性史」(이 논문은 제정 러시아에 있어서의 지식인과 학자 그리고 관료에 대한 프러시아의 영향을 다룬 것이다. 자유석공회는 Free mason의 번역어로서는 적절하지 않게 보인다. Free Mason은 18세기 잉글랜드에서 시작된 비밀결사로서, 프로이센까지 건너가는 동안 그 성격이 바뀌었다고 한다. 위 논문 참조. 이것은 石工들의 모임이 아니었고, 프로이센에서는 영향력 있는 인사들의 결사이었다.)

60) 김철, 『4-나) 러시아 법치주의의 전통』, p.62-64 『법제도의 보편성과 특수성』, (Seoul; Myko, 1993)

하였다.61) 어떻게 해서 11세기부터의 러시아 관습법은 자취를 감추고 어떻게 해서 피이터대제와 알렉산더대제의 법개혁은 현재에 와서 아무 의미도 없다는 것인가? 어떻게 해서 소비에트 해체 이후의 헌법 제도와 법치주의에 외국의 법학자들이 더욱 강한 영향을 끼친다는 것인가? 이 것은 정서적인 의문이 아니라 방법론적 질문이다. 이 질문에 해답하는 것은 많은 시간이 걸릴 것이다. 자유주의적 법제도라면 이미 제정러시아 때에도 그 맹아가 있었다고 관찰된다. 모스크바 대학 법학부의 최초의 러시아인 교수62)이며 최초로 러시아 언어로 강의하는 러시아 법사의 교수였던 데스니츠키는 그의 법학 교육 방법론에서 1764년 이후의 스코틀랜드의 아담 스미스의 영향을 받고 있다. 자유주의적 법제도의 러시아에 있어서의 주창자였던 그는 비교적 일찍 대학의 직책을 떠났다고 한다.63) 실로 220년만에 러시아에 있어서의 자유주의적 법제도가 다시 나타났다고 할 수 있다.

　1988년경부터 고르바초프 행정부의 주된 슬로건은 법에 기초를 둔 국가(pravovoe gosudarstvo) 즉, 법치국가였다. 법치주의가 새로운 개혁의 중심 테마가 되었다. 종종 이 러시아어의 번역은 아메리카에서는 Rule of Law로 하기도 한다. 그러나 '법에 기초를 둔 국가'와 '법의 지배'는 차이가 있다.64)

---

61) 김철, 위의 책, p.63
62) 1768년 이전에는 모스크바 대학 법학부의 교수는 전원 프로이센 사람이었고, 도이치어로 강의했다고 한다. 따라서 1768년 데스니츠키가 최초의 러시아인으로 러시아어를 쓰는 법학 교수였다고 한다. 참조, 김 철, 같은 책 p.518 (1989년)
63) 김 철, 위의 책, p.518 데스니츠키의 그의 시대에 있어서의 지배적인 법이론과 법이론가와의 관계는 약술하기에는 큰 문제이다. 푸펜도르프와 당시 모스크바 대학의 법학부를 지배했던 독일인 학자에 대한 그의 태도와 아담 스미스와 존 밀러의 그의 사상에 미친 중요한 영향 및 윌리암 블랙스톤과의 다소 애매한 관계가 참조가 된다. 1770년대의 일이다.
64) 윌리암 버틀러는 '법에 기초를 둔 국가'와 '법의 지배'의 차이를 인정하여

러시아 법치주의의 개혁 이전의 문제는 무엇이었던가? 먼저 볼셰비키 혁명전(1917년 이전) 제정 러시아 학자들에 의해서 법치주의는 뜨거운 논쟁의 대상이 되었고, 물론 그것은 19세기 도이치의 법학자들로부터 빌려 온 것이었다. 이 법치주의는 혁명 후에는 소비에트의 정치와 법문헌에서 공식적으로 비난의 대상이 되었다. 이론적으로 법치주의는 마르크스 레닌주의와 충돌하였다. "법은 모든 사회에서 지배계급의 의지의 반영이며, 국가는 궁극적으로 법에 의해서 구속되지 않는다."라는 것이 마르크스주의의 교의였다. 그리고 실제에 있어서는 우리가 관찰한 바대로 법치주의는 공산당의 전능성과 충돌하였다. 그래서 1988년 즉, 혁명 이후 71년만에 법치주의의 개념이 소비에트 지휘부에 의해서 페레스트로이카 글라스노스트 그리고 민주화에 덧붙여서 강조되었다. 또한 1917년 이후 처음으로 소비에트의 법학자들은 법치주의의 개념에 있어서 그들을 한편으로는 플라톤, 아리스토텔레스, 키케로로 연결을 시키고 다른 한편으로서는 로크와 칸트에까지 정치사상과 법사상을 연결시켰다.65) 또한 혁명 이전의 제정러시아의 계몽주의 시대와 계몽 군주에 의

'법의 지배 국가'라는 표현을 사용한다. 그 이유는 법 개념 중에서 보다 넓고 보다 근본적인 개념을 옹호하는 사람들에게 혜택을 주기 위함이라고 한다. 이때 넓은 의미의 법은 권리와 정의 그리고 언제 어디서나 우선하는 도덕법칙과 일치하며 어떤 시민이나 국가에 의해서도 침범되지 않는 법의 넓은 개념이라고 설명한다. William E Butler, 윗글, 윗책, 104-105 (1990), 도이치어로서의 법치주의(Rechtsstaat)는 러시아어의 법치주의와 대체로 같게 보는 것이 서구 학자들의 시각이었으나 이것을 영어로 번역할 때 도이치 어와 러시아 어의 법치주의는 똑 같은 어려움이 있다. 즉 영어권에서의 Rule of Law로 해석하느냐 또는 방금 우리가 한국어로 쓴 "법에 기초를 둔 국가"로 해석하느냐의 문제이다. 버틀러가 러시아 어를 번역하는데 있어서 그의 영어에 있어서의 법의 지배와 같은 넓은 법 개념을 사용한 것은 러시아 어의 앞으로의 법 발전에 그와 같은 희망을 표시한 것이라고도 볼 수 있다. 이미 논한 대로 엄격한 의미에서 도이치 어나 러시아 어의 법치주의와 영어의 법의 지배는 차이가 있다. 참고 유럽에 있어서 형식적 법치주의의 발달에 대해서는 김철, p.16-21 『법제도의 보편성과 특수성』, (Seoul; Myko, 1994)

한 자유주의적 개혁 시대에 논의되었던 것들 중에서 러시아의 법치주의와 도이치의 법치주의를 논한 학자들이 다시 각광을 받고 있다. 역사는 71년 전으로 돌아갔다. 통일된 동서독이 그의 정신적 유대에서 괴테의 문학작품을 다시 확인하듯이 공산주의를 벗어 던진 러시아는 도스토예프스키와 뚜르게네프의 두 가지 전통으로 돌아갔다. 이미 짐작하듯이 계몽시기에 있어서의 법치주의의 뉘앙스도 자유주의적 개념에서 수정된 군주 주권에까지 두 가지의 방향이었다. 그러나 페레스트로이카까지의 지배적인 소비에트의 법학자의 특징은 국가에 의해서 포고되고 인정된 법률과 분리되거나 혹은 더 높은 권위를 가진 어떤 법의 개념도 일반적으로 무시하거나 거부하였다.[66] 법사상에서 볼 때 따라서 소비에트 법은 헤겔과 마르크스의 지적 전통 즉, 강한 국가주의에 의한 이데올로기의 실현이라는 맥락에 서 있었다.

---

65) Harold Berman, "The Rule of law and the Law – Based State (Rechtsstaat)" Vol.4, Nr5, May 1991 *The Harriman Institute Forum* 이 논문은 새로운 러시아의 법치주의와 입헌주의의 지난 과거와의 관계를 가장 포괄적이고 심도있게 다룬 것이다. 이 논문을 필자에게 직접 보내준 Harold Berman 교수에게 감사한다. 그러나 한국의 대학 사정은 필자의 연구결과를 수년동안 발표할만한 시간을 주지 않았다.

66) 참조. 같은 논문 각주 15. 덧붙일 것은 이따금씩 자연법의 방향에 대해서 약간의 주의를 전혀 하지 않은 것은 아니었다. 그러나 국가의 권위와 밀착된 법, 즉 실정법주의에 대한 강한 집착이 1990년대에 이르기까지의 소비에트 전통의 법학자의 가장 큰 특징이다. 이런 점에서 이미 해체되었으나 소비에트법 체계는 존 우(John Wu)교수가 1955년에 사회주의 법은 (논리적 목표를 향해 추구되는 실증주의라고 주장한 것은 타당한 것이다. 참조 김철, 같은 책 p.46. (1989년)

II. 서양법 전통에 있어서의 고차법(高次法)

서양법 전통에 있어서, 국가보다 높은 법의 개념은 12세기에 처음으로 체계화된 신법(神法)과 자연법의 이론으로 되돌아간다. 그리고 이와 같은 넓은 법개념이 교회 법의 관할에 속하는 사람들과 세속 법의 관할에 속하는 사람들간의 갈등 관계 그리고 세속법 체계에 있어서도 왕의 법, 봉건법, 도시법, 상인법에 속하는 사람들간의 갈등 관계로 돌아간다. 실로 교회법과 세속법의 관할 충돌이 정치적 주권보다 더 높은 법의 원천을 찾아내는 노력으로 이어졌다.67) 한국의 법학도도 익숙한 자연법과 실정법의 구별은 처음에는 신학자들과 교회법학자들에 의해서 쓰여졌다. 그들이 실정법이라고 했을 때 입법자에 의해서 부과된 법을 가리키는 것이며, 그들이 신의 법이라고 했을 때 한편에 있어서는 성서에서 다른 한편에 있어서는 인간성, 인간 이성과 양심에서부터 출발한 자연법이 연원이 된 것이다. 16세기와 17세기에 이르러서 부분적으로 교회가 왕권에 복속함으로 인해서 통치자의 의도보다 더 높은 법의 원천이라는 생각이 처음으로 심각하게 도전되어졌다. 그러나 국가의 최고 통치자가 그의 뜻을 맞추어야 될 신의 법이나 자연법이 존재한다는 것은 여전히 부정되지 아니하였다. 이 시대 새로운 철학적·과학적 개념이 법학에 있어서 당위와 존재의 구별을 하게 되었고, 이 구별 때문에 주권에 대한 새로운 정치 이론은 누구나가 주권자의 명령이나 존재하는 어떤 법에 대해서 도전하는 권리를 부인하였다. 당위와 존재의 구별이라는 한국의 법학도가 처음부터 익히는 당연한 전제는 근세 국가주의 시대의 산물이며, 이와 같은 편리한 법철학으로 말미암아 근세 절대 주권은 강화되었으나 법학은 이전의 풍부한 내용을 상실하였다. 이와 같은 국가

---

67) Harold Berman, *Law and Revolution: The formation of the Western Legal Tradition.* (Cambridge; Havard, 1983)

주의에 입각한 법학에 의해서 신의 법과 자연법은 존재하는 법의 영역 으로부터 제거되어 도덕의 영역으로 물러갔다. 따라서 남아있는 법은 오로지 국가의 실정법으로서 강제력을 가지는 법이 되었다. 이와 같은 16세기와 17세기의 절대주의 왕권에 봉사한 법학과 법 개념에 대해서 반격을 가한 것이 17세기 잉글랜드와 18세기의 아메리카 및 프랑스 혁명이었다.[68]

우리나라의 경우 1910년부터 시작된 식민지 치하 이전인 구한말의 법관 양성소 시대에도 일본의 메이지유신(1889년)[69]의 영향을 받았다고 할 수 있다. 메이지 헌법은 도이치의 헌법 모델에 따랐고 도이치의 법 사상이 그 구조와 사상에서 내재되어 있었다. 또한 그것은 전통적인 황제와 국가에 대한 일본인의 태도를 사용하였다. 예를 들면 메이지 헌법 제 3조는 "황제는 신성하고 불가침이다." 반(半)공식적인 일본 제국의 헌법 코멘타르(Commentar)를 쓴 이토 히로부미에 의하면, "황제는 하늘에서 내려왔으며, 신(神)적인 성질을 갖고 있으며, 신성 불가침이다."[70] 따라서 대한제국의 경우 그 성질상 절대 군주 내지 계몽 군주의 초기 모습이었으므로 일본의 경우를 참조했다고 할 수 있다.

역설적으로 법의 우위라는 의미에서의 법의 지배는 가장 최초로는 1649년의 재판에 회부되어 반역죄로 사형 언도를 받은 찰스 1세에 의해서 쓰여졌다. 찰스 1세는 청교도 혁명 때 청교도 의회에 대해서 자신을 변호하기를, 의회는 그를 재판할 법적 권위를 가지고 있지 못하며 따라서 그 재판은 잉글랜드의 근본법을 위반했다고 항변했다. 그는 주장하기를 청교도 체제는 법의 지배 없이 권력이 지배했으며 이 왕국이

---

68) Harold Berman, 같은책 (1983)
69) 메이지 헌법에 대해서는 참조. Richard H. Minear, *Japanese Tradition And Western Law* p.1-2, 33-34, 106-107 (Cambridge; Harvard, 1970)
70) Ito Hirobumi, *Commentaries on the Constitution of the Empire of Japan* tr. Ito Miyosi (Tokyo, 1889), p.6

번영했던 모든 정부 체제를 변화시켰다고 주장했다.71) 1885년에 다이시
는 잉글랜드와 아메리카에서 널리 쓰여지게 되는 '법의 지배'라는 용어
를 그의 헌법학 입문에서 사용하였다. 즉, 법의 지배에서 정의의 기본
원칙은 심지어 가장 높은 입법 당국에 의해서도 합법적으로는 침해할
수 없다라는 것이다. 찰스 1세와 마찬가지로 그는 가장 기본적인 법원
칙을 근본법 즉 잉글랜드 헌법에서 찾았다. 일시에 제정된 것은 아니었
으나 1215년의 마그나 카르타, 1628년의 권리청원, 1679년의 Habeas
Corpus 그리고 가장 중요한 것은 1689년의 권리장전과 함께 역사적으
로 진화하는 보통법(Common Law)에서 찾았다. '법의 지배'의 용어는
아메리카에 있어서는 다소 다른 의미로 쓰여지게 되었다. 잉글랜드가
합법성의 역사적 기초를 강조한 데 비하여 아메리카 인들은 연방과 주
의 성문 헌법적 기초를 강조하였다. 연방과 주의 헌법은 종교의 자유,
스피치의 자유,72) 언론의 자유 그리고 결사의 자유와 같은 시민의 자유
를 선포하였다. 더하여 미국 헌법 수정 5조와 14조에 담긴 적법절차의
아메리카적 개념은 '절차적 정의' 뿐만 아니라 '실체적 정의'까지 포함
하게 되었다. 아메리카인들은 그들의 잉글랜드 조카들과 달리 의회 대
신에 사법부에 헌법을 지킬 권위를 부여함으로써 견제와 균형(Checks
And Balance)의 정부 체계를 도입하였다. 따라서 이것은 법의 지배의
개념에 새로운 차원을 추가한 것이 된다. 왜냐하면 적절한 사례에 있어
서 시민은 어떤 법원에서도 입법부에 대해서 법률이 틀렸다는 것을 다
툴 수 있게 되었기 때문이다. 아메리카에서 새롭게 만들어진 입헌주의

---

71) "His Majesty's Reasons against the Pretended Jurisdiction of the High
Court of Justice", reprinted in *A Collection of scarce and valuable
tracts on the most interesting and entertaining subjects,* series I, vol,
p.169. (London, 1748)
72) 아메리카 헌법에 있어서의 스피치의 자유는 우리 나라의 언론의 자유에 속
하는 일부를 포함한다. 즉 공개적 연설은 스피치의 자유에 속한다. Press의
자유는 우리나라에서의 언론 매체의 자유에 해당된다.

와 입헌성은 지금 이야기된 여러 가지 원칙들을 다 의미하는 것으로서
아메리카에서는 쓰여져 왔다.[73]

신대륙의 입헌주의에 내재하는 철학은 잉글랜드의 역사적 법학뿐만
아니라 자연법 이론을 내부에 가지고 있다. 즉, 이성과 양심에 뿌리를
둔 어떤 종류의 도덕 원칙은 법적 구속력을 가지는 것으로서 생각되어
진다. 이 점에 있어서 국가주의에 기원을 둔 절대주의적 입헌주의와는
날카롭게 대비된다.[74] 이 헌법의 언어는 법적 문서에 성문화되어 있다
는 의미에서는 실정적이다. 그러나 헌법 언어가 궁극적으로 '자연'과
'자연의 神'에서 유래되었다는 점에서는[75] 그들의 성문화된 형식을 뛰
어 넘는 것이다. 따라서 헌법의 언어는 세대에서 세대로 옮아가면서 새
로운 상황에 맞게 법원에 의해서 의식적으로 조심성 있게 조정되어지
는 것이다.[76] 프랑스 혁명에 있어서 군주에 의한 자의적인 통치와 귀
족의 불의한 특권에 대한 공격은 주로 "인간과 시민의 권리"의 이름
으로 행해졌다. 그리고 인간과 시민의 권리는 입법, 행정, 사법을 엄
격히 분리함으로써 보호되어질 것이었다.[77] 1791년의 헌법은 개인의
자연적 자유에 리스트를 포함하고 있었고 입법부는 여기에 침해할 아무
런 법적 권한이 없다고 선언하였다. 그러나 실행의 문제에 있어서 그들
에게는 잉글랜드와 같은 오래된 역사적 전통에 호소할 수도 없었고 입
법부를 구속하기 위해서 사법부에 입법을 무효로 선언할 힘을 줄 수도
없었다. 이와 같이 프랑스의 개념에서는 법의 궁극적인 원천은 입법 행

---

73) 참조. 위이 논문, p.2
74) 1776년과 1781년의 아메리카 헌법은 1871년의 비스마르크 헌법과는 스펙
   트럼의 양극단에 있다.
75) 이것은 1776년의 독립선언서에 나타난 언어이다.
76) Harrold Berman의 윗글 p.3
77) 삼권 분립의 이론은 흔히 몽테스키외의 『법의 정신』(1748년)에 까지 소
   급한다. 몽테스키외는 권력분립의 원칙을 잉글랜드 헌법에 유래한다고 잘
   못 인용하고 있다. 재인용, 해롤드 버만의 위의 논문 p.3 note 7.

위이며 입법부의 입법권에 대한 외부적 통제는 단지 선거 구민의 정치
적 통제인 셈이다. 행정부와 사법부는 입법부를 견제하거나 균형 시킨
다고 생각되어지지 않으며 오히려 입법된 법률을 각각 집행하거나 적용
할 뿐이다.[78] 따라서 프랑스에 있어서의 법치주의는 고차법(高次法)[79]
이 아니라 국민의 여론에 프랑스 국가가 마지막으로 책임지는 것이라
생각되어진다. 따라서 법학적 용어로는 이러한 프랑스 헌법 장치는 실

---

[78] 1791년의 헌법은 프랑스에서는 입법부의 입법 행위의 결과인 법에 우월하
는 것은 없다고 선언했다. 이런 견해는 계몽 시대의 개념을 반영하는 것으
로서 '사람에 의한 정부'가 아닌 '法에 의한 政府'라는 계몽 시대의 이념
을 나타내는 것이다. 종종 흔히 우리가 이야기하는 대로 '人治'가 아닌
'法治'라는 식의 단순 법치 개념은 지금까지 얘기되어 온 법의 지배와 혼
동되어져 왔다. 그러나 구별되어져야 한다. 보라. 해롤드 버만, 위의 논문,
p.10, 각주 8 동아시아에 있어서 법치주의의 내용이 가장 간략하게는 '人
治가 아닌 法治' 그리고 '法은 議會가 만든다.'라는 것으로 '프랑스에 있
어서 앙샹레짐의 절대 왕권 시대를 벗어나는데 있어서 중요했던 것처럼 역
시 동아시아인들이 동양적 전제정을 벗어나는데 필요했던 것처럼 보인다.
그러나 현대의 대중 민주정치에서 정치권력이 불의하게 의회의 다수석을
점하는 경우에 있어서는 이와 같은 계몽 시대의 기초적 법치주의만으로는
견제와 균형이 불가능하다는 것을 알 수 있게 된다. 따라서 잉글랜드에 있
어서의 오래된 不文의 전통 또는 아메리카에 있어서 '냉정한 이차적 사고'
를 할 수 있는 '가장 덜 위험한 정부 기구(司法府)'의 강력한 견제 장치가
더 진화된 제도이다. 도이치에서는 1945년 이후 헌법재판소에서 다수당의
횡포에 의해서 제정된 위헌적인 법률에 대해 위헌 판결을 내림으로써 의회
에 있어서의 다수당의 횡포를 견제하는 역할을 해 왔으며, 이로써 의회 내
에서의 소수당의 권익 보호를 함과 아울러 소수당이 지나치게 과격한 행동
으로 다수당의 법안 통과를 저지할 필요가 없게 만듦으로써 지나친 정치적
불안정을 예방하는 역할을 하고 있으며, 또한 사법부의 판결에 의한 국민
의 권익 침해에 대하여 위헌 심사를 함으로써 사법부에 의한 인권침해를
방지하고 있으며, 이러한 모든 것을 통해서 궁극적으로는 일반 국민의 권
익을 옹호하고 있다.

[79] 고차법의 전통에 대해서는 보라. 김철, 『법제도의 보편성과 특수성』, p.35
『법의 문자에 집착함 대 근본법 또는 고차법』, p.35-40 (Seoul; Myko,
1993) 또한 보라. 같은 사람, 『현대의 법이론-시민과 정부의 법』 p.54-
75, 특히 Ⅱ. "코먼·로에 있어서 고차법의 전통", (Seoul; Myko, 1993)

정법 이론을 반영하는 것으로 보여진다. 실정법 이론에 의하면 법은 일단의 법적 규범과 규칙으로 구성되어진다. 이러한 법적 규범과 규칙은 국가에 의해서 입법되거나 인정되어지고 강제적 제재에 의해서 강행되어진다. 프랑스 헌법에서는 프랑스 인민의 이름으로 국민의회에서 제정된 법에 대해서 더 고차의 법적 권위의 이름으로 도전할 수 있는 방법이 없다. 그 고차법(高次法) 역사에서 유래되었든 도덕 원칙에서 유래되었든 개인 인격의 자연권은 실로 인간의 본성과 인간 이성에서 유래한다. 그러나 이러한 자연권은 그것 자체가 입법부의 의지를 전복시킬 만한 자연법을 창출하지는 못한다.[80]

Ⅲ. 러시아에 있어서의 입헌주의 형성기

1993년 12월의 러시아 새 헌법의 제정에 앞서서 많은 북미 및 유럽 학자들이 새 헌법의 방향에 대해서 러시아 학자와 협조하여 논의하였다. 우리는 러시아 새 헌법의 조문이라든가 해석론에 앞서서 헌법 제정에 따랐던 많은 입법론적 논쟁을 정리해 보기로 한다. 왜냐하면 러시아 새 헌법의 제정이 몇 가지 점에서 법학도에게 비교할 수 없는 실험의 장을 직접 제공한 것이기 때문이다. "우리는 신의 실험장을 관찰하였다." 새로운 러시아의 국가 제도를 기초하는데 있어서 근대 이후의 민주주의 이론이 다시 등장하였다. 민주주의는 세 가지 요소를 가진다. 첫째 권력이 정부 기관 사이에서 배분되고 또한 정부와 사회 사이에서 배분되었다는 점에서 다원주의, 둘째 경쟁적인 정치 집단과 규칙적으로 스케줄이

---

80) Harold J. Berman, Supra.p3. 물론 서구어에서, 우리의 법에 해당하는 용어는 droit, Recht, pravo이고, 법률에 해당하는 용어는 lois, Gesetze, zakony이다.

잡히고, 정직한 선거에서 공직을 구하는 개인, 셋째 시민의 자유의 보장 - 시민의 자유라 함은 자유로운 스피치의 권리, 자의적인 체포로부터의 자유, 투표의 자유와 같은 것이다. - 조셉 슘페터와 사뮤엘 헌팅톤은 절차의 권리를 강조한다. 즉, 권력에 대한 경쟁과 선거에 있어서의 절차.[81]

Freedom House의 분류에 의하면, 1990년대 초에 러시아는 동부 및 중부 유럽 그리고 발틱 국가들과 함께 '부분적으로 자유로운' 범주로 이동하였다. Freedom House의 분류는 연례 보고서에서 지구상의 모든 국가를 세 범주로 분류한다. '자유로운 국가', '부분적으로 자유로운 국가' 그리고 '자유롭지 않은 국가'. 만약 지난날의 소비에트 국가가 안정적인 민주주의가 된다면 그 영향은 한때 소비에트 제국의 구성 국가 전부에게 갈 것이다.

우리는 민주주의와 입헌주의를 이야기할 때의 가장 기초적인 출발점으로 되돌아간다. 한국인의 뼈저린 경험에서 우선 외관과 실질을 구별하는 것이다. 민주주의 제도와 입헌 정부의 외관(外觀)과 실질(實質)은 같지 않다.[82] 물론 해체된 소비에트 제국도 적어도 쓰여 있는 데로는 대단

---

81) Brucel. R. Smith "Constitutionalism in the New Russia", Brucel. R. Smith & Gennady M. Danilenko ed, *Law & Democracy in the New Russia,* (The Brookings Institution, 1993)

82) 한국의 법학도는 그 시초에서 헌법 개념의 분류를 1. 고유의 의미의 헌법 2. 근대적 의미의 헌법 3. 현대적 의미의 헌법으로 구별한다. 고유의 의미의 헌법은 어디서나 국가와 정부가 있는 곳이면 어느 정도의 기본적 제도는 존재하고 있는 것으로 본다. 고대 그리스 도시 국가나 고대 로마나 혹은 동아시아의 국가에도 이런 의미의 헌법은 존재한다. 참조 김 철. "포즈너의 입헌주의 경제학 연구 서설-한국 법제도의 법 경제학적 접근을 위하여" 「숙명여대 경제경영연구소 논문집」(1997). 2. 근대적 의미의 헌법은 근대라는 시대적 가치 개념이 들어가 있는 것으로 특별히 서구의 근대 즉 17세기, 18세기, 19세기에 있어서의 시민 혁명의 결과와 관계된 정치제도, 국가 제도를 가리킨다. 3. 현대적 의미의 헌법은 1차 대전 종전 이후의 주도적인 선진국에서 나타난 개념으로 근대적 의미의 헌법보다 더 나아간 특히 사회적 경제적 권리와 질서에서의 현대 법의 이념을 나타낸 것이다. 참조, 김철수·『헌법학 개론』(박영사, 2000년), 권영성·『헌법학 원론』

히 인상적인 시민들의 자유를 열거하고 있는 헌법을 가지고 있었다.[83] 이미 논한 대로 페레스트로이카 이후에 나타난 제정러시아 전통의 법치주의는 다음과 같은 현대적 법치주의의 중요한 점을 결여하고 있었다. 첫째 시민의 정부에 대한 참여, 둘째 인권의 보장, 셋째 권력분립, 넷째 (이것은 참으로 러시아인들에게는 생소한 것이며, 경우에 따라서는 가장 이질적인 성격인 것인데) 고차법(高次法)의 존재와 대중의 권력. 네 번째의 요소는 이미 논한 대로 해체 이후의 러시아가 그들의 전통을 따라서 제정 러시아 시대로 돌아갔을 때 찾을 수 없는 요소이다. 또한 이미 법치주의의 유럽적 기원에서 밝힌 대로 프로이센 기원의 군주를 중심으로 한 법치주의에서도 찾을 수 없는 것이었다. 대중의 권력과 고차법의 문제는 러시아인들에게는 가장 아메리카적인 것으로 보여지는 것이다. 국가 구성의 문제에 있어서 제정 러시아나 혹은 혁명 이후의 볼셰비키 정부에 있어서도 일관된 태도는 무제한한 정부의 특징이다. 이 점에서 건국 초기부터 그렇게도 많은 노력을 제한된 정부에 초점을 맞춘 그래서 권력의 균형과 개인의 자유라는 결과를 가져온 1776년 이후의 신대륙의 경험과는 스펙트럼의 극단에 있다고 할 수 있다.

(법문사, 2000년), 허영·『한국 헌법론』(박영사, 신정 9판). 이상이 한국의 법학도와 법조인이 친숙한 입헌주의에 대한 기초개념이다. 이 모든 분류보다 더 의미있는 것은 칼 뢰벤슈타인의 '장식적 의미의 헌법' 또는 '명목적 의미의 헌법' 이라는 개념이다. 이와 별도로 한국 법 문화 전반에 걸친 명목주의, 형식주의, 외관주의에 대해서는 참조, 김철, "현대 한국 문화에 대한 법철학적 접근"『현상과 인식』2000년 봄 / 여름 호 (예정)

83) 1950년대 후반부터 모스크바는 소비에트 법을 법전화하는 데 노력하였다. 이러한 법 개혁은 1977년의 소비에트 헌법 채택에도 나타난다. 또한 체계화하고 근대화시키려는 노력은 1980년에 소비에트 법전의 출간으로 나타난다. 문제는 이와 같은 공개적 법의 쇄신은 오로지 관료기구 내부에서만 쓰이도록 만들어졌다는 것이다. 시민의 국가에 대한 관계는 변하지 않았고 법이 국가권력의 수단이 되는 것 역시 변하지 않았다. 참조, Brucel. R. Smith, 같은 논문(1993)

Ⅳ. 러시아에 있어서의 국가주의 전통

1147년 슬라브인들이 모스크바 부근에서 정착했을 때부터 몽고인들과의 투쟁은 시작되었다. 1294년 징기스칸의 후계자였던 쿠빌라이 칸의 사망 시에 모든 아시아와 동유럽의 일부분이 칸(Khan)들의 영토로 나뉘어졌다. 헝가리와 왈라키아에 이르는 지금의 러시아와 독립 주권국가의 영토들은 킵차크 칸 제국에 속하였다. 이와 같이 러시아는 그 국가 성립의 주요기에 항상 몽고인들과 영토를 다투었고 모든 군주는 사실상 전사(戰士)였다. 그들의 일상은 몽고인들과의 끊임없는 피의 대결로 특징지어졌다. 이름 있는 러시아 왕과 황제의 업적은 타타르인과의 전투와 승리에서 비롯된 것이다. 국가 공인의 그리스 정교회도 타타르인에 대한 승리를 신에게 기원하는데 주요한 역할을 하였다.[84] 로마노프왕조가 그의 영역을 확대함에 따라서 러시아의 최전방 부대인 코사크는 대륙의 동쪽으로 이동하였고 1640년에는 태평양에 도달하였다. 슬라브인의 역사는 이와 같이 생존의 주요 기반을 국가를 통한 영토 확보에 두고 있었다. 따라서 강력한 군주와 강력한 국가는 생존의 제일 조건이었다. 봉건주의에서 절대주의로 이행 과정 중의 러시아에 외국 방문객이 규범 및 제도의 관찰자로서 다음과 같은 자료를 수집하였다. 1) 러시아 입법의 내용, 2) 법원 구성과 사법 개혁의 서술, 3)법이론가에 대한 일차 및 이차의 자료 / 재판 과정, 변호인의 역할 그리고 선고의 집행, 4) 좋든 나쁘든 다른 법체계에 대한 러시아의 경험에 대한 비교 분석과 같은 그런 것들이다. 외교 및 교역상의 예양(禮讓)을 젖혀놓는다면 다수 서구인의 러시아가 운영하는 법제도 및 법에 대한 러시아인의 일반적 태도에 대한 결정적인 표현은 잔인함이라고 할 수 있다.[85] 러시아인의

---

84) 김 철, 『러시아 소비에트 법 — 비교법문화적 연구』— p.21, 그림 17, 민음사, 1989 또한 같은 책, p.214, 지도 18 참조.

법에 대한 태도는 다음과 같은 언급에서 나타난다. "나라의 법의 대부분은 형법이며 모든 민사 관계법은 부정적(否定的) 유시(諭示)로 이루어져서 금지 조항으로 구성된다. 이것은 다른 나라에서는 종교나 시민의 역할에 해당하는 것이다. 시민은 흡사 최하층의 천민이 그의 상관에게 하듯 아첨하며 비굴하게 법에 대한 의무를 행하며, 종교상의 의무는 놋쇠 십자가를 벽에 걸어 두는 것으로써 수행한다."86) 그러나 러시아인의 자존심은 미하일 로마노프가 황제로 선출된 이후 그들의 국가를 로마 제국의 계승자로 자부할 만큼 국가적 자존심이 높았다. 비잔틴 기독교의 전통을 계승한 제3 로마 제국으로 자부하였다. 1780년 피터대제가 뻬쩨르부르그(St. Petersburg)를 서구 세계를 향한 창문으로 건설하고 서구화를 지향하였다. 이때 러시아는 절대 왕권의 극성기에 도달했다. 러시아의 계몽 시대는 절대 군주에 의하여 열려졌다. 예카테리나 여제는 한편으로는 무력으로 영토 확장을 꾀하고, 다른 한편으로는 유럽 원칙에 의한 입헌주의적 정부를 만들려고 했다. 이는 절대 군주에 의한 입헌주의 도입의 예라고 하겠다. 실로 러시아에 있어서의 자유주의의 소개도 절대 군주에 의한 것인데 여제는 프랑스 계몽주의의 대표자들과 친밀한 관계를 유지했다. 러시아 제국에 있어서의 최초의 법치주의도 이와 같은 절대 군주에 의해서 시작 되어졌다. 1767년 새로운 법전은 몽테스키외와 베카리아의 저작에 근거를 두고 만들어질 예정이었다. 여제의 653항에 달하는 입법 조항은 신민(servant people)의 모든 생활에 걸쳐 있어서, 우리로 하여금 프로이센 제국의 빌헬름 프리드리히 1세의 프로이센 일반란트법을 상기하게 한다. '어머니기 그의 아기에게 젖을 먹일 의무', '하루에 몇 번 젖을 먹일 의무'가 빌헬름 황제의 입법내용이었다.87) 프로이센의 국가주의는 부국강병책에 기본을 두고 있었다. 따라서

---

85) 김 철, 위의 책, p.62
86) 참조, 같은 사람, 같은 책, p.63

신민의 모든 가족 생활은 건강한 병사를 산출하는데 목적이 있었다.[88]

예카테리나 여제의 '자유주의적인' 그리고 '인간주의적인' 개혁은 농노 출신인 푸가초프의 반란으로 중지되고 절대주의로 복귀하였다.[89]

1917년 혁명 이후 소비에트 국가를 건설한 이데올로기를 제외한다면, 비교 법학도나 헌법학도가 특징적으로 얘기할 수 있는 것은 다음과 같다. 인간의 국가에 대한 관계에서 플라톤 이후 소비에트 국가에서처럼 私人의 국가에 대한 역사상 가장 완벽하고 예외없는 시인(是認 endorsement)은 전례 없는 것이다. 실로 소비에트 사회주의 헌법에서 국가는 절대적 존재로 신격화(神格化)된 것이다.[90] 이와 같은 극단적인 국가주의는 제정 러시아 때의 러시아인들의 삶의 방식과 아주 멀리 떨어져 있다고 생각되지 않는다. 여기에서의 발견은 제정 러시아 때나 소비에트 시대나 극단적인 국가주의는 마찬가지이고 이는 러시아의 전통으로 볼 수 있다. 레닌은 "모든 법은 공법이다."라고 말했다. 또한 절대주의 제정 러시아에 있어서 최상층의 귀족을 제외한 신민이 국가에 대해서 어떤 요구를 할 수 없었다는 것이 국가주의의 예가 될 것이다.[91]

---

87) 프로이센 일반란트법(Allgemeine Landrecht für die preussischen Staaten, 1794. 6. 1. 공포)은 사생활의 말단까지도 규율하려 하고 있다. 그것은 일반적인 명제를 따르면서 높은 정도의 공동체 구속성을 강조하고 있다. 같은 법 Ⅱ-20 §174-181은 부부의 성생활에 대한 세밀한 관계까지 법적인 권리 의무로서 규정하고 있다. 이것은 신민의 국가에 대한 의무가 생활 관계에 기본이 된 것이다. 즉 신민은 건강한 병사를 산출하여야 한다. 참조, 같은 사람, 같은 책, p.16

88) 김 철, '유럽에 있어서의 형식적 법치주의의 발달', p.16-18 『법제도의 보편성과 특수성』, (Seoul; Myko, 1993)

89) 김 철, 미발표 영문 원고, *Russian Jurisprudence*, (1992)

90) 참조, 김 철, 같은 책, p.41, 3) 사회주의 헌법 체계의 요소들 특히 p.42, (1989)

91) 참조, 고골리, 외투, 이 기념할 만한 절대주의 시대의 삶의 기록의 배경은 제정 러시아가 잘 분류되고 계층적으로 조직된 황제의 관료 집단에 의해서 통치되는 국가라는 것을 보여준다.

V. 1990년대 러시아에 있어서의 법과 국가와의 관계

1990년 11월에 러시아 연방의 최고 소비에트에 제출된 러시아 연방의 헌법 초안에서 비로소 국가보다 더 높은 효력을 가지는 법의 용어로써 사고하는 흔적이 보이기 시작했다.92) 헌법 초안은 법(pravo)과 헌법의 우위를 선포하고 "국가와 모든 기관 그리고 공무원은 법과 헌법 질서에 의해서 구속된다"라고 선포하였다. 그리고 "러시아 연방의 헌법은 공화국의 가장 높은 법이다."라고 하고 있다. 또한 "헌법의 조항과 모순되는 법과 입법 행위는 법적 효력을 가지지 않는다"라고 하고 있다. 다시 초안은 "법 규정(zakon)은 적법성(pravovym)을 가져야 한다."라고 하고 있다. 또한 "시민은 그들의 권리를 독립적으로 행사하며, 따라서 시민의 권리는 헌법에 의해서 국가가 제한할 수 있을 지라도, 권리 그 자체가 국가로부터 부여되는 것은 아니다"라고 하고 있다. 시민의 권리에 대해서 그 내용이 국가에 의해서 주어지지 않는다는 것을 명시함으로써 러시아는 A. D 862년 이후의 국가 생활에서 처음으로 국가주의에 의해 결정되지 않는 시민의 권리를 밝힌 것이다. 이 헌법 초안은 "헌법의 규범은 직접적인 적용을 할 수 있다."라고 규정하고 있다. 위헌으로 간주되는 법이 문제가 될 때, 법원은 절차를 지연시키고 헌법 재판소의 심리에 돌릴 수가 있다. 헌법 재판소는 헌법을 침해하는 모든 법률, 명령 또는 규범적 입법 행위를 무효화시킬 수 있는 권한과 의무를 가지게 되어 있었다. 또한 어떤 국가 기관과 공무원의 결정과 행위가 시민의 헌법적 권리를 침해할 때에는 정규 법원에 제소하게 되어 있었다. 따라서 1990년의 러시아 헌법 초안은 입법 행위에 대한 헌법심사와 사법

---

92) "Draft: Constitution of the Russian Federation: Document published by decision of the Constitutional Commission of the RSFSR," in *Sovetskaia Rossia*, November 24, 1990, p.1 – 8.

심사 양자 모두 예비하고 있었다.

　1990년의 러시아 연방 헌법 초안에서 자연권의 개념이 나타났다. 즉, 사람, 사람의 목숨, 영예, 위엄과 자유 그 외 자연적이고 양도할 수 없는 권리는 최고의 가치를 이룬다라는 일반적인 선언을 하고 있다. "인간의 권리와 자유는 태어날 때부터 인격에 속한다. 따라서 헌법과 법률에 나타난 권리와 자유는 다른 인간의 권리와 자유를 축소하는데 쓰여져서는 안된다." 이 개념은 러시아 연방이 당사자인 국제 조약(UN인권규약을 포함한다.)이 러시아 연방의 입법과 다른 규범을 포함할 때에는 국제 조약이 적용될 것이라는 조항에 의해 강화된다. 따라서 국가는 헌법에 의해서 자연권과 천부 인권을 침해하지 않도록 구속되고 또한 보다 상위의 국제적 의무에 매이게 되는 것이다. 이 헌법 초안은 근대적 의미의 헌법의 모든 주도적인 개념과 사상을 가장 선명하게 드러내 주고 있다고 하겠다. 물론 시민의 권리, 즉, 정치적 권리, 사회적 권리, 경제적 권리와 문화적 권리를 자연적이고 침해할 수 없는 것으로 선언하는 것만으로는 충분하지 않다.[93] 선언과 포고(布告)의 법문화는 이미

---

[93] 헌법과 법률의 선언적(宣言的) 효과는 종종 헌법과 법률의 내용을 역사적 경과로서 노력하여 얻거나 체험하지 못한 문화의 경우에 두드러진다. 법문화 중에서 강령적·선언적 면과 실천적 면이 다른 방향으로 발달하게 되는 경우가 있다. 근대 이후에 시민 문화가 위로부터의 권위에 의해서 진작되어진 곳에서는 선언적·강령적 법문화가 특징이다(레닌에게 있어서 헌법이라는 것은 프로그램의 문제였다). 논리만이 강조된다. 다른 한편, 근대 시민 사회가 반대 방향으로 성립한 곳에서는 실천적 면이 두드러진다. 역사 의식이 강조된다. 이것은 근대적 법 가치를 중심으로 할 때의 표준이다. 세계 제2차 대전 이후의 신생국이 봉건주의나 권위주의에서 벗어나서 새로운 국가를 건설할 때에도 선언적·강령적 법문화가 우선한다. 또한 어떤 문화가 명목 가치(名目價値)를 발전시켰느냐 그렇지 않느냐에 따라 달려 있다. 또한 어떤 법문화가 외관 가치(外觀價値)를 중요시하느냐 그렇지 않느냐 에도 달려 있다. 이 문제는 종래의 도식화된 헌법 개념을 쓰는 방식보다 훨씬 더 근본적이고 광범위한 분석이 필요하다. 이를 위한 기초작업으로 예를 들면, 김철, "현대 한국문화에 대한 법철학적 접근"『현상과 인식』(2000년 봄 / 여름호 예정)

소비에트 국가에 있어서도 충분했었다. 이제는 여러 권리가 훼손되지 않도록 방지하는 기제(機制)를 준비하는 것이 필요하다. 1990년의 러시아 연방 헌법 초안이, 만약 의회 입법이나 행정 입법이 헌법과 충돌할 때에는 전자를 무효화할 수 있는 권한과 의무를 사법부에 부여한 것은 이런 방향으로의 중요한 발전이라고 여겨진다. 그러나 사법 심사권에 의한 사법의 우위만이 완벽한 보장은 아니다. 왜냐하면 사법 심사를 실행할 때 사법부는 시민의 권리와 공공 질서를 보호하는데 있어서의 사회의 이익과 헌법에 밝혀진 다른 공공 이익들을 교량 하여야 되기 때문이다. 이 문제에 대해서 러시아 연방 헌법 초안은 18세기의 계몽주의의 정신으로 돌아갔다고 할 수 있다. 실로 러시아는 약 80년간 계속된 소비에트 국가 형태를 폐기하고, 다시 유럽의 근대 정신으로 돌아간 것이다. 헌법 초안은 권력 분립의 기본 틀을 채택하는데 있어서는 프랑스적인 개념을 취했고(몽테스키외를 연상하자) 견제와 균형과 함께 강한 대통령을 선택한 데 있어서 아메리카 헌법의 예에 따랐다고 할 수 있다. 이것은 다당제의 정치 체계와 의회와 대통령의 민주주의적인 선거

소비에트 국가의 경우 두 가지 요소가 그들의 법문화를 선언적 강령적으로 만들었다. 첫째로 헤겔 전통의 국가주의가 마르크시즘과 결합한 경우 법의 형성에 있어서 항상 연역적인 방식을 쓰게 되고 역사적 경험을 무시하게 된다. 법적 사유에 있어서도 Top-down(위에서 아래로)의 이론 형성이 주도하게 된다. Richard A. Posner *Overcoming Law* (Cambridge; Havard, 1995)이론의 경향은 항상 거대 이론, 전체적 이론, 어떤 원칙이 일반적으로 위에서 아래로 작용하여서 세부에까지 이르는 경과를 보여준다. 두번째로 논리적인 위에서 아래로의 법 사유는 러시아에 있어서도 절대 군주 국가 시대의 절대 권력자의 측근으로서의 법학자의 방식과 같다. 이런 사유는 동아시아에 있어서의 법조 관료나 법학 엘리트에 있어서도 특징적인 것으로 나타난다. 어떤 법 원칙에 의해서 전체 사회를 일관해서 관철시키려는 태도는 일반 법학 그리고 일반 원리의 강조로 나타나게 된다. 이데올로기적 측면을 제외하게 되면 이런 태도는 제정 러시아의 법학자나 소비에트 러시아의 법학자나 또는 후진국의 법학 엘리트가 공통점을 가지고 있다고 생각된다.

에서 더욱 그러하다. 그러나 러시아 헌법 초안은 한가지 중요한 점을 결여하고 있었다. 즉 행정 입법이나 의회 입법 또는 사법 결정에 대해 국민이 헌법의 근거 위에서 도전 할 수 있는 여지는 마련되어 있지 않았다. 강한 국가주의, 아니 전능한 국가주의의 전통이 러시아 건국 초부터(9세기) 일관한 이 나라의 법문화에서 삼권이 연합해서 인간의 기본적인 권리를 침해할 경우에는 어떻게 할 것인가? 이 문제는 러시아뿐만 아니라 전통주의(傳統主義)와 국가주의가 결합된 동아시아 또는 정치적 후진국의 공통된 문제이다. 어떠한 국가주의 철학도 이 문제를 실질적으로 해결할 것 같지는 않다.[94] 1990년의 러시아 연방 헌법 초안의 태

---

94) 어떤 종류의 헌법 철학도 이런 문제에 대해 여러 가지 다양한 사유를 전개할 수 있을 것이다. 그러나 우리가 관심을 갖는 것은 객관적 제도의 문제이다. 모든 종류의 국가 철학과 법철학에 대해서 우리가 궁극적으로 묻고 싶은 것은 주도적인 정치 권력, 사회 권력, 경제 권력 이외에 국가나 정부가 그 스스로가 매일 수 있는 구속력 있는 규범이 실제적으로 발견 가능한가 하는 문제이다. 이 문제는 근대 계몽 시대의 문제이자 – 당시는 절대 권력으로부터의 자유가 큰 명제였다. – IMF외환위기에 의해 노출된 동아시아의 명목적 입헌주의와 법치주의의 문제이자 21세기의 전형적인 민주주의 국가에서도 다같이 끊임없이 나타나는 현실적인 문제이다. 어느 사회에서 주도적인 다수의 자의는 허용되는가? 결단 주의나 혹은 위장된 사회 권력 주의는 이 문제를 설명할 수 없다. 법이 단순히 다수의 의사이고 절차적 합법성을 지니기만 했다면, 법치주의의 위기에서 인류가 경험했던 것처럼 그 법은 정당화될 수 있는 것일까?

　　네 사람이 모여서 다수의 이름으로 한 사람에게 보통의 이성과 상식에 전혀 어긋나는 처사를 집단주의의 이름으로 강요할 때 정치적 민주주의는 할 말이 없게 된다. 이 문제는 근대의 여명에 있어서도 이미 예견되었던 것이다. 또한 정치적 후진국에 있어서, 입헌주의나 민주주의의 어떤 이름으로서도 쉽사리 행해지는 경향이 있다. 따라서 이런 민주주의에 대한 반동은 여러 곳에서 민주주의 가치 자체에 대한 반동(反動)으로 나타나서 세계 도처에서 집단주의와 결합한 권위주의가 다시 나타나고 있다.

　　Ronald Dworkin은 최근 "민주주의의 개념에는 이미 두 가지 방향이 공존하며 다수결 개념은 그 중 한 방향에 불과하다"라고 요약하고 있다. Ronald Dworkin, 「Television and Democracy」, unpublished course reading, The Program for the Study of Law, Philosophy & Social

도는 헌법의 연원을 헌법 외부에서부터 확립하려고 기도하였다.

이 연원은 '시민사회'로 불리우고 헌법의 주된 장들이 여기에 바쳐졌다.

1. 소유자의 양보할 수 없는 자연적 권리, 노동자가 노동조합을 결성하고 단체적인 노동 협약을 체결할 권리, 그리고 사인(私人)과 사인(私人)의 연합이 기업체를 형성할 자유 2. "가족은 사회의 자연적 최소 단위 즉 세포이다." 3. "문화, 과학, 연구, 교수는 자유롭지 않으면 안된다." 그리고 "지적인 정신적인 영역에 있어서의 다원주의는 보장된다." 4. "매스 미디어는 자유로워져야 되고 검열은 금지된다." 5. "종교적 결사는 국가로부터 분리되어야 한다"., "국가는 어떤 종교나 또는 무신론에 대해서 선택적인 호의를 베풀 수가 없다." 6. "정당과 자발적 공적 조직은 자유롭게 결성된다."

헌법이 근거하고 있는 연원을 찾는데 있어서의 시민 사회(市民社會)는 여섯 개의 절에서 밝혀지고 있다. 주의할 것은 여섯 개의 자연적 자유가 1990년의 헌법 초안 외부에 존재하며, 헌법의 연원이 되는 것으로 구성하고 있는 것이다.[95)]

'시민 사회'란 용어는 법학 용어는 아니다. 그러나 1989년 이후에 동유럽과 소비에트에서 일어난 근본적인 변화를 지칭하고 있다. 용어 자체는 그 기원에 있어서 17세기 잉글랜드에서 처음으로 널리 쓰여진 것

Theory, (New York University Law School, Fall, 1995)

95) 흔히 천부불가양의 자유로 헌법상의 문자로 표현되어 있더라도 강한 국가주의의 전통을 가진 나라에서는 헌법 자체가 국가에 의해서 창조되고 국가주의의 표현이기 때문에 사실상 불가침의 자유라도 국가가 부여한 것으로서 해석되어지는 것이 실제의 문제이다. 따라서 헌법만 바꾼다면 이윽고 헌법의 문자가 달라질 것이고 따라서 다수결은 불가침의 자유까지도 실정적으로 만들 수 있다는 것이 지금까지의 경험이었다. 헌법의 문자적 해석이 얼마나 비실제적인가를 알려주고 있다.

으로서, 홉스의 자연 상태와 대치되는 로크의 사회 계약론과 관계가 있다. 결국 '시민 사회'는 자유주의적 사회 계약론의 영향하에 근대의 인류가 성취하려 했던 시민혁명의 성과와 관계가 있다.96)

---

96) 해롤드 버만, 위의 글, p.7 또한 p.11의 주 25. 존 로크의 '시민 사회'와 대비되는 흐름은 인간성에 대한 불신에서 출발하는 토마스 홉스의 '리바이어던' 즉 필요악으로서의 거대한 국가주의가 된다. 근대 법사상의 특징적인 두 흐름이 한편에서는 시민 사회를 한편에서는 소비에트 국가와 같은 리바이어던을 가져오게 했다고 할 수 있다.
　　그렇다면 1989년의 동유럽과 러시아의 혁명은 1700년대의 시민 혁명과 대비될 수 있는 맥락을 찾을 수 있다. 이 경우 동유럽이 시민의 자발성이 더욱 두드러진 경우이다. 공산주의를 축출한 것은 시민들의 자발적 행위로 일단 파악될 수 있다. 러시아의 혁명은 세계적인 추세에서는 동유럽과 같은 궤적이나, 보다 권력 엘리트의 자각과 위로부터의 개혁(페레스트로이카)이 두드러진다. 1997년 현재 시민 사회 성립의 진척은 체코, 폴란드, 헝가리, 발틱 국가가 선도하고 있으며 이것은 근대의 역사적 유산으로 보여진다. 참조, 김 철, 『해체기의 비교 제도론 / 가치와 제도』, 특히 p.174-5)결론과 전망 / 구조 변화의 특징 / 자발성 vs 위로부터의 혁명, (Seoul; Myko, 1994년) 소비에트 러시아에서의 구조적 변화의 특징은 첫째, 동유럽에서와 같이 시민들의 자발적 봉기와 개입에 의한 것이 아니며, 둘째, 러시아 근대화의 예처럼 「위로부터의 혁명」이며, 셋째, 따라서 자유주의 혁명의 기초였던 근대 자연법의 특징이 나타나지 않으며, 즉 부인할 수 없는 인격의 존엄성과 어떠한 국법 체계도 침해할 수 없는 영역의 선언이 없다. 열거된 특징은 다음과 같이 추론된다. (1991년 현재 관찰로서 지적할 수 있는 것은……)셋째, 제국의 근대화 이후의 전통인 슬라브주의(Slavophil) / 서구주의(Europhil)의 대립과 병행하는 집단적 가치 중심(Communitarean Value Centered)과 개체의 가치 출발(individual value-starting)의 분열을 어떻게 해결하고 있는지 문제이다.

제4장 해체기의 비교 제도론

I. 들어가는 말

이때의 제도라고 함은 사회제도에서 출발하여 국가 법 체계로서 형성된 모든 법제도를 가리킨다.

한나라와 다른 나라의 제도를 비교하는 것을 비교 제도론의 출발로 삼는다. 나라의 제도들이 같은 군(群 Group),가족(家族)의 구성분자로 인지될 수 있을 때 비교 제도론은 국가법체계를 떠나서 유사한 법체계 간의 총체적인 비교연구가 된다. 역사적으로는 같은 문명권에 속하는 법체계는 가족 유사성(家族 類似性 Family Resemblance)[97]이 있다고 본다.

1991년, 러시아 동 유럽혁명 이후 3년이 지난 이후,지구상에 존재하

---

97) Wittgenstein/가족유사성은 고전 철학상이 본질론(Essentialism)또는 제도의 성질에 기초한 구별과 대비된다. 한국법학이 기초하는 이론의 거의 모든 개념과 성질은 본질론에 입각한 것이다. 유추(Analogy Analogi)는 본질론의 입장에서 볼 때는 유사개념을 정리할 뿐이겠으나 탐색적이거나(Exploring) 발견적인(Heuristic) 접근으로서의 성과를 기대할 수 있다. 유추(類推 Analogy)를 법학이론에 적용한 예로서는 오웬 피스(Owen Fiss)를 들 수 있으나, 거의 모든 비교론자들은 의식, 무의식적으로 이러한 사유를 하고 있다.

는 모든 국가에 대한 비교 제도론의 출발은 지구상에 존재하는 법체계 중에서 가장 대조적인 체계들을 대비(對比 contrast)함으로써 출발 할 수 있다.

지구상에 존재하는 법체계중에서 가장 대표적인 것은 이른바 자유주의적 법체계와 그것의 극단적인 대칭점에 있는 법체계를 들 수 있다.

이른바, 집단주의적 가치를 표방한 여러 제도는 보다 엄격한 분류가 필요하다. 예를 들어 공산주의 법체계라고 불리 우는 20세기에 걸쳐 존재하였던 것들은 1989년의 동 유럽 혁명과 1980년 후반의 소비에트 러시아의 대전환으로 인하여 재조정기에 있다.

흔히, 사회주의 법체계 라고 불리 우는 것들은 1950년대와 60년대에 있어서는 공산주의 법체계와 같게 지칭하는 경우도 있었으나[98]이와 같은 비교법학자의 대분류는 총체적인 법체계의 원경에 있어서의 특징에 불과하고 정치적이거나 경제적으로 잘 알려진 보다 자세한 특징을 나타내는 역사적 개념으로서의 사회주의의 제 분파에 접근하지 못하고 있다.

예를 들어서 스칸디나비아의 법체계는 비교법학의 좁은 의미에 있어서의 전통적 분류에 의하면 로마 게르만 법계(法系) 법 개념의 계수(Reception)의 흔적으로 보이지만, 그것의 사회 경제적 특징은 로마 – 게르만 법체계의 지역적 세분에서의 게르만 체계라고 요약될 수 없는 국면이 있다.[99]

1991년 10월, 동 유럽 러시아 혁명이 경과한 후, Marx 사회주의 국가 또는 공산당 독재 국가는 다음과 같이 열거할 수 있다. 중국 인민공화국, 베트남 인민공화국, 북한(조선 인민공화국), 쿠바, 캄보디아, 라오

---

98) 르네, 데이비드, 1968 재판은 1978 존 해자드 1969
99) 참조 김 철 『러시아 소비에트 법-비교법 문화론적 연구』 1989 민음사(서울) p15

스, 모자비크, 앙골라, 소말리아, 에디오피아, 기아나(Guyana).[100]

II. 비교 제도사에서 본 몇 가지 기본적 대비
- 어떤 가치를 우선하는 가-

다음과 같은 가치를 열거할 수 있다

① 전체주의적 가치(Totalitarian Value)

② 집단주의적 가치

③ 개체의 가치

④ 논리적 국가이념

⑤ 어떤 정신적 가치

⑥ 어떤 전통적 가치

⑦ 어떤 문화업적의 가치

⑧ 어떤 세속주의

1. 들어가는 말

사람의 개체(個體)와 개체의 모임의 문제에 있어서 오래된 중점이 있어 왔다. 고대 그리스의 세계에 있어서 자유시만의 인구 약 1만 명에서 5만 명까지의 도시국가의 성립에도[101] 개별지기 공동체 인에서 어떤 인

---

100) 참조, 같은 사람 위의 책. 러시아 공화국의 앞으로의 국가체계는 「전체주의가 다시 대두되지 않도록 하는 제도적 장치」에 중점이 주어진다. 20세기에 존재했던 국가 형태를 열거하면 파시즘을 전체주의의 대표적인 예로서 들 수 있었으니 파시즘 나치즘과 함께 공산주의 국가가 같은 유형에 든다는 것을 고백한 것이다.

101) 어떤 지도에는 인구10만 명 이상의 도시 5만 명－10만 명까지의 도시 5

간관계를 형성하느냐가 국가체계의 특징을 이루었다.

델로스동맹의 맹주였던 아테네폴리스에 있어서는 자유시민의 개별적 존재가 펠로폰네소스동맹의 스파르타에 있어서와 같지 아니하였다[102]

같은 시기에 헬라(Hella)문명권과 경쟁한 오리엔트 세계(페르시아 제국)는 고대동양국가의 특징을 가지고 있었다.

서양문명의 또 다른 원류인 유대주의(Judaism)에 있어서는 절대자의 형상을 갖춘 개별 인간의 집단적 원초적인 믿음을 특징으로 해서 개체가 어떻게 공동체를 이루는가가 문화적 특징으로 나타나고 있다. 유대기독교적 문명의 특징이 여기에서 출발한다. 인간이 같기도 하고 다르기도 하다는 것은 초월자 앞의 같은 인간이라는 인식과 동시에 다른 특징과 재능을 받았다는 인식은 원시 기독교로부터 발견될 수 있다.[103]

2. 개별자 / 공동체 / 국가

개별자는 주관을 가진다. 개별자가 모인 공동체는 객관의 세계이다. 개별자는 각자의 욕구를 가진다. 공동체는 각자의 욕구를 넘는 노모스(Nomos)[104]를 가진다. 각자의 욕구가 객관적인 노모스(Nomos)와 충돌할 때 문명은 억압으로 시작된다. 아테네인들은 노모스(Nomos)의 주관

만 명 이하의 도시로 나타내고 있으나 노예인구를 포함한 것인지는 명확치 않다.

102) 참조 김 철 "주관적 법의 문제와 주체적 법의 담당자/사회적 약자로서의 부녀자"숙명여자대학교 아세아 여성문제연구소 논문집, 1991, 또한『갈등』한국사회이론 학회편 수록 1992, 서울

103) 평등주의적 인간관이 원시 기독교에서 찾아볼 수 있다는 것은 흔히 지나치기 쉽다 자유와 평등의 이상이 프랑스 혁명으로부터 시작된 것이 현대인의 사고방식이기는 하나 평등주의의 이념역시 성서적 인간관에서 출발한다는 견해가 있다. 참조 해롤드 버만과 김 철,『종교와 제도-문명과 역사적 법이론』, 민영사, 1992 서울

104) 개별자가 공동체 안에서 따라야 할 객관적인 기준에 대해서는 Platon, *Nomos (The Laws)*Trans. by F. G. Bury 1926 Heinemann Harvard

적인 면을 존중하고 일상적인 갈등을 덜 억압하는 방식으로 발견하였다. 스파르타 인들은 아는 바대로 군국주의적 해결을 꾀해서 억압기제와 군사적 단련을 연결시켰다. 스파르타 인들에게는 노모스(Nomos)의 주관적인 면이 중요하게 여겨지지 아니하였다.105)

Hella 문명의 특징은 주관(主觀)과 주관이 만나서 이루어지는 상호주관(相互主觀) 또는 간주관(間主觀)의 발견이다.106) 상호주관(相互主觀)이 형성되는 장(場)과 과정을 생략하거나 묵살하고 사회나 국가의 객관이 나타나는 경우 전체주의적 성향을 띠게 된다.

3. 전체주의적 가치

비교제도사(comparative history of legal system)가 개념적 정의(conceptional definition)보다 우세하다.

헬라 세계와 경쟁한 고대 페르시아 제국은 보다 전체주의적이라 할만하다. 고대제국에 있어서의 사례를 생각하면 전통주의가 어떤 의-종교적(擬 宗敎的) 가치 체계와 결합할 때 고대 이집트 왕국이나 마야 또는 잉카문명에서 결합할 때에도 전체주의적 가치가 나타난다. 어떤 종류의 역사적 필연성의 신봉이 전체주의적 성향을 가져오는 수가 있다.(프롤레타리아트 독재가 그 예이다.)주권자의 가부장주의(romantic paternalism)가 동양적 전제주의(oriental despotism)와 결합할 때 같은 경향을 보인다.

황하 유역에서 발달한 한족의 매우 이른 문명은 천자인 황제를 정점으로 하는 중앙집권적 관료국가를 발달시켰는데 이것이 동양적 전제정치의 예이다. 신(秦)나라가 대표적인 예이다. 인구가 조밀한 지역의 노

---

105) 참조 김 철, "대학교수 원론"한국사회이론학회 1991년 학술 심포지움, 발표문, 1991 9.28 연세대학교 장기원 기념관(김 철, 세 개의 에세이와 한 개의 비교제도론 / 비교법 연구회 1991 수록)
106) 참조 김 철, 위의 책

동집약적인 벼농사를 주업으로 하는 경우에 관개(灌漑)와 치수가 중요한 일이었으므로 유목민의 침입과 약탈을 막는 일이 왕조의 성패를 결정하였다. 분권적인 지방 세력을 용인하지 않았고 백성은 하늘의 아들인 최고 권력자의 가부장권에 복종하여 생사의 문제를 위탁하고 있었다. 천자의 통치권은 일찍부터 조직된 관료집단의 계층질서(Hierarchy)에 의해서 행사되었다.

전형적인 절대 군주정이었던 부르봉 왕조의 경우를 생각한다면 그 특징은 1) 민족을 단위로 한다, 2) 통일된 주권, 3) 계층적 귀족사회를 들 수 있다

루이 14세가 스스로 국가와 동일시했을 때를 절대 군주제의 가장 좋은 표현으로 볼 수 있다.

근세에 있어서 민족적인 통일국가는 그 동질성과 단일성을 군주라는 정점에서 찾았다(마키아벨리의 군주론). 군주는 국민(Nation)의 전일성(全一性, Total and Whole)의 상징이었다. 이 경우 20세기의 다원화 국가에 있어서의 역사적 유물로서의 군주와 구별된다. 프랑스 혁명의 반란자들이 왕의 머리를 꼬챙이에 꽂았을 때 다원화 사회가 도래할 것을 예고하였다.

전체주의적 사회의 전형적인 예는 제 1차 세계대전 이후에 성립된 국가사회주의(National Sozialismus)및 파시즘이다. 파시즘을 전체주의의 대표적 예로 드는데, 1917년에 성립된 소비에트 러시아도 대략 같은 시대의 산물로 볼 수 있다. 도이치란트의 국가사회주의는 짧게는 1차대전을 전후한 극단적인 사회의 분해와 중심세력의 와해에서 시작되었다고 볼 수 있으며 러시아의 경우 착잡한 역사적 굴레와 부담을 주목할 필요가 있다.

산업사회에 있어서의 전체주의적 성향은 죠지 오웰의 『1984년』에서 예기되었으며 컴퓨토피아(Computopia)의 빅 브라더(Big Brother)가 안

방의 침실에까지 침투하는 기술 진보형의 전체주의 사회로 전환하는 것을 그리고 있다[107] 20세기에 있어서의 전체주의적 경향은 다음과 같은 경로에 의해서 영향을 받는다.

1) 대중 조작(mass manipulation)
선동, 매수 , 꿈꾸게 하는 것 , 취하게 하는 것, 현실감의 박탈

2) 상징 조작(symbol manipulation)
명목주의 교육에 의한 피학성(被虐性 masochism)과 가학성(加虐性 sadism)이 결합된 어떤 내용의 교육형(敎育刑的)적 사회정책 현실로 존재하는 사회관계의 불합리와 부조리를 은폐하고 특정한 이익을 지키되 공중의 존경을 동시에 획득할 수 있는 소피스트(Sophist)의 어휘·인자한 혹정(酷政)·루마니아의 체아우스크(Cheausk)는 총살당할 때까지 전체사회의 앞 날과 인민의 복지에 대해서 걱정하였다.

3) 물신(物神)의 숭배
많이 지배하는 것이 행복이다. 많이 쓰는 자가 우수하다

4. 개인적 가치와 공동체적 가치

비교 제도론의 기초 작업으로서 법제도가 근거하고 있는 가치를 비교할 수 가 있다. 흔히 발달된 후기산업사회가 개인주의적이라든지 집단주의적인 사회주의의 경향이 집단적 가치를 지향한다든지 하는 일반의 논의가 같은 맥락이다. 형식적 고찰에 있어서 로마 게르만법체계가 보다 덜 개인주의적이라든지 영미법체계가 개인에게 더 자유롭다든지 하

---

107) George Orwell *1984*

는 일차적 관찰도 같은 출발점에서 토론할 수 있다. 개별자(Mono)가
그의 영역에 있고(Monosphere)공동체의 모임으로 나아갈 다른 영역이
있다는 것은(Koinos Sphere)[108]아테네 사람들도 이미 알았다.

　개인이 사회에서의 구성원으로 어떤 위치를 차지하는 가는 어느 시대
에 있어서도 문제가 되었다. 시민혁명을 가능케 한 자연법자들은 사회
나 국가의 기원을 출발에 있어서의 개인의 자유의사에 의한 계약(사회
계약)에서 찾음으로써 프랑스 혁명을 예비하였다. 이후에 어떤 종류의 사
회와 국가의 형성에 있어서도 개인의 이익과 사회의 이익 또는 전체 국
가의 이익을 어떤 때, 어떻게 우선하느냐의 명제가 근본법(fundamental
law)또는 고차법(higher law)을 인용함으로서 제기되었다. 국가법(Staa-
tsrecht)체계를 논리적으로 구성한 경우에도 공공의 복지 및 이익과 개
인의 이익을 대비시키는 추상화작업이 나타났다. 마르크스 사회주의법
의 요소로써「사회의 이익을 위한 헌신적 행위」이라든지 사회주의적 인
도주의 또는 사회주의적 도덕원칙 같은 것들이 단체적 이익을 우선하는
것으로 해석되어왔다.[109] 미합중국 법체계에서 가장 중요한 수정조항은
직접적으로 인격으로의 개인을 출발단위로 삼고 있다. 20세기 후반의
아메리카를 포함한 서구 법철학의 계속되는 논의는 정의의 원칙이 1차
적으로 어디에 기초하느냐의 문제이다.

　1971년 현대의 고전이 된『정의의 이론(Theory of Justice)』[110]에서
존 롤즈는 궁극적으로 개인의 자유에 연원하는 개인의 권리를 우선시키
는 이론을 수립하였다. 그는 개인이 합리적인 선택을 하는 결과로서의
정의를 개념화하였다. 다른 사람의 자유와 정의를 함부로 간섭하는 것
을 방치하는 데 필요한 만큼 시민의 자유와 권리를 사회에 대해서 양보

108) 참조 David Greenfield *The inner Experience of Law* Catholic Univ
　　Press
109) 참조 김 철『러시아 소비에트법체계 – 비교법 문화적 연구』1989민음사
110) John Rawls. *A Theory of Justice* Harvard Univ. Press 1971

한다는 것이다. 10년이 자나서「자유주의와 정의의 한계」에서 롤즈에게 반박하여 샌달(Sandel)은[111]어떤 정의의 이론도 사적인 목적보다는 공적인 목적에 일차적으로 기초하여야하고 일단 공동체의 우선성이 인정되면 정의 그 자체는 마지막 목적이 아니고 단지 중간적인 목적으로 보인다고 하고 있다.

많은 논쟁이 벌어졌다. 윤리 및 도덕철학의 입장에서 인간성은 개인적인 특성과 함께 사회적 특성을 가지고 있으며 이 두 가지 갈등하는 성격을 공생(共生)하기를 실패할 때 부정의(不正義)가 나타난다고 에드가 보덴하이머(Edgar Bodenheimer)[112]가 얘기한다. 정치 철학의 입장에서 리차드 로오티(Richard Rorty)는 롤즈의 개인의 권리와 자유는 인간성의 이론에 기초한 것이 아니고 20세기에 있어서의 북미합중국의 민주주의적 개인주의의 경험에서 특별히 나온 것이라고 설명한다. 다시 로오티(Rorty)[113]는 보편적 도덕가치나 보편적 인간본성에 기초한 정의(正義) 개념을 추구하기보다는 오늘날 특정국가에서 개인의 권리 또는 공동체의 가치가 정의의 궁극적인 기초로 취급되어야 할 것인가에 대해서 본질적인 문제에 직면하여야 한다고 주장한다.

철학적 자유주의와 그것의 반대되는 경향은 이미 고대에서부터 있어 온 자연법이론과 법실증주의 사이의 법학적 문제로서 나타난다. 고전 자연법이론은 마지막에는 운명이나 섭리에 기초하고 있다.[114]

---

111) M.Sandel *Liberalism and the Limits of Justice* 15(1982)참조 Harold Berman "Individualistic and Communitarian Theories of Justice And Historical Approach" p.550 *Univ. of California David Law Review* Spring 1998 Vol.21 .No.3

112) Edgar Bodenheimer, "Individual and Organized Society from the Perspective of a Philosophical Anthropology" *J. of Soc. & Biological Structures* 207.

113) R. Rorty "The priority of Democratic Politics to Philosophy" 12(1988) *The Virginia Statute of Religious Freedom*. M Peterson & R. Vaughan eds. 1988

반면에 고전 법실증주의는 궁극적으로 정부의 절대적인 입법권에 기초하고 있다. 이 경우에도 국가의 정당성이 전제되고 국가가 그것을 통하여 권위를 행사하는 법체계의 기초적인 객관성과 일관성을 전제로 한다.[115]

반면에 고전 법실증주의는 궁극적으로 정부의 절대적인 입법권에 기초하고 있다. 이 경우에도 국가의 정당성이 전제되고 국가가 그것을 통하여 권위를 행사하는 법체계의 기초적인 객관성과 일관성을 전제로 한다.[116] 12세기 이전의 이들 법 이론의 양 대 고전학파 간의 갈등이 있었고 이 갈등은 법의 궁극적인 연원과 효력의 문제로 나타났다. 긴 논쟁을 요약하면 자연법이론은 도덕성에 근원하며 따라서 정의가 주제가 된다. 법실증주의는 체계의 정치에 기초하여 질서에 관한 이론이 된다.

현대 법 이론은 다음과 같은 문제에 집중한다.

과연 자연법 이론가가 주장하는 것처럼 기본적인 도덕성에 배치되는 법이 정당성을 상실하는가? 따라서 구속력이 없는가?

혹은 법실증주의자들이 주장하듯이 이런 경우에도 주권자의 의지를 표시하기 때문에 법으로 남아 있을 것인가의 문제이다.

정치 및 도덕철학자인 롤즈(Rawls)나 샌달(Sandel)에 의하면 위에 말한 문제는 자유개념과 평등개념의 본질과 상호관계에 관한 보다 광범하고 본격적이 문제가 특정하게 나타났다고 얘기한다. 물론 교정적 정의나 분배적 정의의 본질과 상호관계의 본격적인 문제라고도 주장된다.

이 경우 지쯔윅(Sidgwick)의 고전 윤리학에서 구분 된다. 즉 "옳다(right)"와 "좋구나(good)"의 구별로 볼 수 있다.

롤즈나 샌달은 정의의 이와 같은 측면에 대한 오래된 탐구의 초점을, 경쟁하는 가치관의 우선순위가 무엇일까에 대한 논의로 문제의 성격을

---

114) Harold Berman, 위의논문 p.551 주8
115) 같은 논문(1988)
116) 비교 H.L.A Hart *The Concept of Law* 49(1961), 위의 논문(Berman) p.552주 12

줄이고 환원시켜 버렸다. 더욱이 서로반대토론을 한 롤즈와 샌달과 같은 철학자는 정의의 본질에 대한 연구에서 법제도를 제외함으로써 결과적으로 그들의 철학적 논의가 어떠하든 간에 법에 대한 법실증주의적인 개념을 묵시적으로 받아들인 것이 되었다.

그 이유는 다음과 같다. 그들에 따르면 정의는 오로지 이성에 의해서만 규정될 수 있는 성질상의 도덕적 범주이며 명시적이든 묵시적이든 간에 법제도 자체에 의해 제공되는 정의(正義) 개념규정은 이성에 의해서 제기되는 정의(定義 definition)에 비해서는 하잘것없거나 별 볼 일 없다는 것이다.

이러한 윤리철학과 정치철학의 견해는 놀라울 정도로 법제도와 규범에 대한 강한 정도의 부정적인 전제를 뱃속에 깔고 있다.

즉 법이라는 것은 법체계의 외부로부터 순전히 도덕성에 의해서 판단될 때에는 본질적으로 어떤 의지의 산물이며 이성만이 법체계 바깥으로부터 법을 평가하기 위해서 모셔 와야 될 판별기준이라는 것이다

데카르트학파의 순수 이성주의가 서구 지성사를 꿰뚫고 흘러서 1971년과 1981년의 존 롤즈 (John Rawls)에까지 이르렀다.

5. 비교 제도론의 기본 가치

우리가 탐구하는 비교 제도론의 기본가치는 자유 평등 정의와 같은 철학적 명제나 지성사의 사고라기보다는 시대와 장소를 달리하는 역사적이고 객관적인 제도의 문제이다.

정의의 본질에 관한 논의는 그것이 고전적인 형태이든, 현대의 철학적 · 논리적 용어로 진행되든 간에 구체적인 제도사의 맥락을 제외하고는 도대체 무슨 의미가 있을지 의문이라고 필자는 1980년대 중반부터 생각해 왔다. 가치철학 없는 역사는 꿰지 못한 구슬 같으며 역사적 맥락 없는 철학적 논의는 공허하다[117] 특별히 정의와 권리가 개체와 공동

체에서 어떤 모습인가 하는 문제가 그렇다. 사회 안의 인간의 문제는 아무리 일반적인 질문처럼 보일지라도 구체적, 역사적 문제이며 우선적으로 제도와 규범에 다가가는 문제이다.

그러나 우리의 일상적인 의문, '개인이 먼저인가, 공동체가 먼저인가라'는 윤리적 차원을 가지고 있는 것도 사실이다. 이 의문은 동시에 정치적 차원도 가지고 있다. 많은 경우가 실제로 무엇이 선행했는가는 기록에 의존하며 미래에 대한 예상을 동반하기 때문이다. 역사는 물질적인 사실만이 아니며, 사실을 둘러싸고 있는 희망과 공포이기도 하기 때문이다118)극단적인 개인주의와 공동체 중심주의 사이에 다른 중심점을 잡으려는 것은 윤리적 필요이며, 특정한 정치조직체의 압도적인 제도와 비추어서 균형점을 잡으려고 하는 것은 인간의 정치적 욕구이다.

이와 같은 양쪽의 필요성은 방금 기술한 도덕적·정치적 문제가 제기된 바로 그 사회의 장기적인 역사 발전에 비추어서 판단되지 않으면 안 된다. 철학적이건 정치적이건 이와 같은 논쟁은 그것 자체보다도 장기적인 시간 개념이 도입될 때 그 성격 자체가 달라진다.119)

---

117) 참조 Harold Berman "Toward an Integrative Jurisprudence: Politics, Morality History" p.779: *Calif. Law Review* July 1988. "Without Philosophy, History is Meaningless, Without History, Philosophy is Empty" – Anon/ 철학 없는 역사는 의미 없고 역사 없는 철학은 공허하다 – 아농 –

118) Octavio Paz 사회는 보이는 측면 – 기계, 예술작품, 도구와 감추어진 것, 보이지 않는 측면 – 신념, 욕망, 공포, 희망으로 구성되어 있다. Harold Berman, *Law and Revolution, The Formation of the Western Legal Tradition* "Conclusion, beyond Marx beyond Weber" Harv. Univ Press 1983

119) 근본법 원리(Fundamental Law)는 잉글랜드 제도 규범사에서 관찰할 때 5–6세기에 걸쳐서 변동곡선을 그렸고 장기변동곡선의 방향은 상향이었다고 한다. Thomas Green, *History of Anglo–American Law*. U. of Michigan Law Sch. 1980.

6. 비교 제도사의 부활

자연법 이론과 법실증주의 이론의 오래된 큰 흐름에 덧붙여 이와 병행하는 다른 큰 흐름이 에드먼드 버어크(Edmund Burke)의 영향을 받은 프리드리히 폰 사비니에 의해 1814년에 시작되었다.[120] 많은 논쟁과 오해가 있어서 현대의 법 이론가들에 의해서 포기되다시피 했으나 기묘하게도 사례법(Case Law)을 형성시키는 법원(法院)자체에 의해서는 포기되지 아니하였다. 제롬 홀에 이어서 해롤드 버만에 의해서 윤리학파, 정치 법학파와 함께 현대의 비교 역사학파가 재생하게 된 것이다.[121]

Ⅲ. 비교 제도사에서 본 법체계의 가치의 문제

법 제도와 법 규범이 서구역사에서 두드러지고 서구문명의 특징이며 이러한 법제와 가치 개념들은 오랜 세기에 걸쳐서 한 세대에서 다른 세대로 의식적으로 전달되었으며 그리하여 서구 법 전통을 이루었다. 서구 법 전통은 혁명에 의해서 태어났으며 혁명에 의해서 주기적으로 단절되었고 변형되는 경과를 보여주었다.[122]

서구 법제도를 비교제도론 적으로 다룰 때 주체의 인식문제를 생각하지 않을 수 없고 인식의 준거 틀(Framework)은 서구 철학의 그것이 된다. 서양 철학자는 스스로의 역사를 가지고 생각의 역사, 사상의, 역사

---

120) 사비니는 우리나라 법학계 에서는 일찍이 소개되었으나, 그 참 의미는 역사 그 자체(Geschichte an side selbst)만큼 모호하였다. 학문적 컨텍스트 없는 부분적 소개가 어떤 것인가를 보여주는 예이다.
121) 엄격히 말해서 비교 제도론의 역사적 방법론은 비교제도사가 되며 크게는 로마제도사의 흐름으로 올라갈 수 있다.
122) Harod Berman, *Law and Revolution, the Formation of Western Legal Tradition*, 1983 Harv. univ. press

가 된다.

법체계의 가치문제는 이미 기술한 바대로 정의(正義)의 문제이며 그 것의 의미를 찾을 때 플라톤과 아리스토텔레스에서 출발하는 다양한 철학파의 비슷한 점과 다른 점을 참고한다. 심지어 비 서구 철학자의 개념을 검토할 때에도 우리는 고대 헬라철학에서 중세를 거쳐 스피노자 홉스 로크 흄 칸트 헤겔과 마침내는 유럽과 아메리카에 있어서의 20세기 철학적 사조에 이른다.

법 제도와 법 규범의 가치를 논하는 출발점을 다시 멀리 확인하고 난 뒤에 우리는 즉 정의(正義) 의 이론에 대해서는 고대 헬라 철학뿐만 아니라 고대 헤브라이의 도덕 및 종교사상 그리고 고대 로마 자연법까지 거슬러 올라가지 않을 수 없다. 흔히 한국의 대학과정에서는 문명의 세 가지 원류 즉 헤브라이, 그리스, 그리고 고전로마를 균형 있게 다루는데 실패하고 있지만 이들 세 가지 서로 다르면서도 심지어 서로 모순되는 것 같이 보이는 문명의 요소를 11세기와 12세기 후반의 유럽의 대학인들은 놀랄만하게 결합시켰다. 그리하여 근대 서구의 주된 학문 분야인 신학, 철학, 법리학, 그리고 정치과학이 이 기초위에 놓여졌다. 17세기에 들어서서 비로소 철학과 법학 정치학의 분리되지 않은 결합된 형태가 신학으로부터 떨어져 나왔으며 19세기와 20세기에 이르러서 비로소 미분화된 이 덩어리에서 철학, 법학, 그리고 정치학이 각자 독립하게 되었다. 그러므로 고대문명에 있어서의 플라톤은 오늘날의 대학 용어로는 철학자이자 법학자 그리고 동시에 신학자이자 정치학자라고 애기할 수 있다. 오늘날에 이르기까지 정의(正義)의 문제는 이 모든 학문의 일차적인 관심이 되고 있으며 각 학문이 그것이 주조(鑄造)한 개념을 다른 학문 분야에 부과 하려고 노력하면서 동시에 부과당하고 있는 모습이다. 이 모든 학문이 알아야 할 것은 거듭 말하거니와 정의(正義)는 지성적(知性的) 탐구에 속하기만 한 것이 아니다. 정의는 미(美)와 같이 사람들 마음속에만 존재하는 추상적 개념이 아니며 정의는 동시에 작업이며 빛나는 예술의 분야와 같이 창조해야 되는 어떤 것이다. 보다 더 중요한 것은 철학자건 학자건 무엇인가 손으로 만드는 장인(匠人)의 문제라기보다는 정치 제도 법 제도 그리고 사회 제도의 문제라는 것이다

지금까지 한국의 법 사상사와 법 철학 같은 가치론이 무엇을 했는가? 가치는 제도와 규범이 놓이는 기초 공사이다. 지성사(知性史)로만 파악했기 때문에 한국의 제도와 규범연구는 기초공사 없는 고층건물로서 실제로 존재할 수 없는 것이 되어버렸다. 목적 없는 추상화와 장(場)이 없는 일반화가 횡행하였다.

특정한 실정제도를 논할 때 왜 논하는가, 그냥 사용·수익하기 위한 것이라면 움직이고 있는 역사적 경과에서 흘러가는 제도의 실체가 짧은 순간에 파악될 수 있다는 것인가? 동(動)적인 해석론(解釋論)은 항상 가치론(價値論)과 입법론(立法論)을 동반하고 있다는 것을 철저하게 망각할 만큼 현실에 대해서 자신이 있는 것인가.

비교 제도론의 기초로서 논의되는 개인의 가치와 공동체의 가치가 정의(正義)의 개념에서 어떤 상호관계를 가지느냐의 문제는 어떤 역사에 있어서도 늘 문제였으며 지금 우리의 장에 있어서도 그러하다. 개인주의적인 정의의 개념과 공동체에 근거하는 정의의 개념 사이의 결정적인 갈등은 방대한 역사의 여러 단계에서 연구되어 질 수 있으며 짧은 논문에서는 불가능한 것이다. 주의할 만한 역사적 장(場)은 사람들이 개인적 가치에 근거한 정의(正義)와 공동체 가치에 근거한 정의(正義)를 구별하지 않았던 시대이다. 언제, 어떤 조건과 상황이 이러한 구별을 점차로 나타나게 했는가? 그러한 조건과 상황이 개인가치의 정의와 공동체 가치의 정의를 구별하는 본질에 대해서 어떤 성찰을 주는가?

정의(正義)란 무엇인가라는 논의를 다음과 같이 환치하기로 하자.

서기 1000년에 있어서의 유럽의 정의(正義)는 무엇이며 1200년에는

어떻게 변화 했는가[123)

이 질문이 의미 있는 것은 서기 1000년 이전의 유럽에는 전적으로 공동체적인 정의 개념만이 널리 퍼져 있었고 11세기 후반과 12세기에 비로소 개인적 가치, 개인적 권리의 개념이 처음으로 나타났으며, 개인의 권리가 공동체 이익의 총체적인 시스템의 필수적인 부분으로서 보호되는 법질서가 발달되었다. 서구의 개인 위주의 법체계라는 상투어가 과연 성립되는 언사일까? 인류는 천년으로 구분된 문명사(文明史)의 두 번째 단락의 끝에 서서 세 번째 단락을 쳐다보고 있다.

기원후 6세기부터 10세 까지의 유럽의 관습법[124)은 일종의 고대법으로 분류하며 이 경우에 문화 인류학자들이 원시법(原始法 Primitive Law)이라고 부르는 것과 강한 유사성을 가지고 있다. 유사성은 다음과 같다.

① 크게 부족(部族)적이며 지방(地方)적이다.

② 크게 관습(慣習)에 관한 것이다. 제정(制定)되지 않았고 씌어진 것이 아니다.

③ 공동체(共同體)는 그 자신이 법을 행사하고 강제하였다.

법을 강제하는 특징적인 방법은 구성원이 범한 죄과에 대해서 지역공동체가 집단적인 책임을 지는 것이며, 공중 집회에서 많은 숫자의 사람들이 모여서 들어보고 부족과 지역의 문제를 진행시키며 마지막에 제재(制裁)까지 정하는 것이다. 이러한 관습법의 요소들은 공동체의 정치, 경제, 사회 , 종교생활의 모든 영역에 걸쳐 확산되어 있었다.

④ 관습법은 신성한 성격을 가지고 있었다. 유럽 대륙에 걸쳐서 가장 숫자가 많았단 게르만 인에 있어서 특히 그러했다. 전쟁의 신과 적대적

---

123) 이와 같은 질문방식이 비교 제도론자의 습관적 자세가 되어야한다.
124) Berman 의 논문 1988, *Davis Law Review*

이고 변덕스러운 운명에 의해서 지배되는 세계에서 여왕을 획득하기 위한 방법으로는 높은 가치가 명예(名譽) 감정(感情)에 주어졌다. 운명의 신에게 판단을 맡기는 방법으로 가혹한 시련을 인위적으로 부과하여 살아남은 자에게 정당성을 주는 공중 앞에서의 재판이 행해졌다. 모든 사람은 서로에 대해서 선서하게끔 되어 있었다. 판단의 종결은 공중 앞에서 선포하는 것으로 재판은 시련(試鍊)과 동일어가 되었다.

베오울프(Beowulf)의 기록된 문자에 의하면 종종「용기가 출중하다면 운명은 혐의가 있는 사람을 구원한다.」

⑤ 동시에 게르만법은 동지애(同志愛)와 신뢰(信賴)를 주는 것을 강조했다. 가(家)의 구성원을 집단적으로 보호하는 것과 집단의 평화를 보존하는 것에 높은 가치가 주어졌다. 정의(正義)는 리트(Riht, Recht의 古語)라고 불리고 동지애(同志愛)와 신뢰(信賴)와 연결될 때 높이 평가되었다.

이상과 같은 것들이 고대법(古代法) 또는 원시법(原始法)의 특징이며 6세기부터 11세기까지의 유럽 사람들은 이것 이외에 특별한 공통점을 가지고 있었다.

간단히 말해서 서기 1000년에는 유럽의 모든 사람들이 관습법의 규율과 절차(節次), 손해배상(損害賠償), 계약강제(契約强制), 상속(相續)이나 위반에 대한 처벌(處罰) 같은 것을 취급하는 데 비슷한 법제도를 가지고 있었다고 할 수 있다. 이 경우에 이미 설명한 넓게 퍼져 있었던 고대법 형식의 관습법에 더하여 기독교의 전파에 의하여 공통적으로 영향을 받았다.125) 이 경우에 사회제도와 다른 명백히 분화된 법제도가

---

125) 기독교의 제도규범사에 미친 영향에 대해서는, 해롤드 버만과 김 철『종교와 제도-문명과 역사적 법이론』민영사 1992. 서울. 특히 제 2장「기독교가 서구제도-서구법의 발달에 미친 영향」

의식적으로 조직화 되거나 명료하게 나타나지는 아니하였다. 다른 비
서구문화에서처럼 유럽의 관습법은 높은 데서부터 부과된 규칙들이 아
니라 공동체의 공통된 의식을 적분(積分)한 것이었다. 사람들 자신들이
공적으로 모여서 법을 만들고 심판했고 왕이 권위를 행사할 때는 관습
을 지도하거나 백성들의 규범적 의식을 이끄는 것이지 다시 만드는 것
이 아니었다.

친족관계의 연대(連帶), 영주(領主)와 봉신(封臣)간의 관계, 그리고
지역 공동체의 연대(連帶)가 곧 법 규범이었다. 이 연대가 깨어질 때에
는 우선 복수(復讐)가 행해졌고 그러나 양보나 협상에 대해서는 관습적
인 복수가 양보하였다. 중재(Adjudication)는 종종 협상과정에 있어서의
한 단계였다. 그래서 평화는 일단 깨어지면 마지막에는 외교에 의해 회
복되었다. 서로 싸움질하는 분파의 협상의 문제는 '옳다', '그르다'의 문
제를 넘어서고 있다. 똑같은 사례가 과거와 현재를 막론하고 고대문명
권의 경우와 아프리카, 아시아 그리고 남미의 경우에 있어서 흔히 원시
사회라고 불리는 법제도에서 나타났다.

법제도가 분화되지 않고 조직화되기 전에는 백성들의 태도와 믿음 그
리고 무의식적인 생각, 그들의 신화나 신비에 대한 생각에 더 많은 참
여가 주어졌다. 이때 의식과 상징에 많이 의존하는 법절차가 생겨나 그
러한 의미에서 이 절차는 고도로 기술적인(technical)것이 되었다. 그러
나 동시에 실체법은 유연하며 기술적이 아니었다. 권리와 의무는 법전
(法典)의 문자에 구속되지 아니하였고 대신에 공동체 가치의 직접적인
표명이었다. 이들 특징은 역시 현대의 아프리카, 아시아, 남미의 비 문
자문화의 법 개념과 절차에 적용될 뿐만 아니라 중국 일본 인도문명과
같은 문자를 가진 고대문명에서도 찾아볼 수 있다.

헬라문명의 예에 있어서도 소포클레스의 안티고네[126)의 대사에 의하

---

126) *Sophocles Antigone Verse Trans* by F Storr. Loeb Classic Books.

면 "이들 법들은 지금이나 어제를 위한 것이 아니고 영원히 살아있는 것이다. 그리고 아무도 이 노모스가 언제 처음 우리들에게 나타났는지를 알 수가 없다." 이런 형태의 법질서에 있어서는 법은 의식적으로 만들어진 것이 아니고 중앙정부에 의해서 짓고 허무는 것도 아니다. 물론 때때로 만들어지는 일이 있지만 대부분의 경우 공동체의 민속과 사회적 습속(習俗)그리고 행동양식과 행동규범에서부터 법규범이 자라나왔다.

기독교의 출현과 유럽에 걸친 어떤 일반적인 사회이론으로도 설명될 수 없는 독특한 사건이었다. 게르만 인들의 세계관과 충돌하여 삶의 두 영역으로 나눔으로써 기독교는 관습의 궁극적인 신성성에 도전하였다. 또한 친족관계 영주와 봉신간의 관계 그리고 왕권이 가져다 주는 관계의 궁극적인 신성성에 도전하였다. 또한 물과 불의 시련과 같은 그때 사람들이 믿었던 모두 부인한 것이 아니고 더 높은 단계의 선택여지를 설정하였는데 이것이 신의 영역 그리고 다가올 내세의 생명이었다. 생명이 두 영역으로 분리 되었을 때(영원한 생명과 현재의 생명) 현재의 생명은 가치에 있어서는 격하되었으나 직접적으로 영향 받지는 않았다. 이와 같은 분리는 사회 안의 생활에서 일어난 것이 아니고 인간의 영혼에서 일어났다. 그러나 사회생활은 중요한 점이 있어서 간접적으로 영향 받는다. 습속(習俗)의 기본적인 구조는 바뀌지 아나하였다. 많은 중요한 부분에서 기독교 신앙에 의해서 크게 영향 받았다. 무엇보다도 유럽과 다른 사회의 종교와 철학에서 특징적인 법에 대한 태도에 비해서 현저하게 대조적인 법에 대한 태도가 나타났는데 기독교가 법에 대한 긍정적인 태도를 형성시켰다ㄱ 할 수 있다.127) 그러나 세상의 법은 신의 법과 비교할 때 별다른 가치가 없었고 신의 법만이 사악한 사람들을

Heinemann Harvard

127) 현대 기독교의 반제도적 경향에 대해서는, 해롤드 버만과 김 철『종교와 제도-문명과 역사적 법이론』민영사 1992 3장 「종교의 한 차원으로서의 제도와 규범」

지옥불로부터 구원할 수 있었다. 유럽적인 정의의 개념은 11세기 말기에서 12세기에 있어 극적으로 변화하였다. 즉 교회의 영역과 세속적인 영역의 양자에서 큰 혁명적인 변화가 나타났다.128) 교황아래에 있어서의 로마 카톨릭 교회가 처음으로 황제나 왕권 혹은 봉건제후의 권력 그리고 도시의 권력으로부터 독립하여 가시적이며 단체적인 법적 단위로서 그 자신을 설립하였다. 근세적 의미에 있어서 최초의 법체계가 창조되어 캐논법으로 되었고 사제 뿐만 아니라 일반인 모두 걸친 광범위한 관할권을 가지게 되었다. 부분적으로는 캐논법에 대항하여 그리고 부분적으로는 이를 모방하여 세속 정치체계는 근세적인 법제도를 도입하기 시작하였다. 11세기와 12세기에 설립된 최초의 유럽의 대학에서 훈련받은 일단의 직업적 법학자가 대두하였다. 성문법은 교황권과 황제권 또는 왕권에 의해서 제정되었고, 교회법과 왕의 법의 새로운 체계가 1140년의 그라티아누스(Gratianus)와 1187년 그랜빌(Glanvill)에 의하여 분석되고 종합되었다.

대학에서 법학을 가르치기 위해서 11세기 경에 5세기의 거리를 두고 유스티아누스 법전이 재 발굴되고 사용되었다.

교회법주의자들은 참회의 형식주의를 공격하였다. 전혀 새로운 형법체계를 발전시켜 교회 법정에 응용하였으며, 마음의 죄스런 상태뿐만 아니라 행위의 증거를 요구하고 행위와 손해간의 가까운 인과관계 그리고 고의와 과실을 주관적인 용어뿐만 아니라 객관적인 용어로 정의하기 시작하였다.

앞에서 설명한 바대로 개인의 권리의 개념이 처음으로 발전된 것은 바로 이 시기였다. 초기 로마법에 있어서의 ISU는 전체로서의 법질서를 의미하기도 하고 개인적인 법원칙을 의미하기도 하였다. IUS는 주관적인 권리를 의미하지는 아니하였다. 즉 한 인격이 어떤 물건을 얻거나

128) 윗책 2장 「기독교가 서구제도 – 서구법의 발달에 미친 영향」 PP.79 – 123

소유하는 권리 또는 어떤 사람이 무엇을 하지 말라 라고 할 수 있는 권리를 의미하지는 아니하였다. 단지 객관적인 질서로서 그 질서아래에서 어떤 행동이 허용되거나 금지되는 것을 의미하였다. 로마법은 주관적인 의무는 인정하였으나 주체적인 권리는 인정하지 않았다. 고대 라틴어와 같이 고대 헬라어와 고대 헤브라이어는 권리에 해당하는 단어가 없었다. 의무에 해당하는 단어만 있었다.[129]

11세기와 12세기의 로마법주의자와 교회법주의자들을 포함한 법학자들이 주체적인 권리의 용어를 발전시켰고 객관적 정의에 이러한 주체적 권리의 분류를 포함시켰다. 주체적 권리의 생각은 구체적인 필요에 의해서 나타났는데 사람들이 더 많은 권위에 의한 권리와 자유에 대한 침해로부터 그들을 보호하기 위해서였다. 따라서 헤아릴 수 없는 많은 자유의 헌장과 계약은 매여 있었던 사람들과 매는 사람들 간에 동의한 문서의 형태였다[130].

---

129) 대비 또는 대조적인 로마법과 헬라법에 대한 언급은 참조 김 철(Ius in Subjectivo) 숙대 아세아 여성 연구집 및 「갈등」한국 사회이론 학회 편 (1992)기재 논문 참조, 전체적인 맥락과 강조점에 주의하라
130) 근대의 성과는 이와 같은 주체적 법, 주체적 권리의 성문형태였다.

제5장 "사람의 권리"의 온전성을 위한 법철학적 시도

- 국제인권 규약의 구조와 한국의 기본권 논의 -

이 글의 가장 큰 구도는 지금까지 국가주의 시대의 국가학의 영향하에 있었던 동아시아의 헌법학이 주로 지난시대의 이분법적 법철학에 근거를 두고 있다는 것을 밝히는 데 있다.

한국의 지금까지의 법학 엘리트가 익숙해진 사고방식과 논리는 특정시대의 태도를 반복해서 학습한 것이고 그 특정시대는 세계와 한국이 직면해야 될 새로운 시대의 특징과는 다르다는 것을 전제로 하고 있다. 따라서 이 글은 지난시대의 유산을 그 기초에 있어서 밝히고 이를 극복하여 이미 전개되고 있는 새로운 시대의 헌법학의 전망을 제시하는 데 있다.

I. 들어가는 말

한국에 있어서의 사람의 권리의 논의는 헌법학에서는 주로 현행 헌법 —즉 대한민국 헌법131)의 해석론에 의존한다. 그러나 헌법에 의해 체결

공포된 조약과 일반적으로 승인된 국제 법규는 국내법과 같은 효력을 가진다. (대한민국헌법 제 6조)

　한국 헌법학의 해석론은 적어도 강학상은 한국 헌법상의 기본권의 초국가적 권리성을 인정한다. (권영성, 2005:300 같은 취지, 김철수, 최대권) 법 철학의 용어로서 자연권(natural right)과 자연법[132]이 근대와 현대의 헌법상 권리의 연원인 것을 이론적으로 인정하는 것이다.[133] 이런 입장에 선다면, 기본적으로 한국 헌법의 기본권과 일반적으로 승인된 국제 법규의 기본권은 그 원천이 같다고 보여서, 근본적인 문제는 없을 것으로 보인다. 그러나 사람의 권리를 포괄적으로 다루는 한국 헌법학은 그 시초에서부터 한국 법학의 역사적 한계 안에서 영위되었다.[134] 상위법의 자연권적 해석이 하위법의 해석을 반드시 결정하는 것은 아니다.[135] 헌법의 포괄적이고 일반적인 조문은, 수없이 많은 하위 법에 의

---

131) 1948년 7월 12일에 제정되고 9차에 걸쳐 개정된 헌법을 1987년 10월 29일 공포 했다. 대한민국헌법 전문
　　참조 총 130조 부칙 6조 중 "사람의 권리"에 해당하는 것은 제 2장 국민의 권리와 의무 표제아래 제 10조 존엄권, 행복추구권 이하 제 39조 까지이다.
132) 근대 시민국가 성립에 있어서의 자연법의 역할과, 계몽적 전제 군주체제에서의 법실증주의의 역할, 그리고 동아시아에 있어서의 자연법론과 법실증주의의 관계에 대해서는, 김철, 『입헌주의와 법치주의의 윤리적 기초』, 한국공법학회, 공법연구 1997년
133) 헌법상 근거로는, 한국헌법 제10조의 "인간으로서의 존엄과 가치", "불가침의 기본적 인권"에 대한 국가의 의무 조항 및 제 37조 1항의 "국민의 자유와 권리는 헌법에 열거되지 아니한 이유로 경시되지 아니 한다"는 실정헌법이 규정하고 있는 것 이외의 자유와 권리까지 포함 하고 있다고 한다. 권영성, 2005:301 김철수, 최대권도 같은 취지이다.
134) 프로이센의 국가학(Staatslehre) 의 강한 국가주의, 법실증주의의 영향이다. 김 철, 『법제도의 보편성과 특수성』, 1993:20, 서원우; 『헌법이념과 행정법』1987. 한국공법학회편 한국에서의 미국헌법의 영향과 교훈
135) 해방이후에 한국 법학이 계속 참조한, 2차 대전 이전의 도이치란트에 있어서의 법치국가 개념은, 그 이념으로 첫 번째 꼽는 것으로 "법률의 더구나 법률 만의 전능 (Omnipotenz des Gesetzes)"을 들고 있다. (서원우,

해 구체화되지 않으면 안 되고, 사람의 권리에 관한 자연권은, 실정법 제도에 의해서 비로소 구현될 수 있을 뿐이다. (김 철, 1994:11) 따라서 한국에서의 사람의 권리의 현대적인 현상은 기본권 자체의 성질을 보는 것과 함께, 법치주의 일반의 성질을 살피는 것이 적실성이 있다. 헌법 하위 법규 제정과 해석 자체가 안고 있는 한국의 법치주의의 특징과 경향은 한국 법 문화의 역사적 형성에 의해 영향 받고 있다. (김 철, 1993:17) 제정과 해석, 집행의 전 과정에서의 강한 법실증주의 법학의 영향이다. 한국 헌법학의 구조, 체계, 기본개념 자체의 형성도, 해방 이후 건국 헌법 시행 이전부터 한국에 영향을 미치고 있었던 법실증주의적 오리엔테이션에 의해 좌우되었다.[136]

이 글의 목적은, 사람의 권리에 대한 한국 헌법 및 한국 헌법학의 전통을, 보다 보편적인 시점에서 평가하려는 데 있다. 세계 인권 선언과 국제 인권 규약은, 이차 대전이후의 보편적 시대 정신을 나타내고 있다고 평가된다. 이차 대전의 종결이후 유엔에서 결의한 세계인권 선언이 국제 인권 규약의 모태가 되므로 여기서 출발한다.

1987:278)

136) 1919년에 1차 대전의 폐허와 부담위에서 만들어진 Weimar헌법은 그 현대적 성격에도 불구하고, 기본적으로는 2차 대전 이후의 자연권 연원의 헌법과는 출발을 달리 한다. 해방 직후 한국의 기존 법학자들은, 세계사적 맥락이 대 전환 했음에도, 여전히 특수 독일적 법치국가와 법실증주의의 영향을 받고 있었다. 김 철, 서평 "조영래 평전: 세상을 바꾼 아름다운 열정" 공법연구, 한국공법학회 2006. 2, 476

주 22) "한국의 법학계가 흔히 인용하는 바이마르 헌법(1919)은 세계사적으로 볼때, 권위주의적 법문화가 청산되었다고 보기 어렵다. 제 1차 세계대전 (1914-1918) 패배후 몰락한 제2 제국 (1871-1918)의 유산의 영향은 그 시대의 법학 방법론이다."

Ⅱ. 세계 인권 선언(Universal Declaration of Human Rights, UDHR 1948)

1948월 12월 10일 유엔총회에서 48대0(기권 8)으로 채택되고, 거의 모든 나라에 의해서 비준되었다. 따라서 2차대전 이후의 세계질서에 있어서, "사람의 권리(human right)"란 "세계 인권선언에 있는 것"이라고 의미하게 되었다.[137] 이 세계 인권선언의 역사적 의의는, 두번에 걸친 세계 대전이 인류에게 준 비애(전문 참조), 특히 이차대전 중 대표적으로 비 전투원 유대인 600만 명을 학살한 도이치의 국가사회주의 당과 군대 지도자에 대한 전후 전범 재판 Neremberg,[138] Jerusalem(Hanna Ahrendt: 1963)과 역시 전쟁 중 동 아시아에서의 일본 군국주의에 의한 반인류적 전쟁 범죄에 대한 재판을 경험하고 난 후, 사람의 근본적인 권리와 인간의 존엄과 가치를, 전후 세계 질서의 으뜸 되는 근본 가치로 선언한 것이다.[139] 세계

---

137) Jack Donnelly, *Universal Human Rights in Theory & Practice*, 2nd edition cornell university press 2003
138) 1945년-1946년까지 추축국가의 전쟁 범죄자-주로 나치당 지도자와 군 장교에 대한 재판은 전후 인권 운동에 강력한 계기가 되었다. Judgment of Nuremberg Tribunal, International Military Tribunal, Nuremberg(1946) 41 Am. J. Int. L. 172 (1947)
139) 기본적 권리선언의 역사는, 독립 혁명의 문서인 1776년 Virginia 권리 장전, 프랑스 대혁명의 가치를 선언한 1789년 프랑스의 권리 선언-시민과 사람의 권리 선언을 들 수 있다. Virginia 권리 선언은 "사람은 나면서부터 자유이며, 독립이고 일정한 생래의 권리를 가진다. 이들 권리는 인민이 사회상태에 들어간데 있어서, 어떠한 계약에 의해서도 인민의 자손에서 이를 빼앗을 수 없는 것이다. 재산을 소유 취득하고, 행복과 안전을 추구하는 수단을 수반하여 생명과 재산을 누리는 권리이다 (2조)천부 불가침의 자연권으로서 행복추구권, 생명 자유 재산과 함께 저항권을 들고, 전통적인 신체의 자유, 언론출판의 자유, 종교 신앙의 자유, 참정권등을 들고 있다. 1789년 프랑스의 "사람과 시민의 권리 선언"(Declaration des droits de l'homme et du citoyen)은 불가침 불가양의 자연권으로 평등권, 신체의 자유, 종교의 자유, 사상표현의 자유, 소유권의 보장 등을 규정하고 있다.

인권선언은 전문과 30조로 구성되어있는데, 1. 인간의 존엄, 2. 평등권, 3. 자유권, 4. 생존권 5. 청구권, 6. 참정권, 7. 의무 등을 규정하고 있다. 망명자비호권, 국제적 평등보장청구권, 표현의 자유와 정보입수의 자유, 추방 받지 아니 할 권리등도 보장하고 있다.[140] 권위주의 시대에 법을 통한 인권 보호에 생애를 걸었던 한국의 어떤 인권 변호사는, 누구보다도 국제적이고 보편적 규범을 희구 하였다. 그러나 그의 법률가다운 이성은 "인간의 기본적 권리와 자유에 관하여, '모든 인민 그리고 모든 국가가 달성해야 할 공통의 기준'을 아름답고 감동적인 문체로 제시하고 있으나, '선언적' 의미를 지니는데 그치고 법적인 구속력이 없다"라고 판단 한다. (조영래, 1985:11) 이윽고 그는 법적 효력이 있는 국제 인권 규약에 한국이 가입하기를 열망하게 된다. 인권선언의 구조는 인간의 존엄, 평등권과 자유권, 참정권 뿐 아니라 생존권과 청구권, 의무 까지도 포함하고 있어서, 2차 대전 이후의 헌법전 기본권의 기본 순서와도 일치한다. 한국 헌법 제2장 국민의 권리와 의무의 모든 사항의 골격과 일치한다.

III. 국제인권 규약(International Covenant on Civil & Political Right 1966; International Covenant on Social, Economic and Cultural Right 1966)

국제인권규약이라 함은 1966년 12월 16일 제21차 유엔총회에서 채택된 경제적 사회적 문화적 및 문화적 권리에 대한 국제 규약 (A 규약)

---

140) Universal Declaration of Human Rights, Preambles and Article 1 - Artcle 30, 한국헌법재판소는 유엔의 세계인권선언의 법적 효력을 부인하고 있다. 헌재 1991. 7. 22 선고 89 헌가 106. 김철수, 『헌법학개론』제 18전정신판 256쪽 박영사 2006년

시민적 정치적 권리에 관한 국제 규약 (B 규약) 그리고 시민적 정치적 권리에 관한 국제규약에 따르는 선택 의정서의 3개 문서를 통 틀어 일컫는 것인데, 한마디로 '세계 인권선언'을 조약화한 것이라고 할 수 있다(조영래, 1985, 1991:11).

국제인권규약은 그에 서명 또는 가입한 나라들에 대해서 법적인 구속력을 가지면서 그 적용 범위도 전 세계에 걸친다는 점에서 인간다운 삶을 지향해 온 인류의 오랜 투쟁사에 있어서 획기적 의미를 지닌다고 할 수 있다(조영래, 1985, 1991:11).

한국은 1990년 4월10일 "경제적 사회적 및 문화적 권리에 관한 국제규약(A규약)", "시민적 및 정치적 권리에 관한 국제규약(B규약)" 시민적 및 정치적 권리에 대한 선택의정서의 당사국이 되기 위한 비준서를 기탁하였다. 3개월 후 1990년 7월10일부터 한국은 당사국으로서 3개 조약의 적용을 받기 시작하였다(A규약 27조 2항. B규약 49조 2항. 선택의정서 12조 1항). 한국은 A규약은 94번째, B규약은 88번째, 선택의정서의 경우 50번째로 당사국이 되었고, 이것은 유엔이 처음 3개 조약을 채택한 지 24년 후, 조약의 효력발효일로부터 14년이 경과 된 후 당사국이 된 것이다(정인섭, 2000).

Ⅳ. 국제인권규약의 적용

이 지구상에는 많은 주권 국가가 있고, 어느 나라나 크건 작건 그 나름대로의 '인권 문제'를 안고 있고, 어느 한 나라에서 지나치게 사람의 기본적 권리를 짓밟는 사태가 발생하여 다른 나라의 정부나 시민이 이를 항의하게 되는 일이 있는데, 그 경우 항의를 받은 나라는 으레 '내정 간섭'을 하지 말라고 응수한다. 우리나라도 70년대에 많이 겪었던 일이다. 적어도 국제인권규약에 가입한 나라들은 더 이상 그 같은 주장을 못 하게 된다 (조영래, 1985, 1991:12). 국제인권규약은 가입국 들에게 제반 기본적 인권을 보장하는 조치를 취할 의무를 지우고 있고, 의무의 이행상황에 대하여, 수시로 '보고'를 제출하게 하여, 유엔기관이 이를 '심의'하고 '권고'를 발할 수 있게 하는 등 제반 '실시조치'까지 규정하고 있어서 가입국내의 인권상황에 대한 국제적 감시와 간섭의 길을 열어 놓고 있다(윗 사람).

V. 국제인권규약 (A규약) - '경제적 사회적 문화적 권리에 관한 국제 규약' 이 인정 하는 권리는 6조에서 15조에 걸쳐 상세하게 규정되고 있다. Part Ⅲ Article 6 - Article 15 International Covenant on Economic, Social and Cultural Rights - ICESCR (1966년 유엔 총회 채택 1990년 한국 가입)

6조. 일 할 권리 (right to work)

7조. 공정하고 양호한 근로 조건을 누릴 권리

8조. 노동조합(trade union)과 국내노동조합 연합체를 결성하고 그에 가입하며 국제노동조합 조직에 가입 할 권리

9조. 사회보험(social insurance)을 포함하여 사회보장(social security) 에 대한 권리

10조 1항 가족공동체, 아동의 양육과 교육, 자발적안 결혼

      2항 모성의 보호 산전산후 휴가와 사회보험 혜택

      3항 아동과 연소자의 보호

11조. 의식주를 포함해서 적절한 생활수준에 대한 권리

12조. 신체적 정신적 건강을 누릴 권리

13조. 교육을 받을 권리

14조. 무상 초등 의무 교육의 확립

15조. 문화적 생활에 참가할 권리, 과학의 혜택을 받을 권리

이 권리들은 현재 한국 헌법 (1987년 9차 개정) 제2장 국민의 권리와 의무 제31조부터 36조까지 규정 되고 있다.

이 중에서, 우리나라 인권 변호의 개척기에 활약한 고 조영래 변호사[141]는, 아직 한국이 국제 규약에 가입하기 이전인 1985년 2월의 한국의 사회적 경제적 인권 상황에서 주목할 만한 몇 가지 규정을 지적하고 있다. (조영래, 1985:13)

제7조는 모든 근로자에게 최소한도 공정한 임금, 동일가치의 근로에 대한 동일 임금(equal pay for equal work), 특히 여자가 같은 근로에 관하여 남자와 같은 보수를 받고 남자에 못지않은 근로 조건이 주어져야 하며, 또 안전하고 건강한 작업 조건, 휴식 여가 근로시간의 합리적 제한 및 정기적인 유급 휴가를 보장 받아야 한다고 규정하고 있다.

제8조는 조약 가입 국들이 확보해야 할 권리로서, 1항 누구나가 그 경제적 사회적 이익을 증진하고 옹호하기 위해서 노동조합을 결성하고 선택하는 노동조합에 가입 할 권리, 2항 노동조합이 국내의 연합 또는

---

141) 1986년 5월1일에 발행된 대한 변호사 협회의 인권 보고서는 변정수, 강철선, 조승형, 조영래 공동명의로 작성되었다. 후기에는 정부에 대한 강한 어조의 경고가 담겨져 있다. "지금 까지 수없이 저질러지고 있는 연금 또는 선행이라는 기묘한 이름의 영장 없는 불법구금이라든기 수시과정에서의 참혹한 고문, 수감자에 대한 폭행과 가혹 행위, 언론 출판 집회 결사의 자유에 대한 과도한 제약, 노동 3권에 대한 현저한 침해 등 모든 인권 유린사태는 한 마디로 인권문제의 중요성에 대한 정부 당국이 인권 상황의 개선이라는 절박한 시대적 요청에 대하여 과연 얼마나 진지한 관심을 가지고 있는지 의심치 않을 수 없게 한다." 대한 변호사협회, 1985년 인권보고서, 103쪽-104쪽, 안경환, 조영래 평전-『세상을 바꾼 아름다운 열정』 372쪽 도서출판 강 2006년

총 연합체를 설립할 권리 및 이들 연합이 구체적인 노동 단체에 가입하거나 결성 할 권리, 3항 노동조합이 민주적 사회에 있어서 필요한 범위에서 법률이 정하는 제한을 받는 이외에는 여하한 제한도 받지 않고 자유롭게 활동 할 권리, 4항 (각국의 법률에 따라) 동맹 파업을 할 권리 등을 들면서, 다만 군대, 경찰, 공무원에 대해서는 위 권리의 합법적인 제한을 가하는 것을 허용하고 있다. 여기서 동맹 파업권에 대한 각국의 법률에 의한 제약을 인정하고 있는 것은 조합 활동의 자주성을 반하지 아니 하는 범위에서 절차적 제약을 인정 하는 것이지 파업권의 행사를 전면적으로 제한 금지하거나 또는 권리 그 자체를 규제하는 법률까지 허용한다는 뜻은 아니라는 것이 일반적인 해석이고, 과도한 제한을 가하는 법률이 있다면, 그 법률은 이 인권 규약을 저촉하는 것이 된다.[142)

이 노조 결성권은 시민적 정치적 권리에 관한 국제 규약 (B규약) 22조 결사의 자유 항목(1)에서의 조합 결성과 가입의 자유와 겹치게 된다. 1990년 한국이 시민적 정치적 권리 조약에 가입 할 당시는 한국은 교원과 공무원의 노조 결성권이 일반적으로 금지되고 있었다(정인섭, 2000, 6). 우리 헌법 제 33조 2항은 '공무원인 근로자는 법률이 정하는 자에 한하여 단결권·단체교섭권 및 단체행동권을 가진다.'고 규정하고 있으며, 국가공무원법 제66조는 사실상 노무에 종사하는 공무원을 제외하고는 노동운동을 하지 못한다고 규정하고 있었다. (국가공무원법 제66조 - 집단행위의 금지) 이에 따라 1999년 7월1일 이전에는 일반 공무원은 물론이고, 국가 공무원과 제66조의 적용을 받는 교육공무원과 사립학교 교원 역시 노동조합을 조직할 수 없었다.[143) 1999년 7월 1일부터 교원의 노동조합

---

142) 같은 사람, 같은 글 14쪽 근거는 시민적 정치적 권리에 대한 국제 규약 제 22조 결사의 자유와 노조 결성, 가입의 자유 제 2항에 둔다. part Ⅲ Article 22 International Covenant on Civil and Political Rights - ICCPR

143) 사립학교법 제55조 (복무) 사립학교의 교원의 복무에 관하여는 국·공립 학교의 교원에 관한 규정을 준용한다.

설립 및 운영 등에 관한 법률이 시행됨으로써 교원노조 결성은 허용되었다.144) 공무원의 노조는 오랫동안 금지되고 있다가 2005년 1월 27일 입법으로써 해결하였다.145) 이렇게 보아온다면 1990년 시민적·정치적 권리에 대한 조약과 경제적·사회적·문화적 권리에 대한 조약에 가입할 당시 B규약 제22조(결사의 자유, 노조결성과 가입의 자유)에 대한 유보는 1999년과 2005년의 입법으로써 해결되었다. 사후적으로 관찰하건대, 국제인권규약으로 불리는 A규약은 약 15년간에 걸쳐서 한국의 노동입법에 선도적인 가이드라인으로써 입법에 영향을 끼친 것을 알게 된다.

VI. 시민적·정치적 권리에 관한 B규약146)
INTERNATIONAL COVENANT ON CIVIL AND POLITICAL RIGHTS - ICCPR
(1966년 유엔 총회 채택 1990년 한국 가입)

제6조부터 제26조까지에 걸쳐 제6조 생명에 대한 권리, 사형의 조건,

---

144) 교원의 노동조합 설립 및 운영등에 관한 법률 제1조 (목적) 이 법은 국가공무원법 제66조 제1항 및 사립학교법 제 55조의 규정에 불구하고 노동조합 및 노동관계조정법 제5조 단서의 규정에 의하여 교원의 노동조합 설립에 관한 사항을 정하고 교원에 적용할 노동조합 및 노동관계조정법에 대한 특례를 규정함을 목적으로 한다.

145) 공무원의 노동조합설립 및 운영 등에 관한 법률 [제정 2005. 1. 27 법률 제7380호] 제1조 (목적) 이 법은 헌법 제33조 제2항의 규정에 의한 공무원의 노동기본권을 보장하기 위하여 노동조합 및 노동관계조정법 제5조 단서의 규정에 따라 공무원의 노동조합 설립 및 운영 등에 관한 사항을 정함을 목적으로 한다.

146) 이 문서에 대한 최초 번역은 조영래 변호사 추모를 위한 모임 엮음, 진실을 영원히 감옥에 가두어 둘 수는 없습니다, 창작과 비평사 1991. 에 수록된 조영래의 글에서 발견 된다.

18세 미만의 자와 임신 중인 부녀에 대한 사형집행의 금지, 제7조 고문, 비인도적·굴욕적 처우와 형벌의 금지, 제8조 노예제도·노예거래·강제 노동의 금지, 제9조 신체의 자유와 안전, 자의적인 체포·구금의 금지, 제 10조 자유를 박탈당한 자에 대한 인도적 처우, 미결수와 기결수 그리고 성인 죄수와 미성년 죄수의 분리, 제11조 사적인 채무를 이유로 한 구금의 금지, 제12조 거주이전·출국의 자유, 자기 나라에 귀국할 권리, 제13 조 외국인 추방의 조건과 심사청구권, 제14조 독립된 사법부에 의한 공정한 공개재판을 받을 권리, 피고인의 무죄의 추정, 변호권, 2중 처벌의 금지, 제15조 죄형법정주의, 소급처벌의 금지, 제16조 어느 곳에서나 법 앞에서 하나의 인간으로서 인정받을 권리, 제17조 프라이버시, 가정·통신에 대한 불법적인 개입이나 명예·신용의 불법한 훼손의 금지, 제18조 사상·양심 및 종교의 자유, 제19조 의견의 자유 및 표현과 정보입수의 자유, 제20조 전쟁선전 및 국가적·인종적·종교적 적의 선동의 금지, 제21조 평화적 집회의 권리, 제22조 결사의 자유, 제23조 가정·혼인의 보호, 제24조 아동의 권리, 제25조 정치참여의 권리, 즉, 모든 시민이 "어떠한 차별이나 불합리한 제한도 받음이 없이" 직접적으로 또 자유로이 선출한 대표자를 통하여 정치에 참여하고, "보통·평등의 선거권에 의거하여 비밀투표로 행하여지는 선거인의 의사의 자유로운 표현을 보장하는 진정한 정기적 선거"에서 투표하고 또 선출되며 평등한 조건 아래서 자기 나라의 공무를 담당할 권리를 행사할 것, 제26조 법 앞에서의 평등의 보장, 제27조 종족적·종교적·언어적 소수자의 보호 등에 관한 규정을 두고 있다.

이 권리들은 현재 한국 헌법(제 9차 개정 1987년 10월29일 공포) 제2장 국민의 권리와 의무에서의 기본권 (거의 자유권적 기본권)과 대체로 일치하고 있다.[147]

---

147) 한국헌법 제10조 존엄권의 내용은 규약 전문(PREAMBLE)에, 11조 평등권부터 제24조 선거권까지의 거의 모든 내용이 약간의 차이가 있으나 일치 한다.

시민적 정치적 권리들이 가장 암담한 상황에 처해 있었던 1986년 당시 한국의 대표적인 인권보고서 후기는 다음과 같다. "지금 86년 인권보고서의 후기를 쓰고 있는 우리의 심정은 실로 참담하다. 온 나라를 경악과 슬픔과 분노로 들끓게 한 박종철 군의 참혹한 죽음 앞에서 우리의 인권 보고서는 할 말을 잃었다. 우리는 아무것도 말 할 것이 없다. 다만 치 떨리는 분노로 이렇게 외칠 뿐이다 박 종철을 살려 내라"(안경환, 2006:373)

Ⅶ. A규약과 B규약의 법적 효력에 대한 견해

국제 인권 규약에 대해서, 권위주의시대에, 한국의 인권 상황의 타개책과 관련해서 가장 민감한 관심을 가졌던 초기 인권변호사 중의 한사람은 다음과 같이 요약하고 있었다(조영래, 1985:13).

A규약에서 인정되고 있는 권리들은 우리가 흔히 생존권적 기본권 또는 사회권적 기본권이라고 부르는 것들로서 국가기관의 적극적 관여와 노력에 의해서 형편껏 확보될 수 있는 성질의 권리들이다. 따라서 A규약은 가입국에 대하여 권리들의 실현이라는 목표를 "입법조치 기타 모든 적당한 방법"으로 "점진적으로" 달성할 것을 요구하고 있다. 그러므로 A규약의 경우 국민으로서는 이를 근거로 하여 국가에 대하여 입법조치 등을 취하도록 정치적 요구를 제기할 수는 있다. 법원에 재판을 걸어 정부에 대하여 규약상의 권리를 즉각 실현시키도록 이행을 청구할 수는 없다. 다만 정부가 위 권리들을 저해하는 조치를 취하는 경우에 A규약을 근거로 하여 그 취소를 구하는 것은 가능하다고 해석되고 있다(조영래, 1985:15).

B규약 상의 권리들 중 대부분은 우리가 흔히 자유권 또는 자유권적 기본권이라고 부르는 것으로서 18세기 이래 세계 각국의 인권선언이나 헌법에 널리 열거되어 왔고 우리나라 헌법에 있어서도 매우 낯익은 것들이

다. 이 자유권적 기본권은 "개인의 자유로운 삶에 대한 국가권력의 간섭이나 개입을 가급적 배제함으로써 확보되는 것이다"[148]라고 알려져 왔다. 즉, 나라의 살림살이 형편에 큰 관계없이 국민소득이 얼마가 되든 국가가 하려고만 마음먹으면 즉시 실현시킬 수 있다. 그러므로 B규약은 가입국에 대하여 이들 제반 권리를 당연히 또 즉시 보장할 것을 요구하고 있다.

즉 A규약의 경우와는 달리 B규약에 있어서는, 가입국 정부는 규약에서 인정되고 있는 제반 인권을 즉시 존중·확보할 의무를 부담하며 그를 위하여 필요한 입법조치를 취하지 않으면 안 된다. 나아가서는 사법부를 통하여 B규약상의 인권을 구제하고 그 집행을 확보하지 않으면 안 된다.

VIII. 실시조치 E / 1998 / 14, para. 351. 현재와 같은 보고제도는 1988년부터 시행되었다.

가입국들이 규약상의 각 권리규정을 편리대로 해석·적용한다든지 규약상의 의무를 게을리 한다든지 하는 사태를 방지하기 위하여는 각 가

---

148) 조영래의 자유권적 기본권에 대한 이런 해석은 1985년까지, 그러니까 권위주의 정부체제가 계속되고 있던 당시의 한국헌법학계의 통설을 반영하고 있다. 세계사 적으로는 절대주의 정부의 압제에서의 해방이 자유권의 유일한 출구이던 시대와 장소에서 형성된 것이다. 국민의 자유는 국가나 정부의 힘이 물러간 진공의 상태에서 가능하다는 이른바 소극적·방어적 자유의 개념은 그러나 기본권의 제3자적 효력, 쉽게 말하면 국민의 자유가 공권력이 아닌 범죄 집단 또는 사 권력에 의해서 침해되는 빈도수가 압도적으로 높아지는 사회에서는 통용될 수 없다. 예를 들어 1989년 동유럽 혁명 이후의 러시아의 자유화과정 이후의 관찰은 자유권이 국가공권력이 소극적으로 작용할 때 실현된다는 프로이센 류의 자유개념을 여지없이 무너뜨렸다. (조영래는 1990년 동유럽 혁명의 와중에서, 한국의 탈 권위주의의 전야에서, 타계했다)
　김 철[서 평], 『코드: 사이버공간의 법이론』, 로렌스 레식(Lawrence Lessig) 원저 김정오 역, 헌법학연구.

입국에 있어서의 규약상의 권리규정의 이행상태를 감시하는 국제적인 제도가 필요하게 되는데 이 같은 국제 제도를 일반적으로 실시조치라고 부른다(정인섭, 2000:10).

여러 인권조약에 정하여진 실시조치는 대별하여 다음 3가지로 분류할 수 있다.

첫째는 보고제도인데 이것은 조약 가입국이 스스로 조약상의 권리의 실시상황에 관하여 국제 기관에 보고케 하고 그 심의를 통하여 감독을 행하는 방법이다. 둘째는 가입국에 의한 신고제도인데 이것은 가입국 '갑'이 다른 가입국 '을'의 조약상의 의무 위반이 있다고 판단할 경우에 '갑'이 '을'을 상대로 하여 국제기관에 진정, 이의신청, 신고 또는 통보 등의 형식으로 소를 제기하여 그 국제기관의 조정절차를 거쳐 우호적 해결을 꾀하는 제도이다. 셋째는 사인에 의한 신청제도인데 이것은 가입국에서 조약상의 권리를 침해당한 개인이나 단체가 청원 또는 통보의 형식으로 국제기관에 문제를 제기하여 그 국제기관의 심의(조정적 성격을 지님)에 의하여 해결을 꾀하는 제도이다.

이상 세 가지 실시조치 중에서 A규약은 보고제도를 채용하고 있고 B규약은 보고제도와 가입국가에 의한 신고제도를, 또 B규약의 선택의정서는 사인(개인)에 의한 신청제도를 채용하고 있다.

A규약의 경우 당사국은 가입 후 2년 이내에 최초 보고서를, 그 후 매 5년마다 추가 보고서를 유엔에 제출하여야 한다. (윗사람) 이 보고서에는 또 규약상의 제반 의무의 이행 정도에 영향을 미친 요인 및 장애를 기재하여야 한다. 가입국으로 제출된 보고는 경제사회이사회의 심의에 회부되고 또 인권위원회에도 송부되는데 인권위원회는 보고를 검토한 뒤에 이른바 '일반적 성질의 권고'를 할 수 있고 가입국은 이에 대하여 의견을 진술할 수 있다. 또 경제사회이사회는 위 '일반적 권고'를 붙인 보고 및 가입국 정부와 관계전문기관으로부터 제출된 보고를 유엔총회에 제출할 수 있다.

Ⅸ. 인권규약(사회, 경제, 문화)에 예정된 실시조치 중 당사자 국가의 보고제도: 1995년, A규약에 의한 최초 보고서에 대한 경제·사회·문화적 권리위원회의 최종 견해[149]중 발췌

1995년 6월 7일 유엔 경제·사회·문화적 권리위원회는 대한민국 정부의 최초보고서를 심의한 후 최종견해를 채택했다. A규약 위원회는 긍정적 측면들과 함께 가장 우려되는 분야로 7항에서 국내법이 조약의 규정들에 부합하는지 입증할만한 아무런 방법이 없다는 점을 계속 유감으로 생각한다.

8항에서 위원회는 노동조합 결성권과 관련된 제약들이 조약의 8조에 따른 한국정부의 의무에 배치된다고 생각한다. 특히 방위산업체의 노동자 등의 집단에게는 적용하지 않았으면서, 교직 종사자 등에게 노동조합 결성권을 금지하는 것은 뚜렷한 이유가 없다. 마찬가지로 파업권에 관한 규제는 지나치게 제약적이고, 노동자들 행위의 합법성 여부를 판단하는 것은 정부 당국에게 거의 절대적인 재량권이 주어져 있는 것으로 보인다. 교사들이 높이 존경받는 한국의 문화적 전통을 인정한다 하더라도, 자신이 선택한 노조에 가입할 기본적 권리와 자유를 과도하게 제한하고 이를 옹호하고자 문화적 전통을 내세우는 것은 전혀 받아들일 수 없는 근거라고 판단한다(위의 문서, 번역: 민주사회를 위한 변호사모임).

13항에서 위원회는 한국의 교육제도의 많은 요소들에 대해 우려를 갖고 있다. 단지 초등교육만이 무료로 제공되고 있다. 그러나 한국의 경제력을 감안할 때 무상 교육이 중등 및 고등 교육에까지 확대되는 것이 적절한 것으로 보인다. 또한 위원회는, 정부 대표가 경쟁적인 입시 요건을 낳는 고등

---

149) Concluding Observations of the Committee on Economic, Social and Cultural Rights: Republic of Korea. 07 / 06 / 95. E / C. 12 / 1995 / 3. (Concluding Observations / Comments)

교육 기회의 공급 부족에 문제의 심각성이 있다고 구두로 인정한 사실에
주목한다. 이러한 결과의 하나로, 사설 학원들이 쉽게 학원비를 올리고 이
에 따라 저소득층의 아동들은 이러한 제도 밖으로 강제로 배제되고 있다.

위원회는 제10항에서 한국정부는 여성문제에 관한 정책과 광범위한 특별
계획들을 발표했지만, 위원회는 한국 사회에서 여성들이 현재 차지하는 지
위가 매우 불만족스럽다는 견해를 갖고 있다. 생활의 모든 분야에서 여성들
은 오랜 문화적 편견을 포함해 여러 요인으로부터 파생되는 차별적 관행들
로 인해 피해를 당하고 있다. 교육 분야에서도, 중등 및 고등교육기관에서
나타나는 남녀학생 비율의 격차가 우려스럽다. 이와 관련해, 위원회는 중등
및 고등교육에 드는 높은 비용과 접근의 어려움이 여성들의 교육 수혜 비율
의 저하를 야기하고 있다고 생각한다 (위의 문서 E / C. 12 / 1995 / 3 10항).

Ⅹ. 국가 보고 제도의 두 번째 예: 2001년 5월 1일 경제적·사회적·문화적 권리위원회가 채택한 한국의 보고서에 대한 결론적 관찰150)의 일부

위원회는 보고서에 대해서 만족을 표시하면서 그러나 한국의 경제위
기에 이은 결정적인 상황에 대해서 중요한 분야의 최신 통계에 대한 정
보를 포함시키지 않았다고 주의했다. 위원회는 경제위기에 따른 급속한
회복과 전반적으로 사람의 권리에 대한 개방적인 풍토 및 경제사회 및
문화적 권리의 향유에 있어서 최근 이루어진 진전에 대해서 만족을 표

---

150) *Concluding observations of the Committee on Economic, Social and Cultural Rights:* Republic of Korea. 01 / 05 / 2001. (Concluding Observations), 김 철 번역

시한다. 위원회는 5항에서 기초생활보장법(1999년), 고용보험법, 국민연금 의료보험제도 산업재해보상법 그리고 최저임금제의 확대적용 같은 것들이 생활수준을 적정하게 하는데 도움이 된다고 생각한다. 위원회는 여성부를 신설 한 것, 여성의 고용평등, 아동의 출생신고시의 평등, 아동복지법, 공적이나 사적인 아동보호시설이 최근 강화된 것을 주의한다. 위원회는 UN난민처리고등판무관의 사무소가 서울에 개설된 것을 환영한다.

C항에서 사회권에 대한 국제규약의 실시를 저해하는 요인과 어려움을 지적했다. 9항에서 위원회는 국가보안법에 의해서 강화되고 있는 "요새 또는 성곽 심리(fortress mentality)"가 경제적·사회적·문화적 권리의 향유에 부정적인 효과를 미치는 것에 주의한다. 또한 높은 수준의 방위비용이 경제적·사회적·문화적 권리의 주된 영역에서 줄어들고 있는 예산과 비교할 때 부조화를 보이고 있다. 10항에서 뿌리깊은 전통과 문화적 편견이 외국인 노동자와 여자들을 한계화하고 있다고 지적한다. 위원회는 11항에서 국가에 의해서 채택된 "경제 제일(economy-first)" 접근법이 결과적으로 경제적·사회적·문화적 권리의 보호에는 낮은 우선순위를 초래하고 있다. 주거·사회복지 그리고 건강보험과 같은 문제에서 사회의 어떤 그룹들을 한계선으로 몰아내고 있는 효과를 가진다.

D항에서 위원회는 관심의 주제를 12항에서부터 표명한다. 12항에서 국가는 한국이 경제위기를 극복하고 경제를 재구성하는 노력에서 국제 재정기구들과 협상할 때 사회적, 경제적, 문화적 인권조약에서 밝힌 의무를 고려하지 않았다는 점에 관심을 가진다. 정부가 장기경제정책에 지나치게 의존함으로써 대규모의 실업, 고용안정성의 저해, 점증하는 소득 불균형 그리고 늘어나는 파괴된 가정의 숫자와 상당한 수의 사람들을 한계 선상으로 모는데서 경제적·사회적·문화적 권리의 향유에 부정적 영향을 심대하게 미쳤다고 본다. 위원회는 13조에서 경제발전의

급속한 속도는 사람들의 경제적 · 사회적 · 문화적 권리를 보장하는 노력
을 동반하지 않았다. 위원회는 이런 상황에서는 경제회복과 시장의 경
쟁력을 위해서 어떤 사람들의 권리는 희생되었다는데 관심을 가진다.
위원회는 14항에서 국가당사자의 데이터 수집방법이 충분히 믿을만하게
보이지 않는다는데 관심을 가진다. 예를 들면 실업, 저고용, 주거 빈곤,
이주에 대한 데이터가 그렇다. 어떤 경우에 정부가 제공한 통계와 다른
소스들, 즉 국제연합의 기구나 비정부기구, 즉 민간단체에서 나온 통계
는 매우 현격한 갭을 보여준다. 이것은 사회적으로 다치기 쉽고 한계화
된 사람들의 욕구를 위해서 정부정책이나 프로그램을 만드는데 있어서
는 심각하게 그 유효성을 저해하는 것이다. 위원회는 17조에서 소위
"비정규직 노동자(irregular workers)"들이 처하고 있는 특별한 근로조건
이 충분히 해명되지 않았다는 것을 유감으로 생각한다. 독립적인 소스
로부터의 정보는 똑같은 일을 하면서도 비정규직 근로자들은 임금, 보
험혜택, 실업과 건강 보험에 있어서 그리고 직업의 안정성에 있어서 정
규직 근로자와 구별되고 있다. 독립된 정보에 의하면 비정규직 근로자
의 전체 근로자에 대한 비율이 반수를 넘었고, 그 중 대부분이 여성이
라고 한다. 위원회는 19항에서 국제규약 8조에 따른 조합결성과 가입의
권리를 교사들이 법적으로 향유할 수 있다는 것을 주의한다. 그러나 교
사들은 아직도 단체교섭과 파업에 있어서 보장받지 못하고 있다. 이 권
리는 국제규약이나 한국헌법 33조에 다 같이 보장된 것이다. 한국사회
는 교사들에 대해 전통적으로 주어진 상징적 지위가 있다는 것을 알면
서도 위원회는 정부가 어떤 전통의 수호자의 역할을 하고 그 결과로 근
본적 권리의 행사를 저해하는 것으로 안다. 위원회는 27항과 28에서 한
국의 교육에 대해서 관심을 표명한다. 위원회는 27항에서 공립학교의
교육이 낮은 질로 됨으로써 한국의 가정들이 사적인 지도로써 그들의
아동들을 보충하는 것을 강제하고 따라서 저소득 집단에 대해서 부당한

재정적 부담을 지우고 있다는 것에 주의한다. 위원회는 28항에서 고등교육에 있어서 사립학교들이 압도함으로써 저소득층에게는 치명적인 사실이 되고 있다. 고등교육에 있어서의 3분의 2의 학생이 남자이고 이것은 평등원칙에 어긋나는 것이다. 42항에서 위원회는 국가가 공교육 제도를 강화하기 위해서 국제규약 13조와 위원회의 일반논평 13호에 따라서 계획을 수립할 것을 권고한다. 한국정부가 공교육 시스템의 기능과 질을 사립학교의 교육과 대비해서 다시 조사할 것을 권고한다. 목적은 공교육 시스템을 강화함으로써 사교육에 의해서 가해지는 저소득층에 대한 부담을 경감시키는 것이다. 모든 수준에 있어서의 학교에 대한 접근 가능성에 대해 정부가 연구해야 하며 사회의 모든 부문과 계층에 의해서 평등한 접근이 보장되도록 특별한 조치를 취해야 한다고 권고한다. 인간의 권리와 기본적인 자유를 존중하는 교육이 모든 수준에서 이루어져야 한다. 위원회는 44항에서 본위원회나 다른 국제기구에 의해서 행해진 관찰을 고려해서 국가적인 행동을 위한 인권계획을 수립할 것을 추천한다. 준비는 비엔나 선언과 1993년 세계인권대회에서 채택된 행동강령에 일치해야 한다. 45항에서 위원회는 제3기분에 한국정부가 농촌분야와 농업 및 식량생산에 관한 상황에 대한 국가보고서를 2006년 6월30일 까지 제출할 것을 강력히 요청한다.

XI. 정치적 시민적 권리와 사회적 경제적 문화적 권리의 관계에 대한 한국 강단 법학의 전통적 학설

한국 헌법학에서 정치적 시민적 권리는 자유권적 기본권으로, 사회적 경제적 문화적 권리는 인간다운 생활을 할 권리로 대표되는 생존권적 기본권, 또는 사회권적 기본권으로 이해되어져왔다 한국 헌법학의 전통

적 견해는 자유권적 기본권과 생존권적 기본권의 성질이 다르다고 해 왔다. (통설)

생존권적 기본권의 주 기본권인 한국 헌법 34조 제1항은 '모든 국민 은 인간다운 생활을 할 권리를 가진다', 제2항은 '국가는 사회보장, 사 회복지의 증진에 노력할 의무를 진다'라고 한다.

생존권의 법적 성격에 대해서는, 재판 규범성과 관련하여 크게 프로그 램 규정-즉 입법 방침 규정이라는 주장-프로그램 규정설과 법적 권리 를 가진다 라는 주장-법적 권리설이 갈라진다(김철수, 2006: 795 권영 성, 2006:631). 쇼와 42년의 일본 최고재판소 판결은 프로그램설에 따르 고 있다. 법적 권리를 인정하는 경우에도 국민은 국가에 대해서 추상적 권리를 가지고, 국가는 입법이나 국정상의 추상적 의무를 진다고 하는 추상적 권리설의 경우, 프로그램적 규정설과 큰 차이가 없다(김철수:802, 권영성:633). 구체적 권리설의 경우 생존권을 구체적으로 실현 할 수 있 고, 또 요구 할 수 있는 권리로 본다. 국민은 입법을 요청 할 권리가 있 으며, 입법이 존재 하지 않는 경우 생존권의 침해가 되어, 입법 부작위 위헌 확인 소송을 제기 할 수 있다고 하여 구체적 재판 규범성을 부여 하려는 설이 있다. 입법이 없으면, 행정권을 전혀 구속 할 수 없다는 설 에 대해서는, 현행 헌법상 헌법소원제도가 인정 되어, 헌법소원을 통하여 입법부작위 위헌 확인과 권리 구제를 받을 수 있다고 지적 한다(김철수, 2006: 803). 한편 사회권적 기본권이 자유권적 기본권처럼 직접 효력을 가지는 완전한 의미의 구체적 권리는 아니라 할지라도, 청원권, 국가 배 상청구권, 신거권, 공무 담임권과 같은 수준의 불완전하나, 구제적인 법 적 권리로 이해 할 수 있다는 설이 있다.[151]

---

151) 권영성, 2006: 633, 지지 류은숙, 『경제 사회문화적 권리에 대한 국제조 약의 이해』: 106

XII. 자유권과 생존권(사회권)의 이분법에 대한 1980년대의 인권 법률가 조영래의 견해

"A규약에서 인정되고 있는 위 권리들은 우리가 흔히 생존권적 기본권 또는 사회권적 기본권이라고 부르고 있는 것들로서, 이는 개인에 대한 국가의 간섭을 가급적 배제함으로써 달성 될 수 있는 이른바 자유권적 기본권과 달라서 오히려 사회국가의 이념에 입각한 국가기관의 적극적 관여와 노력에 의해서 형편껏 확보 될 수 있는 성질의 것이다."(조영래, 1985:15)

1. 자유권과 생존권(사회권)이 대립하고, 긴장 관계에 있다는 과거의 이론

양 기본권의 대립 관계를 설명하는데, 양 기본권의 이념상의 구별을 비교하여 왔다(예를 들면 권영성, 2006:638, 그러나 통설로 간주된다). 자유권적 기본권은 개인주의적 자유주의적 세계관을 세계관을 그 기초로 하고, 시민국가를 그 전제로 한다. 이에 대하여, 사회적 기본권은 단체주의적 사회정의의 실현을 세계관의 기초로 하고 사회국가 복지국가를 전제로 한다(같은 사람, 역시 통설로 간주 된다)[152].

이념적 철학적 구별을 제외하고도, 법적 성질에 따른 구별로 지금 까지 자유권과 생존권 (사회권)의 이원적 구조로 사람의 권리 또는 인권이 짜여져 있다고 인식 되어져 왔다. 역사적 형성의 시기도, 자유권은

---

152) 권영성교수는 두가지 기본권의 조화와 보완관계라는 항목을 따로 두어, 자유권적 기본권과 사회권적 기본권은 목적과 수단의 관계에 있다고 한다. (같은 사람:639)

근대 시민 혁명기에 형성되기 시작 했으며, 생존권 또는 사회권은 현대 복지 국가의 계기가 된 사회민주주의 또는 사회적 권리의 고창기나 세계 대공황의 시기로 시대적 배경이 다소 다르다고 알려져 왔다.

백과사전적 지식으로는, 그리고 요약과 단순화된 교과서적 개념으로서는 손색이 없다.153) 그러나 21세기의 한국의 "사람의 권리" 논의를 국제 인권 규약의 맥락에서 재 구성 하려는 시도에서는 보다 정밀한 비교역사, 비교사회학적 검토가 필요하다. 보다 보편적 시점과 다문화적 분석이 요구 된다. (Dorsen, Rosenfeld, Sajo, Baer, Comparative Constitutionalism, 2005) 이것은 2차 대전이후의 신생 국가의 사람의 권리의 문제에서 더욱 그러하다.

인권의 역사가 실질적으로 국내에서 이루어지지 않은 나라에서, "사람의 권리"는 관념과 개념이 되고, 논리적 이분법은 진행되어 자유권적 기본권은 자유주의와, 생존권 (사회권적 기본권)은 사회주의적 오리엔테이션과의 짝짓기가 성행되고, 자유권과 사회권은 대립 하고 모순되는 성질을 가지는 것으로 논리가 진행되기도 한다.154) 예를 들어서, 1871

---

153) 한국의 전통적 헌법학이, 기초가 되는 역사적 배경의 연구는 거의 하지 않고, 특정한 나라의 학자들이 자신들의 특수한 콘텍스트에서 해석 작용을 거친 이차적 소재에서 추출한, 특정 국가의 특정시대의 국가 이데올로기로서 기능한, 국가 주의적 색채가 짙은 일반 이론을 요약 해서 소개 했다고 할 수 있다. 사람은 먹고 살아야 한다라는 요구가 반드시 "사회국가적 요청"또는 "사회주의적 오리엔테이션" 과 연결된다는 것은 21세기의 인류에게는 지난 시절의 잠꼬대 같이 들리기 쉽다.

154) 이런 논리가 신행뇌는 배경 중의 하나는 사유와 평등을 내립관세나 모순관계로 보는 헤겔류의 관념론적 법철학 및 국가관으로 보인다. 그러나 역사는 그 자체의 설명력이 있다. 자연적이며, 절대주의적 이 아닌 정부가 이끄는 나라의 역사는, 예를 들어 영국헌정사의 경우, "평등은 항상 자유를 전제로 해서 이루어 졌다". 이에 반해서 위로부터의 근대화나 절대주의적 방식에 의한 국가 건설을 내세운 나라에서는 평등과 자유는 상호 갈등하고 모순하는 경험을 가져 왔다. 김 철, 서평 "헌법과 교육" 한국헌법학회, 헌법학연구 2002. 8:495

년 Bismark 헌법 체제 아래에서, Bismark는 황제의 주권에 도전하는 "자유주의자"들은 단호히 분쇄 했으나, 따라서 정치적 시민적 권리는 억압 했으나 생존권 또는 사회권에 속하는 사회보장제도는 선도적으로 추진하였다. 즉, Freussen 경험으로서는 시민적 정치적 권리와 사회적, 경제적, 문화적 권리는 모순되거나, 대립되었다. 실로 시민 혁명의 경험 없이도, 복지 국가는 가능하고, 심지어 자유를 유보하면서도 복지국가는 확대 가능하다 라고 담론 할 수 있다.155) 그러나 같은 유럽의 경험에서 도 영국의 역사적 경험은 다르다. 1215년부터 시작된 입헌주의의 긴 도 정은 청교도혁명을 거쳐, 명예혁명의 이듬해 1649년의 권리장전(Bill of Rights)에서 시민적 정치적 권리는 성취 되었다. 이 역사적 경험에서는 표현의 자유, 결사의 자유와 같은 자유권적 기본권은 이윽고 경제적 사 회적 문화적 권리를 형성시켜 갔다. 전자와 후자는 모순과 대립이 아니 라 전자가 후자의 형성의 주된 동력으로 작용하면서, "사람의 권리"의 온전함과 총체성으로 진행된 것이다.156)

2. 1993년 비엔나 세계 인권회의의 명제; 권리의 불가분리성, 상호 의존성, 상호 연관성

자유권적 기본권과 생존권적 기본권의 우선권에 대한 논의는 그치지 않아 왔다. 93년 비엔나 회의에서의 중국 대표단은 빈곤과 적절한 식품 의 결여가 다반사가 되고, 인민의 기본적 욕구가 보장되지 않은 상황에

---

155) 주권자인 황제의 가부장적 분배 역할 (paternalistic role)이 전제 조건이다. 황제가 없어지고 난 이후에는 그 빈 자리에 구체적인 정부 (government) 가 아니라 추상적인 국가 (Staat)가 올라앉았다. 국민주권이 아니라 국가 주권이 된다.

156) 인권의 상호의존성과 불가분성의 강조는 "인권에 대한 아시아 태평양지역 NGO선언"(1993. 3. 27)"아시아 국가 대표들의 방콕선언(1993. 4. 2)" "비엔나 선언 및 행동계획(1993. 6. 25)"에서 공통적이었다고 한다. 류은 숙,『경제 사회 문화적 권리에 관한 국제조약에 대한 이해』109쪽

서, 우선권은 경제개발에 돌릴 수밖에 없다 라는 근거에서 시민적 정치
적 권리를 저 평가하려는 노력을 해 왔다. 1980년대를 통해서 미국은,
경제적·사회적 권리의 개념 자체가 억압적인 정부들에 의해서 쉽사리
오용되기 쉽다고, 논의에서 제외하기를 원했다. Steiner와 Alston은 국제
인권운동 NGO들은 다른 방향의 노력에도 불구하고, 시민적 정치적 권
리에 더 경도되어 있다고 한다.

자유권과 생존권의 우선적 지위에 대한 이론적 논의는 두 체계의 권리
가 풀 수 없도록 뒤엉켜 있는 상황에서 전혀 새로운 전망이 발견된다고
한다. 즉 인도 인구의 약 6분의 1을 차지하는 불가촉천민 (Dalits)의 상황
에서 고전적 예가 발견된다고 한다.[157] 카스트 제도 아래에서 오랫동안
분리되어 차별의 효과가 누적된[158] 인도 불가촉 천민(untouchables)의 경
우, 국가적 입법이나 헌법에서의 기본권 조항마저도, 차별의 실상을 호도
하는 명목적인 것이 된다.[159] 실제로, 기본권과 국가제도를 향유하는 것

---

157) 인도 카스트제도가 최하층민에 미친 차별적 효과에 대해서는, *Human Rights Watch, Broken People: Caste Violence against India's 'Untouchables'(1999), at one, Steiner & Alston, Text & Materials, 2000: 272*

158) 동일 국가 제도 내부에서, 인구의 일정 부분을 분리(segregation)해서 공식 제도의 바깥으로 두는 계급 장치의 예로서, 한국의 조선시대의 노비제도를 들수 있다. 조선조의 재산권제도와 상속제도는 갑오경장에 의한 개혁이전 약 500년 이상, 노비를 물권적 소유및 유산 상속의 객체로 규정하였다. (김평우, 2006) 노비제도는 조선시대의 지배계층의 공식적 저술이나 언급에서는 회피되는 부분이다. 정통파 유학자들은 물론 조선 조 말의 실사구시 학파인 실학자들 조차, 노비제도에 대해서는 공식적 저술과 언급이 없다고 한다. (김평우, 2006)

159) 헌법의 기본권 규정이나 국가 제도의 보호는, 시민 혁명 이후의 결과는, 국민 국가의 국민 또는 시민 국가 의 시민의 동질성을 전제로 한다. 근세 민족 국가나 근대 시민 국가가 그 내부에 어떤 정도 이든 카스트에 의한 신분 제도를 관습으로 발달시키고 있는 경우, 기본권과 법치주의는 장식적 성격과 명목적 성격을 띠게 된다. 일차 대전 종전 이전의 유럽 대륙의 법치주의는 황제를 정점으로 하는 귀족적 계급 국가 (앙샹 레짐)의 성격으로 명목적 성격이 강하다. (김철; 1993, 2006) 독립이후의 인도의 민주주의적 헌법장치는 인구의 6분의 1에 속하는 불가촉천민에게는 장식적

은 카스트의 상층 계급이고, 이들 최상층 계급과 국가법의 집행자인 경찰
은 일상적으로 최하층 계급을 능멸한다(human right watch, 1999). 보기
에 따라서는 경제적으로 최 빈민층인 이들에게는 사회적 경제적 권리와
이익이 더 긴절하고 더 무시되어 왔다고 할 수 있다. (Steiner & Alston)
그런데 카스트 제도에 의해서 억압되어 온 것은 경제적 부문만이 아니다.
정치적, 시민적, 사회적, 경제적 모든 기본적인 사람의 권리의 온전성 자
체이다. (human right watch, 1999)

XIII. 자유권은 소극적 방어적 권리이고 생존권과 사회 권은 국가의 적극적 개입에 의한 권리라는 이론160)

  시민적 정치적 권리의 다른 이름인 자유권의 형성사를 본다. 절대주
의 왕권의 자의(capriciousness)와 횡포에서 초기부터 문제가 된 것은,
함부로 잡아가두거나, 체벌을 가해서, 신체의 자유를 예고 없이 침범하
는 것이다. 영국에서, 1628년 권리청원 (Petition of Right)은 의회 제정
법의 승인 없는 일정한 신체의 자유를 규정하였다. 1679년 인신보호법
(Habeas Corpus Act)은 이 자유를 보호하고, 구속적부심사를 제도화 하
여 한층 강한 인신보호제도를 제도적으로 보장하였다. 1689년 권리장전
에서는 다른 큰 항목과 함께 일정한 신체의 자유가 보장 되었다.161) 이

성격을 가진다. (human right watch; 1999)
160) 주35와 주46에서 초기 인권 법률가인 조영래의 언급. 그러나 이 이론은
    해방 이후 60년 이상 한국 헌법 학계의, 검토하지 않고, 되풀이 하는 부
    분이 되었다.
161) Bill of Rights(1689)에서의 주요항목은 의회의 승인없는 국왕의 법률효력
    정지 금지, 의회 입법 없는 조세금지, 의회 언론 보장, 청원권과 신체의
    자유의 보장이었다. 김철수: 253

러한 시대에, 문제되는 시민적 정치적 자유는, 예를 들어 신체의 자유의 보장은 두 가지 의미의 소극성을 띤다. 시민 쪽에서 볼 때, 국가의 주인인 국왕의 행위에 의해서(침해 하느냐, 내버려 두느냐) 그 권리의 침해 또는 보장여부가 결정된다는 점에서, 시민의 어떤 적극적 행위도 필요하지 않다는 의미에서, 소극적이다.162) 다른 한가지의 소극성은, 행위자인 국가의 주인공인 국왕과 그의 관료, 경찰, 군대가 "침해 행위를 하지 않을 때", 시민을 내 버려 둘 때, 즉, 소극적이 될 때, 시민의 정치적 시민적 권리가 확보 된다는 뜻이다. 이러한 정부의 소극성에서 결과 되는 시민적 자유가 역사의 어떤 시기에 − 즉, 절대 군주로부터의 자유, 절대 국가로부터의 자유, 과다한 중상주의적 국가 간섭으로부터의 자유 − 강조 되었다.

그러나, 이념형적 사고이든 경제사적 대위법이든, 초기 자유주의 또는 자유 방임주의 시대 이후에 사람의 권리로서의 자유권이, 국가 권력의 소극성 또는 국가 간섭이 없을때, 더 나아가서, 공권력의 공백 상태에서 확보된다는 것은 지나친 관념의 유희라고 할 수 밖에 없다.163) 왕의 경찰이 신민을 억류 하는 경우에는 해당되나, 같은 왕정 하에서도 시실리 마피아가 이탈리아인을 추적하거나 감금하고 있을 경우에는, 왕의 경찰이 소극적이거나, 아무 행동을 하지 않는다면 그 이탈리아인은 자유권이라는 시민적 권리를 향유할 수 없다. 일차 대전이 끝난 1919년의 바

---

162) 국민의 기본권을 국가에 대한 상태권(Statusrecht)으로 파악하여, 소극적 지위 (negative Status)에서 자유권이, 직극적 지위(positive Status)에서 능동적 지위(aktive Status)에서 참정권이 나온다고 보았다.
Georg Jellineck의 이 분류는 법실증주의적인 Weimar 헌법학의 통설이 되었고, 1920년대와 1930년대 이후 이 영향권이었던 일본과 한국에서도 지배적인 견해가 되었다 김철수, 278

163) 자유방임주의의 이데올로기라고 하지 않을수 없다. 한국에서의 최근의 경향은 이른바 "자유화"가 진행되던 시절에 나타났는데, 세계적으로는 신자유주의의 물결과 관계있다.

이마르시대의 초기, 그들의 역사적 경험의 한계는, 시민의 권리를 침해하는 주된 힘으로써 국가나 정부가 행사하는 공권력 이외에는, 다른 요소를 생각할 수 없었다. 경찰, 군대의 공권력이 다른 분야를 압도하였던 1871년 이후의 비스마르크 헌법이 시행된 프로이센의 역사적 유산이다. 봉건시대 이후, 오랜 계층사회(황제를 정점으로 하는 귀족사회나, 완화된 계몽적 군주제도)의 사회 구조에서 오는, 시민의 권리를 위협해왔던 사권력의 문제는 큰 고려의 대상이 되지 않았다. 대체로 1919년 1차 세계대전이 끝나고 새로운 세계질서가 시작될 때를 법학에서는 현대로 부르는데,164) 현대적 상황 중에서 집단주의, 인종주의와 함께 산업화, 도시화가 가져온 사람의 권리의 상황은 각종의 차별과 분리주의가 초래한 빈곤, 폭력, 범죄의 문제가 새로 등장한다. 이때의 사람의 권리를 위협하는 것은 공권력 뿐 아니라, 사적 단체나, 조직체 또는 사인도 인권의 침해자가 된다(최대권, 기본권의 대 사인적 효력).

XIV. 기본권의 사인에 의한 침해 – 대 사인적 효력, 또는 제 3자적 효력

한국인들은 해방 이후의 역사에서 공권력에 의한 사람의 권리의 침해는 1950년대 이후 "독재정권"의 문제이거나 "권위주의 정부"의 문제로 잘 인식하였다. 제 1공화국의 공권력에 의한 인권의 침해는 1960년 4. 19혁명으로 나타났고, 유신헌법 이후의 공권력에 의한 인권의 침해는 국내적으로는 1978년과 1979년의 근로자와 시민에 의한 권리주장을 불러 일으켰으며 1987년 공권력을 대표하는 경찰에 의한 시위 대학생 고문치

---

164) 김철, 법률사상사 강의, 2004년 1학기, 또한 같은 사람, "법학의 현대적 성격", 2006년 3월 24일 서강대학교 특강.

사 사건은 이윽고 6. 8항쟁으로 불리는 학생과 시민의 대규모 인권주장
으로 이어져서, 1987년 12월의 새로운 헌법 개정에까지 이르렀다.

한국사회의 어떤 구조는 공권력 이외에 사권력도 한국의 역사에서 늘
시민의 권리를 침해하는데 중요한 역할을 했다는 것을 호도해왔다.[165]
이 문제는 헌법학에서는 기본권의 대 사인 적 효력 또는 제 3자 적 효
력으로 알려져 있다.[166]

명백한 범죄에 이르는 폭력행위는 형사범죄의 문제로 실정법상의 문
제로 알려져 왔다. 많은 경우 전형적인 범죄 행위로 명백히 인식될 만
한 객관적인 구성요건이 현저하지 않은 경계선상의 문제는 - 예를 들어,
조직문화의 문제 특수한 조직과 함께 기업이나 학교 같은 누구나가 관
계되는 대단히 일상적인 조직에서의 분리 (segregation)와 차별(김철, 사
회적 차별의 심층 심리학적 접근, 2001:77)또는 사람의 권리의 침해가
있더라도 일반 시민의 입장에서는 권리의 침해에 개입할 만한 공권력을
가진 기관을 움직일 현실적인 힘과 코스트가 없는 경우에는 인지조차도
되지 않는다.[167] 여기에는 한국의 법학이 개화기 이후 식민지를 거쳐서

165) 한국인의 생활은 공식적 제도와 함께 비 공식적 제도(Douglass North,
Institutions, Institutitonal Change and Economic Performance, 1990: 36)
에 관계 된다. 많은 경우에 사권력의 행사는 공식 제도안에서 뿐 아니라
비공식적 제도 즉 관습과도 관계 있다. 세습 양반과 평민의 지난 역사의
차별적 구별은 현대에 와서는 다른 형태를 취하는데, 역시 문벌을 배경
으로 하거나 본인의 업무수행 능력(Qualification)과 관계없는 집단주의적
고려에 의한 차별적 인사에서 찾아 볼수 있다. 김 철, 2001:78-79
166) 기본권의 제 3자적 효력에 대해서, 한국에서 가장 일찍, 본격적으로 문제
제기와 해결의 실마리를 결정적으로 제공 한 것은, 최대권, "기본권의 대
사인적 효력, 제 3자적 효력" 서울대학교 법학.
167) 자유권적 기본권은 그 법적 효력이 인정되어 사회권과 달리 직접 청구권
을 행사할 수 있다는 점이 큰 차이라고 통설은 설명한다. 그러나 자유권
의 침해도 피침해자가 모두 현실적으로 청구권을 행사할 수 있는 것은
아니다. 이것은 소권을 가지고 있는 추상적인 모든 자격자가 구체적으로
다 소송을 청구하는 것은 아닌 것과 같다. 이와 같이 법사회학적 출발점
에서 시작할 때는 자유권과 사회권을 구별한 논리적 성격인 법적 효력도

또한 해방 이후 만들어온 권리의 침해나 범죄의 이미지도 한몫했다. 즉, 대륙법학의 실체법적 접근은 모든 종류의 권리뿐만 아니라 범죄조차도, 절차를 떠나서 흡사 개념이라는 상자 안에 미리 보관해 둔 기성품으로 생각한다. 기본권 침해나 살인죄나 폭행죄나 권리 행사 방해는 누구나가 인지할 수 있는 혹은 매스미디어가 보도하는 것처럼 최초부터 그 모든 알아 볼 수 있는 모습을 갖춘 채 객관적으로 존재하고 있다고 믿게 했다. 필요한 것은 확정된 침해, 확정된 손해, 확정된 권리행사 방해를 법전에 있는 그대로 공권력이 집행하기만 하면 된다는 생각이다. 이런 생각 때문에 한국인들은 자기가 속하고 있는 특수한 조직이나 일상적 조직 내부에서 어떤 사건을 계기로 사람의 권리를 손상할 수 있는 구성요건 해당성이 서서히 조금씩 풀이 자라듯이 성장한다는 것을 믿을 수 없어 한다. 악은 애초부터 뿌리 난 모습으로 또는 누구나가 알아볼 수 있는 모습으로 다가온다고 생각한다.168)

현대 철학자로서 인간의 문명사에서 가장 최초의 질문이었던 눈에 보이는 것과 눈에 보이지 않는 것의 구별로 그의 전 철학의 여정을 다시 시작한 사람은 한나 아렌트이다. (Hannah Arendt, The life of the Mind: 1978). 한나 아렌트의 사회 및 법철학에 있어서 가장 현저한 것은 현대 세계에 있어서의 새로운 경험 즉, 악의 일상적 편재성, 악의 일상성의 문제이다. (Arendt, A Report on the Banality of Evil:1963) 이해하건대 종래의 관념론이나 형이상학적 이원론에 있어서, 또한 존재와 당위를 엄격히 구별하는 방법 이원론에 있어서는 악의 존재는 일상적인 것이 아니었다. 그는 2차 대전 이후에 가장 획기적인 논픽션 기록 중의 하나인 "예루살렘의 아이히만"에서 인류의 새로운 경험을 서술하고 있다.

소송의 코스트를 지불할 수 있는 경우에만 의미가 있는 것이다.
168) 김철, 『현대 한국 문화에 대한 법철학적 접근, 현상과 인식』(2000 봄 / 여름, 24쪽.)

아이히만은 의외로 평범한 사람 같아 보였다. 그는 성실한 생활인이
었으며 충실한 조직인이었다. 그가 속해 있던 사회의 지휘 명령 체계와
법규와 의무를 성실히 수행한 것밖에 그에게는 아무런 잘못도 없어 보
였다. 피비린내나는 지옥에서나 볼 수 있는 끔찍한 인간형 같은 것은
그의 어디에서도 찾아볼 수 없었다. (Ahrendt, 1963)

문제는 더 이상 특정한 인간, 피고석에 앉아 있는 한 개인이 아니라,
그가 속했던 집단, 그 집단주의가 가능했던 그 나라, 모든 형태에 있어
서의 차별을 가져오는 배타성의 원인으로서의 인종주의, 또는 그것이
횡행하는 현대사 모두, 인간의 본성과 원죄, 그리고 마침내는 인류 모두
가 그 피고석에 앉아 있었다. (Ahrendt, 1963:286)

국가사회주의는 붕괴하였다. 전체주의는 어디서나 퇴조로 보인다. 신
자유주의의 넘치는 물결에서, 자유 지상주의(libertareanism)의 바람속에
서, 이제는 국가 공권력이 아니라, 사회적 권력이 집단주의 (collectivism)
의 역학을 가지고 "사람의 권리"를 압박하는 시대가 도래 했다. (김 철,
2001:77 - 82)

한나 아렌트는 그의 보고서에서, 20세기 말과 21세기에 전개될 사회
악의 새로운 모습, 즉 지극히 평범한 일상생활에서 범용한 모습으로, 집
단의 이름으로 저질러지는, 그러나 집단적 조직 체계가 완전히 와해되
기 전에는 어떤 경우에도 선악의 구분이 명시적으로 되지 않는 그와 같
은 현대 세계의 모습을 예견 한 것이다. (김 철, 2000:26)

이러한 현대법의 세계에 있어서는 시민적 정치적 권리를 뜻하는 자유
권의 보존이나 실현도 인습적으로 알려져 온 것처럼 국가나 정부의 소
극성에서 결과하는 것은 아니다. 개인의 생명이나 재산 또는 인격권이
침해로부터 자유롭게 되는 상태 즉 자유권의 확보는 국가나 정부의 소
극성이 아니라 적극적인 간여와 형성적 작용에 의해서 비로소 가능한
것이다. 따라서 국가의 적극적인 개입에 의해서 현대 시민은 생명과 인

격이 안전해진다는 의미에서 생존권이나 사회권의 실현과 본질적인 차
이는 없는 것이다.

제6장 한국에 있어서의 자유주의, 자유지상주의에 대한 반성

이 글은 1989년 동유럽 러시아 혁명을 계기로 전개된 세계 체계에 나타난 자유화의 경과를 컨텍스트로 하면서 거의 동시에 시작된 한국의 자유화를 관찰·분석·비판 한 것이다. 보다 넓은 역사적 컨텍스트는 자유주의 자체의 역사로써, 1648년 청교도혁명으로부터 시작되는 근대의 자유주의와 일차대전 전후에서 나타난 자유주의의 현대적 변용 그리고 2차 대전의 종전과 함께 다시 부활한 개인주의적 자유주의의 헌법전통을 배경으로 한다. 세기말의 자유주의에 대한 법철학적 성찰과 함께 개체의 자유로운 선택이라는 종전의 공리에 대해서 이의를 제기한 사회심리학자들의 성과도 제시한다. 글의 법학적 의도는 자유라는 이름으로 행해지는 불공평·불공정행위의 배경과 구조를 이해함으로써 자유주의의 한계를 극복하려는데 있다.

I. 들어가는 말 – 자유의 법철학적 의미

자유의 의미는 근세 절대주의 시대와 근대 시민 국가 시대, 현대 복리 국가 시대에 따라 의미가 조금씩 달라진다. 시민혁명시대의 자유의 의미는 그 이전 시대의 특징이었던 압제, 전제(despotism), 자의(恣意, capriciousness)에서부터의 해방에 있었다. 인간의 사회생활에서 부정당한 권력의 횡포, 억압적인 지배로부터의 벗어나고 싶은 욕구는 역사를 통해 관류하는 것이라고 할 수 있다. 시민 혁명시대를 전후해서 인류가 만든 입헌주의(constitutionalism)라는 보편적 장치는 자의(capricious)적인 권력을 견제하는데 목적이 있었다. 권력을 가지지 못한 다수인들에게 자유란 기본적 권리를 존중 받는 것을 통해 이루어 질 수 있는 것이어서 기본적 권리의 존중은 자유주의가 근대에 성취한 제도적 성공이라고 할 수 있다. 그러나 이 제도적 성공은 주로 시민의 정치적 생활영역에서의 외형적이고 공식적인 제도로 볼 수 있는 점도 있다.

근대시민사회를 형성시킨 자유의 에너지는 산업화, 도시화를 거치면서 현대에 이르러서, 다른 모습을 띠지 않을 수 없게 되었다. 자유는 공평(fairness)이나 올바름(justice)에 의해서 모습이 달라지지 않을 수 없게 되며, 계약 자유원칙은 계약 공정원칙으로 이동한다. 보다 더 공동체나 사회의 가치에 노출되게 된다. 상린(相隣)권, 환경권에 기인한 문제들이 나타난다.

전체주의와의 전쟁을 거친 2차대전이후의 문명세계에 있어서의 자유주의는 또 다른 의미를 띠게 된다. 국가주의, 집단주의, 전체주의 체제에서 성명과 생존을 부인당한 소수민족과 한계인들은 대규모 전쟁과 갈등의 와중에서 언제든지 안전과 생존을 부인 당 할 위기에 처하였다. 따라서 국가공동체를 비롯한 어떤 집단들도 그것의 최종적이고 궁극적인 존립목적을 사람의 생명권과 존엄권에 둔다는 신앙 고백의 계기가 되었다. 반 전체주의적 성격으로서의 자유주의는 이제 시민혁명기의 의미를 넘어서 어떤 제도의 목적도 구성원, 어떤 국가의 존립근거도 개개인의 가치와 동의에 두는데 까지 진행되었다. 인간의 존엄과 가치의 원천으로서의 "자유로운 인간"의 자유라는 가치는 사회존립의 기반을 개인에게 두는 것으로 천명되었다. 그러나 국가 생활, 사회생활이 신앙고백의 천명으로 일관하는 것은 아니다. 이상형으로서의 자유주의는 한편에서는 그 명목성에 의해서, 무정부주의로 가는 도정에 이르고, 다른 한편에서는 인간의 숙명인 특수 이해관계, 집단주의, 유사가족주의에 의해 유명무실해 져 가는 길을 걷고 있었다. 이윽고 21세기의 벽두에 무정부상태에 가까운 방위 벽을 뚫은 호전적 테러에 의하여 그 근본에서부터 흔들리게 되었다.

고전적 자유주의는 인간의 이성, 합리적인 행동, 자유로운 결정에 대한 어느 정도 낙관주의에 기반을 두고 있었다. 대규모 전쟁, 대규모 살상, 부조리한 집단적 비극과 참상을 겪은 인류는 이제, 인간이 위기에 앞서서 자유로운 결정을 내리는 능력에 대해 회의하게 되고, 다른 접근을 하게 된다. 인간의 자유는 상황적(situational)으로 규정된다는 관찰은, 사회 심리학자에 의해 계속 보고 되고 있다.

자유는 어떤 관점에서는 명목적이 되고, 구실과 핑계가 될 수 있다. 자유라는 이름(in the name of freedom)아래 행해지는 모든 불공평, 불공정한 집단적 행위를 직시하고 직면하는 것이 21세기의 과제라고 보여진다.

Ⅱ. 자유화 시절의 한국의 자유주의의 반성적 고찰

문민정부 이후의 한국의 법과 사회를 고찰한다. 1993년에 성립된 "문민정부"은 "민주화·자유화"를 그 주된 구호로 내세운 점이 가장 큰 특징이었다. 이때의 "민주화·자유화"는 시장경제를 그 동반자로 하고 진행되었다. 우선 민주화는 종전의 권위주의적 지배(authoritarian rule)를

바꾸어서 다수의 지배(majority rule)로 이행하는 듯 보였다. 오랜 권위
주의시대[169]의 특징이었던 억압적[170]인 국가기구-대통령, 행정 각부,
그밖에 중앙정보부 또는 검찰·경찰의 기구들-의 행태에서 그렇게 이
야기 할 수 있다.

　"문민정부"는 말하자면 반권위주의(anti-authoritarianism)의 정치 문
화와 법문화(legal culture)를 표방할 수밖에 없었고, 이것은 자유주의
(liberalism; "국민의 자유와 권리"를 우선으로 한다는 근대 입헌주의의
오래된 특징)를 국정 전반과 법문화에 실천하는 것으로 생각되었다. 행
정법질서에 있어서 이것은 오랜 권위주의적 지배의 특징이라고 생각되
었던 사회경제생활에 대한 각종 규제를 철폐하는 것으로 기대되었다.
시장 경제론은 이 시대에 몇 가지 특징을 가지고 있었다. 여러 종류의
시장 경제론이 있을 수 있다. 즉 고전적 의미에서는 절대주의 시대에
대한 도전과 반동으로서의 자유방임(laissez faire) 시장경제-이것은 아
담 스미스(Adam Smith) 시대의 새로운 희망이었으며, 그 시대적 의의
가 있었다. 산업화, 도시화, 사회 문제화이후, 자유방임의 부작용을 통절
히 맛본 1920년대 말부터 1930년대를 관통하는 대공황과 케인즈 경제
학 시대의 시장 경제론도 있을 수 있다. 왜냐하면, 뉴딜(New Deal) 시
대이후 케인즈 경제학이 정부행동에 영향을 미치던 어떤 서양 세계의
국가도 시장 경제론이었기 때문이다.

　각종 "자유화"조치가 경제생활에 행해졌다. 이때의 "자유화 조치"의

---

169) 5·16 군사혁명이후 문민정부 수립 때까지의 1961-1993을 들기로 하고,
　　어떤 경우는 1961-1989이라고도 한다. 왜냐하면 1989년 전후는 노동운동
　　에 대한 억압을 풀고, 노동운동의 제도적 보장을 행한 계기이기 때문이다.
170) 국민의 자유와 권리를 표제로 하는 헌법 제3장에서의 기본적 인권전부를
　　국가의 존립 목표로 하지 않았다는 점에서, 특히 유신 헌법이 성립한
　　1972년 기점으로 4, 5, 6 공화국의 기조가 억압적(oppressive)인 정부의
　　시대라고 할만하다.

특징에 대해서는 전반적으로 논의되기는 힘들다. 그러나 이 시대의 자유화 조치 내지 자율화 시책의 배경이 되는 사고(way of thinking)는 일단 계약 당사자의 의사를 우선으로 하는 근대 시민법 질서 초기의 계약 자유, 법률행위 자유, 또는 의사주의라고 일단 관찰할 만 하다.[171] 즉 시민의 자유 영역을 넓히지 않을 수 없는 상황에서, 종래 국가기관 또는 정부의 제3자적 규제가 가해졌던 영역, 대표적으로는 금융기관의 대출과 관련된 각종 규제, 외환거래나 외환관리에 관련된 각종 규제 등에서, 선진국의 제도와 그 운용을 모델로 차츰 탈 규제해 나가고 금융기관과 그 거래 당사자의 계약 위주로 "자율화·자유화"하는 방향이었다고 선의로 해석할 수 있다. 또한 이 시대의 "자유화"는 기업주체들의 요구와 관련되는데, 대체로 대기업을 대표로 하는 기업군들은 정부의 각종 규제에서 벗어나 "기업의 자유"를 구가하는 분위기로 진행되었다.[172]

---

171) 근대의 법학적 표현은 시민혁명에 의해서, 자유롭고 평등한 지위를 획득한 시민은 의사 능력, 권리능력, 행위능력을 가지는 한, 사기나 강박에 의하지 않고, 그의 자유롭고 합리적인 선택과 결단에 의하여, 계약을 통하여, 자신의 권리와 의무를 형성해 나갈 수 있다는 것이다. 프랑스 혁명의 결과인 나폴레옹 민법전(1804)은 일단 오랜 중세의 신분세계에 종지부를 찍고, "신분에서 계약으로(from status to contract)"라는 근대 세계의 구성원리를 문자화한 것이다. 계약 자유의 원칙이란 중세의 신분질서와 절대주의의 예속을 부인하고, 시민의 자유로운 의사에 의한 합의, 법률행위를 선언한 것으로, 근대 시민사회가 이로써 비로소 형성되기 시작한 것이다.

172) "아메리카 법사에서 자유방임의 최전성기는 19세기 이었다. 관행적으로 또는 의도적으로 정부는 경제에는 손을 대지 않았다고 간주 되었다. 그러나 깊이 파들어 가면 사정은 그리 단순하지 않다. 19 세기의 전반부에 걸쳐 민간과 정부는 다 같이 기업과 생산 그리고 성장을 강력하게 지지한 것이 진실이다. 역사의 이 시절에 윌라드 허스트(Willard Hurst)의 지적대로 모든 정책은 창조적 에너지의 방출을 목적으로 하고, 창조적 에너지란 경제와 관련된 에너지와 기업 활동의 에너지를 의미했다. 정부는 선거권자가 원하는 것 즉, 경제가 성장하는 것을 위해서 할 수 있는 것을 행하였다. 따라서 간여나 보조금이 필요한 경우 주저치 않았다."(흔히 추상적으로 관념하는 자유방임 경제의 철칙으로서의 정부의 불 관여 원칙

경제법 관계에서의 이러한 "문민정부의 "자유주의" 내지 "사법적(私法的) 계약자유주의"173)는 다른 법제도 영역에서도 병행되는 점을 찾을 수 있다. 즉, 법 관계 중 교육법 관계에 나타난 예이다. 이 시대의 교육 제도의 운용은, 역시 권위주의를 대치할 수 있는"자유주의적 교육관"이라고 할 수 있다. 즉, 어떤 수준의 교육도 그 목적에 있어서 개별 인격의 가치, 존엄성이라야 한다(헌법 10조 인간의 존엄과 가치 행복 추구권). 1930년대 후반부터 나타나고 1940년대에 급성장하여 마침내 제2차 대전의 도발자가 된 전체주의・집단주의적 가치와 삶의 양식이, 기이하게도 한국에 있어서 전례 없이 오랜(1961~1993) 권위주의 시대에, 권위주의적 정부가 지시하는 교육 행정 체계(교육 자치제의 실질적 부인) 뿐 아니라 목적 가치(국민교육헌장)에 까지 침투되었다. 세계 대전 이후 서방 세계의 가치와 법의 공통적 요소였던, 개인의 인격 가치의 형성, 유지, 발전을 목적으로 하는 자유주의를 회복하는 것이 긴요하였다. 자유주의란 교육의 당사자(학생)의 인격의 형성, 유지, 발전을 위한 자기 선택권을 기초로 하는 것이어야 한다. 어떤 수준의 학교도 학생들의 자율선택권을 보장하는 것이어야 한다. 대체로 이런 출발에서 정부는 각급 학교를 개혁하려 하였다. (초등학교와 대학에서의 학생 자신의 자율 선택권을 위주로 한 개혁). 이러한 "자유주의의 회복"또는 권위주의적 교육관에 대비되는 "자유주의 교육철학" 자체는 1945년 이후 세계사의

과는 실재는 거리가 있다.) "자유방임의 최 전성기라고 불리는 19세기에 조차도, 실상은 윌리암 노박(William Novack)이 주장 한대로, 19세기 미국인들은 정부는 모든 국민과 공동체의 복지를 증대시켜야 할 적극적인 의무를 가지고 있다고 믿었다." 직접 인용은 Lawrence Freedman, 안경환 옮김, 『미국 법사』(서울, 청림출판, 2006 근간)

173) 사법적 계약 자유주의에 대해서 더 상세한 예가 필요하다. 이 시기에는 시민 상호간의 사법적 관계 즉, 자유로운 합의가 필요할 뿐, 여기에는 국가적 요소나 공동체적 요소 또는 여기에서 유래하는 일절의 간섭주의(interventionism)는 지난 시대의 권위주의적 발상으로 여겨졌다.

주된 흐름에 비추어 볼 때, 당연한 복귀라고 할 수 있다.

1989년 동유럽 러시아 혁명 이후에 세계 도처에서 나타난 새로운 시장 경제는[174] 시간과 장소에 따라서 다른 역할을 담당하였다. 때로는 동부 유럽 – 체코, 폴란드의 지역에서 – 의 '해방자'와 동반한 모습으로, 때로는 러시아의 마피아(Mafia) 경제의 예에서 볼 수 있듯이 지하 경제를 거느린 존재로, 때로는 독점적 기업이나 집단주의의 모습으로 나타나기도 하였다. 이 시기의 한국 교육에 있어서 자유주의 / 시장경제의 커플 중 누가 더 강력한 반려(伴侶)였는가는 관찰자에 따라 다르다. 예를 들면,

　　"이른바 자유화와 민주화 전후에 걸쳐서 정치적 영역을 제외하면 시장경제의 시장의 역할에 대해서 관심이 높아졌다. 많은 경우에 종전의 통제와 계획이 물러간 공백부분을 시장이 대신해 줄 것으로 정부나 시민들이 기대하였다. 사회 민주화 중에 우리 사회에 있어서 어떤 핵심이 될 만한 분야로서 교육 기관 및 교육의 문제를 들 수 있다. 민주화 이후 오로지 민주화가 시장화를 의미하는 것으로 정책수립가나 대중 계몽가나

---

174) 자유를 위협하는 요소에 대해서는 레식의 다음의 요약이 가장 최근의 것으로 보인다.
　　자유를 위협하는 요소는 변화한다. 19세기 말 영국에서는 사회규범이 문제시되었지만, 20세기 초반의 20년간 미국에서는 국가의 언론에 대한 탄압이 심각한 문제였다. 노동운동은 시장기구가 때로는 자유를 위협할 수 있다는 전제에 근거하고 있었다. 왜냐하면 저임금뿐만 아니라 시장의 조직형태 그 자체가 어떤 종류의 자유를 불가능하게 하기 때문이다. 어느 시기, 어떤 사회에서는 시장이 자유의 적이 아니라 사유의 비결일 수도 있다. ……그러나 레식은 사이버공간의 법적 문제에 대한 역저에서 다음과 같이 요약한다. 만일 19세기 중반에 자유를 위협했던 것이 사회규범이었고, 20세기 초반에는 국가권력, 그리고 20세기 중반의 대부분 기간에는 시장이 자유를 위협했다고 하면, 20세기 말부터 21세기에 이르는 시기에 우리가 주목해야 할 것은 또 다른 규제자, 즉 코드라는 사실을 파악해야 한다는 것이 나의 주장이다. (레식 김정오 옮김, 1999: 198~200) (김철, 2002c: 284~285)

상당한 숫자의 지식인들도 착각하였다. 또한 시장이라는 마법적인 언어에 현혹되어 근대 이후 또는 현대 입헌 민주주의의 당연한 개념요소인 '법의 지배'를 망각하였다. 많은 착각의 시초는 근대 경제학의 전제로서의 시장의 존재이다. 즉, 수요와 공급이 만나는 자유로운 시장인 왜곡되지 않는 시장을 전제한다. 한국에 있어서의 경제학도나 경제 분석의 맹아들은 한국의 시장 구조를 북 아메리카나 혹은 이에 준하는 시장 구조와 혼동하였다. 더 논의를 확대한다면 한 시대의 기린아였던 어떤 개혁 주도 인사들은 한국의 사회 구조를 그들이 청년의 이상주의 시기에 관찰하였던 선진 제국의 사회 구조와 혼동하였다. 구체적인 예를 든다면 한국의 사회구조 중 특별히 시장 구조는 어떤 품목에 있어서도 적정한 경쟁 상태에 있지 않았다. 즉, 오랜 권위주의적 통치를 거친 1980년대 후반과 1990년대 초반의 한국 경제의 구조는 그 사회 구조와 마찬가지로 독점 구조와 과점구조가 두드러지는 특징을 가지고 있었다. 훨씬 이후에 나타난 증세이기는 하나 이미 이 시기에 전염된 전염병으로서, 선재하는 사회구조와 시장구조의 정직한 인식과 현황 파악을 뛰어넘어서 자유화·민주화의 정치적 열풍을 타고 사회 부문의 기초적·공공 관련적 부분을 오로지 시장 경제에 맡기고자 한 정책적 고려는 설혹 그것이 진지하다할지라도 파괴적인 효과를 가져 올 수 있었다(김철, 2002b: 67~68)."

피상적으로 시장 논리의 이 시절의 전개는 상업주의(commercialism)의 침투적 영향이라는 식으로 볼 수도 있다. "교육의 자율성"이라는 시대의 명제는 역시 교육의 자유 계약주의를 강조하는 사법적 측면을 겨냥하고 있었다고 할 수 있다. 즉, 교육기구 또는 학교와 학생 또는 학부형간의 관계를 오로지 계약 자유에 의한 당사자의 의사 합치만 요구하는 것으로만 파악한 경향은 앞서 말했다시피 법 생활의 전반적 분위기와 무관하지 않았다.175) 요약한다면, 당사자의 임의에 의한 사법(私

---

175) 이런 사법적 관계의 강조는 공교육의 공법적 특징을 연화시키는 경과를 이후에도 계속 보여준다. 시민문화에 있어서도 사교육의 엄청난 수요와

法)적 관계를 강조하면서, 이것을 "자율" 또는 "자유"로 파악했다고 할 수 있다.176) 문민정부의 "자유화", "자율화"는 시장 경제를 키워드로 하고 진행되었는데, 이 시장경제의 흐름과 파국에 대해서는 불과 3, 4년 뒤 경제 주권의 국제기구(IMF)에 의한 접수라는 건국 이후의 최대 사건에 대해서는 정치적 민주화와 자유화를 열망했던 사람들은 예측하지 못했다(김철, 2002a: 372)라고 할 수 있다.

세계적인 환경은 1989년 동유럽 – 러시아 혁명에 의해서, 동독은 와해되고, 체코, 폴란드 등 선진 공업 국가는 자유화되었으며 가장 후진 공산국가 이였던 루마니아까지 민중봉기로 체아우세스쿠(Ceausesku)가 총살되었다(김철, 1994a: 1384). 소비에트 러시아는 1917년 헌법 이후 72년 만에 해체되어서, 연방을 구성하는 각 공화국(예, 우즈베키스탄 공화국, 카자흐스탄 공화국 등)으로 분해 되었다.

해체(dissolution)는 거대한 "짜 맞춘 덩치"가 부품으로 조각나는 것을 뜻하는데, 1945년 이차대전 이후에 세계 지도를 두 부분으로 나누었던 이러한 제국의 해체의 에너지는 무엇이었을까? 일단"자유"또는"자유화"라고 할만하다(김철, 1992: 37~76).

즉, 1989년을 분수령으로 해서 세계체제(world system) 전반에 자유, 자유화의 에너지가 작용하였다. 한국도 이러한 세계체제 변동의 큰 맥

공급은 사법적 계약 자유주의의 범람과 관계있다. 이른바 사교육 시대가 계약 자유의 당사자주의를 깃발로 삼고 등장한 것이다.

176) 인류의 법 생활에 대한 제도사적인 거시 관찰로는 섬너(Henry Maine Summer)의 고대법(The Ancient Law)을 들 수 있다. 형식법의 제도적 관찰이 아니라 법사회학의 실질적 관찰에 의하면, 한국의 문민정부는 오랜 권위주의 시대의 부자유를 지나서 이제 "신분에서 계약" 으로의 대전환을 성취하여 계약자유 시대로 환호하여 진입했다고 볼 수 있는 국면이 있다. 그러나 세계법제사의 냉정한 눈으로 볼 때는 세계 경제의 환경은 후기산업시대이며 계약 공정의 원칙(fairness)이 강조되는 현대법의 시대에 한국은 근대법의 초기 자유주의를 탐닉하고, 이것을 자율 또는 자유로 파악했다고 할 수 있다.

락(context)안에서 움직여 왔다. 대체로 한국의 1987-1994년이 중동부 유럽사의 대 전환기에 해당된다.[177]

문제는 이 시기에 지구촌을 휩쓴 해체의 에너지로서의 자유(liberty)라는 정열(passion)이, 그 이후 "자유화"된 각 나라에서 어떤 경위와 진행의 효과(process & effect of development of liberty)를 보였는가의 문제이다. 우리의 관심은 물론 그 최종 목표가 문민정부 이후 한국의 자유화의 추세와 방향인 것은 말할 필요도 없다.[178]

1. 문민정부 시대의 자유와 자유화의 문제

우선 그 시기에 유행한 「자유화」의 특징을 나열해 본다. 첫째, 헌법재판소조차 한국의 저널리즘과 지식인들이 흔히 범하는 실수에서부터 벗어나지 못했다. 한국의 정책입안자, 언론, 통속적 지식인들의 공통된 특징은 정신적 자유의 문제와 경제적 자유의 문제를 구별하지 않았다는 점이다.

"문민정부" 시대는 말하자면 1961-1979, 1980-1993년 까지 계속된 권위주의적 정부의"억압적"통치(Regierung)에 대한 반작용(reaction)의 때

---

177) 반성하건데, 한국의 민주화운동, 자유화운동의 역사적 파악이 이와 같이 세계사적 맥락에서 행해지지 않고, 인물중심 한국사(김영삼, 김대중 기타)로 오인된 것은 한국이나 동아시아 문화를 포함한 고대(古代)문화의 특징의 하나인 영웅주의, 영웅 중심적 사고방식에서 나온 것이라 할 수 있다. 참조, 김철, "법철학에서 본 한국 고대 문화의 원형(Archetype)",「법철학 강의」(서울, 숙명여대, 2001년)

178) 13년의 시간적 경과 이후에 객관적으로 이 시절의 '자유화'를 평가하기는 아직 이르다 할 수 있다. 그러나 어째서 1987~1994에 연소되기 시작한 한국의 민주화·자유화가 불과 3-4년 뒤인 1998년에, 한국 산업화가 시작된 1962년 제2차 경제개발 5개년계획 이후 최대의 위기를 맞게 되었는가는 직접적으로 평가하기보다, 이 기간 중 세계 도처-특히 새롭게 자유화된 지역-에서 일어난 사건을 유추(analogy)해서 간접적으로 평가할 수 있다.

였다고 할 수 있다. 한국의 역사에서 권위주의에 대한 반작용시대 — 1960년 4월 19일부터 1961년 5월 16일까지 — 가 그러하여 왔듯이 주로 시민적·정치적 자유와 관계된 헌법상 문제(헌법21조 1항 언론·출판의 자유, 집회·결사의 자유→합쳐서 표현의 자유 Freedom of Expression)에 열중하였다. 시민적·정치적 자유(Civil & Political Liberty)가 초점이 되었으며, 새로운 지식인들이 이에 가담하였다.

세계사의 입장에서 본다면 이러한 "표현의 자유"의 폭발적 증가의 대표적인 예는 서양 근대의 시민혁명 기간에 나타난 것이다.[179] 예를 들면, 청교도 혁명기간의 밀턴, 아메리카 독립 혁명기의 인쇄술과 신문의 보급, 프랑스 혁명기의 팜플렛의 보급과 같은 것이다. 그리고 그 "표현의 자유"들은 지난 시대의 억압적 통치 기구나 통치 작용에 향해져 있었다.

큰 나라의 위주의 세계사가 아니라 동유럽의 약소국가의 역사(박영신, 2000a: 19~76)에서 본다면, "표현의 자유"의 해빙작용은 가깝게는 1989년 이후의 베를린장벽 붕괴에 이은 동유럽의 권위주의적 공산당 지배체제가 무너질 때에 나타났다.

자유주의는 사회사상과 정치사상에서 다룰 때는 애매성과 모호성을 가지는데 비해서, 서양 공법 사에서는 뚜렷한 두 가지 흐름이 있다. 헌법학 교과서 용어로 자유권적 기본권의 부분이 근대 자유주의의 주요성과를 제도화한 것인데,[180] 점차 시민사회가 전개되면서 자유권적 기본권의 중심에 "표현의 자유"의 문제가 놓였다. 물론, 종교와 양심의 자유는 종교개혁 시대로 소급하여 오랜 연혁을 가지고 있었는데, 동아시아 사회와는 달리 국교의 문제, 신교(信敎) 자유의 문제는 서양근대사에서

---

179) 그러나 이 연대는 1649년 전후에서 1791년에 이르는 시기이다.
180) 우리 헌법 제2장 국민의 권리와 의무 제12조(신체의 자유), 제14조(거주·이전의 자유), 제15조(직업선택의 자유), 제16조(주거의 자유), 제17조(privacy), 제18조(통신의 자유), 제21조(언론·출판·집회·결사의 자유), 제22조(학문·예술의 자유)

유럽의 근대국가(종교 개혁 이후의 서유럽)와 북아메리카 식민지의 지도를 결정할 만큼 영향을 미쳤다. 양심-종교의 자유의 연장선상에 선 표현의 자유의 문제는 프랑스혁명 전야의 사회상을 관찰한다면[181] 알 수 있다.

동아시아 국가의 사람들은 왜 표현의 자유가 근대 시민국가의 자유권 중에서 가장 중요한 자리를 차지하는가를 잘 이해할 수 없었다. 그들은 시민의 자발성이나 그것이 극대화된 시민혁명을 경험하지 않고 근대인이 되었기에,[182] 서양인들이 역사적으로 체험한 양심-종교-언론·출판-집회·결사의 자유를 자신들의 실존적 경험으로 만들 수는 없었다. 즉, 서양 근대시민국가가 정신적 자유권을 실행하고 확보함으로써 탄생하고 성장하였다는 것을 체험할 수가 없었다. 어쨌든 민주화의 긴 도정에서 1960년대의 한국의 자유화 시기에(박영신, 2000b: 183~203) 그리고 권위주의적 통치에서 벗어나는 길고 험난한 과정에서(김철, 2002a: 362~363), 근대가 훨씬 지난 현대의 1990년대까지 한국인들도 양심-종교-언론·출판-집회·결사에 있어서 자유권을 실행, 확보하려고 노력함으로써 근대 서양 근대의 자유주의적 역사의 전개를 다시 한번 20세기에서 실행하려고 하였다. 왜 서양근대의 자유주의라고 하는가? 한국의 문민정부가 수립된 것은 1993년 20세기의 거의 끝 무렵이 아닌가? 20세기가 21세기로 넘어가는 시점의 한국이 1688년의 명예혁명과 1867년의 개혁입법에서 가장 전형적인 모습을 나타낸 "고전적 자유주의"-Classical Liberalism-를 재현하였다는 것은 무리가 아닌가? 청교도혁명의 경위와 결과를 가능케 한 영국의 고전적 자유주의의 어떤 요소가 1993년에 시작된 문민정부의 요소와 닮았다는 것인가? 영국에 있

---

181) 1770년대부터 각종 팜플렛, 모든 종류의 출판물이 급증하였다. 프랑스의 구 지배계급에 맞서서 제3계급이 싸울 수 있는 힘은 시에예스(Sieyes)의 출판물 "제3계급이란 무엇인가?"에서 각성되었다고 한다.
182) 1891년 메이지헌법, 1894년 갑오경장, 1911년 신해혁명.

어서의 고전적 자유주의는 종교적 자유와 관용183) 입헌주의에의 충성,
그리고 정치적 자유184)를 핵심요소로 한다(Smith, 1980: 278)

　그 밖에 영국근대의 고전적 자유주의와 1993년 이후의 문민정부의
자유화의 공통점은 무엇인가? 첫째, 근대자유주의의 성격은 기본적으로
"~로부터의 자유"라는 의미에서, 네거티브한 즉 빼기하는 자유주의였다.
정부로부터의, 특히 청교도혁명과 명예혁명에서 보인 것처럼 국왕으로
부터의 자유라는 특징을 보였다(Smith, 앞의 글, 281). 한국의 1990년대
자유화와 자유주의의 특징은 오랜 권위주의 시기에 국민과 국민의 그룹
을 억압하여 왔던 권위주의 정권 또는 정부에서의 자유를 우선한 것이
다(김철, 2006). 이 자유와 자유주의의 성격 역시 네거티브한 것, 즉 지
난날의 권위주의 유산을 부인한다는 뜻에서 부정적(否定的)인 함의가
컸다.

　둘째, 영국근대의 고전적 자유주의특징은 경제적 목적보다 정치적 목
적이 강하다는 것이다. 예를 들면 자유주의적 입헌주의, 법의 지배, 권
력분립, 그리고 반대의 자유 같은 것은 경제적 권리보다 정치적 권리의
범주이다(Smith, 1980: 278). 한국에서의 문민정부의 자유화와 자유주의
를 요약하면 근대적 의미의 헌법의 요소로 위의 영국고전자유주의에서
나타난 입헌주의, 법의 지배, 권력분립과 함께 1688년의 종교적 관용
1689년의 프레스(press)의 자유를 실현시킨 것이라고 할 수 있다. 순수
한 고전적·정치적 자유주의의 역사에서 본다면, 이런 시민적 자유의
특징은 1776년의 아메리카 독립선언의 요소적인 특징에 비견된다. 한국

---

183) 한국 헌법상의 종교의 자유, 양심의 자유에 해당.
184) 한국 헌법상의 시민적 자유를 넓게 형성하는 헌법전 2장 국민의 권리와
　　 의무에서 수익권 또는 사회권을 제외한, 이른바 자유권적 기본권중에서
　　 재산권의 자유를 제외한 부분을 의미한다. 헌법학상의 「표현의 자유」를
　　 구성하는 정신적 자유도 집회·결사의 자유로 귀결되는 한, 고전적 의
　　 미에서는 시민적, 정치적 자유의 범주에 들어갈 수밖에 없다.

의 1990년대를 17세기와 18세기의 고전적 자유주의 요소의 잣대로 재는 것이 불공평하게 느껴진다면 현대자유주의(modern democracy)의 특징(Smith, 1980: 280)으로 가늠해보기로 한다. 19세기와 20세기에 고전적 자유주의는 진보적으로 수정되었다. 후기자유주의는 초기의 고전적 모습의 네거티브 방식에서 전향하게 된다. 자유의 "회피적"측면에서 적극적 측면을 강조하게 된다. 자유의 적극적 측면은 "~로부터의 자유"로부터 "~를 형성시키는 자유"를 뜻한다. 이런 전회는 초기자유주의의 어느 정도의 성공 위에서 이루어졌다고 평가된다(Smith, 1980: 280). 그러나 초기 자유주의의 성공은 가장 우선적으로는 귀족의 후예(즉 토지귀족)와 신흥계급에게 그들이 원하는 권리의 보따리를 안겨주었고, 왕의 특권의 폐지와 정부의 정책에서의 해방은 농민과 근로자에게는 충분한 권리를 안겨주지 않았다(Smith, 1980: 280). 따라서 하층계층의 자유를 위해서는 국가의 보다 적극적인 행위가 필요해진 것은 초기자유주의와 후기자유주의의 너무나 대조적인 차이이다.

이런 19세기와 20세기의 현대 자유주의의 개념적 요소와 역사를 한국의 자유화와 자유주의가 한창 이른 문민정부시대의 법과 정책에 대조 해보자. 자유주의의 후기 특징인 자유주의의 적극적, 형성적 작용을 당시 문민정부가 이해하거나 실행한 흔적은 별로 없어 보인다.185) 도시화, 산업

---

185) 오히려 특히 경제정책에 있어서 자유화에 의해서 소외된 계층을 위한 정책보다는 기업과 기업에 준하는 경제력을 가진 계층의 경제적 자유에 대해서 자유방임으로 일관하였다. 그 영향은 1998년 한국이 I·M·F 관리체제에 들어갔을 때 드러난 금융기관의 BIS 비율의 문제에서 나타난다. 즉 부실대기업에 대한 거대한 대출과 부실여신의 결과로 한국의 금융기관이 전반적으로 BIS 비율에 미달하는 사태가 나타났다. 정부가 거액의 지원금을 들여 국제적 수준의 지불준비금을 맞추지 않을 수 없는 사태는 짧게는 자유화 정책이 시작된 90년대까지 소급할 수 있고 최소한 그 기간 중에 정부가 적절한 형성적 작용을 하지 않았다는 이야기가 된다. 은행의 BIS 부족을 야기한 대출자들은 이후의 증거에 의하면 자유주의 시기의 소외된 계층이 아니었다. 그렇다면 적어도 민주화 이후의 정부의 자유방임적 경제

정책이 BIS 부족을 야기했다고 할 수 있다.

'대출금 12월31일 하루만 갚자' 은행·기업 '눈가림작전' 논란 [조인스](1999. 12. 03)

대기업 부채비율 2백% 준수시한과 금융기관의 국제결제은행(BIS)자기자본비율 산정을 앞두고 은행. 기업들이 물밑작전을 펼치고 있다. 은행. 기업들은 결산일인 12월 31일 하루만 대출금을 줄여놓은 뒤, 내년초 곧바로 다시 대출을 일으키면 자금사정의 변화 없이 각각 사활이 걸린 BIS. 부채비율을 개선할 수 있다는 '이해'가 맞아 올 연말에는 그 규모가 엄청날 것으로 예상된다. 이에 따라 올 연말의 부채비율과 BIS비율 계산에 대한 '눈가림' 논란도 일 수 있을 것으로 보인다. 3일 금융계에 따르면 은행들은 BIS비율 산정시 위험가중도가 높은(1백%) 기업여신을 줄이기 위해 만기 내에선 언제든 상환할 수 있는 회전대출과 당좌대출에 대해 결산일 하루만이라도 갚으라고 요청하고 있다. 시중은행 관계자는 "주로 거액을 쓰는 기업들에 자금상황이 허용되는 범위에서 연말에만 꺼달라고 협조요청을 했다" 며 "대출금중 10% 정도는 상환될 것으로 본다" 고 말했다. 또 은행. 투신사 등에서 매입하는 기업어음(CP)도 만기가 연말을 넘기는 것은 거의 없는 상태다. 30대 그룹 계열사 재무담당 임원은 "CP는 만기를 12월말로 정하고 내년 1월 4일 재기표하기로 합의했다" 고 밝혔다. 이 임원은 "과거에도 결산 직전에는 빚을 일시적으로 줄였으나 내년부터는 부채비율이 여신확보와 신용평가의 관건이 되기 때문에 올 연말엔 하루, 이틀 결제자금만 남기고서라도 부채를 최대한 상환할 계획" 이라고 말했다. 이에 따라 올 연말에 일시적으로 줄어드는 은행 대출금의 규모는 CP 등을 합해 10조원을 넘을 수 있을 것이라고 금융계 관계자는 예상했다. 금융계에서는 이러한 편법을 막기 위해선 금융기관. 기업 결산때의 대출금을 월말 잔액 대신 월중 평균잔액으로 바꿔야 한다는 의견도 있으나 평잔 계산에는 시간이 오래 걸리는 문제가 있다는 지적이다.

Gov't to Support Banks With 2 Trillion Won [IHT] (1998. 12. 04)

The government intends to supply 2 trillion won to commercial banks by buying bonds which the banks will issue within this month. The measure is to improve the financial state of commercial banks which can then raise their BIS (Bank for International Settlement) capital adequacy ratio. To do so, the government will initially buy a total of 500 billion won worth of bonds which five banks including Kookmin, Shinhan, Hana, Hanmi and the Korea Housing Bank will issue by as much 100 billion won in bonds respectively and 300 billion won worth of bonds by the Korea Exchange Bank. Additionally, the government will buy bonds from the banks which attained good results lending to

화, 세계화는 현대에 있어서의 자유주의를 또한 수정하였다. 초기자유주의는 한국에서도 잘 알려져 있듯이, 개인주의적 인간관과 사회관을 전제로 했다. 고전자유주의는 개인을 싸고 있는 조직의 힘, 공동체(community)의 규정력을 최소로 파악하였다. 서서히 시장의 힘에 있어서의 불평등은 현대기업과 산업기술의 성장과 함께, 한 사람의 경제적 자유는 다른 사람의 억압으로 통하는 것을 증명하였다(Smith, 1980: 281). 이 때 자유주의자는 두 갈래로 나누어졌다. 한 그룹은 어쨌든 구제와 교정이 이루어져야 한다고 한다. 다른 그룹은 여전히 불관여주의(non-interventionism)라 자유기업(Free trade)이라는 도그마에 집착하였다. 전자는 존 스튜어트 밀(J·S·Mill)이며 후자는 허버트 스펜스(Herbert Spencer)이다. 한국의 1990년 이후의 자유주의는 어떤 갈래가 있을까?

2. 서양 공법사에 있어서의 자유의 두 갈래-정신적 자유과 재산권의 문제

서양 공법사에 있어서, 자유의 또 다른 갈래는 헌법학적 용어로는 재산권의 자유(한국 헌법 제23조)에 관한 것이다. 재산권은 1770년대 버지니아 헌법에서는 당시 가장 근본적인 것으로 선언되었던 생명, 신체의 자유 그리고 행복추구권과 함께 천부인권(天賦人權)으로 생각되었다. 근대의 기간을 통해 재산권의 자유는 변용을 거듭하고, 1차 대전 전후에는 정신적 자유권과 구별하기에 이르렀다, 1917년 러시아 혁명과 1919년 1차대전의 책임에 관한 베르사이유 조약과 바이마르 헌법이 성

---

small and medium size companies. A source at the Ministry of Finance and Economy said, 'The government used 21 trillion won in public funds in order to raise the BIS capital adequacy ratio of commercial banks to more than 10% as of September. But additional public money will be needed, because the financial criteria for banks will be fortified next year by the BIS.'

립한 이후를 법학에 있어서는 현대라고 부르는데, 이 시기에 있어서는
재산권은 이미 다른 근대적 자유권과는 성질이 다른 것으로 사회적으로
나 경제적으로 알려지게 되었다. 즉, 현대라는 맥락에서의 재산권의 자
유는 전혀 다른 길을 가게 된다.186) 재산권의 자유는 미시적으로는 한
개인의 재산권행사를 중심으로 보는 것이고, 이렇게 보는 것이 민법상
의 재산권이다. 그러나 거시적으로 보면 중세 사회의 구조가, 큰 토지
재산의 소유관계의 수직적 편성이었다는 것을 떠올리게 된다.

중세의 종속적인 인간관계는 지주 또는 영주와 부자유 농민 또는 소
작인과의 관계와 대토지 소유자와 그로부터 봉토를 받은 중소토지소유
자 간의 관계로 이루어지는 데, 그 독점적 재산권의 행사와 관계된다.
따라서 근대에서 천부 인권으로 까지 높혀진 개인 소유권을 중심으로
한 재산권의 자유가, 산업 혁명과 도시화와 비 인간화를 거치면서, 또
다시 중세 사회처럼 종속적인 인간관계를 생산하는 방식으로 행사되는
것이 현대법의 세계에서는 규제의 대상이 된 것이다.187)

현대 한국의 자유화 과정 가운데 근대 공법사와 현대 공법사에서 문
제되었던 "자유주의의 두 갈래"의 문제가 다시 나타났다. 정치인, 언론
인, 지식인 및 학생층은 우선 정치적인 민주화를 요구했고, 이것은 "표
현의 자유"를 구가함으로써 행동으로 나타났다 1970년대부터 1980년대
의 언론, 집회 및 시위, 1987년대의 6월 항쟁, 여러 지식인의 성명. 그
들은 여러 억압적 통치의 문제를 제기했는데, 대체로 헌법 제 12조의

---

186) 헌법재판소 1993. 7. 29. 92헌바20 전원재판부.
　　우리 헌법상의 재산권에 관한 규정은 다른 기본권규정과는 달리 그 내
　　용과 한계가 법률에 의해 구체적으로 형성되는 기본권으로, 형성적 법률
　　유보(法律留保)의 형태를 띠고 있으므로, 재산권의 구체적 모습은 재산권
　　의 내용과 한계를 정하는 법률에 의하여 형성되고, 그 법률은 재산권을
　　제한한다는 의미가 아니라 재산권을 형성한다는 의미를 갖는다.
187) 현대법의 세계에서 봉건시대의 세습영주의 권리를 정당화하는, 거대한 재
　　산의 상속과 증여를, 인간의 자연적 자유로 보지는 않는다.

신체의 자유부터 헌법 제 21조에 관련하는 많은 사례들이 나타났다. 고문의 문제부터 부당한 압수, 수색의 사례가 가장 두드러졌다.

자유화 과정에서는 서양 근세 법제사에서 나타난 "부당한 공권력으로부터의 자유"가 우선적이었다. 서양 근대시민국가의 이전에 존재했던 절대주의, 앙샹 레짐의 국가권력, 2차 대전 이후 성립한 신생국가에서는 네포티즘을 기반으로 한 권위주의 국가 권력, 그리고 동 유럽과 소비에트를 축으로 한 전체주의적 사회주의 국가의 권력이 자유의 적으로 인식되었다. 같은 맥락에서 자유화 민주화 이전의 한국에서는 권위주의적 정부의 공권력이 민주화와 자유화의 우선적 표적이 되었다.[188]

이념 형으로서의 근대적 자유주의는 이 시절 한국에서도 우선적으로 평가되었다. 초기 자유화 시절의 집회·시위의 자유를 포함하는 표현의 자유의 비중이나 역할에 대해서는 말할 것도 없다. 각종 검열제도, 사전 허가 제도를 비롯한, 공식적·비공식적 억압 장치의 제거는 이 시대의 과제였다고 할 수 있다.

서양 공법사의 큰 교훈은, 제대로 형성된 시민민주주의국가라면[189] 「기본적 인권존중과 자유주의」라는 근대 이후의 큰 성과위에 서는 것이다. 그러나 기본권 존중에도 우선 순위가 있으며, 정신적 자유권 우선의 원칙이 그것이다.

그런데 돌이켜 생각할 때 한국의 자유화 과정에서 자유의 요구는

---

188) 5공화국을 뒤흔든 사건으로는 "권인숙양 성 고문 사건"을 들 수 있다. 판례참조. 이 사건 변호인 중 조영래는 이 시기에 나타난 선도적인 인권 변호사였다 참조 안경환, 조영래 평전, 『세상을 바꾼 아름다운열정』 (서울, (주)도서출판 강, 2006년 1월)

189) 시민혁명에 의해서 근대 시민국가를 형성시킨 나라(영국, USA, 프랑스)와 그렇지 않고 위로부터의 국가건걸(Bismark헌법의 프로이센)이나 패전 후 다른 자유주의국가에 의한 재교육으로 복귀한 경우(2차대전 이후의 Bonn 기본법)로 반드시 구별해야 한다.

정신적 자유권과 경제적 자유권 또는 재산권의 자유와 구별 없이 주장되었다. 1990년대의 한국은 그 역사적 전개과정에서 서양 근대의 자유주의와 함께 서양현대의 법 원리 (재산권의 상대화)를 동시에 수용하지 않으면 안 되었다. 그런데 기이하게도 두 갈래의 자유주의가 구별되지 않고 뒤섞여서 함께 "자유"로 불리고, 행사되었다.190)

3. 자유지상주의의 문제

한국에서의 자유화 과정이 로렌스 레식(Lawrence Ressig)이 지적한 대로 러시아가 1989년 이후에 경험한 "자유화"의 과정과 비교할만한 점이 있는지는 신중한 검토를 요한다. 확실히 러시아의 자유화는 정신적 자유권의 문제와 경제적 자유권의 문제가 전도된, 즉 경제적 자유가 정신적 자유권을 우월하게 압도한 사례라고 할 만한 점이 있다.191) 자유지

---

190) 예를 들면 계약 공정의 원칙이라는 현대법의 원리가 다시 근대의 계약자유의 원칙으로 회귀한 듯한 판례가 나타났다. 이자제한법에 관한 헌법판례. (헌법재판소 2001. 01. 18 00헌바7)

　　가. 이자제한법 중 개정법률(1965. 9. 24. 법률 제1710호) 및 이자제한법폐지법률(1998. 1. 13. 법률 제5507호)은, 사인간의 계약내용에 국가가 관여하여 그 효력을 부인하는 것을 내용으로 하는 이자제한법(1962. 1. 15. 법률 제971호)을 완화하거나 폐지함으로써, 국민의 사적자치권 또는 계약의 자유에 대한 제한을 경감하거나 제거하였다고 할 것이지, 이로써 오히려 국민의 기본권을 제한하는 것이라고 할 수 없다.

　　나. 입법자가 사인간의 약정이자를 제한함으로써 경제적 약자를 보호하려는 직접적인 방법을 선택할 것인가 아니면 이를 완화하거나 폐지함으로써 자금시장의 왜곡을 바로잡아 경제를 회복시키고 사유와 창의에 기한 경제발전을 꾀하는 한편 경제적 약자의 보호문제는 민법상의 일반원칙에 맡길 것인가는 입법자의 위와 같은 재량에 속하는 것이라 할 것이고, 입법자가 입법당시의 여러가지 경제적, 사회적 여건을 고려하여 후자를 선택한 것이 입법재량권을 남용하였거나 입법형성권의 한계를 일탈하여 명백히 불공정 또는 불합리하게 자의적으로 입법형성권을 행사한 것이라고 볼 수 없다.

191) 러시아 과거 소비에트 통치체제의 해체는 물론 자유권적 기본권의 구가로

상주의(Libertarianism)는 번역어인데 전체주의를 Total－i－tareanism라
고 쓰는데 비해 Liber(ty)－tareanism이라고 대비시켜서, 한쪽이 전체
(Total－ity)지상 주의라면, 그 반대 쪽 끝의 스펙트럼이라고 할 만 하다.
로렌스 레식의 비교법적 증언을 들어보기로 하자. (Lessig 김정오 옮
김, 2002: 31~33) (김철, 2002: 275~277)

　　10년 전인 1989년 봄, 유럽의 공산주의는 마치 지지대가 뽑힌 텐트
처럼 무너졌다. 전쟁이나 혁명이 공산주의를 몰락시킨 것이 아니었다.
지쳐 쓰러진 것이다. 중·동부 유럽에 새로운 정치체제, 새로운 정치사
회가 탄생하였다.
　　나와 같은 헌법학자들에게 이 사건은 충격적이었다. 1989년에 로스쿨
을 졸업한 나는 1991년부터 시카고에서 강의를 시작했다. 시카고대학에
는 중·동부 유럽에서 새롭게 시작된 신흥 민주정치에 관한 연구소가
있었다. 나는 그곳의 연구원이었다. 그 뒤 5년 동안 무수한 시간을 비행
기에서 보냈고, 맛없는 모닝커피를 기억할 수 없을 만큼 수없이 마셨다.
　　중부유럽과 동부유럽에는 과거 공산주의자였던 사람들에게 어떻게 통
치해야 하는가를 가르쳐 주려는 미국인들로 가득 했다. 하지만 그들의
자문은 장황했고, 어리석기까지 했다. 몇몇 미국인 방문자들은 신흥 입
헌공화국에 말 그대로 헌법을 팔아먹었다. 새로운 나라를 어떻게 통치
해야 하는가에 관한 설익은 생각들이 무수히 많았다. 미국인들은 이미
입헌주의가 잘 기능하고 있는 국가로부터 왔지만, 어떻게 가능하였는지

진행되었다. 억압적 국가는 물러갔다. 그런데 이때 지난날의 모든"지배계
급"이 사라졌는가? 아니다. 지난날의 지배계급은 "경제적 자유화"의 와중
에서 비공식제도(예: 마피아, 민영화된 공장의 지배인)의 모습으로 모양을
바꾸었다. 러시아에서의 종교의 자유는 러시아 정교회를 제외하면 부분적
이라고 보인다. 권위주의 사회가 이른바 자유화와 민주화를 거치면서 나
타나는 다음 단계의 시장화 또는 민영화의 여러 가지 양상 중에서, 극단
적인 예로는 1917년 이후 대표적인 사회주의 법제도 였던 소비에트 러시
아의 예를 들 수 있다. (김철, 2002a: 369) 또한 (레식, 김정오 옮김,
2002: 31~33)

그 원인에 대한 실마리는 알지 못했다.

연구소의 취지는 조언을 주는 것이 아니었다. 우리가 그들을 지도하기에는 아는 것이 너무 없었다. 우리의 목적은 변화와 발전방법에 관한 자료를 모으고 관찰하는 것이었다. 우리는 변화를 이해하길 원했지, 변화의 방향을 잡아주길 원치 않았다.

우리가 목격한 상황은 이해할 수는 있었지만 충격적이었다. 공산주의가 몰락한 이후 처음에는 국가와 국가의 규제에 대항하는 거대한 분노의 파도와 함께 정부에 대한 반감이 팽배했다. 그들은 그냥 내버려두라고 말하는 것처럼 보였다. 정부가 하던 일을 새로운 사회인 시장과 민간 조직에게 맡겨라. 공산주의가 몇 세대 지난 후에 발생한 이런 반발들은 충분히 이해할 만하였다. 지난날의 지배 기구의 압제 장치들과 어떠한 타협이 있을 수 있단 말인가?

특히 미국의 미사여구들은 이런 반발을 상당히 뒷받침했다. 자유지상주의라는 미사여구. 시장이 지배하게 하고 정부의 간섭을 배제하라. 그러면, 반드시 자유와 번영이 성숙할 것이다. 모든 것들은 스스로 해결될 것이다. 국가의 지나친 규제는 필요 없고, 들어설 여지도 없다.

그러나 모든 것이 스스로 해결되지 않았고, 시장이 번창하지도 않았다. 정부는 불구가 되었으며, 불구가 된 정부는 자유에 대한 만병통치약이 아니었다. 권력은 사라지지 않았다. 단지 정부에서 마피아로 옮겨갔으며, 때로는 국가에 의해서 마피아가 조성되었다(김선경, 1998). 치안·사법·교육·의료 등 전통적인 국가기능의 필요성이 마술처럼 사라지지 않았다. 필요를 충족시키는 사적 이익들도 등장하지 않았다. 오히려 요구들이 충족되지 않았다. 사회의 치안이 사라졌다. 지금의 무정부상태가 이전 세 세대의 온건한 공신주의를 대체하였다. 번쩍이는 네온사인은 나이키를 광고하고 있었고, 연금생활자들은 사기주식거래로 생계비를 다 털렸으며, 은행가들이 모스크바 거리에서 훤한 백주에 살해되었다. 하나의 통제시스템이 또 다른 것으로 대체되었지만, 어떤 시스템도 서구의 자유지상주의자들이 말하는 자유체제는 아니었다.

Ⅲ. 1990년대의 자유주의, 한계, 자유지상주의에 대한 비교 법철학적 논의

1. 자유주의자로서의 드워킨(Dworkin, 1995: 1~6)

1990년대부터 시작해서 2000년대에 이르기까지 한국의 법 문화의 최대 문제는 무엇인가? 이미 고찰한대로 일단 권위주의에서 다수의 지배로 옮겨가고 민주주의의 가치가 국가와 사회, 개인생활의 중심 테마가되었다. 한국 사회의 자유화는 문민정부에서 급격히 진행되었는데 많은 예상치 않은 문제가 생겨났다. 우선 자유주의의 애초의 모습대로 쉽게 말하면 개인을 떠난 전체는 아무 의미가 없다. 전체주의는 이미 사라졌고 개인 인격이 최초의 출발점이 되었다. 이 때 개인 인격은 어떤 권위주의적 강제나 속임수 없이 자유롭게 스스로의 이익을 위하여 생존을 위하여 결정할 수 있어야 한다. 자유주의 철학은 억압이 없는 상태에서는 누구나 그렇게 할 수 있다는 것이다. 사회 안의 개인은 어떻게 행동하는가? 여러 수준의 사회가 있기는 하나 그 구성체로서의 개인 인격이 최초의 단위가 되고 의사자유, 계약자유, 법률행위자유가 개인 인격이 사회 안에서 움직이는 방식이다. 모든 헌법적 장치 중 국민의 자유와 권리에 관한 헌장은 이러한 의사자유를 가지는 개인의 권리를 보장하는 장치이다. 그렇다면 정치적 공동체의 형성은 어떠한가? 각 개인이 그들의 의사를 헌법적 장치를 통해서 집적함으로서 이루어진다. 모든 공익의 결정, 정치적 결정은 다수결의 원칙에 의해서 자유로운 개인의 자유로운 표현행위로서 이루어진다. 이것은 실로 1648년, 1776년, 1789년의 중요한 근대의 역사에서 이미 나타난 바이다. 몹시 단순하게 표현된 근대 입헌주의의 원칙은 1990년대부터 한국의 정치사회는 물론 부분사회의 중요한 구성원리가 되었다. 비교법적으로 본다면 1989년 동유럽 러시아혁명 이후 새롭게 나타난 동부유럽과 구소비에트 연방에 속하는 광대한 지역에서 근대 입헌주의에 입각한 다수의 지배, 다수결의 원칙에 의한 정부가 수립되고 정책이 집행되기 시작했다. 이제 한국과 연혁이 매우 다른 동유럽, 러시아 지역의 국가들이 자유주의적 입헌주의 원칙에 의해 국가와 사회를 수립한다는 점에서는 유사한 측면이 드러나게 되었다.

한국인들은 1960년에 이미 짧은 기간 시민혁명을 경험한 바 있었다.[192] 입헌주의 원칙이나 다수결의 원칙은 다양성에 대한 관용의 원칙과 함께 1960 - 1961년에 최고조에 달했다.[193] 1993년에 다시 문민정부를 수립했을 때에는 한국인들은 이미 근대적 입헌주의나 다수결의 원칙의 문자에는 익숙했다. 그러나 자유주의가 다수결의 원칙을 동반하여 진행할 때 나타나는 제도적 문제, 법의 지배 내지 법치주의의 문제에는 경험이 없었다.

이 문제를 법사회학적으로 관찰하기 위해서 법률 전문가가 아닌 일반인 또는 생활인의 법의식과 자연적 행동을 관찰 대상으로 한다. 1부에서 논한 대로 권위주의 해체기(기준점 1989, 1993,)에서, 자유주의를 다시 기본 에너지로 출발할 때부터 개인 의사가 합치되기만 하면, 어떤 종류의 개인의 의사라도 합의로써 유효하다는 통속적인 시류가 있었다. 개인의 "자유로운 의사"를 초과하는 사회 규범은 자유를 제한하며, 억압적인 것으로 생각되었다. 사인 간의 합의야 말로 새로운 자유주의의 처음이요 끝이라고 생각되었다.[194] 유사(類似) 근대인이 탄생한 것이다. 근대인을

---

192) 1960년 4월19일의 통칭 4 / 19를 보편(Idealtypus)적 의미의 시민혁명으로 다시 해석한 것은, 박영신 "사회운동 이후의 사회운동", 한국인문사회과학회(엮음) 「현상과 인식」24권 4호 (2000년 겨울), 183~203 또한 박영신 "우리나라 권위구조의 정신분석학", 「정신분석학과 우리 사회」, 한국사회이론학회(엮음) 20호 「사회이론」 (2001년 가을 / 겨울)

193) 제3공화국에 해당하는 1963년부터 1972년까지의 헌법을 위헌 법률 심사 제도와 관련하여, 비교적 덜 권위주의적인 것으로 평가하는 수도 있다.

기다리고 있는 함정과 절벽은 나날의 체험주의에 밀려 존재하지 않는 것
이 되었다. 1990년대에 한국인은 자유로운 근대인으로서 너무나 감격해
서 도취해 버린 것이다. 도처에서 계약 자유의 폐해, 의사 자유를 조리
상의 한계[195] 너머로 가져가는 생활에서 오는 무리와 피로감이 나타났
다. 당시에 모든 사회 문제를 개인의 문제로 환치하고[196] 사회기구나 제
도, 조직의 문제를 개인과 개인의 사적 인간관계의 문제로 환원하여[197]
단순화 시키는 방식이 유행하였다. 세계적으로 관찰할 때, 지구의 저 쪽
에서 1917년 이후 또는 1945년 이후 사람들의 생활을 결정해왔던 국가
적 제도가 1989년을 기해서 와해되고 문명 세계의 약 반을 점유했던 실
정적 질서가 해체되었다. 러시아 동유럽 혁명의 와중에서 관찰할 때 개
체를 넘는 수준의 사회, 공동체, 국가의 모든 제도와 문제는 불확실하게
보였다. 한국에 있어서 동유럽과 러시아와 같은 정도는 아니나 권위주의
에서 이행하는 시기의 불확실성 속에서 개체의 확실성을 추구하였다고도
할 수 있다. 이와 같은 개인의 문제는 정치적 공동체를 형성하고 중요한
정책을 결정할 때에도 단순화된 모습으로 나타났다. 즉, 원자화한 개인은
투표에서 다수를 구성하기만 하면 다수결의 원리에 의해서 어떤 결정도

---

194) 합의를 외형으로 하면서, 그 실상은 기본권과 자유를 침해하는 경우는 어
   떻게 하는가에 대해서는 예측할 수 없었다.
195) 한국 민법 상 조리는 법의 원천이다. 조리는 또한 신뢰 보호의 원칙과 함
   께 행정법의 일반 원칙으로 인정된다. 조리는 또한 법의 일반 원칙으로
   인정된다.
196) 한국인의 사고방식은 한국 문화의 일부를 이룬다. 어떤 문제의 개인적 측
   면과 사회적 측면이 다같이 존재 할 때 사회적 측면을 다루기 힘들 때에
   는, 아예 없는 것으로 간주하고 문제의 개인적 측면으로 환치하는 오랜
   문화가 있어왔다. 예-교육에 있어서의 성취를 오로지 피교육자의 개인적
   자질의 함수로 환치하는 경우. 사회적 사고(건물과 교량 붕괴 등)의 인과
   관계를 오로지 가장 협소한 관계 개인의 인적인 요소로 파악하는 경우.
197) 예를 들어, 공적인 조직의 역할 분담자들의 업무 수행이 사적인 인간관계
   같이 진행되는 경우. 이 경우 조직의 규범은 개인적 인간관계의 문제로
   변용하게 된다.

할 수 있다. 한국에 있어서는 오래 계속된 권위주의의 폐허 위에서 단순 다수결에 의한 수많은 결정이 행해졌다. 범위를 더 넓혀서 1770년대에 이미 근대 입헌주의를 실천하고 1차대전 이후에는 이른바 현대적 복지국가로 이행한, 지구상에서 가장 이른 자유주의적 전통의 실천자로서 들 수 있는 아메리카에서도, 세기 말에, 다수 지배의 원리에 대해서 반성적으로 성찰하는 사람이 나타났다. 오랜 선거의 경험, 오랜 재판의 경험, 많은 분쟁을 사법적인 해결이라는 현대적인 방식으로 경험한 미국인들은 대표적인 법 철학자를 통해서 다음과 같이 묻기 시작했다.

"사람들은 다수결이라면 무엇이든 할 수 있다고 생각하는 버릇이 있다. 과연 최전성기의 영국 의회는 남자를 여자로 바꾸는 것 이외에는 무엇이든지 할 수 있다고 믿어져 왔다. 자유로운 개인의 집합체인 민주사회는 그 의사의 다수만 획득하면 무엇이든 할 수 있는 것일까? 다수의 숫자만 차지하면 만능인가?" 이 의문은 아마도 1990년대 이후 자유화와 민주화를 통해서 입헌주의의 경험을 쌓은 한국인에게도 마지막으로 유효한 질문이고 더 나아가서 한국인보다 약 반세기 늦게 근대입헌주의와 다수결의 원리에 접근한 동유럽, 러시아인들에게도 마침내 나타날 의문일 것이다.

이 질문은 일견 자유주의의 한계와 관련 없어 보인다. 그러나 가깝게는 2차 대전이 전체주의를 해체시키고, 1945년 이후의 세계의 주된 질서가 어떤 경우라도 부인 할 수 없는 개인의 존엄권을 기초로 출발한 이후 국가 사회의 구성원리로서의 자유주의는 개인인격을 기초단위로 하고 이러한 개인 인격은 한편으로는 계약이라는 방식으로 경제생활을 영위하며, 한편으로는 투표라는 방식으로 정치적 공동체를 형성한다. 다수결이 마지막 보루가 되는 것은 결국 그 근거 사회가 투표하는 한 사람 한 사람의 개인 인격의 평등에 기인한다는 것이다. 만약 자유주의적 원리가 아니라면 어떤 문제도 다수결의 원리에 호소할 수는 없을 것이다.

그러나 문제의 다른 측면이 있는 것은 명백하다. 현학적이 아닌 사람도 기원전 4세기 후반의 아테네에 있어서의 민주정치의 경위와 시민정치를 기억 할 수 있다.

> B.C. 4세기 후반의 헬라스는 중심이 없었으며, 각축을 계속하였고, 민주정치는 부패하고, 데마고그가 활개를 쳤다(Colin McEvedy, 1986; Alfred Zimmern, 1966: 420).
> 아테네인들에게는 Nomos의 객관성보다는 주관성이 중요하게 느껴졌고 - 즉, 노모스의 사적 전용(私的 轉用 - Privatization of Nomos)이 나타났다.
> 각자가 주관적 부분의 규범을 개별화하고 개인적으로 만들 필요성이 생겼다. 노모스의 사적 용도로의 전용을 위해서, 소피스트들이 필요해졌는데 시민이 그의 입장을 밝히는 것을 넘어서서 사실적인 사회관계와 실재하는 힘의 불균형을 레토릭(Rhetoric)을 통해서 은폐하면서 개인적인 관계에서는 이득을 취할 수 있는 어법이 나타났다. 단순했던 인간관계와 사회관계에서 나타났고 기초가 되었던 상호주관(相互主觀 - intersubjectivity)의 달무리(Penumbra)가 사라지기 시작한 것이다(김철, 1994b: 104).

1995년에 유사한 문제를 법철학적으로 추구한 사람이 로날드 드워킨(Ronald Dwokin)이다. 그는 자유주의(liberalism)의 전통에 서서 이 문제를 추구하였다(Dworkin, 1995: 1~6).

Buckley v. Valeo(424 U. S. 1, 96 S. Ct. 612, 46 L. Ed. 2d 659, 76 - 1 USTC P 9189, U. S. Dist. Col., Jan 30, 1976) 판결의 평석에서, 드워킨은 민주정치의 두 가지 측면을 지적한다. 즉, 한국인이 1990년대에 익히 경험한 다수지배의 원리이다. 아메리카의 민주주의는 다수지배의 원리로써 세계인에게 알려져 왔다. 그러나 1995년에 드워킨은

텔레비전과 민주주의(Television and Democracy)에서 미국 민주주의가 쇠퇴하고 있고, 그 주된 이유는 정치적 캠페인에서의 텔레비전이 차지하는 압도적인 비중을 들고 있다. 그가 쇠퇴의 이유로 드는 것은 입후보자들이 텔레비전 캠페인 경비를 부담하기 위해서 엄청난 액수의 선거자금을 거두어야 하고, 그 결과로 "특수 이해관계의 자금과 아메리카의 입법부의 행동과의 유독한 연합"을 들고 있다(Dworkin, 1995: 1~6). 그가 민주주의 쇠퇴의 또 다른 현상으로 드는 것은 평균적인 미국인들은 투표율이 점점 낮아지고 있다는 것이다.[198) 그가 지적하고 있는 것은 다수의 지배(Majoritarian rule)에 대한 반성과 성찰이다.

  그러나, 앵글로-아메리칸의 전통에서-비록 우리가 동아시아인이고 그들의 법 전통에 대해서 최근에 겨우 종합적인 시점을 획득했다 할지라도-이미 다수의 지배에 대한 강력한 제어장치가 있어 왔다는 것을 이야기하지 않을 수 없다.[199) 이 문제는 주로 영미법을 전공한 법학자들에 의해서 부분적으로 개진되어 왔기 때문에, 문제와 그 대답에 대한 포괄적인 시점이나 또는 동아시아 전통을 가진 법학자에게 획기적인 시점을 줄 수 있는 정도로 한국에서는 충분히 논의되지 못했다. 법학의 부문화-즉, 흔히 하는 대로 헌법, 민법, 형법 하는 식의 강의 상의 분류-때문에 기술적 개념에 열중하고 어떤 제도가 부문을 넘어서서 어느 법체계 전체에서 차지하는 위치라든지, 더 거시적으로는 어느 법 전통 전부를 관통해서 흐르는 여러 분야에 걸치는 큰 주제는 거의 무시한 채 지내왔다. 첫 번째 예를 들 수 있는 것은 영미 전통의 사법심사제도

---

198) 1992년 대통령 선거에서는 유효유권자의 절반 미만이 실제 투표하였고, 1994년 중간선거에서는 단지 38%가 투표하였다. (Dworkin, 1995: 1~6)
199) 사법심사론에 대해서 특히 민주주의 원칙과 사법심사에 대해서 그리고 인민주권(Popular Sovereignty)을 원칙으로 하는 대중민주주의(People's Democracy) 입장에서 본 이른바 사법심사의 반다수주의적 성격(Counter Majoritarean Character)에 대해서는 참조. (김철, 1994c: 66)

(judicial review)의 가장 큰 의미이다. 동아시아인이 좋아하는 결론부터 이야기하면, 사법부에서 기존 법률의 합헌성을 심사하는 사법심사제도는 한마디로 대중정치가 가져오는 폐해로부터 민주주의 체제 자체를 보호하는 가장 중요한 장치이다(김철, 1994c: 54).

한국의 법제도가 미국식의 사법심사제도를 현재 채택하고 있지 않다고 제도적으로 반론할 수 있다. 물론 그렇다. 그러나 한국도 제 3공화국의 헌법에 의하면 일반 법관이 직접 위헌법률을 심사할 수 있는 사법심사제도를 채택하고 있었다. 이 문제는 자칫하면 현재 우리가 채택하고 있는 헌법재판소 제도와 미국식의 사법심사제도의 차이를 지적하는 흔히 잘 하는 비교법적 말투로 끝날 수 있다. 그러나 지금 우리가 주목하는 것은 꼭 미국식의 사법심사제도 / 한국의 헌법재판소 제도라는 대비보다는 과연 다수의 지배라는 민주정치의 한 측면에 대해서 시간과 장소를 달리 해서 어떤 제어장치를 마련해 두었느냐의 관점이 중요할 수 있다.[200] 또한 한국 법학의 상투어를 넘어서서, 즉, 영미법 / 대륙법의 이분법이라는 1989년 동유럽 러시아 혁명 이전의 유사(類似) 냉전체제 언어를 넘어서서, 20세기를 특징지은 공통점은 고차법(高次法, higher law) 전통의 점점 커져가는 영향이다(김철, 1994c: 62).

그런데, 법학자이든 사회과학자이든 또는 시민이든 너무나 당연해서 잊고 있는 중요한 문제가 있다. 학자들은 흔히 다소 현학적이고 또한 전문성을 과시해야지 시장에서 값을 많이 받기 때문에 지극히 상식적이고 그러나 잘 잊기 쉬운 것들은 으레 빠뜨리고 논의를 진행하기 쉽다. 만약 소크라테스가 살아서 현재 한국의 법제도나 혹은 한국이 속해 있

---

200) 한국의 헌법재판소 제도가 다수의 지배라는 한 바퀴에 대해서 이를 보충하거나 이를 제어하는 다른 바퀴로써 모든 국민에게 당연히 인식되고 있느냐 마느냐의 문제 때문에 이 제도의 원래 취지 자체가 넓게 보면 다수의 지배가 몰고 올 수 있는 파국을 막기 위한 것이라는 단순한 이유를 잊기 쉽다.

는 2차대전 이후의 주된 법제도를 관찰한다면 무엇이라고 이야기 할 것인가? B. C 399년, 고대 아테네의 시민정치에 의해서 즉, 다수의 지배에 의해서 처형당한 소크라테스는 아마도 다수의 지배에 대한 제어장치에 대해서 관심을 가질 것이고, 어렵게 말 할 필요 없이 한국의 사법제도 자체가 그가 경험한 "다수의 지배의 폭거"를 제어할 수 있는 장치라고 고백할 수 있을 것이다. 그 이유는 무엇인가? 21세기 넓게는 서양법제도 안에 있는 사법제도는 어느 경우에도 국민이나 시민의 자유투표에 의해서 피의자에 대해서 유죄와 무죄를 결정하지 않는다. 이것을 위해서 즉, 한 사람의 소크라테스를 위해서라도 모든 사법제도와 절차가 그 물망같이 안전망을 구성하고 있는 것이다. 따라서 자유주의-다수결의 지배는 현대의 사법제도에 의해서 일단 보완되고, 여과 되도록 균형 잡혀있다.

2. 자유라는 이름의 환상(Sunstein, 1995: 1~3)

카스 선스타인의 명제: 자유주의자, 자유지상주의자들은 맹점을 가지고 있다.

증거1. 사람들은 경제학적 게임에서 합리적으로 행동하지 않는다. 자신의 이익과 게임과 관계된 상대방에게 '가장 이익이 되도록' 행동할 것 같고, 경제원칙에 따라 행동할 것 같으나, 실제로는 그렇지 않다. 경제학적 예측의 실패

증거2. 사회심리학자 씨알디니의 실험결과(Cialdini, Cacioppo, Bassett, & Miller, 1978: 463)

사람들의 행동에는 그 개인뿐 아니라 다른 사람의 규범적 행동이 영향을 미친다. 사람들의 성향 또는 취향 또는 단순히 좋아함(preference)은 합리주의자들, 경제학적 사회과학자들 또는 행동과학자들이 전제로 하고 있는 바와 같이 고정되어 있지 않다. 실험심리학은 사람들의 확정

된 취향에 대한 고정관념을 깨 왔다.

증거3. "과연 사람들이 흔히 우리가 들은 듯이 그의 선택에 의하여, 그가 원하는 대로, 그의 이익대로, 합리적으로 자유롭게 행동하는 것일까?" 이 물음에 대해서, "비교적 그렇다."라고 대답하고, "그렇기 때문에 사람들이 필요로 하는 것이 자유일 뿐이다."라고 대답하는 것이 자유주의의 전제이다.

세기말 상황(1990년대 후반-2000년대 전반)에서는 그렇지 않다는 대답이 강하다. 그 증거는 청소년 흡연에 대한 보고서에도 나타나 있다(Sunstein, 1995: 2).

"이 시절의 자유론자의 지배적인 논의방식은 합리성, 선택 그리고 자유라는 3가지 키워드에 집중되어 있다. 자유라는 중심 주제는 정치적 선택(투표), 시장에서의 유통(구매) 그리고 마지막에는 대학에서의 합리성(선택)의 문제로 요약된다. 이들 자유의 주제는 극히 단순한 방식으로 요약, 적용되는데 단순 논리가 현실에 적용된 대표적 예이다.

1) '정부는 국민의 취향과 선택을 존중해야 한다.'라는 기본명제는 칸트류의 당위명제이다. 당위명제는 목표가치를 천명하는 것이다. 그런데, 종종 자주 당위명제를 되풀이하면 흡사 언어의 환각적 효력에 의해서 실지로 그 당위명제가 현실화되는 것처럼 느껴질 때가 있다. 많은 신생국가가 정치적 표어를 당위명제로 내걸고 실지 관행은 문제삼지 않는 경우가 많다.

2) '시장은 구매자의 취향과 선택을 존중해야 한다.'라는 기본명제는 역시 당위명제이다. 이 당위명제가 현실로 나타나기 위해서는 실지로 시민의 시장에서의 자유가 존중될 수 있는 조건을 미리 성취해야 한다.

3) '대학은 소비자인 학생의 취향과 선택을 존중해야 한다.'라는 기본명제 역시 목표가치인 당위명제이다. 그런데 당위명제의 반복이

학생의 대학에서의 자유를 실지로 존중하는 것은 아니다.

자유론자 또는 자유주의자의 이러한 언어사용 방식은 맹점을 가지고
있다. "(김철, 2000b: 36)

흔히 개인주의적 자유주의자의 마지막 보루가 되는 "자유로운 선택"
의 보다 세밀한 구조를 관찰한다. 자유주의적 선택의 기초 부분이 되는
취향(preference)과 선택(choice)은 모든 종류의 사회 조사나 시장 조사
에서 기초사항으로 불변의 상수로서 취급되어져 왔다. 그러나 일련의
사회심리학자들의 실험으로서는 어떤 개인의 좋아함이나 취향도 이미
주어진 것이 아니다. 만들어 갈 수 있고 이미 만들어 왔다.

개인의 구체적인 행동에 관계되는 자유에는 구체적인 상황의 규범과
역할이 현실적으로 관계하고 있다는 것이 사회심리학자의 보고이다
(Sunstein, 1995: 2).

참고문헌

헌재 1991. 7. 22 선고 89 헌가 106

국제 인권규약 (A규약, ICESCR) 27조 2항. B규약 49조 2항. 선택의정서 12조 1항

Part Ⅲ Article 6 – Article 15 International Covenant on Economic, Social and Cultural Rights – ICESCR

국가공무원법 제66조 교원의 노동조합 설립 및 운영등에 관한 법률 제1조 공무원의 노동조합설립 및 운영 등에 관한 법률 [제정 2005. 1. 27 법률 제7380호] 제1조 사립학교법 제55조

Concluding Observations of the Committee on Economic, Social and Cultural Rights: Republic of Korea. 07 / 06 / 95. E / C. 12 / 1995 / 3Also Concluding Observations E / C. 2001

Declaration des droits de l'homme et du citoyen

대한 변호사협회, 1985년 인권보고서, 103쪽 – 10

김철수, 헌법학 개론 제 18전정판 795쪽 2006년 박영사

권영성, 헌법학 원론 2006년판 631쪽 법문사

최대권, "기본권의 대 사인적 효력, 제 3자적 효력" 서울대학교 법학

김 철, 현대 한국 문화에 대한 법철학적 접근, 현상과 인식 2000 봄 / 여름4쪽

서원우; "헌법이념과 행정법,"1987. 한국공법학회편 한국에서의 미국헌법의 영향과 교훈

김 철, 현대의 법이론 – 시민과 정부의 법 (2), 1994:11

김 철, 법 제도의 보편성과 특수성, 1993:17

김 철, 법률사상사 강의, 2004년 1학기, 또한 같은 사람, "법학의 현대적 성격", 2006년 3월 24일 서강대학교 특강

김 철, "사회적 차별의 심층 심리학적 접근" – 법앞의 평등의 내실을 위하여 –, 한국사회이론학회, 사회이론 통권20호 2001년 가을 / 겨울

조영래 변호사 추모를 위한 모임 엮음, 진실을 영원히 감옥에 가두어
둘 수는 없습니다. 11쪽 창작과 비평 1991

조영래, 정말 인권이 보장되는 시대가 오려나-국제인권 규약과 우리의
현실(마당 1985. 2) 윗책에 수록

정인섭, 국제 인권 규약 가입 10년의 회고, 민주사회를 위한 변호사모
임 주최 '국제인권 가입 10주년 기념 학술대회' 2000. 4. 10

안경환, 조영래 평전-세상을 바꾼 아름다운 열정 372쪽 도서출판 강
2006년

사이버공간의 법이론, 로렌스 레식(Lawrence Lessig)원저 김정오 역, 헌
법학연구

류은숙, 경제 사회 문화적 권리에 관한 국제조약에 대한 이해 109쪽

헌법재판소 판결 1993. 7. 29. 92헌바20 전원재판부.

김선경, "러시아 마피야 연구 研究-러시아 마피야의 형성과 전개과정
을 중심으로", 고려대학교 국제대학원 러시아·동유럽전공 석사
학위논문. (서울: 고려대학교, 1998년 6월)

김정오 역, 「코드; 사이버 공간의 법이론」 (서울: 나남 신서, 2002년 1월)

김철, 2006, "국제인권규약의 구조와 전통적인 한국의 기본권 구조-사
람의 권리의 온전성을 위한 법철학적 시도" 한국인문사회과학회
주최 2006년 전기 학술대회 「사람의 권리를 넘어서」주제 발표
논문(서울: 한국인문사회과학회, 1996)

김철, 2002a "개혁의 법사회학적, 법 경제학적 조망-교육 개혁을 중심
으로, 그러나 주도적인 개혁을 우선하여-, 사회이론학회(엮음),
「사회이론」 21호 봄/여름호. (2002년 8월)

김철, 2002b "포즈너의 공법학방법론" 중 Ⅲ, 법학방법론으로서의 경세
분석과 한국에 있어서의 의미, 한국공법학회(엮음) 「공법연구」30
집 제4호. (2002년 6월)

김철, 2002c 서평, "코드: 사이버 공간의 법이론", 한국헌법학회(엮음) 「
헌법연구」(2002년 4월)

김철, 2001 "법철학에서 본 한국 고대 문화의 원형(Archetype)", 김철(엮

음) 「법철학 강의」, 비공개교재 (서울: 숙명여대, 2001년)

김철, 2000a "러시아와 체코의 행정절차법의 역사적 발전", 한국공법학
　　　회(엮음) 「공법학 연구」(2000년 6월)

김철, 2000b "현대 한국의 문화에 대한 법철학적 접근", 한국인문사회과
　　　학회(엮음) 「현상과 인식」24권 1 / 2호 통권80호, 봄 / 여름호. (2000
　　　년 6월)

김철, 2000c "러시아의 입헌주의", 한국헌법학회(엮음) 「헌법학 연구」
　　　(2000년 5월)

김철, 1994a "비교제도론" 간행위원회(엮음) 「차용석 교수 회갑기념 논문
　　　집」(서울: 법문사, 1994년 10월)

김철, 1994b "대학교수 원론", 김철(엮음), 「현대의 법이론 - 시민과 정부
　　　의 법」, (서울: Myco International Ltd., 1994) 원문은 한국사회이
　　　론학회(엮음) 연례세미나발표문 「대학」(1991. 9. 28)

김철, 1994c "표현조항과 이원론의 극복", 김철(엮음) 「현대의 법이론 -
　　　시민과 정부의 법」(서울: Myco International Ltd., 1994)

김철, 1992 "아메리카와 러시아 법제도의 비교연구, 김유남(엮음) 「미ㆍ
　　　소 비교론」(서울: 어문각 1992년 7월)

박영신, 2002 "우리나라 권위구조의 정신분석학, 정신분석학과 우리 사
　　　회", 한국사회이론학회(엮음) 「사회이론」20호, 2001년 가을 / 겨울
　　　호. (2002년 2월)

박영신, 2000a「실천 도덕으로서의 정치 바츨라프 하벨의 역사 참여」(서
　　　울: 연세대학교 출판부, 2000년 3월)

박영신, 2000b "사회운동 '이후'의 사회운동: '4. 19'의 구성", 한국인문
　　　사회과학회(엮음) 「현상과 인식」24권 4호. (2000 12월)

안경환, 2006 「조영래 평전 - 세상을 바꾼 아름다운 열정」, (서울: (주)도
　　　서출판 강, 2006년 1월)

로렌스 프리드만 2006, 「미국법사」(안경환 옮김) (서울: 청림출판, 2006
　　　년 근간)

Henry Steiner & Philip Alston, International human Rights in Context—Law, Politics, Morals 2nd Edition 2000 Oxford Univ. Press 268

Human Rights Watch, Broken People: Caste Violence against India's 'Untouchables' (1999), at one, Steiner & Alston, Text & Materials, 2000:272

Douglass North, Institutions, Institutitonal Change and Economic Performance, 1990: 36

Hannah Arendt, The life of the Mind(New York: Harcourt Brace Jovanovich, Publishers, 1978)

Hannah Arendt, Eichmann in Jerusalem A Report on the Banality of Evil(고치고 늘림판)(New York: Penguin Books, 1994)

Jack Donnelly, Universal Human Rights in Theory & Practice, 2nd edition Cornell University press 2003

Norman Dorsen, Michel Rosenfeld, Andras Sajo, Susanne Baer, Comparative Constitutionalism, Thomson West, 2005

Buckley v. Valeo(424 U. S. 1, 96 S. Ct. 612, 46 L. Ed. 2d 659, 76—1 USTC P 9189, U. S. Dist. Col., Jan 30, 1976)

Alfred Zimmern, *The Greek Commonwealth, Politics & Economics in fifth Century Athens.* (New York: Oxford University Press, 1961)

Cass R. Sunstein, "Norms and Roles", A written Version of the Coase Lecture, University of Chicago, 1995, *The program for the Study of Law, Philosophy & Social Theory Fall 1995.* (New York: New York University School of Law, 1995)

R. Cialdini, J. Cacioppo, R. Bassett, & J. Miller, "Low—Ball Procedure for Producing Compliance: Commitment Then Cost, *36 J Personality and Social Psychology 463* (1978), Recited from *Supra.*

Colin McEvedy, *The Penguin Atlas of Ancient History.* (New York: Penguin Books, 1986)

David G. Smith, "Classical liberalism", David L. Sills(엮음) *International*

Encyclopedia of the Social Sciences Volume 9. (New York: The Macmillan Company, 1980)

Lawrence Freedman, *History of American law.* (New York: Simon & Schuster, 2005)

Lawrence Lessig, *Code and Other Laws of Cyberspace,* (New York: I C M, Inc, 1999)

Ronald Dworkin, "Television and Democracy", *The Program for the Study of Law, Philosophy & Social Theory.* (New York: New York University School of Law, 1995)

제 2 부 경제학적 접근

제1장 경제학적 공법학 방법론

- 포즈너를 중심으로 -

2007년 국제법철학회에서의 큰 섹션이 이례적으로 법 경제학에 바쳐졌다.

1980년대 이후 세계 법학의 가장 큰 도전은 경제학적 방법론의 끊임없는 그리고 침투적인 영향의 확대이다. 1983년 포즈너의『정의의 경제학』이 출판되었을 때 동아시아와 유럽에서는 이것이 앞으로 수십 년에 걸쳐서 점점 커져가는 어떤 새로운 힘이라고는 예측하지 못했다. 1995년『법의 극복』이 출간될 때 까지 "경제와 법" 또는 "법의 경제 분석"이라는 새로운 조류는 아메리카 동부연안과 서부연안을 석권하였다. 2000년에 이를 때 까지 전통적 규범주의자들의 비판에도 불구하고 포즈너의 방식은 종전의 법학의 영역에 경제학을 겹쳐 씌워 공통의 영역을 만드는데 성공했다. 한국에 있어서 포즈너의 소개가 힘든 것은 동아시아인의 단일전공의 전통 때문이다. 즉, 포즈너는 판사를 본업으로 하면서 여러 분야에 걸쳐 실험적이고 과학적인 데도로 일관했기 때문에 동아시아 또는 유럽전통법학의 단조로움과는 거리가 있다. 한국에 있어서 "법과 경제"라는 영역은 경제학자에 의해서 "법 경제학"이라는 이름으로 소개되기 시작했다. 그러나 법학에서는 이른바 대륙법 전통 때문에 인습적인 법학으로는 소화하기 힘들었다. 이 글은 포즈너의 규제법 관련 영역을 중심으로 살펴 본 것이다.

I. 이 글의 동기와 구조

이 글을 쓰게 된 동기는 1970년대부터 2002년 현재까지 활약 한 아
메리카의 가장 영향력 있는 공법학자 이며 현직 판사인 Richard A.
Posner의 법학 방법론의 한국에 있어서의 적용 가능성을 반성적으로 검
토하려는 데 있다.

포즈너는 다루기 쉬운 주제가 아니다. 법의 분과(divisions of law)를
차례로 뛰어 넘었고 그의 방법론은 정리가 불가능할 정도로 다양해서
한국과 같은 단일 전공(single – major), 단일한 방법론에 익숙한 학계에
서는, 오해를 불러일으킬 만 하다. Posner의 영역은 경제행정법, 경제규
제법, 공정 거래법과 같은 경제 공법에서부터 "법과 문학", "법과 인류
학적 방법", "법과 경제학" 같은 기초법의 영역을 거쳐서 헌법 방법론
에 이른다. 따라서 한국의 예로 든다면 경제 행정법과 헌법 방법론을
가장 큰 영역으로 보아 일단 공법학자이며, 그 밖의 영역은 법학 기초
론 혹은 법철학으로 생각된다. 크게 보아서 세 가지 영역을 가진 평균
치를 넘는 20세기 후반에서 21세기에 걸치는 거인이라고 할 수 있다.
그의 영역은 규제법, 헌법, 법철학 또는 법 경제학으로 구분할 수 있으
나 방법론의 문제에서는 법철학, 법사회학, 법 경제학의 요소가 같이 나
타난다. 영역은 각각 따로 취급해야겠으나 그의 총체적인 방식을 존중
하는 의미에서 이 시론에서는 방법론에 중점을 두고 분과별 구별을 넘
어서 취급하기로 한다.

II. 공법학 방법론의 단계와 포즈너 방법론의 역사적 기원

개념 법학(概念 法學)은 유용함이 있다. 즉, 짧은 시간에 요약된 내용을 전달하기에는 강단 법학에서 경제적이다. 또한 정치 경제 사회가 불안정하거나 권위주의적 색채가 많은 경우에 상황에 좌우되지 않는 법원칙을 중립적으로 전달할 수가 있다. 정치 경제체제와 무관하게 법학을 발전시킬 수 있다. 대략 이런 이유로 한국에서도 강단법학과 교과서 법학, 수험법학에 있어서는 개념법학의 유효성이 발휘되어 왔다.

그러나 개념법학은 쉽사리 법해석학과 결합하고 다음과 같은 단점이 있다. 법규의 형식 논리적 해석에 열중하여 개념 지상주의에 빠진다. 국가 제정법의 완전 무결성을 전제로 하는 권위주의적인 법 해석의 태도를 함양한다.

다른 태도는 사회 현실 속에서 살아서 작용하는 법의 실상을 파악하려는 태도이다.

19세기 당시 도이칠란트를 풍미하던 판덱텐 법학, 개념 법학으로부터 해방을 기도한 법학자들이 있었다. 키르히만(Julius Hermann von Kirchmann, 1802 - 1884)은 법학의 「과학으로서의 무 가치성에 관하여」를 통하여, 헤르만 칸토로비츠(Hermann Kantorowicz, 1877 - 1940)는 법 개념 자체의 유용성에 대해서 의문을 제기했다. 즉 그는 어떠한 사건에 적용될 법 개념도 윤곽이 애매한 개념이며 개념적 핵심을 갖춘 개념이 발생하는 것을 우연한 일이라고 했다. 결국 법률은 어떤 방식으로든지 그 결함을 보충해나가지 않으면 안 된다고 했다.[1] 오이겐 에를리

---

1) 목적법학에 대해서 H. Kantorowicz, *Der Kampf um die Rechtrwissenschaft*, 1906, S. 91.
   참고 김여수, 『법률사상사』, 131쪽

히(Eugen Ehrlich. 1862 – 1922)는 인간 사회질서를 현실적으로 유지하고 있는 "살아있는 법"의 발견이 필요하다고 주장하였다. 이것은 자유법 운동의 선구가 되었다. 그는 사회관계 속에서 현실로 살아서 작용하는 법의 실상을 파악함으로써 사회와의 밀접한 관련을 파헤치려고 꾀했다.2) 마침내 "법과 사회"에 대한 가장 대 규모의 학자로서 막스 베버(Max Weber, 1864 – 1920)가 세기의 전환기에 나타났다.

키르히만은 1848년의 혁명 때 절대주의 세력에 대한 반대와 혁명에 대한 동정적 태도 때문에 직업적으로 불운해졌다.3) 칸트로비츠는 1933년 나치정부가 들어서자 비 국가적 태도 – 영국과 미국에 대한 우호적 태도 때문에 교수직에서 추방되고 뉴욕을 거쳐서 캠브리지 대학에서 망명 인으로서 생애를 마쳤다. 에를리히는 일찍부터 사회 경제학자와 사귀면서 사회문제의 시야를 갖게 되었으나 작은 지방 대학에서 강의와 연구에 종사하였기 때문에 도이치어 권에서는 별 주목을 받지 못했다. 오히려 신대륙에서 인정받아서 아메리카의 대학에서 꽃이 필 뻔했으나 1차대전의 희생물이 되었다. 막스 웨버는 법학자로 출발하였으나 점차로 그의 넓은 시야에 의해서 사회학으로 진출하고 그의 법사회학은 한국에서는 법학 자체에서보다도 사회학자의 주목을 받았다.

신대륙인 아메리카에 있어서 자유법 운동과 개념법학에서의 해방이 알찬 결실을 맺게 되었다. 즉, 유럽 대륙에서 큰 성과를 얻지 못한 법사회학은 신대륙에서는 오히려 사회학 쪽 보다는 본격적인 법학의 방법으로 성숙하게 되었다.

올리버 웬델 호움즈(Oliver Wendel Holmes, 1841 – 1935)는 그의 방식이 독창적이고 급진적이라 할만큼 평가되어서 최초의 저술(보통법

---

2) 장경학, 『법학통론』, 1984, 법문사, 153쪽.
   김여수, 『법률사상사』, 박영사, 1976, 141쪽.
3) 최종고, 『법사상사』, 박영사, 1983, 225쪽.

The Common Law)은 도서관에 소장되기를 거부당했다고 한다. 법 이론의 경직성에 대한 가장 날카로운 비판, 사법과정의 심리학적 고찰 같은 것들이 전통주의자의 비위를 건드렸다고 한다.4)

로스코 파운드(Roscoe Pound, 1870 -)는 주목할 만한 법학 교육자인데 그의 풍부한 과학적 인문학적 교양을 배경으로 광범하며 동시에 정밀하고 맵시 있는 법학이 나타나게 되었다.5) 파운드는 1905년과 1907년의 두 번에 걸쳐서 미국 변호사회에서 사회학적 법학(Sociological Jurisprudence)의 필요성을 강조하였다. 따지고 보면 파운드의 사회학적 법학은 그 연원을 따진다면 유럽에 있어서의 목적법학(칸트로비츠) 자유법(오이겐 에를리히)운동의 줄기와 일치한다고 할 것이다. 파운드는 사회학적 법학의 단계를 구별했다.

첫째 단계는 기계적 세계관(Mechanische Weltanschauung)이 나타나는 단계이다.

초기 산업혁명 시대의 테크놀러지와 사회조직의 영향인 기계적 세계관은 입헌군주제나 제한적 입헌주의의 시대에 관료제의 합리화와 경영조직의 효율성에 이바지하였다.6) 우리 나라에 있어서, 법체계의 전반적 작동을 기계적 세계관에 의하는 입헌군주주의의 이러한 첫째 단계의 법학 방식이 아직도 정확하다는 느낌과 체계적이라는 느낌을 주고 있다.

둘째 단계는 기계적 세계관에서 한 걸음 더 나아간 단계이다. 생태학(ecology)의 사고방식을 더 구체적으로는 생물학적 용어를 법사회학에

---

4) 최종고, 『법사상사』, 박영사, 1983, 340쪽.
5) 김여수, 『법률사상사』, 박영사, 1976, 156쪽.
6) 근대의 과학주의가 근대의 법률해석학과 만났다고 할 수 있다. 근대의 법률해석학은 산업혁명 이후의 기계적 세계관에 기초해있다. 전통사회에서 벗어나는데 있어서 어느 정도 도움이 되었다. 중앙 집권적인 군주제는 근대 초기 국가의 개념정립에 큰 영향을 미쳤는데 사회전체를 기계처럼 조직된 체계로 만들어보겠다는 생각을 군주와 관방학자들이 하게 되었다. 김철, 『법제도의 보편성과 특수성』, Myko Int'l, 1993.

적용하는 것이다. 생태학과 생물학적 유추(類推 analogy; Analogie)가 나타난다. 발생학적 사고가 나타난다.

셋째 단계는 심리학을 적용하는 단계인데 법학자, 법관 그리고 입법 가의 태도와 태도 변화에 관한 문제이다. 하버드 법과대학의 사실상 대 부였던 파운드는 이와 같이 법학 방법론에 있어서 당시 발달되고 있었 던 최신의 과학적 방법을 서슴없이 사용하였다. 그 뒤 벤자민 카도조 (Benjamin N. Cardozo, 1870-1948)도 같은 줄기에서 현행의 법과 살 아있는 법의 간격을 메꾸어야 된다고 생각했다. 그에게 있어서 이런 노 력은 그 이전의 전통적 방법을 보충하는 것이었다. 그 보충의 수단을 "사회학적 방법"이라고 하였다.[7] 왜 사회학적이라고 이름 붙였을까? 당 시 아메리카 사회의 사회학은 새로운 모든 과학적 지식이 방법론으로 동원되는 비 권위주의적 영역이었기 때문이다.

호움즈와 파운드에게 나타난 방법론적 특징은 이윽고 1920년대에 다 음과 같은 생각을 아메리카 법학계에서 일어나게 했다. 급격히 변동하 는 사회적 맥락 속에서 어떤 법학자들은 다음과 같이 생각했다. 법학자 들은 사회 현실과 관련해서 법이 어떻게 운용되는가에 관해서 조사하여 야 되는 소명을 가지고 있다고 선언하고, 그 때까지의 법학계와 법 사고 는 이러한 기준에 의해서 비판되어졌다. 개념적이며 원칙적이며 법률 해 석학에 국한되어졌다고 비판하고 법이 실제로 사회 안에서 어떻게 운영 되며 사람들의 행태에 어떻게 영향을 미치는가를 무시한다고 하였다.[8]

제롬 프랑크(Jerome Frank), 언더힐 무어(Underhill Moore), 칼 르웰 린(Karl Llewellyn)과 무엇보다도 윌리엄 더글라스(William Douglas)가 참가한 다극(多極)적인 지식인의 운동이었다. 공통점은 법이 실재로 사

---

7) 김여수, 『법률사상사』, 박영사, 1976, 164쪽-165쪽.
8) Edmund W. Kitch, Editor, The Fire of Truth: A Remembrance of Law and Economics at Chicago, 1932-1970, *Journal of Law and Economics*, vol. XXVI (April 1983), p.164, 164.

회에서 운영되는 대로 연구한다는 것이 목적이었으며 그 목적 아래에서 무엇을 해야되는가에 대해서 넓은 시야를 가지게 되었다. 예를 들면 규제나 통제의 연구에는 학습이론(學習理論)을 동원하였다. 인디언의 사회적 통제를 연구하기 위해서 전설과 신화를 채집하여서 법적으로 분석하였다. 근대주의를 떠나서 사람들의 행동을 통제하거나 예측하기 위해서 무의식적 심리학적 원형을 채집하기 위해서 원시법(原始法)을 분석하였다.9)

무엇이 이들로 하여금 관례적이며 인습적인 법학 방법론을 초과하여 다른 학문의 방법을 적용하기 시작하였는가? 딜레땅뜨 취미나 현학적(衒學的)인 동기였던가? 때는 세계적으로 대공황(恐慌) 전기(前期)였고 세계 정치 경제 사정은 전체주의 세력이 신흥세력으로 부상하고 있었다. 1930년대까지 그들의 각성은 이전의 존경하던 선배들이 행한 법학 연구 방법이 이제는 부적절해졌다고 느낀 것이다. 당시 경제 사회의 강한 필요성에 따라서 법학도로 하여금 그때까지 취급하지 않았던 사회적 사실을 다루는 분야에 접하도록 했다. 아무도 사회적 사실에 대한 어떤 과학이 법학의 내용에 도움이 되는지 미리 알 수도 증명할 수도 없었다. 그러나 현실의 강한 필요성이 그들로 하여금 "무엇이든 도움이 된다면" 해볼 만한 용기를 주었다. 이것이 이들로 하여금 법에 대한 사회과학적 분석, 즉, 가장 넓은 의미에 있어서의 경제분석이 발달한 초기 사정이다.

1929년에 윌리암 오우 더글라스는10) 그때까지의 법학방법론의 부 적절성에 대해서 논의하였다.11) 우선 그때까지의 법획빙법론을 너글라스

---

9) 같은 사람, 같은 논문, 165 – 166쪽.

10) 윌리암 다글라스 판사에 대해서는, 안경환, 미국법의 이론적 조명 – 윌리엄 다글라스 판사의 법사상 p.18 1986 고시계

11) William O. Douglas, "A Functional Approach to the Law of Business Associations", 23 Illinois Law Review 673 (1929)

는 신학이라고 불렀다. 그 이유는 아리스토텔레스의 철학적 방식에 의해서, 즉 스콜라 철학이라고 불리는 방식은 대상을 우선 분류하고 유형(類型)을 만들며 따라서 범주(範疇)를 만드는 것에 노력이 주어졌다. 범주화(範疇化)의 결과는 개념(概念)이다.[12] 예를 들어 어떤 공식조직을 대상으로 할 때 그 조직이 어떤 일을 하는지 어떤 기능을 하는지 묻기 전에 우선 형태에 따라 분류한다. 그래서 몇 개의 개념을 만들고 그 개념으로부터 연구를 시작하는 것이다. 더글라스 판사가 강조하는 것은 이와 같은 예에서 법학자가 조직에 대해서 먼저 주목해야 하는 것은 형태론이나 개념의 차이보다도 실제로 무엇을 하느냐의 문제이다. 즉, 개념에서부터 역할(役割) 또는 기능(機能)으로 강조점을 옮겨야 실제로 사회에서 법이 어떻게 움직이느냐를 파악할 수 있다는 것이다.

"중요한 것은 문제가 되는 가장 기본적인 요인들이다. 연구나 분석은 여기에 맞추어져야 한다. 현재 작용하고 있는 경제적, 사회적 힘 자체가 조사되어져야 된다. 기업의 형태라든지 조직에 따른 개념의 차이라는 것은 기업의 실제활동에 비하면 도구적인 것이고 기업이 실제로 어떤 기능을 하는가가 더 중요한 것이다. 따라서 종전에 중요시되어져 왔던 형식, 형태로부터 경험적 사실로 또는 중세에 있어서와 같은 움직이지 않고 안정적인 사회에서 타당했던 신학으로부터 사회 안에서의 인간행동 또는 경제활동을 서술할 수 있는 공리나 명제로 옮아가야 한다."[13]

---

12) 한국에 있어서 법학교육의 출발도 또한 이와 같은 방식이라고 하지 않을 수 없다. 법논리의 기초훈련으로서는 우선 개념화를 하지 않을 수 없다. 그러나 오로지 이 한 방향으로 체계를 잡는 경우 그리고 법률해석학과 결합하는 경우, 법학자의 인식을 고정시키는 경우가 있다. 이와 같은 성질을 법률해석학의 유사 신학적(類似 神學的) 성격이라고 한다. 법학의 초학자는 법률해석학을 항상 객관적인 원칙과 질서를 가진 것으로 생각한다. 이러한 정돈된 법률해석학의 세계는 인류가 가질 수 있었던 세계관 중에서 외계와 자연의 질서를 고정된 것으로 보는 그러한 세계관에 뿌리를 두고 있다. 김철, 법 제도의 보편성과 특수성 p.111, 1983 Myko Int'l Ltd

개념법학 또는 해석학적 태도에서 옮아가게 되는 것은 법과 법학도에게 사회가 요구하는 것의 성질이 변천되어 간데 대해서 반응한 것이라고 보여진다. 법에 대한 사회과학적 분석의 초기 발달은 어쩔 수 없는 요구에 대한 반응이었다. 1930년대 이후 아메리카 연방정부가 좀 더 능동적으로 경제관리에 개입되면서 현대의 법학도는 경제관리가 실지로 어떻게 행해지고 있는가에 대해서 더 많은 것을 알 필요가 있었다. 이와 같은 요구 때문에 1930년대의 아메리카 법과대학에서는 종전의 전통적이지 않은 과목들이 나타났다. 선례에 의한 결정이 충분하지 않은 일들이 점점 나타났기 때문이다. 그래서 통상 이전의 널리 받아들여진 교과목 이외의 더 폭넓은 훈련을 요구하게 되었는데 이것은 법학도가 다른 학문분야로 침투하거나 다른 학문분야를 겸해야 한다는 뜻이 아니라 최소한 법학자와 법조인이 다른 분야에서 훈련받은 전문가들을 어떻게 대할 것인가를 알아야 된다는 뜻이었다. 1930년대 이후 경영경제학, 심리학, 경제학과 같은 전문가들의 영향이 산업화된 사회에서 점점 뚜렷하게 되었다. 법이 판단해야 할 사례 중에서 이들 전문가들이 담당해야 될 영역들이 특수화되고 특정되면서 법 판단의 주체로서의 법학도나 법조인은 이들 전문가들의 영역에 대해서 충분한 지식이 없이는 법률 판단에 앞선 사실 판단에서 고배를 마시지 않을 수 없었다.

법학방법론에 있어서의 이러한 변화는 경제 제도론 자들과의 협력에 의해서 가속되었다.

로스코 파운드가 일찍이 사회학적 법학의 단계를 3단계까지 구분했으나 이제 시대의 변화에 따라서 그가 지적하지 못한 4번째 단계, 즉 경제학적 방법론으로 나아가게 되었다. 경제학의 역사에 있어서 아메리카의 제도경제학은 도이치의 역사학파의 반역의 분기로 이해된다. 아메리카 제도경제학은 돌스타인 베블랜 이후에 당시의 신고전학파 가격이론

---

13) Edmund W. Kitch, Editor, 위에 인용한 논문 p.166

에 대한 반대되는 입장에 있었다. 그러나 법 제도에 대한 경제학자들의 관심은 1930년대 대학에서 연구와 교수를 통해서 협동관계로 진행되었다. 19세기에서 20세기로의 진행 전후에 국가에 의한 간섭주의가 시작되었다고 보고 1930년대 정점에 이르렀다고 본다. 밀턴 프리드만은 아메리카에 있어서의 제도주의(Institutionalism, 制度主義)의 밀물은 1920년대에 시작되었다고 본다. 제도경제학의 주된 인물들은 그 당시 주로 정부에 관여를 신봉한 사람이었다고 보여진다. 동시에 그들은 가격이론과 신고전파 이론에 배척되는 입장에 있었다. 법학 쪽에서 볼 때, 칼르웰린이나 윌리암 오우 더글라스 같은 사람들의 법 현실주의에도 제도경제학과 공통되는 것이 있었다고 한다. 보크[14]가 생각하기로는 제도경제학과 병행한 법 현실주의[15]는 무거운 정치적 내용을 가지고 있었다고 하고 대부분 우파 쪽은 아니었다고 한다. 그들의 목적은 사람들을 체제로부터 자유롭게 하는 것이었다고 한다.[16] 따라서 점차로 법 현실주의

---

14) Robert H. Bork Alexander Bickel Professor of Public Law of Yale; Judge, United State Court of Columbia Cirtuit 보크의 언급에 대해서는 Edmund W. Kitch, Editor, 위에 인용한 논문 p.175

15) 법 현실주의 운동에 대해서는 본 논문 p.6에서 기술하였다

16) 밀턴 프리드만이 보기로는 그와 같은 제도주의자와 법현실주의자의 사회를 재구성하려고 하는 특별한 견지를 법학과 경제학이 연결된 동기라고 보지 않는다. 시카고 대학에 있어서의 법과 경제의 자연스러운 발전은 경제학과 쪽에서 별로 반기지 않는 어떤 경제학자가 법과대학에서는 환영되고 칭찬받았던 한 가지 사례에서부터 시작되었다고 본다. 헨리 시몬즈의 예인데 그의 경향은 로날드 코어스와 같은 시장주의자에게는 몹시 관여주의적으로 보였다고 한다. 그러나 뎀세츠에 의하면 사이먼은 폭이 넓은 간섭에 대해서는 반대였고 1934년의 책의 서문에서 그는 광범한 관여주의를 방지하길 원하고 관여주의적 경향이 있는 당시의 사회에서 실제 시장경제 사회와 좀 더 가깝게 가야 한다고 주장하였다. 그의 언급에 대해서는 1981년 로스앤젤레스에서 UCLA경제학과와 Emory 대학의 법과경제센터 공동주최로 열린 법학자와 경제학자들의 토론회결과를 정리한 문헌 참조 이토론이 정리된 것이 Edmund W. Kitch가 편집한 "진리의 불꽃; 시카고에 있어서의 1932-1970까지의 법과 경제 운동의 회상"이다. 위 각주 인용 참조

자들은 그들이 하고 있던 경험적 작업을 중지하고 더글라스와 에이브 포터스는 뉴딜 초기 워싱턴으로 갔다.

더글라스가 대법원에 임명된 전후 대기업의 부정과 자본의 횡포에 대한 가차없는 징벌관으로 이미 세상에 널리 알려진 배경17)에는 그의 방법론이 그가 이미 1929년에 쓴 글에서 보여진 바와 같이 법 현실주의와 법의 경제분석이 결합된 데 있다고 할 것이다.

리차드 포즈너의 법의 방법론도 이와 같이, 넓게는 사회학적 법학의 맥락에 연원을 두고 있다고 할 수 있다. 1930년대가 더글라스 판사의 시대였다면 1970년대 이후에 포즈너가 보여준 영역의 확장과 방법론적 발전은 2002년까지 계속된 경탄할만한 업적으로 나타난다.18) 포즈너에 있어서의 또 다른 특징은 다음과 같다. 1900년도 초기의 로스코 파운드가 사회학적 법학의 3단계까지를 지적하였고 1930년대 더글라스를 비롯한 법 현실자주의자들이 4번째 단계인 경제분석단계를 시도하여 1970년대의 포즈너가 이를 더욱 적용시켰다. 1980년대의 이후의 포즈너는 4단계까지 진행된 사회학적 법학의 기초를 탐구한다. 이를 5번째 단계라고 할 만 하고 "법을 넘어서"(Overcoming Law)의 단계이다. 이를 위해서 그는 시민 사회의 출발에까지 소급 한다.

아담 스미스(Adam Smith)가 그러했던 것처럼 학문적 구분(Compartmentalization)을 뛰어 넘는다. 아담 스미스가 도덕 철학(Moral Philosophy)의 맥락에서 법 · 경제 · 윤리의 세 영역을 통합해서 시민사회의 기본 문제를

---

17) 여기에 대해서는, 안경환 미국법이 이론저 죠명 – 윌리암 다글라스 판시의 법사상 p.18 고시계 1986

18) 물론 더글라스의 1930년대와 포즈너의 1970년대, 1980년대는 다르다고 할 수 있다. 정부의 간여주의에 대한 시대적 요청이 달랐고 법에 대한 경제분석의 방식도 차이가 있다. 공통점은 형식주의적 태도가 아니라는 점(법 형식주의가 아니라는 점) 이며, 사회 안에 '살아있는 법'의 탐구가 법학의 자세라는 점이다. 이런 기본적 공통점이 Roscoe Pound 이후의 아메리카 법학의 특징인 Sociological Jurisprudence의 주된 흐름이라는 점이다

취급한 태도와 같다.[19)

Ⅲ. 법학 방법론으로서의 경제분석과
한국에 있어서의 의미

1987년 5월 스탠포드 법과대학원에서 있은 Richard Posner의 "법의
경제분석" 특별 강연에서 마지막 부분에 당시 법과대학원 2학년 학생이
마지막 질문을 했다. "경제분석이 물론 유용할 것입니다. 그러나 인간의
정서 중 마지막 부분 즉, 심미감 같은 것이 영향을 미치는 일에 어떻게
경제 분석을 하겠습니까?"

이 질문은 조금 달리 해석하면 다음과 같이 변형시켜도 될만하다. 즉
기본권 중 예술의 자유가 포함되는 학문의 자유 더 나아가서 표현의 자
유 더 넓게는 정신적 자유의 영역에 어떻게 경제분석을 할 것인가라는
문제이다.

각도는 매우 다르지만 법과 경제 또는 법의 경제적 접근 또는 제도
의 경제분석은 다른 사회과학자들(주로 사회학자, 윤리학자)로부터 다소
의 회의적인 눈길을 받아왔다. 즉 한국에 있어서 법의 경제 분석의 어
떤 적용은 신 자유주의적인 사고를 고무시키는 것이 아닌가라는 것이
다. 한국의 법학자로부터는 더 큰 회의적인 눈길이 있다. 즉 한국의 지

---

19) 근대경제학의 아버지로 불리는 A. Smith는 1764년 이후 스코틀랜드의 경
    험철학과 도덕철학의 맥락에서 Glasgow대학에서 국부론(Wealth of
    Nations)의 강의를 시작했다. 김철 『러시아 소비에트 법-비교법 문화적
    연구』부록, 장별 해제 제6장 p.517 민음사 1989
    그러나 그의 보다 중요한 면모는 그의 『법학강의』(Lectures on Juri-
    sprudence)와 『도덕 감정론』(The Theory of Moral Sentiment)에서 나타난
    법학자, 윤리학자로서의 기반이라고 할 수 있다. 참조. 박세일, 『법 경제학』
    p.13-14 박영사. 1995.

난날이나 현재에 있어서 정책 결정이 어떤 법 원칙에 의하지 아니하고, 빈번히 자주 이른바 "경제적 고려에 의해서" 결정되는 경우가 있었다. 예를 들면 그린벨트 해제 즉 개발제한지역 해제의 가장 큰 동기가 "토지 이용의 효율성 제고"라는 명분이었고 이것은 의심할 나위 없이 개발제한지역을 지정한 법 제도의 경제분석의 결과로 돌릴 수도 있다. 더 쉽게 얘기하면 한국에서 자주 "경제적 고려"가 법 원칙의 문제나 제도의 문제나 더 나아가서 공공복리의 문제나 또는 도덕의 문제, 윤리의 문제를 압도해왔다. 실로 한국 역사에 있어서 소급한다면 1961년부터 1979년까지 18년 동안의 개발 독재기간을 특징 지운 한국 경제 개발의 방식이었다. 한국의 민주화가 정부차원에서 시작된 1992년 이후에는 이제는 신자유주의라는 이름으로 결과적으로는 마찬가지로 "경제적 고려"가 압도하였다. 단지 민주화의 상징을 위해서 때로는 값비싼 상징조작을 행했는데 이 때에는 전혀 경제적 고려가 들어가지 않았다.[20]

환경법학자는 다음과 같이 생각할 수 있다. 법의 경제분석이 등장하면 그 논리가 어떠하든 결과적으로 한국에서는 개발의 문제에 있어서 개발주의자의 이익을 위해서 봉사를 하게 된다. 또한 지난날의 어떤 경험에서 어떤 정책 결정에 있어서, "경제적 고려"가 개입하게 된 결과적으로 재계, 또는 대기업 집단의 이익에 가까운 쪽으로 경도 하게 된다. 공교육에 "경제적 고려"가 들어가면 어김없이 교육원칙은 연화되고 결과적으로 기업이나 또는 영리성이 강조되는 편향이 있어왔다.

대략 이런 이유로 법의 경제분석에 대해서 회의적인 눈초리가 있어왔다. 그러나 지극히 상식적인 차원에서라노 논의를 더 진행시켜보자. 우선 한국의 역사에 있어서 어떤 학문이나 지적인 도구가 그 자체로서는

---

20) 민주화 과정 중의 상징조작으로서 비용을 생각하지 않은 예로는, 일제 잔재를 일소한다는 대의명분으로 아직도 쓸 수 있는 오래된 건물을 없앤다던가 또는 해방 이후 1990년대까지 써온 국민학교라는 명칭을 초등학교로 바꾼 것 등을 들 수 있다.

중성적이거나 중립적이더라도 그 쓰임의 동기에 따라서 결과가 달라졌다는 것을 경험한 사람들은 기억할 것이다. 사례를 들어보자. 도시과밀지역에 자리하고 있는 개발제한지역을 해제하는 경우 어김없이 토지의 이용도는 높아지고 경제학적 언어로서 효율성이 높아진다. 거주 공간이 더 확대되고 말하자면 주거용 토지의 공급이 늘게 된다. 그런데 개발제한지역이 시민의 공원으로, 휴식공간으로서 이용되고 있는 경우의 공공복리는 어떠한가? 문제는 개발제한이 해제됨으로써 얻게되는 경제적 이득이 쉽게 계산될 수 있는 것임에 비하여 주민의 건강권, 휴식권, 일조권의 확보로 인해서 얻게 되는 경제적 이득은 쉽게 계산될 수 없다는 것이다. 그러나 계산 불가능한 것은 아니다. 즉, 주민들이 인구과밀로 인해서 겪게 되는 환경상의 문제로 야기되는 모든 어려움은 이윽고 주민들의 의료비 부담으로 나타날 것이고 경우에 따라서는 과다한 자극으로 인하여 생기는 과민성 때문에 불필요한 돌발적 사고, 교통사고, 없어도 좋을 마찰, 전혀 근거 없는 갈등이 가져오는 생업의 불이익 같은 것이 비용으로 예상될 수 있을 것이다. 즉, 이 경우에 문제의 표면에는 경제분석이 있는 것 같지만 자세히 살펴보면 문제의 내부에는 누가 주도적으로 어떤 경제분석을 하느냐라는 권력의 문제가 숨어있다고 볼 수 있다. 운동부족으로 생긴 만성 성인병으로 막대한 치료비를 부담하고 있는 주민 측에서는 녹지대의 경제분석을 달리할 것이기 때문이다. 땅값이 오르기를 기대하고 있는 녹지대 주변의 토지 소유자 또는 개발제한지역의 토지소유자는 물론 다른 계산을 할 것이다. 어떤 계산이 최종적으로 정책 결정의 데스크에서 채택되느냐는 권력의 문제이지 법의 경제분석의 문제가 아니다.

이와 같은 의문에도 불구하고 포즈너의 법의 경제 분석에 대한 논의를 진행하는 까닭은 무엇일까? 우선 이미 예를 들어 본바와 마찬가지로 제도나 법의 경제분석 자체는 전통적인 방식과 마찬가지로 중성적인 것이다. 경제분석 이전에 주로 쓰여왔던 전통적인 언어도 자세히 따져보면 개념자체는 중성적이나 주로 누가 어떤 때 그 언어를 구사해서 무엇을 얻으려하느냐에 따라 지배적 이익에 봉사하기도 하고 그렇지 않기도 했다. 국가의 이데올로기나 사회 이데올로기는 그 자체가 해당국가나 해당사회에 있어서 어떤 타당성의 범위를 가지고 있다. 예를 들어 경제 개발이라는 언어가 어떤 국가나 사회에서 모든 가치에 우선하는 순위를 가질 때 그리고 합리성을 넘어서서 어떤 종류의 열정에 호소할 때 이 때의 경제 개발이라는 언어는 중성적인 경제학적인 용어라 하기보다는 국가 이데올로기 또는 사회 이데올로기가 된다. 이런 전통적인 언어도 실제로 분석적 방법에 의해서 그 실체와 목적 또는 명목적 가치 여부를 가려낼 수는 있다.[21] 그러나 쉽지는 않다.

경제학적 언어는 전통적 언어보다 어떤 점에서는 상징 조작이 쉽지는 않다. 그러나 가장 기초적인 통계 수치조차도 가장 중성적인 통계처리의 방법에 의해서도 결과의 조작은 얼마든지 가능하다. 즉 모집단(母集團)의 샘플링을 어떻게 하느냐의 문제는 항상 있을 수 있고 통계수치의 해석을 어떻게 하느냐의 문제도 늘 따른다. 통계 역시 엄격히 말하면

---

21) 법학에 있어서 전통적 개념적 언어(conventional and conceptual language)와 더 분석적 또는 사회과학적 언어 (more analytic or social science language)의 문제에 대해서는 1995년 뉴욕 법과대학원의 The Program for the Study of Law, Philosophy & Social Theory; Fall 1995 (organizer, Professor Ronald Dworkin)에서 논의된 바 있다. 전통적 개념적 언어의 대표자는 Ronald Dworkin이었으며 사회심리학적 언어의 대표자는 Cass Sunstein이었나. 물론 이 프로그램에는 Posner는 참가하지 않았으나 포즈너는 경제학자가 아닌 법학자로서 전통적이고 개념적인 법학언어에 경제학적 언어를 추가한 거의 최초의 법학자로 생각된다. Dworkin과 Posner의 입장의 문제에 대해서는 전체적으로는 이야기하기 힘들다. 단지 The Ethical and Political Basis of Wealth Maximization에 대해서는 보라. Dworkin's Critique of Wealth Maximization 107, Richard A. Posner, *The Economics of Justice,* Harvard University Press Cambridge, Massachusetts and London, England 1993

누가 무엇을 위해서 통계 수치를 만들었느냐의 문제와 함께 여러 가지 다른 통계가 있을 때 누구의 통계가 우세하도록 만드느냐의 문제가 따르지 않을 수 없다. 또한 사람들은 자기 마음에 들지 않는 통계는 신뢰하지 않으려 하기 때문이다. 권력의 문제와 선입견의 문제는 결국 통계학에도 따라다닌다고 보인다.

법과 제도의 경제분석을 한국에서 법학자로서 논하는 마당에서 또한 몹시 주의해야될 점이 있다. 즉 1980년도 후반부터 그리고 더욱 빈도 높게 1992년 이후부터 한국에서 유행처럼 쓰이게 된 시장경제라는 용어에 대해서이다. 한국에서는 비 시장경제(non-market economy) 영역과 시장경제(market economy) 영역을 때로는 혼동하는 경우가 많았다[22]. 전통적으로 한국의 법학 특히 공법학의 영역에서는 시장경제라는 경제학에서는 가장 미리 쓰는 선재 개념(preexisting conception)도 법 개념의 당연한 전제로서는 받아들이지 않았다. 왜냐하면 헌법학의 영역에서 기본권 제한사유로서의 국가안전보장, 질서유지, 공공복리의 구체적 적용의 논의가 많은 부분을 차지하였고 또한 공익법(Public Interest Law)의 영역에서 특히 계약자유나 사적인 자치 원리가 가져오는 자유와 형평의 침해에 관심을 기울였기 때문에 상대적으로 시장 경제 자체의 메카니즘에 대해서는 오히려 무관심했다고 할 수 있다. 대체로 말해서 1980년 후반에 이르러 1917년 이후 세계의 법 제도를 크게 양분하였던 사회주의 법체계가 와해되기 시작하였을 때까지도, 어떻게 얘기하면 한국이 주된 영향을 받았던 대륙법계의 공법학의 기본골조는 어떤 측면에 있어서는 통제와 계획의 국가목표를 상당한 정도 반영하고 있어서, 규제법의 영역에 있어서는 극히 조심스럽게 얘기한다면 시장 경제의 현황

---

22) 시민 또는 소비자의 입장에서 볼 때 시장경제에서의 행동과 비 시장경제에서의 행동은 구별된다. 한국의 경우 교육을 받을 권리와 학습권을 둘러싼 학부모들의 행위양식은 "비 시장영역"에서의 행동의 예이다.

에 대해서 오히려 무신경한 측면이 있었다.[23]

이른바 자유화와 민주화 전후에 걸쳐서 정치적 영역을 제외하면 시장 경제와 시장의 역할에 대해서 관심이 높아졌다. 많은 경우에 종전의 통제와 계획이 물러간 공백부분을 시장이 대신해줄 것으로 정부나 시민들

---

23) 예를 들면 규제법의 기본이 되는 행정법의 총론부분에서 한국의 강단 법학이 전형적으로 설명의 예를 드는 사례를 보자. 행정행위로서 가장 빈도수가 높은 허가의 경우 전통적인 한국의 공익법 관계를 다루는 행정법학 교과서에서 자주 나타나는 예는 공중목욕장업, 주유소업과 거리제한에 관한 판례(김도창, 행정법론 상, p.303, 1983년)공중목욕탕 영업허가(홍정선, 행정법원론 상, p.318), 사회경제사정의 변화에 따른 적절한 사례는 나타나지 않는다. 심지어 거의 사문화된 고물상영업법 등을 허가의 예로 들고 있다. 또한 전당포 영업허가 또는 총포류 제조허가를 예로 들고 있다. (김동희, 행정법1, p.247) 산업 금융자본주의에서 본격적인 문제가 되는 금융업의 허가라든지 경제규제의 가장 중요한 핵심 문제로 등장하는 영업허가 같은 것들은 거의 언급하지도 않는다. 한국행정법의 기본 틀이 아직도 1919년 이후 1925년 전후에 대륙에서 영향을 끼쳤던 순수법학의 방식에 의하고 있다는 대표적인 예이다.

이러한 강단 법학의 외부 환경은 어떠했는가? 1960년대 부터 시작된 경제 개발계획은 정부가 모든 기획 업무를 담당하는 형태로 진행되었다. 정부는 필요한 산업이 무엇인가 결정하고 이를 담당할 기업을 선정하고, 필요한 자금의 조달방법까지도 고안을 해서 당해 기업에 배정을 하였다. 오수근. "기업 구조조정과 법치주의", 「금융행정과 법치주의」 주제 발표. 한국 공법학회·전국 경제인 연합회 공동 학술 대회『경제행정과 법치주의』. 2000년 12월 19일. 다시 말하자면, 시장 경제나 이에 대한 사법적(司法的) 해결이 아니라 정부 정책이 기업의 투자와 자금 조달까지도 담당하였다는 것이다. 이런 경제 형태를 도저히 '창의와 시장 원칙을 기본으로 하는' 헌법상의 시장경제라고 할 수 없을 것이다. 고도의 계획경제가 주된 산업의 구조를 결정하고, 부분적으로 중요하지 않은 산업부문이나 유통 구조에서 원래적 의미의 시장경제가 통용되있다고 할 수 있다. 이런 경제환경에서 환영받는 규제법은 어떤 것이었을까? 한국에 있어서의 강단 법학 중 규제법에 대한 부분은 그것의 원형이 유래한 1925년 전후의 원산지를 상기하게 한다. 즉, 1919년 내지 1925년의 오스트리아와 도이칠란드의 역사적 단계는 이제 막 오스트리아-헝가리아 제국과 프로이센 제국의 제한적 군주제에서 벗어나고 있는 중이었다. 한국에 있어서의 그 영향은 전혀 사회 경제사정에 관계없이 여전히 정부 정책이 모든 것을 결정하는 행정 주도의 국가에서 요구되는 관료법학에 봉사한 결과를 낳았다고 할 수 있다.

이 기대하였다.24) 시장의 역할과 시장 경제의 메카니즘이 크게 강조되
었는데 이 또한 그 시절의 국가 이데올로기 내지 사회 이데올로기의 명
목적 측면과 결합한 감이 없지 않았다. 특히 시장의 역할과 그 시장의
역할을 전제로 하는 자본주의 경제학의 원리를 신봉한 나머지 시장과
시장의 경제학이 타당하는 보편성의 범위에 대해서 지나친 점이 있었
다. 반성하건대 한국의 자유화 내지 민주화는 그 피상적인 측면에 있어
서의 정치문화를 제외하고 사회의 문제 즉 기본이 되는 사회의 자유화

---

24) 「시장의 문제」에 대해서 한국에 있어서는 다음과 같이 그간의 사정을 요약
할 수 있다. 첫째, 「시장의 원칙」이 필요한 영역, 즉 기업의 합리화에 대한
문제에 대해서는 정부는 「정부 정책」으로 경제 개발, 산업 합리화의 기치
아래 시장을 대치하였다. 예, 1969년~1980년 후반까지의 부실 대기업 및
주요 산업에 대한 구조조정 방식. 권위주의 정부시대의 산업 합리화 조치
(부실기업 퇴출 조치)는 시장원칙 또는 제정법 상 근거 없이 행해 졌다는
것이다. 경제 관료가 퇴출 여부를 정하였고 은행을 통한 금융지원 역시 투
명한 기준과 절차에 의한 것이 아니었다. 그 결과 산업 합리화 조치는 한
번도 입법적·사법적 통제의 대상이 된 적이 없었다. 이상의 요약은 전적
으로 다음의 획기적인 발표문 및 논문에서 인용한 것이다. 오수근 "기업
구조조정과 법치주의", 「금융행정과 법치주의」 주제 발표. 한국 공법학회·
전국 경제인 연합회 공동 학술 대회 『경제행정과 법치주의』. 2000년 12월
19일.
　1997년 외환위기 이후 진행된 기업개선작업(워크아웃)도 "산업 합리화
조치의 연장이다" 오수근. 위의 발표문.
　채권·채무관계의 조정이라는 지극히 법적인 절차가 사법적으로 다툴
기회를 갖지 못한 채 행정부의 영향 아래 이루어진 것이다. 1991년 후반부
터 워크아웃이 가진 이런 문제 중 일부를 해결하기 위해서 이른바 Prepack
의 입법을 추진하였다. prepack이란 미국 파산법의 Prepackaged Plan을
가리키는 말이다. "**1년 반 가까이 진행된 입법시도에서 재경부는 법의
일반 원칙조차 인정하려 하지 않았다.** 예를 들면 합의는 당사자간에만
유효하다는 것이나 소급효(遡及效)는 원칙적으로 인정되지 않는다는 것을
무시하고 입법을 하려고 하였다." 오수근. 위의 발표문.
　외환위기 이후 기업구조조정 과정에서 벌어진 일이 이른바 빅딜이다. 기
업간 대규모 인수 합병을 내용으로 하지만 그러한 거래가 당사 회사간의
흥정을 통해서 이루어진 것이 아니고 정부와 정치인의 영향력에 의하여 결
정되었다는 것이다. 오수근, 위의 발표문.

내지 민주화에 대해서는 시장화를 의미하는 것으로서 잘못 관념 했던 측면이 있었다. 예를 든다면 사회민주화 중에 우리 사회에 있어서 어떤 핵심이 될 만한 분야로서 교육기관 및 교육의 문제에 있어서 1990년 대 이후 오로지 시장화를 의미하는 것으로 정책수립가나 대중 계몽가나 상당한 숫자의 지식인들도 착각하였다. 시장화라는 마법적인 언어에 현혹되어 근대 이후 또는 현대 입헌주의의 당연한 개념요소인 법치주의를 망각하였다.25)

　법치주의를 망각하였다는 사실 이외에 순수한 사회학적, 경제학적 인식에 있어서도 큰 착각이 있었다. 착각의 시초는 경제학의 전제로서 시장의 존재 - 그 시장도 자유로운 시장 즉 왜곡되지 않는 시장을 상정하는데 한국에 있어서의 경제학도나 경제분석의 유행아들은 한국의 시장구조를 북아메리카나 혹은 서양의 이상적인 시장구조와 혼동하였다. 더 논의를 확대한다면 어떤 한국의 기린아였던 개혁주도 인사들은 한국의 사회구조를 그들이 청년의 이상적인 시기에 수학하였던 선진제국의 사회구조와 혼동하였다.26) 구체적인 예를 든다면 한국의 사회구조 중 특

---

25) 시장 경제와 법치주의의 관계에 대해서는, 한국공법학회·전국경제인연합회 공동 학술대회, 『경제 행정과 법치주의』 2000. 12. 19 제2주제: 「금융행정과 법치주의」의 주제발표자 오수근(이화여대 법학과) 교수는 흔히 오로지 국가경제 정책의 일환이라고 생각되는 기업 구조 조정의 본질이 법치주의의 문제라고 파악하고 법치주의의 관점에서 볼 때 구조 조정의 문제는 시장 법치주의 실현의 관건이 된다고 하였다. 특이한 것은 사법학자인 오수근 교수는 금융 규제 행정의 분야를 조사하던 중 한국에 있어서의 법치주의는 그 동안의 경찰서 법치주의 뿐 아니라 시장 법치주의를 실현하여야 된다고 주장하였다. 교육문제는 국가적 치원에서는 공교육의 문제로서는 말할 필요도 없이 비 시장영역의 문제이다. 따라서 교육현안에 있어서의 법치주의의 문제는 기업 구조조정이나 금융 구조조정과 같은 경제적 문제에서보다도 더욱 직접적인 본질문제라고 볼 수 있다. 경제정책이라는 외관 때문에 법치주의를 망각해서는 안 되는 것은, 교육정책이라는 현안 때문에 법치주의를 망각해서는 안 되는 것과 마찬가지이다. 이때의 법치주의는 법의 일반 원칙과 사법부에 의한 최종적 해결이라는 지극히 평범한 근대 입헌주의의 내용이다.

별히 시장구조는 어떤 품목에 있어서도 이상적인 경쟁상태에 있지 않았다. 즉, 오랜 권위주의적 통치를 거친 1980년대 후반과 1990년대 초반의 한국 경제의 구조는 그 사회구조와 마찬가지로 독점구조와 과점구조가 두드러지는 특징을 가지고 있었다. 선재하는 사회구조와 시장구조의 정직한 인식과 현황파악을 뛰어넘어서 자유와 민주화의 정치적 열풍을 타고 사회 부면의 기초적·공공 관련적 부분27)을 오로지 시장경제에 맡기고자 의도하는 정책적 시도는 설혹 그 의도가 진지하다할지라도 파괴적인 효과를 가져오는 예가 외국에서 발견되었다.28)

---

26) 교육개혁의 영역에서 이런 혼동은 이미 권위주의 정부의 후기부터 나타나기 시작했다. 이른바 교육의 소비자 개념이 6공화국 후기부터 나타났고 7공화국 때부터 본격화되기 시작한 교육개혁은 그 전제가 되는 밑그림으로서 시장경제의 상황이 전혀 다른 선진국을 상정하고 있었다. 8공화국의 교육개혁까지 이어진 일련의 조치의 사고방식 역시 우선 국민소득이 엄청나게 차이가 나고 시장경제의 연혁이 수 백년에 이르는 최선진국의 제도를 직수입함으로써 우선 가시적인 개혁효과를 과시하려고 하였다.

27) 공공적 시설을 사영화 하자는 이 시절의 극단적인 주장의 예는 국립 교도소가 비효율적이니까 민간 시설에 맡기자는 데서 극단의 예를 찾아볼 수 있다.

28) 엄격한 의미에서는 대비될 수 없는 너무나 상이한 역사적 괘적을 가지고 있는 사회도 어떤 단면에 있어서는 대비(contrast) 또는 유사성(similarity)을 찾아볼 수 있다. 물론 본질론(essentialism)적인 사고로서는 이런 대비는 불가능한 것이다.

　　권위주의 사회가 이른바 자유화와 민주화를 거치면서 나타내는 다음 단계의 시장화 또는 민영화의 여러 가지 양상 중에서, 극단적인 예로는 1917년 이후 대표적인 사회주의 법 제도였던 소비에트 러시아의 예를 들 수 있다. 구 소비에트 연방이 해체되면서 이전에 표방하였고 의거하였던 사회주의적 가치의 법 제도도 와해되기 시작했다. 일단 정치적 측면을 제외하고 논하기로 하자. 경제적 측면에 있어서 급격한 해체와 인위적인 형성기에서 러시아 국민의 고통은 시작되었다. 물론 해체의 초기 프로그램이었던 고르바초프 방식(스칸디나비아식의 사회민주주의)이 급진주의자였던 옐친 방식에 패배하고 나서의 경위이다. 러시아 경제의 해체 및 형성에 있어서 가장 급격한 충격 요법으로서 "급격한 시장 경제"는 약 70년 이상 지속된 러시아 사회의 인프라 스트럭쳐를 거의 붕괴시킬 만한 경과를 가져왔다. 한 사회가 그 사회의 역사적 전개의 단계를 무시하고 충격요법에만 의거

따라서 법의 경제분석의 올바른 태도는 법의 사회분석과 마찬가지로 우선 법 제도의 장(場)이 되는 시장 또는 사회의 구조를 있는 그대로 파악하는 태도이다. 정직하게 시장의 구조와 사회의 구조를 현황 그대로 과학적 방식 또는 경제학적 방식에 의해서 파악하는 태도가 미래의 시장 경제의 활성화를 위해서 필요할 것이다. 존재하는 시장의 불균형과 사회의 왜곡된 구조를 도외시하고 이상적인 시장과 정상적인 사회구조에서 가능한 단기간의 급진적인 개혁을 추진하는 것은 과학적인 태도라기 보다는 통치 이데올로기가 대중 선전기구를 통해서 사회 이데올로기화하고 국가 이데올로기까지 높여지는 폐쇄적인 사회 또는 권위주의적 사회의 특징을 나타낸다고 할 수 있다.

포즈너의 법의 경제분석의 참된 사용은 이와 같이 왜곡된 시장구조나 비합리적인 사회구조를 우선 있는 그대로 밝혀서 법 과학의 대상으로 삼는 데 있다고 할 것이다.

이 글의 의도는 법학과 경제학의 양 분야에 걸치는 법의 경제분석의 중요 학자인 포즈너의 세계를 한국의 법학도에게 소개하는 것이다. 법학과 경제학이 관계되나 포즈너는 법학자이며 이런 점에서 경제학자로서 법의 경제분석의 문제에 종사하는 다른 학자들과는 구별된다. 포즈너를 택한 이유는 다른 법의 경제분석학자와는 달리 계량적, 실증적 연구에 그치지 않고 법 제도의 인류학적 역사적 고찰을 기반으로 삼고 있기 때문이다. 또한 그의 문화연구는 경제학자들이 무시하기 쉬운 제도

할 때, 이떤 결과를 가져오는가의 생생한 교훈이라고 할 수 있다.

1990년대 후반까지 진행된 러시아 사회에의 급격하고도 전면적인 시장 경제 제도의 도입과 사영화(私營化)는 어떤 효과를 가져왔는가? 여기에 대한 러시아 내부 지식인의 참담한 비판에 대해서는 참조; Aleksei Kiva, "Whence Spring the Roots of Bolshevism in Russian? – Even the 'Conscience of the Nation' May Lose Its Conscience" Russian Politics & Law 1995 / Vol.33, No.1 M. E. Sharpe Inc. NY 물론 러시아 외부의 다른 프레임 워크를 가진 지식인은 다른 관찰을 할 수도 있다.

의 문화적 배경까지 고려하고 있기 때문이다. 따라서 그의 법학의 세계
는 이례적으로 광범위하고 종합적이며, 시기적으로는 1970년대에서 2002
년 현재까지 현역으로 활약하고 있기 때문이다.

1970년대에, 한국식으로 파악하면 경제법 내지 공정거래법을 법의 경
제 분석에 의해서 재구성했던 획기적인 학자가 1980년대와 1990년대를
경과하면서 이윽고 법학 전반과 헌법학의 문제를 다룰 수 있었던 이유는
무엇일까? 무엇보다도 포즈너의 법학 방법론을 주목하여야 한다. 왜냐하
면 현대 경제학의 방법은 현대과학의 총아로서 심리학과 함께 사회과학
중에서 가장 발달된 것 중의 하나로서 여겨지고 있기 때문이다. 한국의
법학자가 가장 덜 익숙한 방법은 이른바 과학적 귀납적 방법이며 대표적
으로는 경제학적 방법이기 때문이다. 어떤 내용을 담든 한국의 지금까지
의 인습적인 법학은 그 방식의 폐쇄성 때문에[29] 새로운 통찰을 내부에
서나 외부에서도 얻어내지 못했다. 오로지 연역법에 의한 문헌 연구 방
식은 의의론(Definition) 또는 본질론적 성질론(Essentialism) 같은 데 집
착하게 만들고 늘 변함없는 의미의 단순 재생산을 거듭해왔다. 인간의
자연스러운 사유 방식은 귀납과 연역을 양 방향에서 진행시키는 것이 현
대의 모든 학문적 훈련과 일치한다.[30]

---

29) 한국 법학의 방법론으로서 지금까지 논의된 것 중 참고, 한국 법철학회 월
   례회, 『행정법학과 법철학』 주제 발표, 박정훈 "순수 법학과 공법학" 2000
   년 가을, 장소 대우재단 세미나실. 발표자는 1925년 전후의 오스트리아의
   Kelsen과 Merkl의 순수법학이 여전히 한국에서는 방법론으로 유효하고 타
   당하다고 주장하였다. 논증은 설득적이고 성숙하였다. 그러나 여기에 대한
   반대 방향의 의견으로서는 한국 공법학회 제90회 학술발표회: 『공법학 방
   법론의 근본문제』에서 발표된 이계수 "규범과 행위: 국가 법인설의 극복과
   행위중심적 행정법 이론의 구축을 위한 시론"이 있다. 이 논문은 지금까지
   의 한국 공법학의 인습적 방법론을 이해 사회학적으로 성찰한 논문으로서
   한국 공법학회 50년 역사에서 소장학자가 쓴 가장 새로운 접근이라고 할
   만 하다. 참고, 같은 사람, 같은 논문, 공법연구 제29집 제1호 2000. 11.
   사단법인 한국 공법학회.
30) 포즈너의 법학방법론 중 특히 헌법학 방법론에 대해서는, Posner, "Top

이 글의 부가적인 의도는 한국의 문외한이나 정책 수립가나 또는 법학 관계자 모두가 실족하기 쉬운 문제를 밝히는 것이다. 법의 경제분석은 근대 시민 사회의 산물인 입헌주의와 법치주의를 부정하는 것이 아니다. 이 가장 당연한 명제의 예가 Posner의 모든 업적을 통해서 나타나고 있다. 어쩌면 현대의 경제학 또는 경영학조차도 그 동안 그 전반적이며 포괄적인 모습이 한국의 대중들에게는 잘못 알려졌을지도 모르겠다는 생각이 있다. 즉, 경영도 기법이요, 경제도 기법이며, 경영학이나 경제학은 오로지 목적을 위한 수단일 뿐이다라는 생각이다. 도구적 성질을 지나치게 강조했기 때문에 근대 이후에 전개된 현대 경제학의 주된 흐름을 외면하고 따라서 애초부터 경제학의 핵심 부분을 차지하는 경제와 규범, 경제와 윤리의 관계를 지금까지 한국의 학계에서는 무시해왔다.[31] 법의 경제 분석도 한국에서는 같은 성향을 띠게 되기 쉬웠다고 할 수 있다. 포즈너가 70년대부터 전개한 방대한 논의는 상당한 계량적 부분, 수학적 모델로 차 있는 경제법의 영역으로부터 점차로 보다 더 큰 문제로 전개되어 왔었다. 즉 80년대에는 법학 방법론과 기초법의 문제를 논하고 드디어는 90년대에는 본격적으로 헌법문제로 뛰어들었다.

경제 성장에 관한 한국에 있어서의 일반의 통념은 지금까지 성장 정책에 관한 한국 정부의 주된 태도에 의해서 영향 받아왔다. 주로 경제성

---

down Theory and Bottom up Theory", *Overcoming Law*, Harvard University Press 1992.

31) 근대경제학자인 아담 스미스는 1764년 이후의 글라스고우 대학에서 도덕철학의 강좌를 시작했다. 국부론(Wcalth of Nation)에 니타난 많은 생각들은 이들 강의에 포함이 되어 있었고 법과 정부의 이론과 역사는 중요한 부분이었다. 학생들의 강의노트에 의해서 전해되는 문헌으로서는 1896년 옥스퍼드에서 출판된 사법과 경찰 세출, 그리고 무기에 관한 스미스의 강좌에서 나타난다. 그러나 출판된 그의 강좌명칭은 Lectures on Jurisprudence, Oxford, 1896으로 한국어로 번역하면 아담 스미스는 법학강의를 한 것이 된다. 참조 김철, 『러시아 소비에트 법 - 비교법 문화적 연구』, 부록 장별 해제(章別 解題) 제 6장 p.517 민음사, 1989

장과 기본제도 특히 헌법적 제도와의 관계에 있어서 아직도 어떤 한국인
들은 무의식적으로 지난날의 경제성장이 입헌주의와 법치주의를 희생했
기 때문에 가능하다고 잘못 오해하고 있다. 이 문제를 포즈너는 헌법 제
도에 대한 경제분석의 고유한 영역 중 하나로 다루고 있다.[32] 경제학자
가 기본권에 대해서 관심을 갖거나 논의를 하는 것은 이례적인 것이다.
또한 다른 분과법의 전문학자가 헌법적 논의에 가담이라도 하는 것은 이
례적인 것이다. 포즈너는 물론 엄격한 의미에서 경제학자가 아니라 법학
자이다. 그러나 그가 당대의 경제학자들만큼 경제이론과 경제학의 용어
로 무장된 사람[33]인 것을 상기한다면 그가 어떤 법학 내지 헌법이론을
발전시키느냐는 동시대인으로서 중요한 문제라 아니할 수 없다.

Ⅳ. 포즈너의 연구 경력 개관(槪觀)

리처드 포즈너는 70년대에 독점금지법(Anti-Trust Law)분야로[34] 시

---

32) "이제 경제학이 헌법을 연구하는데 어떻게 쓰여지는가를 생각할 때 헌법의
경제학적 연구 방법은 8개의 특정한 토픽을 형성한다."고 하였다. 그리고
그 8개의 토픽 중 하나를 헌법과 경제 성장과의 관계라고 하였다. Richard
A. Posner, "The Constitution as an Economic Document", p.456 No.1
The George Washington Law Review, November 1987

33) 포즈너는 로스쿨에서 훈련받고 관례대로 로클락을 지냈으며 시카고대학에
서 "법과 경제운동"에 가담하였다. 공식적으로 포즈너가 따로 경제학의 학
위과정에 등록하였다는 언급도 없고 또한 1990년대나 2000년대 동부의 저
명 법과대학원에서 법과 경제분석에 참가한 사람들처럼 경제학의 학위를
가지고 있지 않다. 이 독창적인 사람이 언제 노벨경제학상을 받은 사람과
동등하게 대화하고 작업할 수 있는 경제학적 배경을 훈련받았는가는 인간
의 교육에 대한 제도적 의존을 뛰어넘는 듯한 인상을 가진다. 법과 경제운
동에 대해서는 참조, Edmund W. Kitch, Editor "The Fire of Truth: A
Remembrance of Law and Economics at Chicago, 1932-1970", *The
Journal of Law and Economics*, vol.26 (April 1983)

작해서, 법의 경제 분석(Economic Analysis of Law)의 표준적인 법학자
로 나타났다.[35] 1981년, 교과서를 제외한 그의 처녀 全作 "正義의 경제
학"(Economics of Justice)에서 법학 전반에 걸친 이론가(Legal Theorist)
의 모습이 나타났다;[36] 그는 경제학의 목적을 "효율성(Efficiency)" 또는
"효율의 극대화(Wealth-Maximization)"라고 하고, 그의 법 이론의 초점
을 "正義의 效率의 극대화"에서 구했다.[37] 그의 경제적 접근의 법 이론
은, 전반적인 일반 법 이론으로 형성되어 가는 중 심한 비판을 법학자와
경제학자 양면으로부터 받았다.[38] 그의 법 이론은 83년까지는 제한된 범

---

34) Richard A. Posner, The Social Cost of Monopoly and Regulation, the
    Journal of Political Economy 83, No4(August 1975):807-27 The
    University of Chicago Press 또한 참조. George J. Stigler ed. The
    Theory of Regulation Series in Political Economy of Chicago
    University, University of Chicago Press Posner, *Antitrust Law: An
    Economic Perspective.* Chicago and London; Univ. Chicago Press, 1976
    The Behavior of Administrative Agencies. *J. Legal Stud,* 1. 305-47

35) Richard A. Posner, *Economic Analysys of Law,* A Case Book Series,
    Little, Brown and Company 1977, 1986, An Economics Approach to
    Legal Procedure and Judicial Admimistration. *J. Legal Stud,* 2, 399-
    458. 1973. The Uses and Abuses of Economics in Law. Univ. *Chicago.
    L. Rev.,* 46, 281-315, 1979. The Value of Wealth; A Comment on
    Dworkin and Kronman. *J. Legal Stud.,* 9, 243-52. 1980. The Present
    Situation in Legal Scholarship. *Yale L. J.,* 90, 1113-30, 1981.

36) Richard A. Posner, *The Economics of Justice,* Harvard University Press.
    1981, 1983. 또한, The Present Situation in Legal Scholarship. *Yale L. J,*
    90, 1113-30

37) Ibid, Preface, 1983 v

38) 참조, Richard A. Posner, "Utilitarianism, Economics, and Social Theory",
    The Economics of Justice, 1983. 또한 Sanford Levinson, "Some Refle-
    ctions on the Posnerian Constitution", Vol.56. No.1. *The George
    Washington Law Review.* 1987. 또한 Robert C. Ellickson, "Bringing
    Culture And Human Frailty To Rational Actors: A Critique Of Classical
    Law And Economics", *65 Chi-Kent L. Rev.* 23(1989) 또한 Malloy,
    "Invisible Hand or Sleight of Hand? Adam Smith, Richard Posner and
    the Philosophy of Law and Economics", 36 *Kan. L. Rev.* 209 (1988).

위의 기본법 논의에까지 이르렀다.[39]

1983년의 "정의의 경제학"에서, 그는 경제이론(Economic Theory)이 원시사회(Primitive Society) 또는 고대사회(Ancient Society)를 설명할 수 있는가를 시험한다.[40] 고대사회와 원시사회의 연구는 이미 비교법론자에 의해서, 인류의 규범(Norm)과 제도(Institution)의 원형(原型; Archtype; Urform)을 찾는 유효한 방법으로 쓰여져 왔다. 예를 들면 이미 고전이 된, 섬너(Sumner)의 고대법(The Ancient Law)이다. 포즈너가 그의 초기의 영역이었던 「독점금지법」이나 「법의 경제 분석」에서 보여준 계량 경제학적 모델, 수량화된 경제분석 방식에서 벗어난 것은 그의 古代 社會의 경제적 분석으로 보인다. 그는 그리스 고전의 문헌 연구를 통해, 고대 국가의 제도, 규범, 역할을 분석하였다.

「호메로스의 최소 국가(The Homeric Version of Mininal State)」[41]에서, 오딧세우스에서 나타난 고대의 사회 제도(Social institution), 사회 규범(Sociol norm)을 문헌학의 방법으로 추적하였다. 그는 70년대부터 이미 법 인류학자(Legal Anthropologist)들에게 알려지기 시작했던 「급격하게 다른 법문화」−즉, 세계사의 主流에 속하는 문명과 나라들을 제외한, 미개지(未開地)와 제3세계에 속하는 가장 후진적인 세계의 법문

이에 대한 답변으로는 같은 사람, "The Ethics Of Wealth Maximization: Reply To Malloy", Vol.36, *Kan. L. Rev.* (1988) p.261

39) Posner, Economics, Politics, and the Reading of Statutes and the Constitution. *Univ. Chicago L. Rev.*, 49, 263−91. 1982. 같은 사람, 같은 책, p.231−347 "Privacy와 관련된 이익들" 또한 p.351−407 "대법원과 차별 정책" 또한 Posner, The Federal Courts: Crsis and Reform, Cambridge: Harv. Univ. Press., 1985, The Meaning of Judical Self−Restraint. *Indiana. L. Rev.*, 59, 1−24.

40) 같은 사람, 같은 책, 『정의의 기원』, p.119부터, 특히 『원시사회의 이론』 p.146부터, 또한 『원시 법의 경제이론』 p.174부터, 또한 『보상과 관계되는 처벌의 개념』, p.207−230

41) 같은 사람, 같은 책, 『호메로스의 최소 국가』, pp.119−145.

화42)-에 대한 인류학적 연구와 병행하는 접근을 행했다.43) 經濟 人類
學的 硏究로써, 예를 들면 미개인(未開人)에게, 선물의 교환이 차츰
교역(交易)이 되는 조건 같은 것이다. 이런 성과에서 그는 법 이론과
경제 이론의 통시적(通時的) 타당성을 검증한 것이 된다.

  그의 법 이론의 형성 과정은 세분화된 분과 법(分科法)의 연구에서
차츰 상위의 이론으로 진행한 것이 된다. 매우 기술적(技術的)이고, 계
량 모델을 쓰는 독점 금지법의 영역에서, 법학 전부에 대한 연구 방법론
으로; 경제 인류학과 문화인류학적 방법을 통해 법과 국가의 상위 이론
으로 서서히 진행한 것으로 볼 수 있다.44) 그의 이론 형성 과정은 법학
전체를 피라미드로 가정할 때(▲), 그리고 분과 법(分科法)을 저변(底邊)
에, 법의 이론(Legal Theory)과 헌법 이론(Constitutional Theory)을 상위
(上位)에 두는 가정을 전제할 때, 저변에서 상위로(From Bottom To
Top)진행한, 보기 드문 예가 된다.45)

---

42) 예를 들면, John H. Barton, James Lowell Gibbs, Jr. Victor Hao Li.
   John Henry Merryman; *Law In Radically Different Cultures.* West
   Publishing Co. 1983.

43) 경제 인류학 또는 법 인류학적 접근의 특징은 ⅰ)근대 이후의 법학자와 경
   제학자의 전형적 태도인 근대적(近代的) 합리성(合理性)이라는 가치 개념
   (價値 槪念)을 넘어선다. ⅱ)그 문화안에서의 관찰(觀察)과 이해(理解)라
   는 방식을 택한다. ⅲ)제도(制度), 규범(規範), 관습(慣習)을 理解 社會學
   的(Verstehende Soziologie) 방식으로 접근한다. 1890년에 Keynes는 그의
   시대의 다른 사회 과학자들과같이 기계적 행동과 인간 행동의 차이를 강조
   하였다. 경제학이 기초하고 있는 "人間性의 사실(事實)들"은 인간 행동의
   직접적 관찰(直接的 觀察)에서 유래하는 것이 아니고, 사람들이 그들의 경
   제활동에서 영향받는 動機(Motives)의 작용을 내성(內省)함으로써 얻어진
   다는 것이다(Keynes. 1890). Max Weber가 Verstehen이라고 부른 것과 가
   깝다고 하겠다(Shira B. Lewin 1996).

44) 같은 사람, "5 Legal Reasoning from the Top Down and from the Bottom
   Up", Part Two Constitutional Theory, *Overcoming Law,* 1995. Harvard
   Univ. Press.

45) Top-down Theory와 Bottom up Theory에 대해서는 Posner의 같은 제목
   의 논문(이미 인용) 참조. Posner는 동시대의 Top-down Theory 학자로서

그의 또 다른 특징은-이 특징이 그로 하여금 세계적인 각광을 받게
한 이유지만-로날드 코어스(Coase, 1991년 노벨 경제학상), 밀턴 프리드
만(Milton Friedman, 노벨 경제학상 수상), 죠지 스티글러(Stigler, 1983년

대표적인 사람을 Dworkin을 들고 있다. 한국의 학도로서는 보다 더 유형
화된 Top-down 방식의 법학자로서는 근세 이후 대륙법학을 풍미한 많은
대륙의 법학자를 들 수 있을 것이다. 가장 극단적인 예로서는 헤겔의 법철
학의 영향을 받은 사람들, 그리고 칸트의 법철학의 영향을 받은 사람들을
들 수 있을 것이다. 대체로 말해서 근세 이후의 대륙의 합리론이라고 불리
우는 철학의 영향하에 있었던 즉, 쉽게 말해서 관념론적 철학 또는 철학적
방법론의 영향을 받은 거의 모든 법학자를 들 수 있다. 현대의 영미세계에
국한된 분석으로서는 물론 Posner가 세분한 대로 Dworkin도 Top-down
Theory에 속한다고 할 수 있다. 그러나 세계의 법계를 그 역사에 따라 모
두 섭렵할 수밖에 없었던 한국인의 입장에서 볼 때 Dworkin의 법학방법론
은 물론 대륙법계의 관념론적 철학 내지 이른바 순수이성에 의한 선험적
방법론과는 현격한 차이가 있다. 즉 그의 철학적 영향은 시간을 소급해가
면 보다 영국의 경험론적 철학에 더 가까이 있고 이런 점에서 Top-
downer라고 하나 대륙의 법철학자와는 다르다고 볼 수 있다. 그렇다면
Posner가 Dworkin을 Top-downer라고 분류한 까닭은 무엇인가? 우선 한
국인 독자의 입장에서 볼 때 Dworkin은 물론 그가 다루는 주제가 1990년
대 후반에 있어서는 주로 헌법적 소재(Why are we all liberals?,
Television and Democracy) 또는 안락사나 생명공학의 문제를 다루었기는
하나 기본적으로 그는 분과법의 제도, 판례, 실정법규에 관심이 있기보다는
보다 더 큰 법원칙에 관심이 있는 법철학자이기 때문이다. Posner는 그의
다양한 법학방법론 즉 법문헌학, 법고전학 통틀어서 법과 문학과 법의 경
제학적 분석 또는 모든 가능한 현대의 과학적 방법을 동원하는 면에 있어
서는 한국식으로 말하면 기초법학자라고 할 만하고 헌법분석의 어떤 점에
서는 헌법철학자라고 할만하나, 그의 출발은 Dworkin과는 달리 매우 구체
적인 법규, 법 제도, 현존하는 제도의 경제분석과 같이 추상적인 법원칙이
아니라 기술법에 가까울 정도의 실정 제도 분석에서 출발한 법과학자이다.
이런 차이에서 Posner는 현대과학의 모든 기법을 동원했던 자신과 달리
현대 철학의 포괄적 방식에서 벗어나지 않는 Dworkin을 Top-downer라고
불렀던 것 같다. 참조 Posner, "Top-down Theory and Bottom up
Theory", *Overcoming Law,* Harvard University Press, 1992. Posner는 이
논문에서 Dworkin은 헌법제도를 소재로 할 때에도 실정제도, 헌법규정 그
것의 현실적 적용에 관심이 있기보다는 몇 개의 근본적인 법원칙에 관심이
있다고 얘기한다.

노벨 경제학상 수상) 그리고 게리 베커(Gary Becker 1992 년 노벨 경제
학상 수상)를 포함하는 시카고 학파의 거장들의 영향을 받은 데 있다. 그
는 법의 경제 분석에서는 코오스[46], 경제 규제법(Economic Regulation
Law)에서는 죠지 스티글러,[47] 그리고 그의 다른 법과 경제 운동의 학자
들과 서로 영향을 주고받는 보기 드문 예를 남겼다.[48] 포즈너 자신은 역
사를 훨씬 소급해서 제레미 벤담 (Jeremy Bentham)을 비 시장영역(非市
場領域)에 있어서의 최초의 경제학자로, 공리주의(Utilitarianism)의 법학
자에 대한 영향과 함께 중요시하고 있다.[49]

흔히 전문 법학자의 영역은 기술적(技術的)인 법(Technical Law)이
거나 아니거나 이다. 양쪽을 겸하고 있는 포즈너의 연구는 특이한 경우
이다.

포즈너의 법 문화연구(法 文化研究)는 그리스·로마의 고전 문헌에
서, 현대 유럽의 문학에까지 걸치고 있다. *법과 문학-잘못 인식된 관
계*에서 그는 문학의 분석이 文化(Culture)라는 중간 개념을 통해서 법
이론에 혈액을 공급하고 있음을 보여주고 있다.[50] 따라서 그의 법 이론

---

46) 참조. Richard A. Posner. Chapter 20. Ronald Coase and Methodology,
p.406 - 425, in Overcomming Law, 1995. Harvard Univ. Press 코오스의
1991년 노벨경제학상 수상의 두 논문중 하나인 "The Problem of Social
Cost"는 "The Federal Communications Commission"(1959)를 발전시킨
것으로 후자는 정부 규제(政府 規制)의 발전이 주제이다. 제도적인 연구라
고 할 때 이는 경제 제도이자 동시에 법 제도에 대한 연구이다.

47) 참조, Richard A. Posner, "The Social Costs Of Monopoly and Regulation",
또한 참조, George J. Stigler, ed. *Theory of Regulation,* Univ. of
Chicago Political Economics. 또한 Landes and Posner, The Influence Of
Economics on Law: A Quantitative Study. 36 *Jnl. of Law & Economics*
385, 405 (1995)는 Stigler에게 헌정 된 것이다.

48) 참조, Edmund W. Kitch. ed. "The Fire of Truth: A Remembrance of
Law And Economics at Chicago, 1932 - 1970", J. o. *Law And Economics,*
p.163 - 234 1983.

49) Supra.p.173. 또한 Posner, Blackstone and Bentham p.31 - 39. in *Economics
of Justice.*

과 저술은 개념 법의 골격만을 스치는 것과 다르다. 인류의 법문화라는 온전한 구도가 어떤 저술에도 나타나 있다. 그의 입지점(立地点)에 대한 논쟁에도 불구하고 그의 이론 전체는 시간에 따라서 더욱 치밀해지고 폭이 넓어지고 있다.

정의의 경제학에서,51) 보여지는 면모는, 이미 논한대로, 技術的 / 理論的, 實證的 / 一般的인 양면성을 모두 가지고 있다. 흔히 영·미의 법학자의 사유 방식으로 한국에서 이해되는 귀납적(歸納的) — 이것은 곧 사례(事例)에서 법칙(法則)으로 진행하는 방향을 이르는 것이지만 — 일 뿐 아니라 일반 이론의 다른 방향 — 연역적(演繹的) 이론 — 도 받아들이고 있다.52)

---

50) 법과 문학을 왜 논의하는지, 그 의도가 모호할 때가 있다. 본격적인 법 이론의 형성을 위해서, 「제도와 문화」, 「전혀 다른 문화의 제도」의 관계를 이해하기 위해서이다. 따라서 법의 문학적 분석은 법 제도와 사회 제도의 원형(原型)에 접근하기 위한 노력으로 간주된다.

　　참조, 같은 사람, *Law and Literature, A Misunderstood Relation.* 1988. Harvard Univ.
51) 같은 사람, *The Economics of Justice,* 1983. Harvard Univ.
52) Ⅱ. Constitutional Theory p.171 – 258. 특히 p.171 – 197. *in Overcomming Law* 1995.

개혁의 법사회학적, 법경제학적 조망

– 교육개혁을 중심으로 –

Ⅰ. 개혁에 대해서 / 성자(聖者)들의 개혁 / 한국 현대사의 개혁

한국어의 개혁은 세계사의 맥락에서 파악할 때 두 가지 어원이 있다고 보여 진다.[53] 즉 reformation과 reform에서 온 것 같다. 두 단어는 향상이라든가 더 낳은 상태의 복귀라는 가장 일반적인 뜻에서는 서로 구분 없이 쓰일 때도 있다. 그러나 reformation은 특별히 도덕이나 종교적인 교의나 실천의 중요한 변화나 향상에 영향을 미치는 운동을 지칭한다.

가장 뚜렷한 예는 종교개혁에서 들 수 있다. 종교개혁은 1555년 Augsbug의 종교화해에서처럼, 프로테스탄트에의 독일제국내에서 결과했다. reform은 부패한 관행이나 권력의 오용, 남용을 제거하고 더 낳은 상태로 변화하기 위한 노력과 시도를 가르킨다. 따라서 정치적이거나 입법적인 행동으로 나타나는 특별한 개선, 변경, 수정, 개정을 가르키는 점

---

53) Dictionary of History of Ideas, Vol.Ⅳ, Charels Scribner's & Sons, Publishers

이 reform의 특별한 의미이다.

고전시대의 로마에서는 reformatio가 도덕적, 교육적, 정치적 부흥을 뜻하기도 하고 (Seneca 와 Pling), Antoine와 Severan 시대의 위대한 법학자들은 reformatio를 제도적이고 법적인 reform으로 지칭하였다.

1. 청교도 혁명과 개혁

역사상의 가장 큰 개혁은 종교 개혁이었다. 종교 개혁 이후 청교도들에게 있어서 개혁에 대한 의무와 믿음은 특별히 청교도적인 슬로건이 되었다. 세상을 개혁하는 것에 대한 기독교도의 의무에 대한 믿음이 전통이 되었다. 근대에 있어서 개혁정신은 영국의 청교도 혁명 시대에 나타났다. 토마스 케이스가 1641년에 영국 하원에서 행한 연설에서,

> "개혁은 보편적이어야 한다. 모든 장소를 개혁하며, 모든 사람과 천직을 개혁하며, 재판의 벤치를 개혁하며, 하위 직급의 공직을 개혁하며……대학을 개혁하며, 도시를 개혁하며, 나라들을 개혁하며, 하급 학교를 개혁하며, 안식일을 개혁하며, 성찬식과 하느님의 경배를 개혁한다. 하늘에 계신 나의 하느님께서 심지 않은 모든 나무는 뿌리 뽑혀질 것이다."[54]

한 세기 뒤에 밀턴의 말에 의하면 청교도들은 개혁 자체를 개혁하려고 하였다. 청교도 혁명의 시기에 개혁은 급진 정치의 기원으로 생각되었다. 1649년에 종료된 청교도 혁명은 근대에 가장 일찍 개화한 시민 사회의 전개로 보여진다.

---

54) 마이클 왈쩌, 「성자들의 혁명: 급진정치의 기원에 대한 연구」(케임브릿지, 매사츄세츠 1965) 재인용 헤롤드 버만과 김철, 『종교와 제도』, 121쪽, 민영사, 1992.

2. 한국 현대사의 개혁

1) 군사정부시대(3공화국-6공화국의 첫 정부)의 개혁 개관

한국에 있어서의 개혁의 연혁은 어떠했던가? 우선 형식적 의미의 개혁은 1961년 5. 16 쿠데타 이후에 가장 대규모로, 극적으로 행해졌다. 그들이 한 개혁 중에서 가장 시위 효과가 큰 것으로는 1, 2 공화국에 걸쳐서 남대문 시장과 동대문 시장을 거점으로 맹위를 떨쳤던 정치 깡패와 조직 폭력배들을 군대의 힘으로 제압해서 서슬 푸르던 조직 폭력배 두목들을 수갑을 채운 채 서울 시내 주요 간선도로를 행진하게 한 것이다. 시민들은 갈채를 했다. 영관급과 위관급이 위주가 되었던 국가 재건 최고회의의 운영은 그 때까지 한국 사회의 습속을 거꾸로 하는 것이었다. 즉, 최고회의 분과위원장은 최연소자가 맡도록 했다. 따라서 입법 사법 행정권을 통합한 국가비상위원회였던 최고회의의 분과위원장은 경우에 따라서 대위 또는 소령, 중령의 장교가 담당하였다. 삼십대가 주조였다. 아마도 한국의 역사상 통합된 권력을 가진 가장 젊은 세대였다. 전국에 걸쳐서 여러 조직의 구조 조정이 행해졌는데, 내건 이유는 주로 "부패한 구정권의 잔재"를 숙청하는 것이었다. 부패도 있었겠으나 가장 큰 것 중의 하나는 그들이 쿠데타로 추방한 지난 정부의 망령이 되살아나는 것을 뿌리 뽑는 것이었다. 개혁정책이 전반적인 사회공학(Social engineering)으로 등장한 것은 제1차 경제개발 5개년 계획이었다.

제1차 경제 개발 5개년 계획은 한국 현대사에 있어서 가장 급격한 위로부터 근대화의 예로서 우리 나라 입법사에 있어서도 기록된다. 즉, 수많은 입법이 경제 개발과 이를 위한 개혁을 위해서 행해졌는데 입법 만능이라 할만큼 국가주의적 요소가 강했다고 할 수 있다. 어느 사회나 국가 이외의 자율적인 사회의 전개가 필수적인데, 따라서 이러한 자율적인 사회의 특징인 사리(事理: Natur der Sache)와 조리(條理: nature of things & matters)가 항상 인위적인 입법에 밀리게 되는 결과를 가져왔다. 더욱이 성숙한 국가 공동생활을 위해서 꼭 필요한 자연법의 발견이 강한 입법론적인 기조에 밀려서 시민의 일상적인 사회경제 생활이 항상 국가주의적 필요에 의한 규제 입법에 매이게 되는 결과가 되었다. 결국 5·16이후에 한국의 법 생활을 주도하게 된 것은 법실증주의적인 어프로치인데 이것은 제3공화국과 제4공화국의 출발에 있어서의 윤리성의 결핍을 실정법에 의해서는 합리화 할 수 있으나 자연법에 의해서는 합리화될 수 없다는 것을 말하는 것이다. 이후에 법학 교육에 있어서의 주된 흐름이나 서술 방식도 강한 법실증주의적 편향을 보여주는 것은 마찬가지 예이다. 3공화국 이후 강한 국가주의에 의거한 국가 사회 건설을 목표로 했기 때문에 법학이나 입법가의 역할도 당연히 자율적인 사회의 점진적인 육성 배양보다는 강한 통제를 기반으로 하는 도이치류의 법치주의가 점점 더 국가주의의 부름에 부응하는 것으로 생각되기 시작했다. 또한 70년대 들어와서 한국 정부의 통치방식이 미국의 인권정책의 벽에 부딪치면서 권리나 자유를 논하는 법치주의보다 행정권 우위를 보증하는 형식적 의미의 외관적 법치주의로 기울어지기 시작하였다. 이것은 당시 정부가 고창한 경제 제일주의의 깃발과도 맞아 떨어졌다.[55]

정권의 출발과 함께 개혁의 기치를 내건 것으로는 가장 대규모의 것으로 1972년의 10월 유신을 들 수 있다. 유신은 그 때까지의 체제 변혁 중에서 최대 규모였고 형식적 의미의 개혁이라면 가장 파격적인 개혁이었다. 즉, 입헌주의의 핵심이었던 대통령에 대한 보통 선거제도 자체를 없애 버린 것이었다. 그 다음 유신에 버금가는 형식적 의미의 개혁은 5공화국의 출발 때라고 기억된다. "정의 사회의 실현"이라는 기치를 걸고 전면적인 개혁을 꾀했다. 역시 구조 조정을 했는데 정부를 비

---

55) 김철, '현대 한국 문화에 대한 법철학적 접근:바람직한 시민 사회 윤리의 정립을 위하여', 현상과인식, 2000봄 / 여름호, 한국인문사회과학회 37쪽－38쪽

롯한 공식 조직과 이와 연계하는 모든 조직에 있어서 이른바 "부패를 일소하기 위해서" 대대적인 숙청을 감행한 것이다. 말할 필요도 없이 새로운 정부에 반대자가 없어야 되는 것이었다. 또한 일반국민을 설득하기 위해서는 "대의명분"과 다소의 "형평정책"이 필요했다. 6공화국은 1987년 대대적인 시민과 학생들의 연합 세력의(80년대 초의 봉기 이후 최대 봉기였던) 6월 항쟁 이후에 성립하였다. 물론 6·29선언으로 결과된 정치공작이 성공한 이후였다. 이 또한 5공화국을 계승하고, 이미 억압하기가 힘들어진 민주화의 요구를 무마하면서 어쨌든 (당시로서는) 퇴로를 확보해야 했다. 그래서 또한 개혁이 필요했다. 물론 몇 가지 기본적인 측면의 민주화의 요구를 받아들일 수밖에 없었다. 그러나 역시 주도적인 정치세력은 변신해야 됐다. 갖가지 민주화와 자유화의 수사술이 성행했다. 이 시기에 주도적인 정치세력은 경제 세력화 하였다.56)

2) 군사정부시대의 대학 개혁의 출발

마지막까지 남아있는 변화되기 힘든 곳이 어디냐? 가장 골치 아픈 항의하는 사람들은 젊은이들로서 대학을 기점으로 하고 있었다. 대학 개혁이 필요했다. 5공 이후 (응집화된 시민세력이 없는 상황에서) 대학은 항의세력의 기점이 되었다. "공부하는 대학"은 항상 올바른 얘기다. 그러나 권위주의 정권을 통해서 "너희들은 공부나 해라."라는 마땅한 소리도 그 의도에 따라서 선량한 아버지가 하는 소리 다르고 학원 시위 때문에 문교부 의 촉각과 정보부의 많은 촉수 그리고 (어쩔 수 없이) 대학 행정을 맡고 있는 핵심적인 인사들이 하는 소리는 동기가 다르다. 어쨌든 6공화국 때부터 제도적인 측면에서 "공부하는 대학 만들기"에 접근하기 시작했다. 물론 그 이전에도 졸업정원제(5공화국), 학사고시제도 같은 것을

---

56) 그 방식은 정치자금을 통한 정경유착이었다. 정치인의 비자금을 재벌기업이 조성하거나 관리·보관하는 방식이었다.

시험했으나 신통하지 않았다. 사회경제 사정이나 역사적 상황 같은 것을 제외하고 "선진국의 공부하는 대학"의 모델을 제시하는 것이 그 동기 여하를 막론하고 설득력이 있었다. 70년대와 80년대를 통 털어서 권위주의 정부에서 가장 환영받은 직종은 경제 전문가 집단과 교육 전문가 집단이었다. 전자는 경제적 번영을 기술적으로 받침 하는 귀한 존재였다. 후자는 주로 대학 총장 급들의 "인망 있으며 존경받는" 인사들이었는데, 정권의 핵심에 있는 정권 안보 차원의 시각에서 볼 때 이들의 역할은 이중적이었다. 즉 물론 교육은 국가 백년 대계이다. 그러나 백년보다 더 간절한 것은 5년의 임기 또는 더 짧을 지도 모르는 임기이거나 혹은 대규모 시위가 정권의 성립과 붕괴 또는 붕괴의 위험 (4·19혁명, 부마사태, 1980년 서울의 봄, 1987년 6월 항쟁)에 미친 영향을 기억한다면 정권 안보에 필수적이었다. 어쨌든 6공화국 때부터 교육의 개혁의 문제가 어떤 동기에서든 나타나기 시작했다. 제6공화국 시절부터 논의되기 시작한 "학문의 소비자"의 논의도 같은 차원에서 이해될 수 있다.[57] 6·8항쟁 이후 성립된 6공화국은 애초부터 지식인과 대학인으로부터 강한 정당성의 도전에 직면하고 있었다. 이를 회피하기 위해서 정부는 어떤 방법에 의해서 든지 대학 제도 자체를 변형시킬 필요가 있었다. "사상의 자유시장"이라는 것은 기초적 자유가 확보되고 수행되는 사회를 기초로 한다. 또한 학문의 자유시장이라는 것도 어느 정도(만약 그런 자유시장이 존재한다 하더라도)시장 질서가 확인된 후에 가능한 것이다.[58] 대체로 권위

---

57) 김철, "현대 한국 문화에 대한 법철학적 접근: 바람직한 시민 사회 윤리의 정립을 위하여", 「현상과 인식」2000 봄 / 여름호, p.38~39. 한국인문사회과학회

58) 위의 사람, 위의 논문 p39
  세계사적으로 볼 때 1980년대 후반부터 진행된 동서 냉전 체제의 붕괴는 기왕에 공산주의, 국가주의, 권위주의, 전체주의로 분류될 수 있는 당시 소비에트 러시아와 동유럽 여러 국가의 체제 해체로 나타났다. 김 철 『러시아 - 소비에트법 - 비교법문화적 연구』(서울: 민음사, 1989). 해체의 주된

이데올로기는 자유화와 시장 경제였는데 이 흐름에 따라서 1989년 동독의 붕괴가 나타나고 이어서 체코, 폴란드의 자유화가 진행되었다. 체코의 자유화에 대해서는, 박영신, 『실천 도덕으로서의 정치: 바츨라프 하벨의 사상』(서울: 연세대출판부, 2000). 그리고, 김철 "체코와 러시아의 행정절차법의 발전", p.31~61, 『법제도의 보편성과 특수성』(서울: 마이코인터네셔날, 1993). 소비에트 러시아의 해체와 새로운 러시아의 성립은 1917년 이후 지구상의 국가주의를 반분했던 이분법이 사라지는 20세기 최대의 사건이었다. 김 철 "아메리카 합중국의 법체계와 러시아 공화국을 비롯한 소비에트 유니온의 법체계", 김유남(엮음), 『미소비교론』(서울: 어문각, 1992). 1992년 새로운 러시아 헌법이 성립되므로서 사회주의 국가에 종지부를 찍었다. 주의할 것은 이러한 해체와 붕괴를 '자유화' 또는 시장경제화라는 특징으로 파악하는 경우이다. 우리 나라의 경우에도 1980년대 후반부터 자유화 또는 시장 경제에 의한 민주화라는 세계사적인 변화의 바람에 노출되기 시작했다고 볼 수 있다. 비교법적인 관점에서 볼 때 동아시아의 권위주의 국가는 물론 사회주의 체제의 전체주의 국가와 그 양상이 같지 않다. 그러나 기묘하게도 자유화와 민주화의 세계적 경향은 공산주의 국가에 있어서나 다른 방식에 의한 권위주의 국가에 있어서나 그 충격과 효과에 있어서 비슷한 결과를 가져왔다는 것이다. 물론 한국에 있어서는 1948년 1공화국 성립 이후 명목상의 입헌주의를 채택하였고, 경제질서에 있어서도 시장경제를 근간으로 하는 자본주의 경제를 위주로 하여왔다. 그렇다 하더라도 한국에 있어서의 시장질서가 선진국형의 시장질서가 아니라는 것은 다음과 같이 증명할 수 있다. 우선 1945년 이후 1950년 한국전쟁이 일어날 때까지의 시장의 형성은 그 이전에 국부의 형성을 파악할 때 자연적인 요소보다 국가주의적인 요소가 더 크다(귀속재산처리법, 농지개혁법). 1953년 이후의 전후 부흥기나 기간산업을 부흥 건설하기 위해서 주로 외국 원조에 의해서 기간산업을 건설하던 시기였다. 산업의 중점은 공기업이나 대기업에 주어졌고, 정부의 특혜가 없이는 기간산업체의 건설이 불가능했다. 생활필수품이나 소비재의 최종 유통과정은 일단 자연적 시장경제의 영역이라 할 만하다. 그러나 대체로 경제개발 5개년 계획이 시작되던 이전에 이미 한국의 주요 산업은 독과점의 모든 요소를 그 형성 과정에서 가지고 있었다. 경제개발 5개년 계획 이후의 주된 산업 건설은 주요한 사업은 외국 차관에 의해서 이루어지기 시작했고, 특히 기업이나 사실상 특혜를 받은 대기업이 아니면 이 시대의 총아가 될 수 없었다. 한국의 시장 경제는 그 주요 부분에 있어서 형성기의 역사상 독과점 시장의 요소를 강하게 배태하고 있었다. 자유화와 함께 쓰여지는 시장 경제라는 것은 한국의 경우에서 그 의미가 자유경쟁 시장이라는 요소는 부분적으로밖에 의미가 없었다. 따라서 사상과 학문의 자유시장이라는 언어는 막스 베버형의 이념형적인 사고에서는 가능하나 한국주의 정권 시절의 교육정책 당사자는 종전의 가장 강력한 잠재적인 정권의 정당성에 대한 도전자였던 대학생 층을 실리와 비정치적 실용주의에 의해서 회유하고 순치할 필요가 있었다.

3) 민정 이양 이후(문민정부)의 개혁

문민정부는 말하자면 형식적으로는 권위주의 정부가 끝나고 장군 출신이 아닌 민간인 정치가가, 1961년 이후 32년만에 행정수반에 선출된 것이다. 그러니까 32년 동안 처음에는 육군소장출신 인사가 18년 동안 대통령 노릇을 했고 다음 7년은 역시 육군장성 출신 인사, 그 다음 5년은 역시 육군 장성 출신 인사가 대통령 노릇을 했다. 제2차 세계 대전 이후 32년 동안 육군의 장군들이 대통령을 연속 삼대(代)를 세 번씩이나 한 나라는 아마도 제3세계에서도 유래 없는 현상이라고 보여진다. 서유럽 중에서는 2차 대전 이후 가장 오랫동안 권위주의 정권이 유지한 나라로서는 에스파냐의 프랑코 총통의 예를 들 수 있다. 대체로 한국에서 민주화의 바람이 불기 시작할 무렵 에스파냐에 있어서도 스페인 내란 이후의 권위주의 정치가 해빙기에 있었다. 그 나라의 민주화는 프랑코 총통의 지속적인 영향력을 완전 부인하지 않고, 국왕이 중재자의 역할을 함으로써 말하자면 "점진적인 이양"으로 나아갔다.

문민정부는 따라서 32년만에 민간인 행정 수반이 나타났으므로, 그것의 아이덴티티로서 "민주화"와 "자유화"를 최대한 부각시킬 필요가 있었다. 따라서 이제야 말로 32년만의 민주화를 위한 개혁이 나타날 때였다. 그런데 지금 와서 회고해 볼 때 민주주의와 자유주의는 정치 이데

역사에 있어서 시장 형성의 개념과는 맞지가 않다. 이럴 경우 한국의 사회과학도나 또는 잠재적인 정책 입안자는 정치적 자유화가 경제적 자유화와 같이 진행된 북미의 나라를 머릿속에 그리면서 자유로운 시장경제를 논할지 모르겠으나, 한국의 경제 사회학적 콘텍스트로서는 더 검토되어야 한다고 할 수 있다. 이상의 인용은 위의 사람, 위의 논문 p39 주 40)에서 재인용

올로기로서 그치는 일이 아니다. 사회는 정치적 생활 영역만이 아니다. 한국에 있어서 국가는 늘 자율적인 사회를 통제하거나 압도하거나 정부의 힘은 항상 모든 사회 국면에 침투하려고 한다. 그러니 대부분 정치적 생활 영역이 우선 이었다. 사회의 민주주의, 경제의 민주주의 같이, 보다 더 근본적으로 시민 생활이 개방되고 자유롭기 위해서는 무엇이 필요한지 정치 투쟁에 일관한 당시의 담당 세력들은 경험이 없었다. 명목이든 형식이든 어쨌든 민주화와 자유화는 설득력이 있었고 꼼꼼히 따지지 않는 한국인의 특성, 정서적이며 잘 잊기 쉬운 성격, 집단주의적이며 타인에 의해서 쉽사리 영향받는 한국인의 성격은 민주주의와 자유화의 실제 구조와, 웅변으로 나타나는 사회 이데올로기 및 정치 이데올로기를 구별하지 못한 채 급속하게 또 다른 물결 즉 세계화에 노출되게 되었다. 개혁은 전면적으로 진행되었다. 모든 것을 개혁하고 싶어했다. 바꿀 수 있는 모든 것을 바꾸는 것이 민주주의라고 생각했다. 구 시대의 잔재라고 생각되는 모든 것이 대상이 되었다. 또한 새롭게 나타난 역사 의식은 맹렬하게 지난날의 부인과 비난에 향해졌다.

4) 민정 이양 이후의 교육개혁

1945년 이후 50년 동안 지속된 한국의 교육 제도에 대해서 충분한 검토 없이 정치적 열기로만 무엇인가 손을 대기를 원했다. 가장 작은 예로는 국민학교라는 명칭을 들 수 있다. 일제 잔재라는 것이다. 국민이라는 용어는 한국 헌법상의 용어이며[59] 언제나 쓰일 수 있는 평이한 용어이다. 국민학교가 일제 때 쓰여진 명칭이라서[60] 일제의 잔재라는 논리는 기이하게 생각된다. 그래서 초등학교로 바꾸어야 된다는 얘기인데 초등학교라는 말은 아무래도 영어의 Elementry School의 번역어 같

---

59) 주권은 국민에게 있고 모든 권력은 국민으로부터 나온다.
60) 실제로 일제때는 소학교(小學校)라는 명칭이 쓰였다.

다. 1980년대 후반 이후 한국에서 가장 문제되었던 국민학교의 교육 문제를 이와 같이 "명칭을 바꿈으로써" 형식적으로 접근한 것이다. 어쨌든 휴전선에 가까운 동해안의 외딴 국민학교에서부터 제주도 남단 가파도 마라도의 국민학교까지 일시에 학교 간판을 다시 걸게 되고, 선생님들의 출석부 기타 학생들의 학적부 모든 서류에서 국민학교가 지워지고 새로운 명칭이 나타나게 되었다. 간판 개혁을 한 것이다.

필자는 1995년 당시 대통령이었던 김영삼씨가 받은 외국 모 대학의 명예 박사학위 수여식에 우연히 참석한 적이 있었다. 그 대학 법과 대학원의 연구학자로 체류 중이었기 때문이다. 김영삼, 당시 대통령은 박사 학위 수락연설에서 "동양의 정신과 서양의 물질을 적절히 조화하여……"라는 문구를 사용하였다.

흔히 한국의 대학생 층이 문명사나 문화사의 개관을 하기 이전에 동서양의 특징에 대해서 가지고 있는 고정 관념이 나온 것이다. 이에 대한 분석적 태도는 다음과 같다. 이 구절은 어느 시대, 어떤 역사적 맥락에서 쓰여졌는가? 아마도 동아시아 개항기에 닫혀있던 일본, 중국, 한국의 전통 사회에 충격을 가한 것은 서구 열강의 대표와 군함 그리고 산업 혁명 이후의 과학 기술로서 화륜선, 기차, 수력전기 같은 것이었을 것이다. 과학과 테크놀로지는 당시의 동아시아인들에게 물질 문명 만으로 받아들여졌고, 그들이 따라 잡아야할 대상은 무엇보다도 외형적인 이노베이션과 공장시설 같은 것이었다고 생각된다. 동도서기(東道西器)는 당시의 모든 동아시아 계몽주의자들이 즐겨 취한 노선이었다. 2차 대전이 끝난 지 50여 년이 지난 오늘날도 중국과 한국의 서양화, 근대화는 여전히 눈에 보이는 생산력, 즉, 경제력의 우선적 고려로서 사실상, 김영삼 대통령의 연설에서 나타난 바와 같은 서양의 기술, 서양의 생산력 위주의 사고 방식의 원형이 지배하고 있다고 생각된다.

이러한 사고방식이 대학 개혁에 적용이 되었다. 즉 한국에 있어서 대학은 그 모든 구체적인 현황과 연혁을 일단 보류할 때 대학의 어떤 부분이 먼저 강조되는가? 평균적인 한국인의 연상(聯想)은 대학은 교수단과 학생단의 집합체로서 무엇인가 추구하는 열렬한 사람들의 단체라기보다는 대학을 이루는 물질이며 건물 그 자체이다. 1990년대 중반부터 논의된 한국 대학의 전반적인 개혁에 대한 논의는 그 세부적인 항목을 일단 종합한다면 시설과 기자재에 대한 편집광적인 추구라고 할 수 있다. 이 시대의 대학론을 주도한 사유의 방식 중의 하나는 대단히 객관적으로 보이는 통계 지수와 지표를 나열하는 것인데, 어떤 논자이던 간에 그 취지는 같은 울림을 띠고 있었다. 결국 더 많은 투자, 더 많은 경비 지원이 좋은 대학을 만든다는 것이고 더 많은 투자의 가장 확실한 징표는 눈에 보이는 건물, 손으로 만질 수 있는 시설, 누구라도 인정하지 않을 수 없는 최신 기종의 실험기재였다. 대학의 물질적 부분은 물론 강조되어야 한다. 그러나 대학을 눈에 보이지 않는, 사람들의 집합체로 설명하는 것도 힘들고 받아들이는 것도 힘들었다.

5) 민정 이양 이후의 시장경제와 교육과의 관계

이른바 자유화와 민주화 전후에 걸쳐서 정치적 영역을 제외하면 시장경제와 시장의 역할에 대해서 관심이 높아졌다. 많은 경우에 종전의 통제와 계획이 물러간 공백부분을 시장이 대신해줄 것으로 정부나 시민들이 기대하였다. 사회 민주화 중에 우리 사회에 있어서 어떤 핵심이 될 만한 분야로서 교육 기관 및 교육의 문제를 들 수 있다. 민주화 이후 오로지 민주화가 시장화를 의미하는 것으로 정책 수립가나 대중 계몽가나 상당한 숫자의 지식인들도 착각하였다. 또한 시장이라는 마법적인 언어에 현혹되어 근대 이후 또는 현대 입헌 민주주의의 당연한 개념요소인 "법의 지배"를 망각하였다. 많은 착각의 시초는 근대 경제학의 전제로서의 시장의 존재이다. ─즉, 수요 공급이 만나는 자유로운 시장 즉,

왜곡되지 않은 시장을 전제한다. 한국에 있어서의 경제학도나 경제 분석의 유행아들은 한국의 시장 구조를 북 아메리카나 혹은 이에 준하는 시장 구조와 혼동하였다. 더 논의를 확대한다면 한시대의 기린아였던 어떤 개혁 주도 인사들은 한국의 사회 구조를 그들이 청년의 이상주의시기에 관찰하였던 선진 제국의 사회 구조와 혼동하였다. 구체적인 예를 든다면 한국의 사회 구조 중 특별히 시장 구조는 어떤 품목에 있어서도 적정한 경쟁 상태에 있지 않았다. 즉, 오랜 권위주의적 통치를 거친 1980년대 후반과 1990년대 초반의 한국 경제의 구조는 그 사회 구조와 마찬가지로 독점 구조와 과점 구조가 두드러지는 특징을 가지고 있었다. 훨씬 이후에 나타난 증세이기는 하나 이미 이 시기에 감염된 전염병으로서, 선재하는 사회구조와 시장구조의 정직한 인식과 현황 파악을 뛰어넘어서 자유화 민주화의 정치적 열풍을 타고 사회 부문의 기초적·공공 관련적 부분을 오로지 시장 경제에 맡기고자 한 정책적 고려는 설혹 그것이 진지하다할지라도 파괴적인 효과를 가져올 수 있었다.[61]

6) 민정 이양 이후의 교육개혁 모델

반성하건대 그 당시의 교육 개혁의 잠재적인 모델이 어디였던가? 때는 국제화의 열풍이 불고 있었다. 동유럽과 러시아에 자유화와 함께 외국 자본이 몰려온 것처럼, 그리고 세계화가 보편적 가치를 등에 업고 주변부 국가의 사람들을 마치 일거에 "세계 동포주의"에 포섭되어 세계 국가의 일원이 된 듯한 착각을 불러일으켰다. 32년 간 장군들의 통치에 복종한 한국인들이 별안간 지난 역사를 갑자기 단절하고 1600년대는 1700년대 또는 1800년대부터 시민 사회 형성의 긴 역사를 가진 세계의

---

61) 김철(金徹), "포즈너의 공법학방법론" 중 Ⅲ 법학방법론으로서의 경제분석과 한국에 있어서의 의미, 63-71쪽, 「공법연구 제30집 제4호」, 2002년 6월. 한국공법학회

이상적인 민주주의 국가와 어깨를 나란히 겨룬 듯한 느낌에 빠졌다. 거듭되는 세계화의 이데올로기는 이윽고 한국이 세계 자유주의 국가의 중심부에 속하는 듯한 착각을 주게 만들었다. 사회 제도와 법 제도의 개혁에서 지금까지 한국인들이 그 역사에서 겪었던 뼈저린 고통과 교훈은 아메리카, 영연방국가, 도이치, 프랑스, 일본과 같은 세계사를 주도한 중심부국가의 사회제도와 법제도를 쳐다볼 때 사라져버렸다. 저렇게 개혁하면 갑자기 무엇인가 될 것 같았다. 되풀이 얘기하면 이 시대의 총아였던 개혁주도 인사들은 그들이 청년의 학도시절에 유학하였던 선진국의 사회 구조와 한국의 사회 구조를 혼동하였다.

이 시대를 특징 지웠던 자유지상론자(Libertareanism)[62]의 지배적인 논의방식은 합리성, 선택, 그리고 자유라는 세 가지 키워드에 집중되어 있었다.[63] 자유라는 중심 주제는 정치적 선택, 시장에서의 유통, 그리고 마지막에는 대학에서의 합리성의 문제로 요약된다. 이들의 자유의 주제는 극히 단순한 방식으로 요약, 적용되는데 단순 논리가 현실에 적용된 대표적 예이다. 즉 "정부는 국민의 취향과 국민의 선택을 존중하여야

[62] 한국에 있어서 자유지상주의(Libertarianism)에 대한 문헌은 최근에야 눈에 띈다. 역사적으로 자유지상론의 실재적 효과와 사건으로 나타난 경위에 대해서는 포스트 공산주의 이후의 동부유럽에 있어서의 진행사항을 관찰하기 전에는 적절한 예가 20세기에는 없었다고 할 수 있다. 자유지상주의의 동부유럽에 있어서의 현실적 결과를 처음으로 외국인으로서 증언한 사람은 스텐포드 법과대학원의 헌법교수인 로렌스 레식(Lawrence Lessig)교수로 보인다. 그의 저서는 『코드: 사이버 공간의 법이론(code and other laws of cyberspace)』이나. 참조. 김정오 역 "고드: 시이버 공간의 법이른". 나남신서 881: 나남출판(2000년 1월 25일) 이의 서평에 대해서는 김철, [서평] "코드: 사이버 공간의 법이론" 「헌법학 연구」 p.273~277 제8권 제1호. 2002년 4월.

[63] 이와 관련하여 Cass Sunstein, "Norms and Roles", A written Version of the Coase Lecture, University of Chicago, 1995년 가을, The program for the study of law, philosophy & social theory, NYU School of law, 1995년 9월 7일자 볼 것

된다."라는 기본 명제이다. 이것은 시장에 옮겨올 때, "시장은 구매자의 취향과 선택을 존중하여야 된다."라는 명제가 된다. 마지막에는 이를 대학에 옮겨올 때, "대학은 소비자인 학생의 취향과 선택을 존중해야 된다."라는 명제로 변형되었다. 이 시대의 자유지상론자, 자유주의자, 법경제학자들의 이러한 방식은 맹점을 가지고 있었다.[64] 한국은 지난 10년 동안 이른바 자유의 이름의 환상 속에서 몽유병자 같이 방황하였다. 많은 한국의 피상적인 지도자들이 "자유", "민주화", "시장 의 자유"와 같은 언어에 열중하지 않고 로렌스 레식 교수와 같은 양심적인 사람의 충고에 귀를 기울였다면 아마도 다른 대안적 사고를 할 수 있지 않았을까?

다음의 예는 물론 한국의 역사적 경험은 아니다. 대체로 1989년 이후 세계 체계에 변동이 있어 온 이후 인류가 겪었던 가장 극단적인 경험이 러시아의 충격요법에서 나타난다. 다음의 인용은 동부 유럽과 러시아의 경험을 집약 한 것이다.

"자유지상주의라는 미사여구. 시장이 지배하게 하고 정부의 간섭을 배제하라. 그러면, 반드시 자유와 번영이 성숙할 것이다. 모든 것들은 스스로 해결할 것이다. 국가의 지나친 규제는 필요 없고, 들어설 여지도 없다. 그러나 모든 것이 스스로 해결되지 않았고, 시장이 번창하지도 않았다. 정부는 불구가 되었으며, 불구가 된 정부는 자유에 대한 만병통치약이 아니었다. 권력은 사라지지 않았다. 단지 정부에서 마피아로 옮겨갔으며, 때로는 국가에 대항해서 마피아가 조성되었다. 치안, 사법, 교육, 의료 등 전통적인 국가기능의 필요성이 마술처럼 사라지지 않았다. 필요를 충족시키는 사적 이익들도 등장하지 않았다. 오히려 사적요구들이 충족되지 않았다. 사회의 치안이 사라졌다. 지금의 무정부상태가 이

---

64) 김철, "현대 한국문화에 대한 법철학적 접근: 바람직한 시민 사회 윤리의 정립을 위하여" 중에서 Ⅲ 외관주의, 명목주의, 형식주의: 위로부터의 근대화의 방식과 결과, 36쪽, 「현상과 인식」, 2000년 봄 / 여름호, 한국인문사회과학회.

전 세 세대의 온전한 공산주의를 대체하였다. 번쩍이는 네온사인은 나이키를 광고하고 있었고, 연금생활자들은 사기 주식 거래로 생계비를 다 털렸으며, 은행가들이 모스크바 거리에서 훤한 백주에 살해되었다. 하나의 통제 시스템이 또 다른 것으로 대체 되었지만, 어떤 시스템도 서구의 자유지상주의자들이 말하는 자유체제는 아니었다.65) 이것은 물론 극단적인 다른 나라의 역사의 경험이다. 그러나 성숙한 비교주의자들은, 1989년 이후의 지구촌에서 일어난 체계 변동의 경위를 다른 나라의 역사의 경험에서도 일단의 교훈을 읽을 수가 있다.66)

대 변동의 시기에, 한국의 경제학자, 교육학자, 경영학자, 공공 정책 관련 학자들은 단기적, 미시적 효과를 주안으로 국가 정책 형성에 관여하였다. 그들은 주로 실증적, 계량적 방식에 의해서 한국의 현상에 접근하였는데, 우선 그들의 통계가 어떤 근거로 선출되었는가? 그 다음에 그들은 이미 방향이 정해진 정책에 정당성을 부여하기 위해서 동원되었는가? 또는 문자그대로 "국가 정책 형성"을 주도하였는가?라는 의문이 제기 된 적은 별로 없는 것 같이 보인다.

7) 민주화의 반성

돌이켜 생각할 때 한국의 민주화는 정부의 행정수반이 장군에서 민간인으로 이양된다는 그런 의미만은 아니었다. 32년간 지속된 사회 구조와 경제 구조에 대한 통찰 없이는 그리고 사회의 민주화와 경제의 민주화 없이는 민주화라는 것은 또 다른 통치 이데올로기에 불과하다는 것

---

65) 김 철. 위의 서평 p.277
66) 김 철. "포즈너의 공법학 방법론(1)" 中 'Ⅲ. 법학 방법론으로서의 경제분석과 한국에 있어서의 의미' p.68 특히 주28) "엄격한 의미에서는 대비될 수 없는 너무나 상이한 역사적 괘적을 가지고 있는 사회도 어떤 단면에 있어서는 대비(contrast) 또는 유사성(similarity)을 찾아 볼 수 있다. 물론 본질론(essentialism)적인 사고로서는 이런 대비는 불가능한 것이다.

을 모두 간과하였다. 이 시기에 세계화는 또 다른 부담을 가져 왔다. 일단 문민정부는 아메리카 또는 이에 준 하는 선진 국가를 흉내내는 것이 세계화라는 선입견을 갖고 있었던 것 같고, 이를 매스 미디어라는 대중 동원 기구를 통해서 사회 이데올로기로 형성시켜갔다. 아메리카 또는 이에 준 하는 선진국가를 흉내내는 것이 개혁의 프로그램이었다면 그것은 엄청난 비용을 요구했다. 한국의 모든 대학은 아메리카와 이에 준 하는 나라의 정상급 대학과 비교되어지고, 인적 자원 시설도 비교되어졌다(이 비교가 과연 의미가 있는 비교인가?).[67]

---

67) 이 시기에 유행했던 교육개혁의 서곡으로 들 수 있는 것은 매스 미디어를 통한 한국 교육기관의 실태 공개였다. 일반 시민이 한국의 교육 기관과 그 현황에 대해서 정보를 얻을 수 있었던 매스 미디어의 문제 제기는 장점과 함께 부작용을 가지고 있었다. 우선 그 정보의 질을 측정하기 이전에 한국의 대표적인 언론사들의 자료수집과 자료분석 능력에 대해서 일반시민이나 전문가 계층이나 아무도 의문을 제기하지 않았다. 그 이유 중 하나는 한국은 1945년 이후 연속된 독재정치에 대해서 불신을 가졌던 일반시민들이 상대적으로 독재와 싸웠다고 간주된 언론사에 대해서 경외감을 가지고 있었다. 이것은 1950년대부터 1970년대까지의 정치상황에서 그러했고, 1980년대 이후에는 약간의 변형은 있었으나 대체로 이른바 민주화 자유화의 시대가 시작될 때까지 계속되었다. 그러나 독재에 대한 투쟁과 언론사의 자료수집 능력 및 분석능력 또는 한 국가의 공공정책에 대한 비전제시 능력은 다른 문제이다. 다시 음미할 수 있는 것은 교육 개혁이 논의되기 시작한 1989년 전후부터 교육학자들을 비롯한 전문가 계층의 정부정책의 자료수집 및 분석에 종사한 그 종합적 방향과 근거는 기묘하게도 일반시민에게나 대학의 전문인에게 잘 알려지지 않았다. 민주화의 시대에 정부가 각 종의 개혁을 추진하면서, 개혁의 필요성과 당위성을 고취하기 위해서 언론 매체를 사용하였다. 그 전형적인 방법은 다음과 같다. 즉, 정부 정책 형성에 관여하고 있는 전문가 계층－한국의 경우에는 대부분 대학 교수급의 인사를 통하여, 다시 말하자면 스타급의 공공정책 관여자들을 통하여 주요 언론 매체에 그들을 기명 칼럼으로서 개혁의 비전과 개혁의 방식을 개진하게 하였다. 즉, 주요 매체에 자주 등장하는 전문가들이 공공정책에 관여하게 되었는데 인과관계는 한국의 경우 그 역방향도 얼마든지 생각할 수 있다. 그 밖의 채널은 전문가 계층의 학술적 모임 즉, 여러규모의 학회를 생각할 수 있다. 관련되는 여러 전문 학회가 정부 개혁의 주된 테마를 주제로 전문적인 학술 대회를 개최하였다. 이 두 종류의 채널이 자유화와 민주

대체로 97년의 외환위기 직전까지 이 시절의 한국은 자유라는 이름
의 환상, 세계화라는 이름의 환상에 젖어 있었다. 개발 독재시대의 '경
제 개발'이라는 국가 이데올로기에 높은 코스트를 지불했던 한국의 시
민들은 이제 문민 시대의 '자유화와 민주화'라는 국가 이데올로기에 정
신없이 비용을 지불해야 되었다. 앞의 비용과 뒤의 비용이 합쳐져서,
1997년 11월 시민 모두에게 비용 계산서가 발급되었다.

II. "경제와 법"의 충돌 – 한국에 있어서의 개혁의 문제

1. 경제 지상주의와 그 지속적인 영향[68]

개발독재 시대의 국가 정책은 이후에 있어서도 다음과 같은 영향을

화의 시기 전후에 한국에서 주요한 개혁 정책을 논의한 방식이다. 그런데
기묘하게 느껴지는 것은 정부, 전문가, 언론, 학회 이 네 개의 주된 행위자
가 특정 개혁을 위해서 논의하는 경우, 세밀한 부분을 제외하고 거의 정부
가 주도하는 한 가지 방향으로 결론을 단일화한다는 것이다. 물론 부분적
인 이견이나 반대가 있기도 했다. 그러나 정말 믿을 수 없는 것은 문민정
부 초기나 또는 8공화국 초기를 생각한다면 정부주도의 어떤 정책도 언론
이나 전문가 계층이나 더 나아가서 연구 단체인 각 종 학회 어떤 채널을
통해서도 그것을 추진하는 강도를 어느정도라도 상쇄할 만한 반대의견을 내
놓은 적이 없다는 것이다. 주된 흐름은 매스 미디어에 있어서나, 각종 학회
의 순수 학술대회에 있어서나 똑같이 정부가 주도하고, 그 주된 북소리를
치는 사람은 스타급 전문인이며, 대부분의 전문가급 인사들은, 정치가 관련
된 경우를 제외하고는, 대부분 그 북소리에 맞춰서 논조를 정한다는 것이다.
68) 경제지상주의에 대한 전반적 문제에 대해서는 박영신, 「한국사회의 성찰적
　　인식 – 전통, 구조, 과정」제2부 자본주의와 오늘의 삶. 제3장 한국사회의 변
　　동과 경제주의p105, 제5장 자본주의의 문화적 비극p.155, 현상과 인식
　　1995. 또한 같은 사람 "우리 나라 권위구조의 정신분석학", 「정신분석학과
　　우리 사회」(한국 사회이론학회 엮음) 2001. 가을 / 겨울

주었다.69) 경제 지상주의의 경제 목표에 의해서 설정되는 사회적 분위기는 경제 성장에 직접적으로 관계없는 모든 가치를 오로지 종이 위에만 존재하는 명목적인 것으로 만들어버렸다. 사람들은 물질적 부와 직접적으로 관계없는 모든 것들에 대해서 가차없이 조소하도록 사회적으로 훈련되었다. 생산성을 증명하는 것이 정치의 유효성을 증명하는 유일한 방법이 되었는데 개발 독재 시대의 주도적인 국가 이데올로기에 의하면, 사회를 거대한 공장으로 환치하는 것이 가장 공공복리에 적합한 것으로 선전되었다.70) 학교, 대학, 정신적 문화는 오로지 이와 같은 생산성을 보조하는 데서만 의미가 있는 것으로 공공연하게 선포되었다.71) 이 시대에 주도적인 기업인들은 애국자처럼 평가되었고 수출 드라이브 정책에 의해서 엄청난 특혜가 대기업에 주어졌다. 약 30년 후 엄청나게 부실화한 한국의 대표적인 어떤 기업이 이 시대의 총아였다. 역설적으로 말하면 1997년 외환위기의 주범이었던 몇몇 대기업과 금융기관의 행태는 이미 개발독재시대의 기업 형성사에서 그 뿌리를 찾아볼 수 있다고 할 수 있다. 많은 재벌 기업이 시장에서의 자생력과 경쟁력에 의해서라기보다 특정 국가 정책의 비호나 혹은 전시대의 전체주의 국가에서나 볼 수 있는 정도의 강한 정치와의 유착관계에 의하여 기업의 규모를 확장했고 정치적 영향력을 강화했다. 비주류 문화에 속하는 지식인, 학자, 얼마 되지 않는 비판적 인사들을 제외하고는 산업자본 형성기의 거의 모든 한국의 "부유해지기를 열망하는", "중산층인 체하는 서민들"이 실은 이러한 기업 형성사에 의해서 영향을 받았다.

---

69) 김철, 위의 논문, 위의 책, 34-35쪽.

70) Chull Kim, *Legal Education - A Brief in Historical, Sociological Perspetive* -「韓國 法學의 反省」, 私刊本, Seoul, 1997. Myko Int'l. Ltd

71) 김 철 "현대 한국 문화에 대한 법철학적 접근: 바람직한 시민 사회 윤리의 정립을 위하여". 현상과 인식 24권 1/2호 통권 80호 2000년 봄/여름호 p.34~35

이러한 사회의 에토스는 기업, 대학, 정부의 모든 영역에서 자유화와 민주화 이후에도 지속되었다. 정치활동의 자유, 정치적 표현의 자유와 같은 것들은 달라졌다. 그러나 자유주의를 기준으로 한다 할지라도 정신적 자유와 경제적 자유와의 관계, 더 쉽게 얘기해서 경제적 고려와 윤리적 고려간의 현저한 불균형은 이것을 과연 자유주의라 불러야할지 그렇지 않으면 변장된 유물론자의 세계인지 구분하기 힘들 정도였다. 자유주의적 입헌주의의 특징은 정신적 자유의 다른 자유에 대한 우위에서 나타난다.72) 민주화 이후 재산권의 자유가 점차 사회분위기를 압도하게 되고 기업과 기업의 소유주는, 점차 약화되는 권위주의와 그에 따른 정부의 탈규제 아래에서 부분 사회의 통제력을 강화하였다. 이것이 1997년 11월 이전의 한국이었다.

2. 국민의 정부(1998~2003년)의 개혁 - 구조조정과 관련된 문제

국민의 정부의 가장 큰 과제는 1997년의 외환위기로 초래된 이른바 IMF 관리체제로부터 벗어나는 것이었다. 국정 전반의 가장 큰 중점은 경제정책에 주어졌다. 따라서 다른 국가 정책도 분야가 다를지라도 경제정책과 연결되어졌다. 교육정책은 말할 것도 없이 경제정책과는 별개의 독립된 영역이다. 그러나 한국에 있어서의 국가정책의 성립과 진행은, 믿을 수 없을 정도로 주도적인 국가정책이나 국가목표에 맞춰져서 이루어진다. 말하자면, IMF 외환위기 극복에 모든 주안점이 주어지고, 경제정책이 정부 존립의 존재 이유가 된 시대에는 다른 독립적인 영역의 정책도 주도적인 흐름의 소용돌이를 벗어날 수 없는 것이다. 제 8공화국 정

---

72) 이것은 흔히 헌법이론에서 논의되는 "정신적 자유의 우월적 지위"(preferred position of freedom of expression)을 지칭하고 있다. 만약에 재산권의 자유가 정신적 자유에 비해서 우월한 위치에 서게 된다면 이것은 근세 절대주의 하에 있어서의 중상주의(Mercantilism)의 가치와 같게 된다.

부의 개혁 중 교육의 영역도 마찬가지로 볼 수 있다. 이것은 정책 입안자, 정책 실행자, 정책의 현장에 있는 자들의 사고방식(way of thinking), 결정 양식(way of decision making), 행위 양식(mode of behavior)의 수준에서 문제이다. 정책분석의 실증적 방식은 최근 한국에도 널리 사용되어져 왔다. 그런데 역사적 연구의 방식에서 볼 때 정책분석의 미시적, 실증적 연구보다 더 긴요한 것은, 일정 기간의 정책의 하부 구조라고 할 수 있는, 정책문화의 문제이다. 정책문화라면 막연하게 들리겠으나, 이미 말한바 사고방식, 결정의 양식, 행위 양식과 같은 것을 포괄하는 것이다. 그리고 정책문화는 드디어는 이 포괄성 때문에 가장 근본적인 문제인 가치관의 문제에 도달하는 것이다.

국민의 정부의 국가정책 및 정부정책의 문제는 물론 경제정책, 교육정책, 사회정책, 문화정책, 복지정책 등으로 영역별로 나누어서 고찰하여야 한다. 그러나 이미 말한대로 한국에 있어서의 정부정책은 그 중점이 어디에 있느냐에 따라서, 위에서 말한대로 주도적인 흐름이 있게 된다. 즉, 어떤 분야나 어떤 영역을 막론하고 주도적인 사고방식, 결정 양식, 행위 양식이 지배하게 되어, 이런 점에서는 거시적으로 관찰한다면 경제정책이나 교육정책이 같은 가치관과 행위 양식에 의해서 좌우된다는 것을 알게 된다.

이 논문의 주된 관심은 말 할 필요도 없이 한국정부의 교육개혁에 대한 역사적 고찰이다. 그럼에도 역사적으로 관찰된 한국정부의 개혁정책은 그 시대의 주된 관심에 의해서, 분야와 영역을 막론하고, 주도적인 행위 양식과 가치관에 의해서 결정되어 왔다는 전제에서 주도적인 정책에서 시작할 수 밖에 없는 것이다. 즉, 교육정책 역시 경제정책이 끌고 나가고 있었다는 판단 때문에 교육정책을 논함에 있어서 경제정책을 살펴보지 않을 수 없는 것이다. 참으로 한국의 사회과학도가 선진제국의 분화된 제도와 정책, 법과 정부정책을 대단히 전문적으로 연구하고 와

서, 똑같은 눈으로 한국의 법과 정책을 분야별로 따로따로 독립시켜서
논하는 전문가적 노력이 한국의 역사적 흐름 앞에서 때로는 "실정에 맞
지 않거나", 또는 미시적으로는 정확하고 정밀하나 조금만 떨어져서 보
면, 주어진 프레임워크에만 충실하는 "정당화시키는 역할(justifying
function)"에만 열중하는 이유가 여기에 있다고 본다. 한국의 법과 정책
의 문제, 정부 정책의 문제는 동시에 여러 분야를 한 자리에서 논의할
수 있는 다 학문적(interdisciplinary) 방식이 아니면 제대로 파악할 수
없는 이유가 여기에 또 있다.

국민의 정부의 경제개혁의 방식이 교육개혁에도 적용되었다는 전제하
에서 경제개혁의 방식의 특징을 고찰하고 그 영향을 살피기로 한다. 많
은 경우 경제개혁 방식의 특징이 교육개혁 방식에도 그대로 드러나는
것을 알 수 있을 것이다.

> "후일의 사가(史家)들은 국민의 정부의 시대를 '구조 조정의 시대'라
> 고 부를 것이다. 일반 기업과 금융 기관의 구조 조정 문제는 이 시대
> 각 분야에서 가장 큰 주제임이 분명하다. 동시에 그들은 이 시대를 한
> 국에서 법치주의의 지평이 획기적으로 넓어진 시대라고 부를 수도 있다.
> 또 그렇게 부를 수 있게 하여야 한다. 왜냐하면 구조 조정의 문제는 본
> 질적으로 법치주의의 문제이기 때문이다."[73]

이 논자는 기업과 금융기관의 구조조정 문제를 일반인이나 경제논자
처럼 순수한 경제적 사건으로 보지 않고 본질적으로 법치주의의 문제로
파악하고 있다. 아마도 법학의 훈련을 받지 않은 사람은 이해하기 힘들
것이다. 그렇다면 우선 기업과 금융 기관의 구조 조정 문제를 더 알기

---

73) 오수근, "기업구조조정과 법치주의" 한국공법학회·전국경제인 연합회 공
　　동 학술대회 「경제행정과 법치주의」중에서 【제2주제: 금융행정과 법치주
　　의】 발표문, 2000년 12월 19일.

쉽게 시장의 문제로서 출발해보기로 하자. 그렇다면 이 논자가 왜 구조 조정의 한국에 있어서의 전개가 외관상으로는 경제문제이기는 하나 그 본질에 있어서는 법의 지배가 되는 것을 이해할 수 있을 것이다. 법의 지배가 어렵다면 "상식의 지배"라고 해보자.

이 문제의 검토도 기업의 합리화에 대한 이전부터 지금까지 계속된 한국 정부의 변하지 않은 행동양식을 검토할 필요가 있다. 그간의 사정은 다음과 같이 요약될 수 있다고 한다.[74]

첫째, "시장의 원칙"이 필요한 영역 즉, 기업의 합리화에 대한 문제에 대해서는 정부는 "정부 정책"으로 경제 개발, 산업 합리화의 기치 아래 시장을 대치하였다. 예를 들어, 1969년에서 1980년대 후반까지의 부실 대기업 및 주요 산업에 대한 구조 조정 방식을 보자. 권위 주의 정부 시대의 산업 합리화 조치(부실기업 퇴출 조치)는 시장 원칙에 의한 것이 아니었다.

시장 원칙이 아니라면 제정법의 근거라도 있었던가? 결론적으로 제정법상 근거 없이 행해졌다는 것이다. 경제 관료가 부실 기업의 퇴출 여부를 정하였다. 정부가 명령한, 은행을 통한 금융 지원 역시 투명한 기준과 절차에 의한 것이 아니었다. 그 결과 산업 합리화 조치는 한번도 입법적 사법적 통제의 대상이 된 적이 없었다고 한다.[75]

그렇다면 정치적 권위주의에서 벗어났다고 생각되어졌던 국민의 정부 이후의 정부의 행동양식은 어떠한가? 과연 "시장의 원칙"에 따라 행동하였던가? 아니면 제정법 또는 법의 일반 원칙에 따라 행동하였던가?

이 법학자는 1997년 외환위기 이후 진행된 기업 개선 작업(워크 아웃)도 이전의 권위주의 정부가 개발 독재 시대에 경제 개발의 방식으로 구사하였던 "산업 합리화 조치의 연장이다"라고 보고 있다.[76] 그 이유

---

74) 오수근, 위의 논문
75) 오수근, 앞의 논문, 앞의 학회 발표문,

로는 채권 채무 관계의 조정이라는 지극히 사법(私法)인 절차가 사법부에서 다툴 기회를 갖지 못한 채 행정부의 영향 아래 이루어진 것을 들고 있다.

1999년 후반부터 워크아웃이 가진 이런 문제 중 일부를 해결하기 위하여 이른바 prepack의 입법을 추진하였다. prepack란 미국 파산법의 prepackaged plan을 가리키는 말이다.

> "1년 반 가까이 진행된 입법 시도에서 재정 경제부는 법의 일반 원칙(法의 一般原則, General Principle of Law) 조차 인정하려 하지 않았다. 예를 들면, 합의(合意)는 당사자 간에만 유효하다는 것이나 소급효(遡及效)는 원칙적으로 인정되지 않는다라는 문명국에서 널리 받아들여진 시민 생활의 기본 질서를 무시하고 입법을 하려고 하였다."[77]

외환위기 이후 기업 구조 조정에서 벌어진 일이 이른바 빅 딜(big deal)이다. 기업간 대규모 인수 합병을 내용으로 하지만 그러한 거래가 당사자인 회사간의 흥정을 통해서 이루어진 것이 아니고 정부나 정치인의 영향력에 의하여 결정되었다는 것이다.[78]

지금까지 고찰한 이 절의 결론은 다음과 같다. 즉, 국민의 정부의 주된 업적으로 불리우는 구조조정이나 워크아웃이나 또는 프리팩문제에 있어서 정부정책 당국자의 기본적인 태도는 놀랍게도 어떤 점에서는 개발독재시대의 정부정책 당국자의 기본적 태도와 같다. 무엇인가?

정부정책이 조리니 시리나 법외 일반원치이나 사법부의 판단 모든 것에 우월하다는 것이다. 법 전문가가 아니라도 민주주의는 "상식의 지배"에서 출발한 이성의 지배가 법의 지배로 자연스럽게 진행되는 사회

---

76) 오수근, 앞의 논문, 앞의 발표문
77) 오수근, 같은 논문, 같은 발표문.
78) 오수근, 같은 논문, 같은 발표문.

를 의미한다. 국민의 정부의 가장 큰 업적인 경제정책은 그 내용을 본
다면 결국 "행정권의 비교할 수 없는 우위"의 실행이라는 점에서 제 8
공화국의 당사자들이 그토록 역사적으로 매도했던 지난날의 개발독재
시대의 국가 또는 행정권 우위의 국가 또는 권위주의 국가의 정책 시행
과 그 본질에 있어서 다르지 않다는 것이 구조조정의 문제에서 드러난
것이다. 문제는 구조조정에서 끝나지 않는다. 경제정책을 예로 든 것은
한국에 있어서는 그의 정부의 역사에서 항상 그래왔고, 더구나 1997년
외환위기 이후에는 아무런 이의없이 그랬던 것처럼 경제정책이 모든 국
가작용을 리드하는 역할을 했기 때문이다. 경제정책이 이러하다면 교육
정책은 말할 필요도 없이 경제정책의 수행방식을 그대로 답습하는 것이
1960년대 이후의 한국정부의 역사이기 때문이다.

Ⅲ. 개혁 방법론으로서의 경제분석: 한국에 있어서의 경위, 의미 및 반성[79]

－이 문제는 법학방법론으로서의 경제분석(economic analysis of law)
을 한국에 있어서 적용하는데 어떠한 문제가 있었는가 하는 보다 일반
적인 논의와 관계된다. 따라서 필자가 공법학 방법론으로서 발표한 기
왕의 논문의 주제와 겹치는 부분이다.

이제부터 한국 정부가 개혁의 방법론으로서 채택한 경제분석의 한국
에 있어서의 역할을 음미해 보기로 한다. 지금까지 한국정부는 교육개

---

79) 김 철. "포즈너의 공법학 방법론(Ⅰ)", 「公法硏究」제30권 제4호. 2002. 6.
   韓國公法學會
      또한 김 철. "포즈너의 공법학 방법론 소개(1)", 「憲法學硏究」제8권 제
   1호. 2002. 4. 韓國憲法學會

혁의 방법으로서도, 넓게 본다면 1980년대 후반 이후 세계적인 규모에
서 짧게 본다면 1992년의 문민정부의 교육개혁과 1998년의 국민의 정
부의 교육개혁에서, 다른 여러 가지 동기도 있겠으나 무엇보다도 "경제
적 고려" 또는 "제도의 경제분석"을 그 주된 프레임워크로 사용했기 때
문이다.

   에피소드로부터 시작하도록 하자. 법의 경제분석이 한창 그 본 고장
에서 논란을 부르고 있었던, 1987년 5월 스탠포드 법과대학원에서 있은
Richard Posner의 "법의 경제분석" 특별 강연에서 마지막 부분에 당시
법과대학원 2학년 학생이 마지막 질문을 했다. "법제도의 경제분석이
물론 유용할 것입니다. 그러나 인간의 정서 중 마지막 부분 즉, 심미감
같은 것이 영향을 미치는 일에 어떻게 경제 분석을 하겠습니까?"
   이 질문은 조금 달리 해석하면 다음과 같이 변형시켜도 될 만하다.
즉, 기본권 중 학문의 자유 더 나아가서 표현의 자유 더 넓게는 정신적
자유의 영역에 어떻게 경제분석을 할 것인가라는 문제이다. 한국에 있
어서 자유화, 민주화 이후 교육개혁이 여러 요인과 동기를 나열할 수
있다. 세부적인 제도 개혁을 실증적으로 논의할 수 있다.80) 그러나 실
증적인 제도 개혁을 넘어서서, 문민정부의 교육 개혁이후 1997년의
외환위기 이후 국민의 정부의 교육 개혁을 통하여, 그 이전의 교육
개혁 시도와 가장 차이가 나는 방향과 동기가 있다면 무엇일까? 말
할 필요도 없이 이 기간동안 세계의 체계 이론에서 읽을 수 있는 것

---

80) 예를 들면 교육법 영역에 있어서 최근의 논의는 참조 김철수 「헌법과 교
   육」특히 제2편 교육 중 제1장 교육법의 이념과 문제점, 제2장 고등교육법
   의 발전과 대학의 역할, 제3장 교육에 대한 판례, 제4장 법학 교육과 국제
   교육, 제5장 바람직한 교육정책의 내용 참조. 이 책에 대한 서평으로서는
   김 철, 『서평 헌법과 교육』 김철수 저, 『헌법학 연구』 제8권 제2호,
   2002. 10. 한국헌법학회

처럼, 쉽게 말해서 경제적 고려 또는 제도에 대한 경제 분석의 기본
태도가 가장 큰 프레임워크의 변화라고 볼 수 있다.

　법과 경제 또는 법의 경제적 접근 또는 제도의 경제분석은 다른 나
라에서도 사회과학자들(주로 사회학자, 윤리학자)로부터 회의적인 눈길
을 받아왔다. 한국에 있어서도 법의 경제 분석의 어떤 적용은 신 자유
주의적인 사고를 고무시키는 것이 아닌가라는 회의는 마찬가지였다. 한
국의 법학자로부터는 더 큰 회의적인 눈길이 있다. 즉 한국의 지난날이
나 현재에 있어서 정책 결정이 어떤 법 원칙에 의하지 아니하고, 빈번
히 자주 이른바 "경제적 고려에 의해서" 결정되는 경우가 있었다. 예를
들면 그린벨트 해제 즉, 개발제한지역 해제의 가장 큰 동기가 "토지 이
용의 효율성 제고"라는 명분이었고 이것은 의심할 나위 없이 개발제한
지역을 지정한 법제도의 경제분석의 결과로 돌릴 수도 있다. 더 쉽게
얘기하면 한국에서 자주 "경제적 고려"가 법 원칙의 문제나 제도의 문
제나 더 나아가서 공공복리의 문제나 또는 도덕의 문제, 윤리의 문제를
압도해왔다. 실로 한국 역사에 있어서 소급한다면 1961년부터 1979년
까지 18년 동안의 개발 독재기간을 특징 지운 한국 경제 개발의 방식
이었다. 한국의 민주화가 정부차원에서 시작된 1992년 이후에는 이제는
신자유주의라는 이름으로 결과적으로는 마찬가지로 "경제적 고려"가 압
도하였다. 단지 민주화의 상징을 위해서 때로는 값비싼 상징조작을 행
했는데 이 때에는 전혀 경제적 고려가 들어가지 않았다.[81]

　환경법학자는 다음과 같이 생각할 수 있다. 법의 경제분석이 등장하
면 그 논리가 어떠하든 결과적으로 한국에서는 개발의 문제에 있어서
개발주의자의 이익을 위해서 봉사를 하게 된다. 또한 지난날의 어떤 경

---

81) 민주화 과정 중의 상징조작으로서 비용을 생각하지 않은 예로는, 일제 잔
　　재를 일소한다는 대의명분으로 아직도 쓸 수 있는 오래된 건물을 없앤다
　　던가 또는 해방 이후 1990년대까지 써온 국민학교라는 명칭을 초등학교로
　　바꾼 것 등을 들 수 있다.

험에서 어떤 정책 결정에 있어서, "경제적 고려"가 개입하게 된다. 결과적으로 재계, 또는 대기업 집단의 이익에 가까운 쪽으로 경도 하게 된다. 마지막으로 공교육에 "경제적 고려"가 들어가면 어김없이 교육원칙은 연화되고 결과적으로 기업이나 또는 영리성이 강조되는 편향이 있어왔다.

대략 이런 이유로 법의 경제분석에 대해서 회의적인 눈초리가 있어왔다. 그러나 지극히 상식적인 차원에서라도 논의를 더 진행시켜보자. 우선 한국의 역사에 있어서 어떤 학문이나 지적인 도구가 그 자체로서는 중성적이거나 중립적이더라도 그 쓰임의 동기에 따라서 결과가 달라졌다는 것을 경험 있는 사람은 기억할 것이다. 사례를 들어보자. 도시과밀지역에 자리하고 있는 개발제한지역을 해제하는 경우 어김없이 토지의 이용도는 높아지고 경제학적 언어로서 효율성이 높아진다. 거주 공간이 더 확대되고 말하자면 주거용 토지의 공급이 늘게 된다. 그런데 개발제한지역이 시민의 공원으로, 휴식공간으로서 이용되고 있는 경우의 공공복리는 어떠한가? 문제는 개발제한이 해제됨으로써 얻게되는 경제적 이득이 쉽게 계산될 수 있는 것임에 비하여 주민의 건강권, 휴식권, 일조권의 확보로 인해서 얻게 되는 경제적 이득은 쉽게 계산될 수 없다는 것이다. 그러나 계산 불가능한 것은 아니다. 즉, 주민들이 인구과밀로 인해서 겪게 되는 환경상의 문제로 야기되는 모든 어려움은 이윽고 주민들의 의료비 부담으로 나타날 것이고 경우에 따라서는 과다한 자극으로 인하여 생기는 과민성 때문에 불필요한 돌발적 사고, 교통사고, 없어도 좋을 마찰, 전혀 근거 없는 갈등이 가져오는 생업의 불이익 같은 것이 비용으로 예상될 수 있을 것이다. 즉, 이 경우에 문제의 표면에는 경제분석이 있는 것 같지만 자세히 살펴보면 문제의 내부에는 누가 주도적으로 어떤 경제분석을 하느냐라는 권력의 문제가 숨어있다고 볼 수 있다. 운동부족으로 생긴 만성 성인병으로 막대한 치료비를 부담하고 있는 주민 측에서는 녹지대의 경제분석을 달리할 것이기 때문이다. 땅값이 오르기를 기대하고 있는 녹지대 주변의 토지 소유자 또는 개발제한지역의 토지소유자는 물론 다른 계산을 할 것이다. 어떤 계산이 최종적으로 정책 결정의 데스크에서 채택되느냐는 권력의 문제이지 법의 경제분석의 문제가 아니다.

이와 같은 의문에도 불구하고 법의 경제 분석에 대한 논의를 진행하는 까닭은 무엇일까? 우선 이미 예를 들어 본 바와 마찬가지로 제도나 법의 경제분석 자체는 전통적인 방식과 마찬가지로 중성적인 것이다. 경제분석 이전에 주로 쓰여왔던 전통적인 언어도 자세히 따져보면 개념 자체는 중성적이나 주로 누가 어떤 때 그 언어를 구사해서 무엇을 얻으려하느냐에 따라 지배적 이익에 봉사하기도 하고 그렇지 않기도 했다. 국가의 이데올로기나 사회 이데올로기는 그 자체가 해당국가나 해당사회에 있어서 어떤 타당성의 범위를 가지고 있다. 예를 들어 경제 개발이라는 언어가 어떤 국가나 사회에서 모든 가치에 우선하는 순위를 가질 때 그리고 합리성을 넘어서서 어떤 종류의 열정에 호소할 때 이 때의 경제 개발이라는 언어는 중성적인 경제학적인 용어라기 보다는 국가 이데올로기 또는 사회 이데올로기가 된다. 이런 전통적인 언어도 실제로 분석적 방법에 의해서 그 실체와 목적 또는 명목적 가치 여부를 가려낼 수는 있다.82) 그러나 쉽지는 않다. 관심의 초점을 교육 개혁에 맞

---

82) 법학에 있어서 전통적 개념적 언어(conventional and conceptual language)와 더 분석적 또는 사회과학적 언어 (more analytic or social science language)의 문제에 대해서는 1995년 뉴욕 법과대학원의 The Program for the Study of Law, Philosophy & Social Theory; Fall 1995 (organizer, Professor Ronald Dworkin)에서 논의된 바 있다. 전통적 개념적 언어의 대표자는 Ronald Dworkin이었으며 사회심리학적 언어의 대표자는 Cass Sunstein이었다. 물론 이 프로그램에는 Posner는 참가하지 않았으나 포즈너는 경제학자가 아닌 법학자로서 전통적이고 개념적인 법학언어에 경제학적 언어를 추가한 거의 최초의 법학자로 생각된다. Dworkin과 Posner의 입장의 문제에 대해서는 전체적으로는 이야기하기 힘들다. 단지 The

출 때 이 역시 같은 괘적의 논의를 할 수 있다. 교육 개혁이라는 언어
가 어떤 합리성을 넘어서서 국가이데올로기 또는 시회이데올로기가 되
는 조건과 맥락이 지금까지 있어왔다. 새로이 성립된 정부의 정당성과
효율성을 투표권자에게 알리기 위해서 지금까지 문민정부나 8공화국 정
부는 합리성을 넘어선 과장된 열정을 개혁의 동기로서 시작하지 않았던
가라는 반성이 있을 수 가 있다. 왜냐하면 국민의 입장에서 볼 때 5년
간 지속되는 한 정부의 개혁이 그 초기와 5년뒤와는 전혀 다르게 영향
을 미치는 것을 관찰하기 때문이다. 개혁이 어떤 필요한 수준에서라기
보다도 정치적 상징조작의 동기로 쓰여지는 예는 없었던가?

경제학적 언어는 전통적 언어보다 어떤 점에서는 상징 조작이 쉽지는
않다. 그러나 가장 기초적인 통계 수치조차도 가장 중성적인 통계처리
의 방법에 의해서도 결과의 조작은 얼마든지 가능하다. 즉 모집단(母集
團)의 샘플링을 어떻게 하느냐의 문제는 항상 있을 수 있고 통계수치의
해석을 어떻게 하느냐의 문제도 늘 따른다. 통계 역시 엄격히 말하면
누가 무엇을 위해서 통계 수치를 만들었느냐의 문제와 함께 여러 가지
다른 통계가 있을 때 누구의 통계가 우세하도록 만드느냐의 문제가 따
르지 않을 수 없다. 또한 사람들은 자기 마음에 들지 않는 통계는 신뢰
하지 않으려 하기 때문이다. 권력의 문제와 선입견의 문제는 결국 통계
학에도 따라다닌다고 보인다.

넓게는 법과 제도의 경제분석, 좁게는 교육제도의 경제분석을 한국
에서 법학자로서 논하는 마당에서 또한 몹시 주의해야될 점이 있다.
즉, 1980년도 후반부터 그리고 더욱 빈도 높게 1992년 이후부터 한국
에서 유행처럼 쓰이게 된 시장경제라는 용어에 대해서이다. 한국에서

Ethical and Political Basis of Wealth Maximization에 대해서는 보라.
Dworkin's Critique of Wealth Maximization 107, Richard A. Posner,
The Economics of Justice, Harvard University Press Cambridge, Massa-
chusetts and London, England 1993

는 비시장경제(non-market economy) 영역과 시장경제(market economy) 영역을 때로는 혼동하는 경우가 많았다.[83] **우선 얘기해야 될 것은 교육제도는 교육법 또는 공교육이 차지하는 영역이 과연 시장경제 영역인가 하는 것이다.** 한국에 있어서 권위주의 정부가 퇴조를 보였던 1980년대 후반부터 기묘하게도 가장 기초적인 문제에 있어서, 전문가와 비전문가를 막론하고 일대 혼란이 일어났다. 어떤 자본주의 국가에 있어서도, 국가의 교육제도 그리고 그것에 관한 교육법 제도 그리고 교육 전만에 대한 프레임워크를 정할 때, 경제적 고려나 경제분석을 행하더라도 이 분야는 시장경제와 구별해야 될 비시장경제 영역인 것이다. 자유화이후 한국의 전문가와 지식인들은 일반시민과 마찬가지로 경제적 논의와 시장경제에 대해서 많은 시간을 할애하였다. 그리고 나서 아무런 구분없이 바로 국가정책이라는 큰 테두리안에서 바로 "교육제도의 문제"에 진입해서 똑같은 어조로 이야기를 진행하였다. 이것은 국가 정책의 입안자나 보조자의 역할을 하는 경우에 더욱 심하였다.

조금 다른 이야기지만 전통적으로 한국의 법학 특히 공법학의 영역에서는 시장경제라는, 경제학에서는 가장 미리 쓰는 선재 개념(preexisting conception)도 법 개념의 당연한 전제로서는 받아들이지 않았다. 왜냐하면 헌법학의 영역에서 기본권 제한사유로서의 국가안전보장, 질서유지, 공공복리의 구체적 적용의 논의가 많은 부분을 차지하였고 또한 공익법(Public Interest Law)의 영역에서 특히 계약자유나 사적인 자치 원리가 가져오는 자유와 형평의 침해에 관심을 기울였기 때문에 상대적으로 시장 경제 자체의 메카니즘에 대해서는 오히려 무관심했다고 할 수 있다. 대체로 말해서 1980년 후반에 이르러 1917년 이후 세계의 법제도를 크

---

83) 시민 또는 소비자의 입장에서 볼 때 시장경제에서의 행동과 비 시장경제에서의 행동은 구별된다. 한국의 경우 교육을 받을 권리와 학습권을 둘러싼 학부모들의 행위양식은 "비 시장영역"에서의 행동의 예이다.

게 양분하였던 사회주의 법체계가 와해되기 시작하였을 때까지도, 대체로 논의하면 한국이 주된 영향을 받았던 대륙법계의 공법학의 기본골조는 어떤 측면에 있어서는 통제와 계획의 국가목표를 상당한 정도 반영하고 있어서, 규제법의 영역에 있어서는 극히 조심스럽게 얘기한다면 시장 경제의 현황에 대해서 오히려 무신경한 측면이 있었다.[84]

---

84) 예를 들면 규제법의 기본이 되는 행정법의 총론부분에서 한국의 강단 법학이 전형적으로 설명의 예를 드는 사례를 보자. 행정행위로서 가장 빈도수가 높은 허가의 경우 전통적인 한국의 공익법 관계를 다루는 행정법학 교과서에서 자주 나타나는 예는 공중목욕장업, 주유소업과 거리제한에 관한 판례(김도창, 행정법론 상, p.303, 1983년)공중목욕탕 영업허가(홍정선, 행정법원론 상, p.318), 사회경제사정의 변화에 따른 적절한 사례는 나타나지 않는다. 심지어 거의 사문화된 고물상영업법 등을 허가의 예로 들고 있다. 또한 전당포 영업허가 또는 총포류 제조허가를 예로 들고 있다. (김동희, 행정법1, p.247) 산업 금융자본주의에서 본격적인 문제가 되는 금융업의 허가라든지 경제규제의 가장 중요한 핵심 문제로 등장하는 영업허가 같은 것들은 거의 언급하지도 않는다. 한국행정법의 기본 틀이 아직도 1919년 이후 1925년 전후에 대륙에서 영향을 끼쳤던 순수법학의 방식에 의하고 있다는 대표적인 예이다.
　　이러한 강단 법학의 외부 환경은 어떠했는가? 1960년대 부터 시작된 경제 개발계획은 정부가 모든 기획 업무를 담당하는 형태로 진행되었다. 정부는 필요한 산업이 무엇인가 결정하고 이를 담당할 기업을 선정하고, 필요한 자금의 조달방법까지도 고안을 해서 당해 기업에 배정을 하였다. 오수근. "기업 구조조정과 법치주의", 「금융행정과 법치주의」 주제 발표. 한국 공법학회·전국 경제인 연합회 공동 학술 대회 『경제행정과 법치주의』. 2000년 12월 19일. 다시 말하자면, 시장 경제나 이에 대한 사법적(司法的) 해결이 아니라 정부 정책이 기업의 투자와 자금 조달까지도 담당하였다는 것이나. 이런 경제 형태를 도저히 '창의와 시장 원칙을 기본으로 하는' 헌법상의 시장경제라고 할 수 없을 것이다. 고도의 계획경제가 주된 산업의 구조를 결정하고, 부분적으로 중요하지 않은 산업부문이나 유통 구조에서 원래적 의미의 시장경제가 통용되었다고 할 수 있다. 이런 경제환경에서 환영받는 규제법은 어떤 것이었을까? 한국에 있어서의 강단 법학 중 규제법에 대한 부분은 그것의 원형이 유래한 1925년 전후의 원산지를 상기하게 한다. 즉, 1919년 내지 1925년의 오스트리아와 도이칠란드의 역사적 단계는 이제 막 오스트리아-헝가리 제국과 프로이센 제국의 제한적 군주제에서 벗어나고 있는 중이었다. 한국에 있어서의 그 영향은 전혀 사회 경

이른바 자유화와 민주화 전후에 걸쳐서 정치적 영역을 제외하면 시장 경제와 시장의 역할에 대해서 관심이 높아졌다. 많은 경우에 종전의 통제와 계획이 물러간 공백부분을 시장이 대신해줄 것으로 정부나 시민들이 기대하였다.[85] 시장의 역할과 시장 경제의 메카니즘이 크게 강조되었는데 이 또한 그 시절의 국가 이데올로기 내지 사회 이데올로기의 명목적 측면과 결합한 감이 없지 않았다. 특히 시장의 역할과 그 시장

제사정에 관계없이 여전히 정부 정책이 모든 것을 결정하는 행정 주도의 국가에서 요구되는 관료법학에 봉사한 결과를 낳았다고 할 수 있다.

85) 「시장의 문제」에 대해서 한국에 있어서는 다음과 같이 그간의 사정을 요약할 수 있다. 첫째, 「시장의 원칙」이 필요한 영역, 즉 기업의 합리화에 대한 문제에 대해서는 정부는「정부 정책」으로 경제 개발, 산업 합리화의 기치 아래 시장을 대치하였다. 예, 1969년~1980년 후반까지의 부실 대기업 및 주요 산업에 대한 구조조정 방식. 권위주의 정부시대의 산업 합리화 조치 (부실기업 퇴출 조치)는 시장원칙 또는 제정법 상 근거 없이 행해 졌다는 것이다. 경제 관료가 퇴출 여부를 정하였고 은행을 통한 금융지원 역시 투명한 기준과 절차에 의한 것이 아니었다. 그 결과 산업 합리화 조치는 한 번도 입법적·사법적 통제의 대상이 된 적이 없었다. 이상의 요약은 전적으로 다음의 획기적인 발표문 및 논문에서 인용한 것이다. 오수근 "기업구조조정과 법치주의", 「금융행정과 법치주의」 주제 발표. 한국 공법학회·전국 경제인 연합회 공동 학술 대회 『경제행정과 법치주의』. 2000년 12월 19일.

1997년 외환위기 이후 진행된 기업개선작업(워크아웃)도 "산업 합리화 조치의 연장이다" 오수근. 위의 발표문.

채권·채무관계의 조정이라는 지극히 법적인 절차가 사법적으로 다툴 기회를 갖지 못한 채 행정부의 영향 아래 이루어진 것이다. 1991년 후반부터 워크아웃이 가진 이런 문제 중 일부를 해결하기 위해서 이른바 Prepack 의 입법을 추진하였다. prepack이란 미국 파산법의 Prepackaged Plan을 가리키는 말이다. "1년 반 가까이 진행된 입법시도에서 재경부는 법의 일반 원칙조차 인정하려 하지 않았다. 예를 들면 합의는 당사자간에만 유효하다는 것이나 소급효(遡及效)는 원칙적으로 인정되지 않는다는 것을 무시하고 입법을 하려고 하였다." 오수근. 위의 발표문.

외환위기 이후 기업구조조정 과정에서 벌어진 일이 이른바 빅딜이다. 기업간 대규모 인수 합병을 내용으로 하지만 그러한 거래가 당사 회사간의 흥정을 통해서 이루어진 것이 아니고 정부와 정치인의 영향력에 의하여 결정되었다는 것이다. 오수근, 위의 발표문.

의 역할을 전제로 하는 자본주의 경제학의 원리를 신봉한 나머지 시장과 시장의 경제학이 타당하는 보편성의 범위에 대해서 지나친 점이 있었다. 반성하건대 한국의 자유화 내지 민주화는 그 피상적인 측면에 있어서의 정치문화를 제외하고 사회의 문제 즉, 기본이 되는 사회의 자유화 내지 민주화에 대해서는 시장화를 의미하는 것으로서 잘못 관념 했던 측면이 있었다. 예를 든다면 사회민주화 중에 우리 사회에 있어서 어떤 핵심이 될 만한 분야로서 교육기관 및 교육의 문제가 있다. 교육 민주화가 1990년대 이후 오로지 시장화를 의미하는 것으로 정책수립가나 대중 계몽가나 상당한 숫자의 지식인들도 착각하였다. 시장화라는 마법적인 언어의 현혹되어 근대 이후 또는 현대 입헌주의의 당연한 개념요소인 "법의 지배 또는 법치주의"를 망각하였다.86)

  법치주의를 망각하였다는 사실 이외에 순수한 사회학적, 경제학적 인식에 있어서도 큰 착각이 있었다. 착각의 시초는 경제학의 전제로서 시장의 존재-그 시장도 자유로운 시장 즉 왜곡되지 않는 시장을 상정하는데 한국에 있어서의 경제학도나 경제분석의 유행아들은 한국의 시장

---

86) 시장 경제와 법치주의의 관계에 대해서는, 한국공법학회・전국경제인연합회 공동 학술대회, 『경제 행정과 법치주의』 2000. 12. 19 제2주제:「금융 행정과 법치주의」의 주제발표자 오수근(이화여대 법학과) 교수는 흔히 오로지 국가경제 정책의 일환이라고 생각되는 기업 구조 조정의 본질이 법치주의의 문제라고 파악하고 법치주의의 관점에서 볼 때 구조조정의 문제는 시장 법치주의 실현의 관건이 된다고 하였다. 특이한 것은 사법학자인 오수근 교수는 금융 구제 행정의 분야를 조사하던 중 한국에 있어서의 법치주의는 그동안의 경찰서 법치주의 뿐 아니라 시장 법치주의를 실현하여야 한다고 주장하였다. 교육문제는 국가적 차원에서는 공교육의 문제로서는 말할 필요도 없이 비 시장영역의 문제이다. 따라서 교육현안에 있어서의 법치주의의 문제는 기업 구조조정이나 금융 구조조정과 같은 경제적 문제에서보다도 더욱 직접적인 본질문제라고 볼 수 있다. 경제정책이라는 외관 때문에 법치주의를 망각해서는 안 되는 것은, 교육정책이라는 현안 때문에 법치주의를 망각해서는 안 되는 것과 마찬가지이다. 이때의 법치주의는 법의 일반 원칙과 사법부에 의한 최종적 해결이라는 지극히 평범한 근대 입헌주의의 내용이다.

구조를 북아메리카나 혹은 서양의 이상적인 시장구조와 혼동하였다. 더 논의를 진행한다면 한국의 어떤 시기의 기린아였던 개혁주도 인사들은 한국의 사회구조를 그들이 청년의 이상적인 시기에 수학하였던 선진국 여러 나라의 사회구조와 혼동하였다. 교육개혁의 영역에서 이런 혼동은 이미 권위주의 정부의 후기부터 나타나기 시작했다. 이른바 교육의 소비자 개념이 6공화국 후기부터 나타났고 문민정부 때부터 본격화되기 시작한 교육개혁은 그 전제가 되는 밑그림으로서 시장경제의 상황이 전혀 다른 선진국을 상정하고 있었다. 국민의 정부의 교육개혁까지 이어진 일련의 조치의 사고방식 역시 우선 국민소득이 엄청나게 차이가 나고 시장경제의 연혁이 수 백년에 이르는 최선진국의 제도를 직수입함으로써 우선 가시적인 개혁효과를 과시하려고 하였다.

시장경제의 일반의 한국에 있어서의 현황의 예를 든다면 한국의 사회구조 중 특별히 시장구조는 어떤 품목에 있어서도 이상적인 경쟁상태에 있지 않았다. 즉 오랜 권위주의적 통치를 거친 1980년대 후반과 1990년대 초반의 한국 경제의 구조는 그 사회구조와 마찬가지로 독점구조와 과점구조가 두드러지는 특징을 가지고 있었다. 선재하는 사회구조와 시장구조의 정직한 인식과 현황파악을 뛰어넘어서 자유와 민주화의 정치적 열풍을 타고 사회 부면의 기초적·공공 관련적 부분을 오로지 시장경제에 맡기고자 의도하는 정책적 시도는 설혹 그 의도가 진지하다할지라도 파괴적인 효과를 가져오는 예가 외국에서 발견되었다.[87]

---

87) 엄격한 의미에서는 대비될 수 없는 너무나 상이한 역사적 궤적을 가지고 있는 사회도 어떤 단면에 있어서는 대비(contrast) 또는 유사성(similarity)을 찾아볼 수 있다. 물론 본질론(essentialism)적인 사고로서는 이런 대비는 불가능한 것이다.
　　권위주의 사회가 이른바 자유화와 민주화를 거치면서 나타내는 다음 단계의 시장화 또는 민영화의 여러 가지 양상 중에서, 극단적인 예로는 1917년 이후 대표적인 사회주의 법제도였던 소비에트 러시아의 예를 들 수 있다. 구 소비에트 연방이 해체되면서 이전에 표방하였고 의거하였던 사회주

따라서 법의 경제분석의 올바른 태도는 법의 사회분석과 마찬가지로 우선 법제도의 장(場)이 되는 시장 또는 사회의 구조를 있는 그대로 파악하는 태도이다. 정직하게 시장의 구조와 사회의 구조를 현황 그대로 과학적 방식 또는 경제학적 방식에 의해서 파악하는 태도가 미래의 시장 경제의 활성화를 위해서 필요할 것이다. 존재하는 시장의 불균형과 사회의 왜곡된 구조를 도외시하고 이상적인 시장과 정상적인 사회구조에서 가능한 단기간의 급진적인 개혁을 추진하는 것은 과학적인 태도라기보다는 통치 이데올로기가 대중 선전기구를 통해서 사회 이데올로기화하고 국가 이데올로기까지 높여지는 폐쇄적인 사회 또는 권위주의적 사회의 특징을 나타낸다고 할 수 있을 것이다.

의적 가치의 법제도도 와해되기 시작했다. 일단 정치적 측면을 제외하고 논하기로 하자. 경제적 측면에 있어서 급격한 해체와 인위적인 형성기에서 러시아 국민의 고통은 시작되었다. 물론 해체의 초기 프로그램이었던 고르바초프 방식(스칸디나비아식의 사회민주주의)이 급진주의자였던 옐친 방식에 패배하고 나서의 경위이다. 러시아 경제의 해체 및 형성에 있어서 가장 급격한 충격 요법으로서 "급격한 시장 경제"는 약 70년 이상 지속된 러시아 사회의 인프라 스트럭쳐를 거의 붕괴시킬 만한 경과를 가져왔다. 한 사회가 그 사회의 역사적 전개의 단계를 무시하고 충격요법에만 의거할 때, 어떤 결과를 가져오는가의 생생한 교훈이라고 할 수 있다.

1990년대 후반까지 진행된 러시아 사회에의 급격하고도 전면적인 시장 경제 제도의 도입과 사영화(私營化)는 어떤 효과를 가져왔는가? 여기에 대한 러시아 내부 지식인의 참담한 비판에 대해서는 참조; Aleksei Kiva, "Whence Spring the Roots of Bolshevism in Russian? – Even the 'Conscience of the Nation' May Lose Its Conscience" Russian Politics & Law 1995 / Vol.33, No.1 M. E. Sharpe Inc. NY 물론 러시아 외부의 다른 프레임 워크를 가진 지식인은 다른 관찰을 할 수도 있다.

제3장 포즈너의 입헌주의 경제학과 한국
법제도의 법 경제학적 접근

I. 들어가는 말 - 포즈너의 법이론

찰스 비어드의 20세기 초의 저작을 제외하면 헌법 전체에 대한 경제적 해석론은 문헌이 드문 편이다. 비어드는 그의 경제적 해석론을 통해 헌법의 목적은 사회의 빈곤층으로부터, 헌법 기초의 아버지들이 속해 있던 사회 상층부로 부(富)를 재 분배하는 것이 아메리카 헌법의 목적이라고 했다.[88] 비어드의 논의는 그 이후 대부분의 법학자나 경제학자에게는 부인되어져 왔다. 경제학의 개념이나 헌법의 개념에서 모두 극히 좁은 견해로 보여진다.[89]

1987년에 포즈너는, 지금까지 다룬 독점금지법, 경제 규제법, 법학 방법론으로서의 경제 분석론을 배경으로, 이제 전면적으로 그의 새로운

---

88) 보라, C. Beard, An Economic Interpretation of the Constitution of the United States (1913), 인용, Richard A, Posner, "The Constitution as an Economic Document" p.4 The 56 *George Washington Law Review* 4 (1987)

89) Posner, Supra, p.4. 또한 F. Mcdonard, We the People: The Economic Origin of the Constitution.

법학 방법론을 새 영역에 시험 적용하기 시작하였다. 아메리카의 법학자와 법조계에서 가장 아메리카적이며, 출발이며 종착역인 분야; 기본적 제도인 헌법 분야에 뛰어들었다. 거의 모든 법조인과 법학자는 이 나라에서는 이윽고 어떤 토픽이든 헌법적 문제(Constitutional Issue)의 논쟁에 참가하기 때문이다.[90]

어떤 단행법, 분과법의 적용 문제도 이 나라에서는 마침내는 헌법 문제에 이르기 때문에, 포즈너는 아메리카 헌법전 모두에 대한 경제적 해석을 시도하였다. C. Beard이후 법학자로서 어느 누구도 이런 시도를 본격적으로 한 적이 없었다.[91]

---

90) 한국 법학의 특징은 강단에서 취급하는 분과법이 각각 그 구성과 이론에서 독립해서 자율적으로 존재하는데 있다. 즉, 헌법, 행정법, 민법, 형법, 민사소송법, 형사소송법, 상법, 법철학, 법제사 등의 분야가 따로 강의되고 연구된다. 강의와 연구의 편의는 이윽코 나누어진 분야가 제 홀로 존재하는 듯한 착각을 주게 만들었다. 이론적으로 얘기하면 헌법적 논의는 여타의 모든 법 분야에도 중심적 과제가 된다. 다른 법 분야에서 기본법의 가치와 이론적 탐구가 약한 것은 다음의 이유라고 보여진다.

첫째, 법실증주의(法實證主義)의 강한 영향이다. 메이지 헌법 이후의 일본의 법학 또한 그러하다. 근원을 따지면 19세기의 프로이센의 법 실정주의적 법치주의의 영향이라고 분석된다.

둘째, 위로부터의 근대화(近代化)가 특징인 2차 대전 이후의 신생 독립국에서는 아시아 아프리카 어디서나 행정권(行政權)의 우위(優位)가 의회 입법 만능주의(議會 立法 萬能主義)와 결합하였다. 그 결과는 의회와 행정부를 연결한 다수파(多數派)의 입법 의지(立法 意志)가 나타난 제정법(制定法)이 거의 유일무이한 법의 원천(源泉)으로 사실상·단일한 효력을 가지게 되었다.

셋째, 다른 제정법에 비해서 헌법은 그 기본저 성격이 立憲主義 및 法治主義 전반의 문제와 연결되어 있다. 따라서 신생 독립국이 온전한 법치주의와 입헌주의를 가질 때까지는 다른 단행법에 비해서 항상 부분적으로 효력이 나타날 뿐이다. 따라서 기본법인 헌법이 다른 단행법 전체에 대해서 관련된다고 현실적으로 인식되어지지 않는다. 결과적으로 헌법 논의 따로, 다른 분과법 논의 따로가 당연시되는 것이다. 이것은 마치 부권(父權)이 몹시 약해진 "아버지 없는 사회(Fatherless Society)"의 아버지와 자녀들간의 관계와 같은 것이다.

지금까지 대중적으로 알려진 아메리카 헌법의 경제 분석은 다음과 같은 냉소적인 구절이다.

구대륙에서 많은 고난을 이기고 신대륙에 도착한 메이·플라워호의 이주자들과 후예들은 「信敎의 自由」때문이었다.……현실적인 관찰자는……신대륙에서는……종교의 자유뿐 아니고……토지의 자유가 더 우세하다는 것이다.[92]

포즈너 이전에는 어떤 법학자나 법조인도 아메리카 헌법 전부에 대한 경제적 해석을 본격적으로 시도할 수가 없었다.

1987년 포즈너는 먼저 C. 비어드를 별로 가치가 없는 것으로 얘기한 뒤, "이제 경제학이 헌법을 연구하는데 어떻게 쓰여지는가를 생각할 때, 헌법의 경제학적 연구 방법은 8개의 특정한 토픽을 형성한다"고 하였다.[93] 가장 먼저 들 수 있는 것은 「입헌주의」에 대한 경제이론의 적용이다.

그 밖에 경제학적 방법에 의해 추구할 7개의 범주를 제시하였다.[94]

우리의 목적인 포즈너의 현대 경제학적 방법에 의한 근대 또는 현대의 국가 제도의 분석에 앞서 일종의 준비체조가 필요하다. 즉 분석의 대상이 될 국가 사회제도를 우리가 기왕 가지고 있는 개념적 범주에서 해방시켜 원래의 모습, 또는 근대 이후의 국가주의 철학, 또는 다른 경

---

91) "1986년 노벨 경제학 수상자인 부캐넌은 사회계약론적 입장에서 헌법경제론을 구성하고 있는 반면에 1974년 노벨 경제학 수상자인 하이에크는 진화이론적 기초에서 헌법경제론을 개발하고 있다.", 인용, 민경국저, 『헌법경제론』, p.iv 머리말: 분석 목적, 1993년, 강원대학교 출판국, 부캐넌과 하이에크는 경제학자이며, 법학자로 분류될 수는 없다.

92) 필자는 이 문장을 Lawrence Tribe의 Religious Autonomy in Constitutional Analysis, Harvard Univ. Press에서 1986년에 읽었다고 기억하나 쪽수를 찾을 수가 없었다.

93) 같은 사람, "The Constitution as an Economic Document" p.4-5. Vol.56 *George Washington Law Rev.* (1987).

94) Richard A. Posner, The Constitution as an Economic Document, 56 *George Washington Law Review* 1987

향의 철학에 의해서 오염되지 않은 인간사회의 비교적 자연에 가까운 모습을 우선 직접 관찰함으로써 경제 분석에 앞서서 그 대상의 참 모습을 있는 그대로 보도록 한다. 이하에서 일리아드와 오딧세우스에 나타난 사회와 국가의 제도를 관찰한다. 인용은 포즈너가 행한 연구에서이나[95] 이것 역시 포즈너가 해석한 바에 따라서가 아니라 되도록 원전의 참 모습을 직접 안내나 해석없이 우리 자신의 감수성으로 파악하는 것이 좋다.[96] 그러나 한국의 법학도의 현재 단계로서는 그리스 고전을 안내 없이 직접 읽는 것이 시간의 부담이 크다. 따라서 이와 같은 경제 분석 아래에서 포즈너의 안내에 따르기로 한다.[97]

---

95) 같은 사람, 2장, 정의의 원천, 5 호메로스의 최소 국가 pp.119-147 in *The Economics of Justice*,

96) Homer, *The Odyssey*, Translated by E. V. Rieu, Revised by his son D. C. H. Rieu, in consultation with Dr Peter v. Jones, University of Newcastle upon Tyne, Penguin Books, 1st published 1946. revised edition 1991.

Homer, *The Odyssey*, Supplementary Materials Prepared by Walter James Miller, General Editor, Hary Shefter, Washington Square Press. 1969.

97) 포즈너가 서양 문명의 여명기인 호머 서사시에 나타난 선사(先史)와 기록 시대의 경계선을 분석의 대상으로 택한 것은 Levi Strauss가 미개민족인 Nambiquara족의 직접 관찰에 나선 것과 대조할 만하다. 그러나 포즈너는 그의 고대 미케네 여명시대의 분석을 한국의 법학도를 위해 행하지는 않았다. 따라서 필자는 한국의 법학교육가로서 알게된 한국의 법학도의 특징과 편견을 전제로 포즈너를 재해석하기로 한다. 따라서 한국의 법학도에게 익숙한 법학 용어가 동원되는 것은 이들에게 편견없는 기본 제도에 대한 이해를 돕기 위함이다. 오랫동안 한국의 비교법학노는 서양 법제도에 있어서 국가별로 구분해서 파악하는 국가주의(國家主義)를 기반으로 하는 접근에 익숙하였다.

이제 나라별 구분과 우열같은 것을 넘어서서 서양의 기본제도가 그 여명기에 어떤 원형(原型)을 보여주는가를 직접 관찰 해야만하는 시점에 이르렀다. 되도록 전형적인 논문에서 쓰는 설명적 서술적 가치관련적 태도보다 직접 현장을 관찰하는 방법을 보여주고 싶다. 포즈너가 쓴 현장기록적 방식이 역시 전형적인 법학 논문과는 거리가 있고 필자의 접근 방식도 마

II. 고유의 의미의 국가 제도에 있어서의
경제이론과 윤리[98]

1. 평 가

포즈너는 우리가 지금까지 보아온 법이론가처럼 철학적 방식에 의해 국가 제도, 사회제도, 법제도에 대한 이론을 수립하지 않았다. 철학적 방식은 크게 두 방향으로 나누어져 있었다. 우선 플라톤의 이상 국가, 근세에 와서 칸트의 도덕적 국가, 헤겔의 절대정신이 표현된 국가의 전통이다. 다른 방향은 플라톤 이전의 "위대한 자연 철학가"와 소크라테스의 전통에서 비롯된다. 이 전통을 칼 포퍼는 "열린 사회"의 전통으로 플라톤, 칸트, 헤겔의 관념론의 흐름과 구별하고 있다.[99] 포즈너의 법이론은 관념론의 산물이 아니다. 이 점에서 어떤 유형의 법과 사회 철학이든 관념론적 잔재를 가지고 있는 모든 형태와 우선 연구 방법에서 구별된다. 포즈너는 고대 사회(古代 社會)에 대한 사례 연구(事例 硏究)

찬가지일 것이라고 생각된다.

　인용을 포즈너에서 재 인용하지 않고 직접 호머의 서구어 역에서 하고자 했으나 1997년 1학기 특히 3월과 4월은 이를 불가능하게 했다. 필자는 고전 문헌학자는 아니다. 법학교육가일 뿐이다. 따라서 인류의 공통유산인 일리아드와 오딧세우스를 재 인용하는 것은 한국의 법학교육가로서는 양해될 수 있다고 생각된다.

98) 이 용어는 한국과 동아시아의 법학도에게는 잘 알려진 것이다. Konstitution im Eigentlichen Sinne 원래 이것은 근대적 의미의 헌법에서의 일정한 근대 가치가 부하된 국가 제도와 대비해서만 의미가 있다. 또한 현대적 의미의 헌법은 근대적 의미의 헌법과 같이 대비할 때만 의미가 있다. 우리가 우리에게 익숙한 법학 용어를 떠나서 사례 연구(事例 硏究, Case Study)를 행하고자 함에도 이와 같이 관례적인 용어로서 시작하는 것은 한국의 법학도에게 있어 고전 문헌을 직접 아무런 용어의 도움 없이 읽는 것이 아직은 힘들다는 판단에서이다.

99) Karl Popper, Open Society and it's Enemy, 한국어 역. 칼 포퍼, 『열린 사회와 그 적들(하)』, 이명헌 譯, 이데아 총서, 민음사, 1978.

에서 출발하였다. 서론에서 이야기한 대로 이것은 인류학적 더 자세하게는 경제 인류학적 방식으로 1970년대부터 알려지기 시작한 것이다. 포즈너의 고대 국가에 대한 사례 연구에서 전제하여야 될 것은 지금까지 익숙한 어떤 종류의 선험적 철학이 아니라는 것이다. 특정한 시기의 순수 사유가 아니라는 것이다. 또한 논리적 사유가 아니라는 것이다. 따라서 지금까지 한국의 법학도가 익숙한 대로의 일반 이론(一般 理論, General Theory, Allgemeine Lehre)이 아니다. 또한 일반 이론(一般 理論)이 가지는, 생각할 수 있는 모든 종류의 형태·이념·성질을 한 권의 책에 모두 밀집(密集)시키는 그러한 종류의 법이론이나 국가 철학이 아니다. 지금까지 우리가 익숙했던 모든 국가 철학은 그와 같은 특징을 가지고 반박할 수 없는 이론의 완벽성을 주장했다. 그러나 이러한 완벽한 이론 역시 칼 포퍼의 이름대로 닫힌 이론(Closed Theory)이며, 따라서 그것이 완벽한 만큼 오히려 유해(有害)할 수 있는 이론이다.

2. 안 내

또한 지금부터 우리가 검토하려는 사례 연구의 성과는 이전까지의 어떤 유형화된 법, 사회, 국가에 대한 형태론적(形態論的), 목적적(目的的), 개념적(槪念的) 분류 같은 것을 제외(除外)하고 시작하였다. 왜냐하면 이미 익숙해져 있는 형태론적, 목적적, 개념적 분류는 그 역시 방법론적으로 오로지 이전의 논리적인 순수 사유의 산물일 뿐이기 때문이다. 이러한 개념의 도움은 사례 연구가 끝나고 나서 받도록 한다. 포즈너의 사례 연구에서 우리가 필요로 하는 것은 우선 특정한 선입견(先入見)이 없을 것, 또한 특정한 이념적 지향(理念的 志向)뿐만 아니라 사회와 국가에 대한 특별한 시점과 주장이 없을 것이다. 필요한 것은 오직 지적 호기심(知的 好奇心)과 그리고 기왕의 개념에 물들지 않은 신선한 감수성(感受性)이다.

포즈너는 인류 문명에서 선사 시대를 제외한, 문자로 그들의 생활을 알 수 있는 가장 이른 시기의 사회와 국가를 서사시(敍事詩)를 통해서 사례 연구를 하였다. 대상이 되는 곳은 기원전(紀元前) 10세기의 그리스 문명의 법과 정부이다.[100]

3. 공동체의 가치[101]―공공복리와 개인 윤리

일리아드 오딧세우스에서 나타난 공동사회와 국가 사회에 현대와 같은 국가 이데올로기가 존재한다고는 생각되지 않는다. 그러나 어떤 경우에도 사회가 존재하는 곳에서는 사회를 결합시키고 지속시키는 사회적 가치가 있기 마련이다. 똑똑한 법학도는 즉시 헌법 철학의 가치를 얘기할 것이나, 우리는 그와 같은 것을 벗어나서 아득히 인간의 공동생활의 가장 시초의 것에 가까운 문명의 때가 덜 묻은, 현대지식인의 용어에서 멀리 떨어진 고대사회를 탐험하고 있다.

일리아드와 오딧세이 세계의 영웅들에 대해서는 우선 그들의 개인적 특징이 개인적 미덕과 관계된다. 동정이나 이타심[102]과 같은 심정적 요소가 기초가 된다.[103] 더 나아가서 우선 직계 가족에 대한 복지(福祉)의 관심, 더 나아가서 절친한 친구와 그 범위를 넘는 사람들의 복지에 대한 관심이다.[104] 복지라고 하나 영웅시(詩)의 대부분을 차지하는 모험과 투쟁 그리고 전쟁에서는 살아남는 것이 첫째의 복지 문제이다. 현대의 어의학(語義學)으로는 안전(安全)과 복지(福祉)는 구별된 법학 용어이다. 그러나 이 구별은 최소한의 생물학적 생존이 보장되고 난 연후의

---

100) Richard A. Posner, "The Homeric Version of the Minimal State", pp.123‑135 *The Economics of Justice*, 1983
101) Posner. Supra.122
102) Posner. Supra.122
103) Posner. Supra.p.122‑123
104) Posner. Supra.122

구별일 뿐이다. 생존이 인간이 누릴 수 있는 모든 복지의 대부분을 차지하고 있는 생의 조건에 있어서는 현대의 수사학도 그 논리적 구성의 빛을 잃는다. 1997년 현재 모든 지식인의 담론이 겉도는 까닭은 그들이 구사하는 용어가 따지고 보면 특정한 시대와 역사의 산물일 뿐 어떤 경우에는 세기말(世紀末)에 진행되고 있는 실제의 문제에서 겉도는 언어일 수밖에 없는 경우가 많기 때문이다. 포즈너나 또는 포즈너의 안내에 따라서 현대를 벗어난 우리는 이와 같은 기성 용어에 얽매이지 않기 위해서 기존의 학문 용어로서 진행되는 논의가 가지는 협소성을 벗어나서 새로운 성찰을 얻기 위하여 인간 문명의 원형을 찾는 것이다. 따라서 우리가 익숙한 기존의 법학 용어는 우리를 한계 지워왔다는 것을 잘 알아야 한다. 호머시대의 복지(福祉)는 생존(生存) 그 자체이다.

동정(同情)이나 이타심(利他心)의 문제는 극심한 변화기에 있어서 제도의 문제보다 제도안에 있는 인간의 미덕의 문제이다. 이것은 일종의 능력이다. 로크의 자연 상태와 홉스의 자연 상태를 구분 짓는 "시민의 德"에 대한 묘사는 그것 자체가 유형화된 것이다.[105]

호머시대의 관찰에서는 이기심과 자신의 생존에 대한 관심만 가진 일반인들과 다른 영웅의 한 사람인 아킬레스에 있어서의 타인의 불행에 감응하는 동정과 이타심이 다른 특징과 같이 나타나 있다. 오딧세우스 세계에서도 보통의 지혜는 끊임없이 자신의 생존에 대해서 먼저 보장을 확보하도록 촉구하고 있다. 핵토르와 아킬레스를 읽을 때, 行間에 읽히는 우리들의 반응은 그와 같은 것이다.

서양적 전통에 의하면 동정이나 이타심의 요소는 심성적이라기보나노지각적(知覺的)인 능력이라고 한다.[106] 동양인의 파악으로는 동정이나

---

105) John W. Chapman And William A. Galston, (ed.) *Virtue, Nomos* ⅩⅩⅩⅣ Yearbook of The American Society for Political and Legal Philosophy, N. Y. U Press 1992

106) Posner. Supra.122

이타심의 출발은 심정적(心情的)인 것이 된다. 아담 스미스가 1764년 이후에 글라스고우에서 도덕철학의 강좌를 시작했을 때 다른 사람에 대한 고려 또는 타인에 대한 의무감과 지각력과의 관계를 논했다.107) 쉽게 얘기하면 한 사람이 다른 사람의 생각과 느낌을 이해하는 능력을 지각력(知覺力)이라하고, 상상력을 구사해서 다른 사람에게 무엇이 일어나는지 고려할 수 있을 때 이러한 지각력(知覺力)을 갖추고 있다고 본다. 이런 맥락에서 볼 때 놀라운 사실은 타인에 대한 동정과 이타심은 흔히 생각하듯이 心情的이거나, 直觀的이 아니다. 오직 타인의 상태를 이해하는 능력에서 출발한다. 이러한 동정과 이타심이 사회적 통제가 극히 약한 호머사회의 결합의 요소가 되고 있다.108)

1770년대 이후에 절대주의가 시작할 때, 또는 붕괴할 때의 어떤 사

---

107) 포즈너, 위의 장, 위의 책, p.122 또한 아담 스미스에 대해서는 참조, 金 徹, 『러시아 소비에트 법, -비교 법 문화적 연구(比較 法 文化的 硏究)-』부록 제6장 解題 p.517 민음사, 1989. 현대의 경제학과 법학에서는 윤리학과 도덕 철학과의 분리 및 거리가 1764년의 아담 스미스 시대보다 현격해졌다. 아담 스미스는 당시 글라스고우 대학에서 도덕 철학 강의를 시작하였다. 그의 도덕 철학은 법학(러시아법학의 아버지, 데스니츠키와 트레티아코프)과 경제학(아담 스미스 자신의 후기 저작)에 영향을 미쳤다.

108) 호머의 세계는 기원전 1000년의 미케네 문명으로서, 영웅담시(英雄譚詩)가 그러하듯이 몇 사람의 영웅적 특징이 두드러진다. 일리아드는 아킬레스의 분노와 그가 전장에 나타나기를 거절함으로써 그리스군에게 집중된 재난의 묘사이다. 참조. F. A. Wright, *Lempriere's Classical Dictionary of Proper Names mentioned in Ancient Authors*, Routledge & Kegan Paul Ltd. London and Boston.

또한 핵토르의 죽음으로 끝난다. 따라서 사회적 특징보다는 개인적 특징, 객관적인 일의 진행보다는 개인적인 성격, 우연한 일에 매이고 있다. 동양 고대의 영웅담도 몇 사람의 특징이 모든 국면을 좌우한다는 점에서 비슷하다. 몇 사람의 영웅담과 그들 간의 관계는 현대 법학의 용어로는 근대 입헌주의 이전의 고유의 의미의 정부와 헌법 시대의 특징으로 기술될 수 있다. 또는 제도(制度, Institution)보다도 인적 요소(人的 要素, Personal Element)가 돌출되는 특징으로 파악된다.

회의 모습도 이런 점에서 논할 수도 있다. 오랫동안 계속되던 강한 사회적 통제(社會的 統制)가 약화될 때 '市民의 美德'이 사회 결합(社會結合)의 요소가 된다. 이미 논한 대로 홉스가 관찰한 자연 상태의 시민사회(市民 社會)의 모습과 로크가 관찰한 시민들의 이러한 능력의 차이가 이후에 절대주의적(絶對主義的) 자연법론(自然法論)과 자유주의적(自由主義的) 자연법론(自然法論) 또는 현대에 와서 자유주의적 제도냐 아니냐로 분기되는 출발점이 되었다. 이러한 논의는 고대 호머사회 – 근대 시민사회 – 현대 해체기에 있어서의 어떤 사회 관찰에도 통할 수 있는 면이 있다. 원인과 결과를 따지지 말고 현대의 어떤 국가의 시민 도덕(市民 道德)은 그 국가가 그 이전의 중요한 시기에 있어서 절대주의적 경향이었던가 혹은 자유주의적 경향이었던가를 가리키는 바로 미터가 된다.109)

한국에서는 특히 지난 시절의 귀족적 법학도의 특징은 '강한 통제(統制)가 시민의 도덕을 보장한다'는 사유 방식이다. 이 방식 자체가 인류의 오랜 문명사에 두루 통하는 것이 아니고 특정한 문화안에서 제한적으로 통용되었던 사유 방식이다. 강한 통제(統制)를 동반하는 법치주의(法治主義)를 옹호하는 논리도 이와 같다. 단기적인 인과관계는 강한 통제의 법치주의가 시민의 결합을 촉진시키는 것 같이 보인다. (아테네와 스파르타의 비교) 이것 역시 타당 범위는 탁상에서 논할 것이 아니라 인류

---

109) 법치주의(Rule of Law, Rechtsstaat, law – based state, pravovoe gosuda-ıstvo)의 여러 문명과 나라에 있이시의 차이의 입헌주의(Constitutiona-lism)의 각기 다른 모습을 분석하는 데 종전의 법학이 빠뜨린 것은 시민사회(Civil Society)개념이다. 시민 사회는 법 개념은 아니나 법치주의의 정도와 입헌주의의 정도를 가늠하는 척도가 된다. 참조. Harold J. Berman, "The Rule of and the Law – Based State(Rechtsstaat) (with special reference to developments in the Soviet Union)", *The Harriman Institute Forum*, Vol.4 Nr.5 May 1991. The W. Averell Harriman Institute for Advanced Study of the Soviet Union, Columbia University.

역사의 경험 더 구체적으로는 언제, 어디서, 어떤 조건에서 타당했느냐를
검증하여야 한다. 포즈너의 경제학적 분석의 가장 기초는 이와 같은 검
증(檢證)의 태도이다.[110] 그의 표어 "效率의 極大化(Efficiency Maxiza-
tion)"까지는 어느 정도 받아들여질 수 있었으나 막상 시장경제에 있어서
의 "부의 극대화(Wealth Maxization)"라는 단순화된 슬로건은 극심한 반
발을 가져왔는데, 이것은 그의 이론을 함부로 슬로건화하고 함부로 선전
을 위해 단순화시킨 그 자신의 책임도 있다.[111] 반복해서 얘기하면 포즈
너의 특징은 이와 같은 슬로건에 있지 않고 지금 진행하고 있는 구체화
(具體化)된 사례 연구(事例 硏究)에 있다. 구체적인 검증(檢證)에 있다.

방금 논술한 호머시대의 타인에 대한 동정(同情), 이타심(利他心)은
윤리학의 용어로는 개인 윤리(個人 倫理)이다. 호머사회에서 보는 바대
로 타인에 대한 동정, 이타심 또는 타인에 대한 공감은 한 집단 내에서
는 의미가 있으나 집단을 넘어선 동정, 이타심, 공감에 대해서는 어떤

---

110) Posner가 택한 법의 경제학적 분석 또는 경제의 법학적 분석은 다음과 같
  은 장점(長點)을 가진다. 1. 법의 경제학적 분석은 법학 방법론(法學 方法
  論)에 있어서 계량적 분석(計量的 分析)을 도입해서 법학의 사회과학화,
  법 경험(法 經驗)의 계량화(計量化)를 촉진했다. 2. 경제의 법학적 분석
  (經濟 法學的 分析)은 현대 경제학에서 심하게 분리된 사회 과학의 규범
  적 요소(規範的 要素), 윤리성(倫理性), 도덕성(道德性)을 가까이 끌어들
  였다.

111) 참조, 포즈너, 1983년의 서문, v, 정의의 경제학, 1983.
  "이런 윤리의 무정부 시대에 있어서 가격 이론과 가치 이론에 내재한 윤리
  를 나 자신은 '부의 극대화'라고 부르는데 이 부의 극대화는 무질서한 시장
  에서 지금 팔리고 있는 다른 윤리적 상품과 같이 진열대에 놓여질 만하다."
  포즈너의 "부의 극대화"는 두 가지 용도로 쓰여졌다. 즉 지식 시장의 商
  標로서 우선 눈에 띄어야 한다. 그러나 그의 윤리는 그것에 그치지 않는다.
  한국의 지식인 뿐 아니라 많은 경우 궁극적인 윤리 감정과 도덕 감정을
  학문의 출발점으로서 하고 있는 외국의 법학자들이 이의를 제기한 것은 포
  즈너의 첫 번째 특징 때문이었다.
  참조, Sanford Levinson, 'Some Reflection on the Posnerian Consti-
  tution', *The George Washington Law Review*, 1987

것인가? 집단과 집단이 부딪치고 있는 헬라군과 트로이군의 전쟁에서는 전면적인 해결이 될 수 없다. 그러나 이와 같이 동정과 이타심의 한계를 논리적으로 말하는 것은 지나친 듯 하다. 타인에 대한 동정, 이타심, 공감(共感)은 어떤 경우에도 충돌의 해결을 쉽게 하기 때문에 호머사회에 있어서는 이와 같은 능력을 가진 사람이 언어의 가장 원래 뜻에 있어서의 긍정적인 정치(政治)와 관련된다.112) 공감만으로 충분하지 않을 경우가 있다. 쟁점(爭點)에 있어서 이해관계를 분별하는 것이 요구된다고 보고 이 분별력을 포즈너는 이타심의 지각적 요소(知覺的 要素)로서 강조하고 있다.113)

4. 고대 사회의 특징-근대사회와 현대사회의 특징과의 대비

호메로스의 사회는 영웅들의 개인적 특징이 두드러지는 사회이다.

이 이유는 법 이론과 국가 이론에서 지적할 수 있다. 호메로스 시대의 사회는, 기구는 가지지만 실제로 기능이 없는 정부의 역설을 드러내는 것 같다.114) 정부의 일반적인 민간에 대한 기능은 호메로스의 사회에서는 없는 것 같다. 사회 간접 자본 즉, 공공 도로, 항만, 건설, 화폐 주조, 기록 보존, 외국어 교육에 대한 규정, 경찰, 법정도 없다.115) 국가의 방어에 대한 이유로 몇몇 지역에서는 어떤 종류의 세금이 부과된다. 그러나 왕에게 내는 세금이 공공 재정(公共 財政)과 잘 구별되지 않는다.116)

트로이 정치 지배층의 중요한 문제는 Paris가 Hector의 형제이고 Priam의 아들이라는 것이다.117) 역사적으로 국가의 성립은 각 가계가

---

112) Posner. Supra.123
113) Posner. Supra.p.123. Values. Part2. The Origins of Justice.
114) Posner. Supra.126
115) Posner. Supra.p.126
116) Posner. Supra.p.126
117) Ibid. p.131.

강력한 적을 막아내기에는 더 이상 충분히 강력하지 않을 때 가계의 연합을 시작한다.118) 가계는 아주 오랫동안 자연적으로 지속되었고 호메로스에서 보는 바대로 강력한 사실상의 최소의 국가였으므로 더 큰 테두리에 종속되는 것에 저항한다. 반대로 말하자면 강한 국가가 출현하기 위해서는 거대한 가계들이 붕괴되어야만 한다.119)

일리아드라는 큰 서사시는 가계(家系)에 대한 책임과 국가에 대한 책임의 갈등의 한 상징이다. 트로이의 프리암은 62명의 아들과 12명의 사위를 거느린 거대한 가계(家系)를 가지고 있었다.120) 이 가계(家系)에 대한 책임과 그리스 국가의 하나인 트로이의 행정 수반으로서의 프리암의 책임은 충돌한다.121)

일리아드에 있어서 가계에 대한 충성은 트로이 국가의 파멸을 야기한다.122) 이 절의 출발을 국가나 사회의 공식 기구가 부재하는 곳에 있어서의 개인의 영웅주의로 시작하였다. 실로 고대 사회로 부터 시작된 영웅담은-동 아시아에 있어서의 고대 영웅담의 하나인 삼국지를 포함해서 공식 기구(公式 機構), 공식 제도(公式 制度), 공식 윤리(公式 倫理)가 부재한 사회에 있어서 개인이 그의 개인적 원천과 자원을 동원해서 성공하는 사례의 과장적 표현이다.

일리아드와 오딧세우스에서 발견되는 것은 이와 같이 요약할 수 있다.

> "공공(公共)"이 없는 곳에서 "사(私)"가 그 자리에 서게 된다.
> "사회제도가 없는 곳에서 개인적 해결이 있을 뿐이다."
> 마침내 이와 같은 맥락에서 말해질 수 있다.

---

118) Posner. Supra.131
119) Posner. Supra.131
120) Ibid. p.124
121) Posner. Supra.131
122) Posner. Supra.131

"사회 윤리(社會 倫理)의 결핍이 오로지 충만한 개인 윤리(個人 倫理)를 요구한다."

오랫동안 법이론가와 공법 학도들은 윤리와 관계없는 공식 제도(公式 制度)의 골격(骨格)을 모으고, 비교하며, 열거하는 작업에 몰두하였다. 이것은 마치 시대를 확인할 수 없는 또는 각기 다른 시대에 속하는 디노사우르스, 아파트사우르스, 티라노사우르스와 같은 쥬라기시대의 큰 뼈들을 감정(鑑定)없이 수집하는 것과 같다.

호메로스의 서사시에서 발견되는 것은 어느 시대에나 공식 제도(公式 制度)는 같이 수반하는 공공(公共)의 윤리(倫理) 또는 사회 윤리(社會 倫理)를 가지고 있다는 점이다.

제도(制度)와 윤리(倫理)간의 이 동반성(同伴性)이 잘 알려지지 못하고 한 쪽에만 치우치게 된, 1997년의 어느 국가가 현대 국가의 형식적인 기구와 함께 기원전 1000년의 고대 사회(古代 社會)의 윤리를 함께 가진다면 이런 경우에도 개념적으로 유형(類型)화된 외관(外觀)에 따라 판단하며 문제 해결을 꾀할 수 있을 것인가?

Ⅲ. 근대 입헌주의적 헌법에 있어서의 경제이론과 윤리

1. 들어가면서

한국의 헌법학에서는 입헌주의(Constitutionalism)라 함은 국민의 기본권을 보장하고 권력분립을 규정한 헌법에 의거하여 통치할 것을 요구하는 정치 원리를 말한다[123]. 또한 입헌 주의적 헌법이라 함은 자유주의

(自由主義), 법치주의(法治主義), 의회주의(議會主義) 등과 같은 일정한 이데올로기를 그 기초로 하면서, 개인의 자유와 권리의 보장 그리고 권력분립에 의하여 국가의 권력 남용을 억제할 것을 내용으로 하는 헌법만을 말한다. 이와 같은 헌법은 근대 시민혁명 이후에 비로소 등장하였다. 그러므로 이런 헌법을 가리켜 근대적 의미의 헌법, 역사적 의미의 헌법, 시민 국가의 헌법이라고 한다.124)

이와 같은 의미의 근대 입헌 주의적 헌법은 1215년(마그나 카르타), 1628년(권리청원) 1679년(인신보호법), 1689년(권리장전)을 포함하는 영국 불문헌법, 1776년 버지니아 헌법, 1787년 아메리카 연방 헌법, 1791년 프랑스 제1공화국 헌법을 들 수 있다. 성문 헌법으로서의 근대적 입헌 주의적 헌법은 1787년의 아메리카 연방 헌법과 1791년의 수정1조, 수정2조, 수정3조, 수정4조, 수정5조, 수정6조, 수정7조, 수정8조, 수정9조, 수정10조, 1798년의 수정11조, 1804년의 수정12조, 1868년의 수정14조, 1870년의 수정15조, 1913년의 수정16조, 1913년의 수정17조, 1919년의 수정18조, 1920년의 수정19조, 1933년의 수정20조, 수정21조가 근대적 입헌주의라는 범주에 속하며, 한국의 통설에 따라 1945년 세계 제2차 대전 종료 이후 즉 1951년의 수정22조, 1961년의 수정23조, 1964년의 수정24조, 1967년의 수정25조, 1971년의 수정26조는 현대적 복지국가 헌법에서 다룬다.125)

---

123) 다음의 한국 헌법학 교과서의 인용은 無順임. 金哲洙, 1996. 박영사. 權寧星, 헌법학 원론, p.5 1995. 법문사, 許營, 한국 헌법론, 1995. 박영사, 崔大權, 헌법학, 박영사, 1989.
　　또한 참조, 金 徹, "한국법학의 문제점", 『한국법학의 반성』, 2007.

124) 전형적인 모든 헌법적 교과서도 같은 취지이다.

125) 헌법 사(憲法 史)에서 근대적 입헌 주의적 의미의 헌법과 현대적 의미의 헌법의 분기점을 언제로 잡을 수 있을 것인가? 물리적인 시대와 함께 기본 제도의 내용을 주의하여야 할 것이다.
　　"양 차 대전이 민주 진영의 승리로 막을 내리자 세계적으로 민주주의가 부활 내지 강화되었을 뿐 아니라 사회화(社會化)의 경향마저 촉진되

2. 포즈너의 여덟가지 입헌주의 연구의 영역

"경제학이 헌법을 연구하는데 어떻게 쓰여지는가를 생각할 때 헌법의 경제학적 연구 방법은 8개의 특정한 토픽을 형성한다."고 하였다.[126]

(1) 입헌주의의 경제 이론

포즈너는 특히 어떤 종류의 기본 제도의 변화를 가져오는데 절대다수 (super majority)를 요구하는 조항이 경제적으로 어떤 경과와 효과를 가져오는가를 지적한다.[127]

(2) 헌법적 장치의 경제성[128]

이것은 기본적 제도의 헌법 원칙에 대한 것이다.

따라서 a)연방 정부안에서의 권력분립의 원칙에 대한 경제학,

b)연방 정부와 주 정부의 겹치는 주권의 영역에 있어서의 문제에 대한 경제학

(3) 특별한 헌법적 원칙의 가장 넓은 의미에 있어서의 경제적 효과[129]

이 경우의 헌법 원칙은 자백의 증거 능력에 대한 제한 그리고 수정1조의 미디어의 자유 원칙을 들고 있다

(4) 어떤 헌법 조항과 원칙의 해석이 내재하는 경제 논리를 가지고

없다." 權 寧 星, 『헌법학 원론』, p.9 1988. 법문사,

　　　이 표현에 의하건 데는 1차 대전과 2차 대전이 모두 끝난 1945년을 '현대적' 복지국가의 헌법의 기산 점으로 보고 있는 듯하다. 아메리카에 있어서는 1868년의 수정14조의 "법의 평등한 보호"의 재낵이 일단 새로운 헌법의 시대를 여는 것으로 생각되어진다. 그러나 이 경우에 있어서도 2차 대전이 끝난 1945년을 세계사적인 전환기로 크게 볼 수도 있다.

126) Richard A. Posner, The Constitution as an Economic Document, p.4 56 No.1 *The George Washington Law Review*, November 1987

127) Ibid. p.4

128) Ibid. p.4

129) Ibid. p.4

있는 경우130)

예를 들면 언론의 자유의 조항이 사상의 자유(思想의 自由), 시장(市場)의 보장 장치로서 생각되어 질 것이다. 또한 사유권 징발에 관한 조항이 재산권의 보장 장치로서 생각되어지는 경우이다.

(5) 기존의 헌법 조항을 재해석하거나, 새로운 수정 조항을 만드는 경우131)

균형 예산 수정 조항과 같은 새로운 수정 조항을 통해서 헌법을 자유 시장의 포괄적인 보호 제도로서 다시 형성 시키자는 최근의 제안들을 다루는 경우이다.

(6) 이른바 이중 기준의 문제이다132)

이중 기준의 의미는 역대 대법원이 인격적 영역에 속하는 자유 이른바 정신적 자유의 영역에서는 열정적으로 관여하면서 막상 경제 영역의 자유에 있어서는 거의 무관심한 태도에 관한 문제이다.

(7) 헌법과 경제 성장과의 관계133)

이 경우 헌법은 성문 법전과 해석되어진 모든 경우를 다 의미한다.

(8) 판사가 경제 분석을 헌법 해석의 지도적 원리로서 사용할 때 얼마나 자유롭게 느끼는가의 문제134)

이것은 결국 특정한 헌법 원칙이나 헌법 조항을 해석할 때 나타나는 것으로서 경제학과 헌법 해석과의 관계이다.135)

---

130) Ibid. p.5
131) Ibid. P.5
132) Ibid. p.5
133) Ibid. p.5
134) Ibid. p.5
135) Ibid, p.4−5

3. 포즈너의 근대 입헌주의적 헌법과 법치주의에 대한 태도

다음의 두가지 Posner의 命題에서 출발하기로 한다.

> 명제1; 기본 制度와 憲法의 美德은 나날의 변화하는 정치과정에서 "가장 기본적인 정치문제"를 빼는데 있다.[136]

> 명제2; 종교 자유의 헌법 조항은 종교에서 오는 갈등을 줄였다 - 종교적 갈등은 파괴적이며, 시간 소모적이며, 시장 가치에 관계되지 않기 때문에 經濟성장에 도움이 되지 않는다.[137]

명제1에 대해서 왜?라고 물을 때, 대답이 명제 1-1이 된다. 왜 나날의 정치과정이 닿지 못하는 곳에 큰 기본틀을 얹어 두는 것이 美德이냐? 대답은 그렇게 하는 것이 "生産的"이기 때문이다.

> 명제1-1) 기본제도로서의 헌법은 "사람들의 에너지를 해방시켜 생산적인 개인활동을 하게 한다."[138]

명제1-1)에 대해서 왜? 무엇으로부터 해방시켜서? 라고 물을때, 대답은 명제2)의 뒷부분에 있다. 정치적 갈등은 파괴적이며 시간 소모적이며, 시장 가치에 관계 되지 않아서, 경제 성장에 도움이 되지 않는다.[139]

---

136) Posner, The constitution as an Economic Document, *56 Geo. Wash. L. Rev.* (1987). at 28.
137) Id. at 29.
138) Id. at 28
139) Id. at 28

1) 포즈너 명제에 따른 입헌주의의 여러 단계에 대한 평가

다음 1에서 5까지 어느 단계에 어떤 共同體가 와 있는가가 평가될
수 있다.

1. 첫번째 단계; 기본 제도(Institution) 또는 헌법(Constitution)은 갈
   등을 줄인다. ;정치적 갈등과 종교적 갈등이 각각 명제1, 명제2,
   명제1-1의 주제이다.
2. 두 번째 단계; 제도(Institution)와 헌법(Constitution)은 갈등을 줄
   여서, 사람들의 에너지를 자유롭게 한다.
3. 세 번째 단계; 정치적 영역과 종교적 영역에서의 감소된 갈등은,
   경제적 영역으로 향(向)한다.
4. 네 번째 단계; 公的 영역에서 갈등이 줄거나 완화되면; 사람들은
   私的 영역, 개인적 영역으로 에너지를 돌린다.
5. 다섯 번째 단계; 개인적으로 생산적인 활동에 몰두할 수 있게 된다.

2) 포즈너 명제에 대한 가능한 객관적 해석 및 평가[140]

1. 명제 1과 명제 2의 열쇠가 되는 언어는 生産的인(productive; 1-
   1), 市場價値 / 非市場價値(market value / non market value; 2),
   경제성장(Economic Growth)이다. 共通分母는 시장경제(Market
   Economy)이다.
2. 명제(1-2)의 상식적인 요약은 다음과 같다.

---

140) Sanford Levinson, Some Reflections on the Posnerian Constitution, Vol.56
    No.1 *The George. Washington Law Review* 1987.

> 명제1: 갈등완화를 통해서 즉 첫 번째 단계부터 다섯 번째 단계를 경유해서 개인적 활동에 몰두할 수 있게 된다.
> 명제1-1: 헌법조항, 예를 들어서 외면적으로는 경제 활동과 직접적으로 관계없는 통치 구조론의 규정과 실제는 생산 활동을 조장하거나 저해하는 효과를 가진다.
> 명제2: 종교 자유 조항은 경제 성장에 도움이 된다.

3) 포즈너 명제의 상식적 요약과 포즈너 자신의 진술과의 비교

"Posner는 경제학을 헌법의 연구 방법론으로 쓸 때, 8개의 특정한 토픽(Topic)을 설정한다.[141] 그 중 일곱번째 主題가 헌법과 경제 성장과의 관계이다.[142]"

2)의 상식적 요약과 Posner 자신의 진술은 일치한다.

4) 포즈너 명제에 대한 문제점 및 비판적 관점

1. 명제(1-2)를 다음과 같이 요약할 수도 있다:

市場 價値의 다른 어떤 가치에 대한 우월한 위치를 강조하는 결과로 "헌법의 중요 조항이 오로지 시장 가치의 생산에 최종적인 목적이 있다."고 일부러 읽힐 수 있다. 正統的인 법 이론가는 즉시 반격 가능하고 무자비하게 파괴할 수 있을 정도로 非논리저이다.

왜냐하면 통치 구조의 조항들은 그 자체 목적, 성질, 연혁이 독자적으로 있으며, 종교 조항도 그 자체 목적이 있어서 "경제 성장"이란 효과는 정통적인 법학 논리로는 非논리적이다.

---

141) Richard Posner, supra 4.
142) Ibid. 5

만약 "법은 논리가 아니라, 경험이다."라는 호움즈의 격언(Holmes Maxim)을 포즈너 명제(Posnerian Proposition)에 적용시킨다면 논의가 달라 질 것이다.

2. "비 논리성"보다 더 큰 어려움은 Posner의 명제가 가지는 윤리적 합의(倫理的 含意 Ethical Implication)이다.

　　a. 「市場의 수요에 따른 生産 活動만이 가치를 가진다」. 라는 극단적 표현의 가능성이다.

　　b. 「이런 활동으로써 개인적으로 富(wealth)를 극대화(maximize) 하는 것이 궁극적으로 사회와 세계의 共同善(Public Good)을 돕는 것이다.」

3. "富의 極大化(Maximization of Wealth)"라는 Posner의 標語 (Catch-Phrase)가 나타난다.

법학의 傳統的 理念으로써의 正義(Iustitia, Gerechitigkeit, Justice)는 개념적으로 포즈너의 표어(Posnerian Catch Phrase)와 어떤 관계를 가질 것인가? 포즈너의 모든 저작이 이와 관련되고, 그 자신 활발한 활동을 하고 있는 진행형(進行型)의 필자이다.

4. 입헌주의의 효율적 정당성

1) 더글라스 · 노스(Douglass C. North)의 제도 이론

이미 지난 이야기이지만 근대 이후의 입헌 주의적 헌법 장치가 어떤 경우에 "정부의 효과적인 통제를 약화시키며 생산성과 능률을 저하시킨다." 라는 언급이 있어 왔다. 경제 분석은 그와 같은 잠재의식이 근거 있는가를 밝혀 줄 것이다. 지금 취급할 것은 입헌주의의 규범적 정당화이다.

그리고 이 과정에서 작용할 규범적 기준은 "부(富)와 효율(效率)의 극대화(極大化)"이다. 입헌주의를 위해 유리하게 근거를 제시할 두 부분의 논의를 검토한다. 이 논의는 모두 효율성(效率性)을 기준으로 해서 행해질 것이다.143) 경제학자들은 일반적으로 헌법을 그들의 용어대로 한다면 어떤 사회와 국가에서 경제학적으로 意義가 있으며 경제학의 영역에서도 기본 용어로 다루는 「제도(Institution)」로서 취급한다.

이런 의미에서의 제도 개념을 중심으로 그의 학문을 진행시킨 사람은 Douglass C. North이다.144) 1990년에 출간된 「제도(制度), 제도 변화(制度 變化)와 경제적 성취(經濟的 成就)」145)는 1990년대 초의 노벨 경제학상을 수상한 대표작이다. 그에 의해서 소개된 진화론적 가설은 다음과 같다.

「보다 열등한 제도는 경쟁에 의해서 보다 우수한 제도에게 자리를

---

143) Donald J. Boudreaux & A. C. Pritchard "Rewriting The Constitution: An Economic Analysis Of The Constitutional Amendment Process", *Fordham Law Review*, Vol.62, 1993. 이 논문은 경제 분석의 방식을 헌법 장치에 적용시킨 것으로 저자들이 밝힌 바대로 포즈너의 부분적인 도움과 영향이 엿보인다.

144) Douglas North의 열거하는 대표적인 업적은 의외로 많지 않게 보인다.
   1. 1955. "Location Theory and Regional Economic Growth", *Journal of Political Economy*, 63:243-58.
   2. 1984. "Government and the Cost of Exchange." *Journal of Economic History*, 44:255-64.
   3. 1986. "Is It Worth Making Sense of Marx?" *Inquiry*, 29:57-64. (이상이 논문이다.)
   4. 1981. *Structure and Change in Economic History*. New York: Norton. (저서이다)
   5. James D. Tracy(ed.), "Institutions, Transaction Cost, and the Rise of Merchant Empires." in *The Political Economy of Merchant Empire*. Cambridge University Press(출간예고)
   6. 1990. Douglass C. North *Institutions, Institutional Change and Economic Performance*. Political Economy of Institutions and Decisions 이 독창적인 학자는 의외로 과작(寡作)성향으로 보인다. 업적의 양보다는 질을 우선하는 학자로 보인다.

145) Douglass C. North, *Institutions, Institutional Change And Economic Performance*, Cambridge University Press.

내어 준다.」

우수한 제도는 인류의 문제를 보다 잘 해결하여 인류에게 보상함으로써 계속하여 생존하게 된다.[146] North와 Thomas(1973년)는 제도를 경제 성취와 상대 가격 변화의 결정 요인으로 보았다. 또한 상대 가격의 변화는 보다 효율적인 제도를 건설하는 인센티브를 형성한다고 하였다. 이때 제도 변화의 원천은 상대 가격의 변화가 된다.

1981년 North는 「경제사의 구조와 변화」에서 방금 이야기된 상대 가격의 변화가 제도를 더욱 효율적으로 만든다는 이론은 포기하였다.[147]

어떻게 우리는 장기간에 걸친 경제의 전혀 다른 성취를 설명할 수 있을 것인가?

대답은 제도와 조직의 차이에 있다고 보는 것이다. 제도와 조직간의 교호적인 역동 관계 – 상호 유기적인 작용이 제도 변화 방향을 형성한다는 것이다.

North는 다음과 같이 설명한다.[148]

1. 제도는, 경제 이론의 표준적인 강제(强制)와 함께, 어느 사회의 기회(機會)를 결정한다.

2. 조직은 어느 사회에 있어서의 이러한 기회를 선용하기 위해서 만들어진다.

3. 조직이 진화함에 따라서 조직은 제도를 변화시킨다.

---

146) 이 진화론적 가설은 이미 1950년에 Alchian에 의해 만들어진 것이다. 참조, Alchian, Armen A. 1950. "Uncertainty, Evolution and Economic Theory", *Journal of Political Economy*, 58:211 – 21 이상은 North의 위 책에서 인용

147) Douglas North, *Structure and Change in Economic History*. New York: Norton.

148) Douglass C. North, *Institutions, Institutional Change and Economic Performance*. p.4 Cambridge University Press.

4. 제도 변화로서 결과하는 경로는 첫째 제도와 제도가 제공하는 인
   센티브 구조의 경과로서 진화하는 조직과의 공생(共生)하는 관계
   에서 형성된다. 또한 인간이 지각하고, 기회의 조합(組合)의 변화
   에 반응하는 피드 백 (feed back) 과정에서 형성된다.

제도(制度)는 미합중국 헌법의 경우처럼 창조 될 수도 있고, 영국 보
통법의 경우처럼, 오랜 시간 진화(進化) 할 수도 있다. 제도적 강제(制
度的 强制)는 개인이 무엇을 해서는 안 되는 것, 즉 금지 사항(禁止
事項)과 또 때로는 어떤 조건하에서 개인이 어떤 행동들을 할 수 있는
가 즉 허용(許容) 되어지는가를 포함한다. 여기서 정의되어진 대로 제
도적 강제(制度的 强制)는 따라서 인간적 상호 교호작용(交互作用)이
그 안에서 행해지는 큰 테두리라 할 수 있다. 제도(制度)가 주는 강제
(强制)는 따라서 경쟁적인 단체 스포츠에서의 게임의 규칙과 몹시 비슷
하다고 할 수 있다. 왜냐하면 게임의 규칙은 형식적으로 쓰여진 규칙
뿐아니라 형식적인 규칙을 보충하는 전형적으로 불문(不文)의 행위 법
칙(行爲 法則)을 포함한다. 이와 같은 불문의 행위 법칙은 예를 들면
반대 팀의 주된 경기자를 의도적으로 부상시키는 것이 규칙 위반이라고
하는 것이다. 그래서 게임의 규칙과 불문(不文)의 비공식 행위 법칙(行
爲 法則)이 때때로 위반되어지고 처벌이 행해지는 것이다. 이와 같이
보아 올 때 제도가 작용하는 본질적인 부분은 규칙 위반을 선언하고 어
ㄴ 정도의 처벌을 행하는 것이 얼마만한 비용(費用)을 요구하는가 하는
문제이다.[149]

---

149) Douglass C. North, *Institutions, Institutional Change and Economic Performance*. p.4 Cambridge University Press.

2) 중요한 문제에 대해 기본 입장을 "미리 밝힘" 장치로서의 헌법[150]

경제학자들은 또한 헌법을 "먼저 입장을 밝히는 사회적인 장치"로 본다. 미래에 있어서 불확실한 결정의 일에 대해서 헌법 규정은 "먼저 사회적으로 입장을 밝히고", 선택 가능성의 테두리를 정한 것이다.[151] 경제학자들은 또한 통상의 선택 가능성이 많으면 많을 수록 부(富)를 증대시킬 것이라고 가정한다. 그러나 「사람들은 앞으로의 오랜 기간 동안 자신의 이익과 일치하지 않는 성급한 행동 또는 잠재적으로 해로운 행동을 하지 않는다.」[152]라고 보는 것이 전제(前提)이다. 따라서 가능하다면 미래의 선택의 범위를 제한함으로써 그와 같은 자신에게 해로운 행동을 할 가능성을 없애려고 할 것이다.

어떤 예민하고 오랫동안 영향을 미칠 주제에 대해서 미리 훨씬 이전에 기본적 입장을 정해 놓음으로써 그것의 장기 효용(長期 效用)을 극대화 할 수 있을 것이다. 이것이 "미리 기본적 입장을 정해 놓는 것"의 유용성이다.

인간의 합리성과 비합리성에 대한 가장 오래되고 용감한 서사시는 오딧세우스와 관계된다. 그가 그의 동료인 선원들과 항해할 때 어떤 섬부근

---

150) 이 용어는 Boudreaux 와 Pritchard의 것이다. "Precommitment".
　　　참조, Donald J. Boudreaux & A. C. Pritchard, "Rewriting the Constitution: an Economic Analysis of The Constitutional Amendment Process", p.123 *Fordham Law Review* vol.62 1993.
151) Boudreaux & A. C. Pritchard, "*Rewriting The Constitution: An Economic Analysys Of The Constitution Amendment Process*" p.123, 1993.
152) 이 명제는 특별히 경제학적 연구의 전제가 된다. 사람들이 합리적인 행동을 할 것이라는 가정이 특별히 모든 경제학적 연구의 출발이 되는 것이다. 그러나, 전형적으로는 근대 경제학의 특징인 이 합리성의 가정은 궁극적으로는 모든 근대 이후의 사회 과학과 법학의 전제 조건이다. 프로이드는 일견 인간 행동의 비합리성을 설명하였으나 그의 설명 방식은 역시 합리적인 인과 관계를 설명하는 것이다. 현실 인간 행동을 경제학과 법학이 예측 통제하지 못하는 것을 학문 자체에서 찾기보다 현상으로써의 인간 행동의 사실적 비 합리성으로 보는 것이 타당하다.

에는 매우 아름다운 노래를 부르는 요정들이 있다는 것을 알았다. 바다 위로 튀어나온 바위 위에서 매혹적인 노래를 부르는 여자 요정 사이렌들의 노래는 너무나 아름다워서 오랜 기간 바람과 파도에 시달린 항해자들은 그 노래를 듣는 순간 자신을 잊어버리고 노와 키를 움직이는 동작도 잊어버리고 이윽코 황홀한 느낌 속에서 바위 옆의 소용돌이치는 격류 속으로 배와 자신들을 던져 넣는 것이었다. 오딧세우스는 그의 동료들에게 그 자신의 몸을 마스트에 묶고, 자신의 동료들은 귀를 솜으로 막고 노를 젓게 했다. 이렇게 함으로써 그는 자신이 아무리 싸이렌의 노래에 유혹되어 암초에 가까이 가라고 비합리적인 명령을 내리더라도 동료들이 자신의 명령을 듣지 못함으로써 동료들은 암초 근처에 가까이 가지도 않고 무사히 암초 지대를 빠져나가는 합리적인 행동을 취하게 했다.153)

이 에피소드를 개인에서 사회로 확장시키면, 헌법을 통해 미리 입장을 밝히는 것은, 중요하고 일정한 행동을 정부의 일상적인 힘이 닿지 않는 곳에 그리고 미래의 권위의 손이 닿는 곳보다 높은 곳에 두는 것을 의미한다. 집단 선택(集團 選擇)의 범위를 제한함으로써 헌법은 개인적 영역을 보호한다154). 따라서 「입헌주의는 사회 전체를 마스트에 묶는 것이다.」

헌법 규정이 대단한 내구성(耐久性)155)을 가짐으로써, 어떤 사회의

---

153) 인상적인 이 에피소드는 인간성의 합리성과 비합리성에 대한 고전의 성찰이다. Jon Elster, "Ulysses and the Sirens: Studies" in *Rationality and Irrationality* 36 (1979). 인용은 Boudreaux & A. C. Pritchard p.123 note 47. 1993.

154) Posner, The Constitution as an Economic Pocument, 56 *Geo, Wash. L. Rev.* (1987). at 28

155) 여기서의"헌법의 내구성"은 본 논의가 아메리카 헌법을 전제로 이루어졌기 때문에 경성(硬性)헌법을 전제로 하고 있다. 물론 연성(軟性)헌법을 가지고 있는 나라도 있으나 여기서는 경성 헌법만을 가지고 논의를 이끌어 가기로 한다. 왜냐하면 대부분의 국가의 헌법이 경성 헌법이며, 또한 한국의 헌법도 경성 헌법이기 때문에 연성 헌법을 전제로한 논의는 별다

다수로부터 어떤 행동을 그들의 손길이 닿지 않게 두는데 성공했다[156]. 사회는 개인과 마찬가지로 이론적으로 미래의 행동 코스를 미리 밝히고 결정할 수가 있다. 그러나 누가 앞으로의 행동 경로를 미리 밝히느냐를 결정하는 것은 헌법의 가치를 사회적인「미리 밝히는」장치로 평가하는 것을 복잡하게 만든다.

왜냐하면 헌법 규정들은 불가피하게 세대에서 세대로 이행되기 때문이다. 어떻게 어느 사회의 다수는 최소의 비용으로 그들의 취향을 미리 밝힐 수 있는가? 사회 전체의 취향은 세대와 세대간에 있어서도 상대적으로 안정되어 있을 수 있다. 이런 전제하에서는 헌법을 창조하는데 있어서 앞선 세대들에게 우선권을 주는 것이 "미리 밝힘"에 있어서의 최소 방식이다[157].

1789년 헌법 채택 이후 의회에서 제안된 10,000건 이상의 개정안 중에서 단지 27개의 개정안이 통과되었다[158]. 이것은 208년의 역사에서 27건의 덧붙이는 방식의 첨가식(添加式)으로 평균 7. 7년에 한 개의 개정안이 추가된 것이다. 또한 개정안의 통과율은 27 / 10, 000으로 0.27% 로서 통과율은 0.3%미만이다. 거의 통과되지 않았다. 이것은 연방 헌법 5조가 개정안에 다음과 같은 정족수를 요구하기 때문이다. 제안 정족수

른 실효성이 없기 때문이다.
156) 1. "민주주의는 다수의 지배이다." 이 상식에는 다음과 같은 댓구(對句)가 있다.
  2. "다수도 침범하지 못할 원칙이 있다." 신생국의 입헌주의와 법치주의가 명제1의 성취에는 외견상 성공한 것같이 보인다. 그러나 명제2의 성취는 전혀 다른 문제이다. 입헌주의와 법치주의가 명제2가 아니었으면 결코 1760년대 이후 그 명맥을 유지하기 힘들었던 것은 역사의 교훈이다.
157) Stephen Holmes, Precommitment and the Paradox of Democracy, in *Constitutionalism and Democracy* 195, 218 – 19 (Jon Elster & Rune Slagstad eds, 1988)인용은 Boudreaux & A. C. Pritchard, 위의 논문 p.125 주 53
158) Boudreaux & Pritchard. p.112 (1993)

는 상하 양원의 각각 2 / 3가 필요하다. 또는 모든 주의 2 / 3의 의회가
필요하다. 의결 정족수는 다음과 같다. 모든 주 의회의 3 / 4의 동의 또
는 모든 주협의회의 3 / 4의 동의가 필요하다. 이것이 초다수(超多數)
또는 절대 다수(絕對 多數)의 원리(Supermajority)이다159).

물론 이 나라의 헌법은 이 나라 특유의 역사의 산물이고, 또한 이 기
본 제도가 이 나라의 정치사, 경제사, 법제사에 영향을 준 것이다. 이 나
라 역사의 어떤 부분에도 1789년이전의 "건국의 아버지들"이 미리 입장
을 밝힌 기본적 제도에 대해서 나중 세대들이 208년이 지나가는 동안
개정을 위한 소모적인 논쟁에서 시간을 잃은 경험을 발견할 수 없다. 외
국인들은 이들의 기본적 제도와 그것에 200년이상 충실한 아메리카의
시민 문화가 대단히 효율적이며 생산적이라는 것을 알 수가 있다160).

3) 정부 기구 비용의 제한 방식으로서의 입헌주의161)

입헌주의의 경제 이론에서 효율성, 정당화 다음으로 논의할 수 있는
것은 정부 기구 비용의 절감이다.

민주 사회는 정부 기구의 비용에 대해서 걱정해야 한다. 이 비용은 개
인보다는 사회에게 더욱 절실하게 자제를 요구한다. 일반적으로 사람들
은 그들의 이해 관계에서 행동할 것이다. 그러나 대표자들이 뽑아준 사

---

159) Ibid. p.112
160) Tocqville은 19세기초에 아메리카의 미래에 대해서, 아메리카의 법의 지
　　배에 대해서, 아메리카 헌법의 영속성에 대해서 예견한 바가 있다.
　　Tocqville에 내해서는 1993년 한국사회이론학회 춘계학술세미나의 주제빌
　　표중 김왕식교수, "Tocqville의 아메리카 기본제도에 대한 평가"
161) 이 용어는 Boudreaux와 Pritchard의 것이다. Ibid. B. Reduction of Agency
　　Costs p.126
　　　또한 참조, James M. Buchanan, with R. E. Wagner and John
　　Burton, The Consequences of Mr Keynes. Ⅱ. Constitutional Options
　　for Fiscal Control p.103 – 106 in James M. Buchanan, *Constitutional
　　Economics*, 1991

람들의 이익에 맞게 행동할 것을 투표자들은 기대할 수 없다. 통상의 경험이 보여 주듯이 정기적인 투표조차도 정치인들로 하여금 그들을 선출해준 다수의 이익에 맞게끔 행동하도록 완벽하게 강제할 수도 없다[162].

즉, 유권자들은 그들의 의원이 완벽한 대표자로서 행동할 것을 기대할 수가 없다.

입법자들이 입법의 시장에 들어갈 때의 어렵고 힘든 일들이 그들로 하여금 넓은 의미의 국민들로부터 뽑아 낼 수 있는 넓은 의미의 이득(利得)을 창출하도록 한다.[163]

입법에 참여하는 의원들이 그들 유권자에 대한 완벽한 대표자가 되고자 소망하는 경우에도 정부의 다른 행동자가 기관 비용(機關 費用)을 증가시키게끔 한다.

입법부의 의원들은 다른 부처의 행동자가 유효하게 행동하는 것을 감시할 수도 없다.

더욱이 감시 비용(監視 費用)은 집행부와 독립 기구의 정부 구성원으로 하여금 넓은 의미의 공중(公衆)을 희생하여 그들 자신의 이득을 최대화시킬 여지를 주기도 한다.[164]

따라서 사회는 그들의 정치적 기관에 대해서 제한을 둘 필요가 있다. 정부를 治者와 國民간의 계약이라고 보는 자유주의적 자연법론의 입장에 따르면, 국민은 정부 기관에 드는 비용을 절감하기 위해서 새로운 기관이 생기기 전에 정부에 대해서 제한을 가하지 않으면 안된다[165]. 일단 정부가 자리를 잡으면 정부 기구의 행동자들은 강력한 이익 단체(利益 團體)를 형성해서 실질적인 기관 비용을 넓은 의미의 시민들에

---

162) Boudreaux & A. C. Pritchard, p.127 (1993)

163) Ibid. p.127

164) Ibid. p.127

165) 자유주의적 자연법론에 대해서는 김 철, "입헌주의와 법치주의의 윤리적 기초", 한국 공법학회지, 1997년

게 지우는 경향이 있다.166) 이러한 실천적 지혜가 1700년대 후반에 있
어서 입헌주의적 제한에 대한 규범적 이유이다.

입헌주의는 이러한 정부 기관 비용(政府 機關 費用)을 절감하기 위한
약속이다. 예를 들면, 양원제(兩院制)나 권력 분립(權力 分立)은 이러한
이익 단체(利益 團體)가 부(富)를 이전시키는 것을 방지하기 위함이다.
결정권자가 나누어져 있는 경우에는, 상하 의원은 합의(合議)를 이끌어
내는 비용을 증가시킨다. 또한 의원들이 이득을 취하기 위한 비용도 증

---

166) Bourdeaux & Prichard, Supra.
167) 이상의 분석은 지금까지의 한국의 헌법학에서는 생소한 실증적 공공 선택
이론과 관계있는 듯하다. 규범적 공공 선택 이론은 James M. Buchanan
이 주도한 것으로서 그는 1977년 헌법 계약에 있어서의 자유, 에서 시민
은 헌법 계약에 의해서 비로소 그의 자유를 확보하고 유지할 수 있다고
하였다.
　　또한 정부 예산의 문제에 대해서는 참조, James M. Buchanan, "The
Consequences of Mr. Keynes", *Constitutional Economics*, 1991.

한국의 공법 학도에게 익숙한 정부 기구의 이론은 다음과 같다.
① 시민들간의 사적 자치는 틀림없이 힘의 강약의 차이에 의해 문제를
　야기시킨다.
② 문제 해결을 위해 정부가 개입하여야 한다.
③ 따라서 제2차 대전 이후의 현대적 복지국가에서는 많은 문제 해결을
　위해 강력한 정부, 큰 정부가 필요하다.

이 유형화된 공법 이론은 음미해야 될 점이 있다.
① 시민 문화의 수준이 올라가더라도 계속 사적 자치의 영역은 좁아져야
　하는가?
② 규범적으로 타당한 정부 개입이 오히려 힘이 강약에 평형을 주지 않
　고 거꾸로 작용한 경험은 없었던가? 특히 경제 규제의 영역에서 경
　험적 연구가 필요하다.
③ 강력한 정부는 강력한 도덕성을 가질 때 사회문제를 해결할 수 있다.

이와 같은 실증적 경험과 규범적 윤리가 지금까지의 도식적인 공법 이
론에 교과서적 정확성을 가지고 첨가(添加)되어져야 한다. 그렇지 않으면
언제까지나 한국의 법학도는 모든 문제의 해결에 국가주의적 발상을 동

가시킨다. 정부 기구의 행동자들이 사용할 수 있는 세출(歲出)과 지출 목적(支出 目的)을 제한하는 헌법 규정은 비슷한 효과를 가진다.[126]

원할 한 쪽 방향의 지성(知性)만을 발달시키게 될 것이다.

  법의 경제 분석의 이론은 한국의 법학도와 시민에게 보다 성숙한 시민 문화(市民 文化)를 이루는데 좋은 이론이 될 수 있을 것이다.

참고문헌

1. Article

Richard A. Posner, "The Constitution as an Economic Document", *The 56 George Washington Law Review 4 (1987).*

Richard A. Posner, "The Social Cost of Monopoly and Regulation", *The Journal of Political Economy 83, No4(August 1975):807−27 The University of Chicago Press.*

Richard A. Posner, "Utilitarianism, Economics, and Social Theory", *The Economics of Justice,*

Sanford Levinson, "Some Reflections on the Posnerian Constitution", Vol.56. No.1. *The George Washington Law Review.*

Robert C. Ellickson, "Bring Culture and Human Frailty To Rational Actors: A Critique of Classical Law and Economics", *65 Chi−Kent L. Rev. 23 (1989)*

Malloy, "Invisible Hand or Sleight of Hand? Adam Smith, Richard Posner and the Philosophy of Law and Economics", *36 Kan. L. Rev. 209(1988)*

Richard A. Posner "The Ethics of Wealth Maximization: Reply to Malloy", Vol.36, *Kan. L. Rev (1988) p.261*

Richard A. Posner, "5 Legal Reasoning from the Top Down and from the Bottom Up", Part Two Constitutional Theory, *Overcoming Law, 1995.* Harvard Univ. Press

Richard. A. Posner, Chapter 20 "Ronald Coase and Methodology" in *Overcoming Law*, 1995 Harvard Univ. Press

R. H. Coase, "The Federal Communications Commission", *The Journal of Law and Economics Volume2 Oct. (1959)*

Landes and Posner, "The Infleuence of Economics on Law: A Quantitative Study", *36 Jnl. of Law & Economics (1995)*

Edmund W. Kitch. ed. "The Fire of Truth: A Remerbrance of Law and Economics at Chicago, 1932－1970", *J. o. Law and Economics(1983)*

Richard A. Posner, "Blackstone and Bentham", in *Economics of Justice.*

Richard A. Posner "Constitutional Theory" in *Overcoming Law 1995*

Richard. A. Posner, "The Homeric Version of the Minimal State", *The Economics of Justice (1983)*

Richard. A. Posner, "A Taxanomy of Limited Governmemt. in The Homeric Version of the Minimal States", in *Economics of Justice(1984)*

Harold J. Berman "The Rule of Law and the Law－based State(Rechtstaat)" (with special reference to developments in the Soviet Union), *The W. Averell Harriman Institute* for Advanced Study of the Soviet Union Columbia Univ.

Donald J. Boudreaux &A. C. Pitchard "Rewriting The Constitution: An Economic Analysis of The Constitutional Amendment Process", *Fordham Law Review, Vol.62, 1993*

Douglas C. North, "Location Theory and Regional Economic Growth", *Journal of Poiltical Economy(1955)*

Douglas C. North, "Government and the Cost of Exchange", *Journal of Economic History, (1984)*

Douglas C. North, "Is it Worth Making Sense of Marx?", *Inquiry(1986)*

Alchian. Armen A, "Uncertainty, Evolution and Economic Theory", *Journal of Political Economy (1950)*

Jon Elster, "Ulysses and the Sirens", *Studies in Rationality and Irrationality 36 (1979)*

Stephen Holmes, "Precommitment and Paradox of Democracy" in *Constitutionalism and Democracy.*

James M. Buchanan, with R. E. Wagner and John Burton, "The Consequences of Mr Keynes" Ⅱ. Constitutional Options for Fiscal Control, *Constitutional Economics(1991)*

Richard A. Posner, "The Constitution as an Economic Document", *The 56 George Washington Law Review 4 (1987)*.

Richard A. Posner, "The Social Cost of Monopoly and Regulation", *The Journal of Political Economy 83, No4(August 1975):807 −27 The University of Chicago Press*.

Richard A. Posner, "Utilitarianism, Economics, and Social Theory", *The Economics of Justice*,

Sanford Levinson, "Some Reflections on the Posnerian Constitution", Vol.56. No.1. *The George Washington Law Review*.

Robert C. Ellickson, "Bring Culture and Human Frailty To Rational Actors: A Critique of Classical Law and Economics", *65 Chi −Kent L. Rev. 23 (1989)*

Malloy, "Invisible Hand or Sleight of Hand? Adam Smith, Richard Posner and the Philosophy of Law and Economics", *36 Kan. L. Rev. 209(1988)*

Richard A. Posner "The Ethics of Wealth Maximization: Reply to Malloy", Vol.36, *Kan. L. Rev (1988) p.261*

Richard A. Posner, "5 Legal Reasoning from the Top Down and from the Bottom Up", Part Two Constitutional Theory, *Overcoming Law, 1995*. Harvard Univ. Press

Richard. A. Posner, Chapter 20 "Ronald Coase and Methodology" in *Overcoming Law*, 1995 Ilarvard Univ. Prcss

R. H. Coase, "The Federal Communications Commission", *The Journal of Law and Economics Volume2 Oct. (1959)*

Landes and Posner, "The Influence of Economics on Law: A Quantitative Study", *36 Jnl. of Law & Economics (1995)*

Edmund W. Kitch. ed. "The Fire of Truth: A Remembrance of Law and

Economics at Chicago, 1932－1970", J. o. *Law and Economics (1983)*

Richard A. Posner, "Blackstone and Bentham", in *Economics of Justice.*

Richard A. Posner "Constitutional Theory" in *Overcoming Law 1995*

Richard. A. Posner, "The Homeric Version of the Minimal State", *The Economics of Justice (1983)*

Richard. A. Posner, "A Taxanomy of Limited Governmemt. in The Homeric Version of the Minimal States", in *Economics of Justice(1984)*

Harold J. Berman "The Rule of Law and the Law－based State(Rechtstaat)" (with special reference to developments in the Soviet Union), *The W. Averell Harriman Institute* for Advanced Study of the Soviet Union Columbia Univ.

Donald J. Boudreaux &A. C. Pitchard "Rewriting The Constitution: An Economic Analysis of The Constitutional Amendment Process", Fordham *Law Review, Vol.62, 1993*

Douglas C. North, "Location Theory and Regional Economic Growth", *Journal of Poiltical Economy(1955)*

Douglas C. North, "Government and the Cost of Exchange", *Journal of Economic History, (1984)*

Douglas C. North, "Is it Worth Making Sense of Marx?", *Inquiry(1986)*

Alchian. Armen A, "Uncertainty, Evolution and Economic Theory", *Journal of Political Economy (1950)*

Jon Elster, "Ulysses and the Sirens", *Studies in Rationality and Irrationality 36 (1979)*

Stephen Holmes, "Precommitment and Paradox of Democracy" in *Constitutionalism and Democracy.*

James M. Buchanan, with R. E. Wagner and John Burton, "The Consequences of Mr Keynes" Ⅱ. Constitutional Options for Fiscal Control, *Constitutional Economics(1991)*

2. Books

한국 헌법학 교과서; 金哲洙(박영사'96) 權寧星(법문사'95) 허영(박영사'95)

Richard. A. Posner, Economic Analysis of Law, A Case Book Series, 1978

Richard. A. Posner, The Economic of Justice, Harvard Univ. Press. 1983

Richard. A. Posner, Overcoming Law, Harvard Univ. Press 1995

Richard. A. Posner, Law and Literature, A Misunderstood Relation, Harvard Univ. Press

George J. Stiegler(ed), The Theory of Regulation, Series in Political Economy of Chicago Univ.

John H. Barton, James Lowell Gibbs. Jr, Victor Hao Li, John Henry Merryman; Law in radically different Cultures. West Publishing Co. 1983

Homer, The Odyssey, Translated by E. V. Rieu Univ of Newcastle upon Tyne, Penquin Books 1991

Homer, The Odyssey, General Editor, Hary Shefter, Washington Square Press. 1969

Karl Popper, Open Society and it's Enemy

F. A. Wrighting, Lemprieres Classical Dictionary of Proper Names mentioned in Ancient Authors, Routledge & Kegan Paul Ltd.

George Guervitsch, Society of Law, Philosophocal Libruary. 1942

Douglas C. North, Institutions, institutional Change and Economic Performance, Political Economy of Institutions and Decision. Cambridge Univ. Press 1990

Douglas C. North, Structure and Change in Economic History. New York: Norton 1981

James M. Buchanan, Constitutional Economics. 1991

한국 문헌; 김여수, 『법률사상사』, 박영사, 1976 장경학, 『법학통론』, 법
　　문사, 1983

최종고, 『법사상사』, 박영사, 1983 안경환, 『미국법의 이론적 조명 — 윌리엄
　　더글라스 판사의 법사상』p.18, 고시계, 1986 박세일, 『법경제학』, 박영
　　사, 1995

오수근 "기업 구조조정과 법치주의 「금융행정과 법치주의」 한국공법학회 ·
　　전국경제인연합회 공동학술대회 『경제행정과 법치주의』, 2000년 12월
　　19일

박정훈, "순수법학과 공법학", 한국 법철학회, 월례회 『행정법학과 법철
　　학』 2000년

가을 이계수, "규범과 행위: 국가 법인설의 극복과 행위 중심적 행정법
　　이론의 구축을 위한 시론", 한국 공법학회 제90회 학술발표회:
　　『공법학 방법론의 근본 문제』 『공법연구』, 제29집 제1호, 사단법
　　인 한국 공법학회

Richard. A. Posner, Economic Analysis of Law, A Case Book Series,
　　1978

Richard. A. Posner, The Economic of Justice, Harvard Univ. Press. 1983

Richard. A. Posner, Overcoming Law, Harvard Univ. Press 1995

Richard. A. Posner, Law and Literature, A Misunderstood Relation,
　　Harvard Univ. Press

George J. Stiegler(ed), The Theory of Regulation, Series in Political
　　Economy of Chicago Univ.

John H. Barton, James Lowell Gibbs. Jr, Victor Hao Li, John Henry
　　Merryman; Law in radically different Cultures. West Publishing
　　Co. 1983

Homer, The Odyssey, Translated by E. V. Rieu Univ of Newcastle upon
　　Tyne, Penquin Books 1991

Homer, The Odyssey, General Editor, Hary Shefter, Washington Square

Press. 1969

Karl Popper, Open Society and it's Enemy

F. A. Wrighting, Lemprieres Classical Dictionary of Proper Names mentioned in Ancient Authors, Routledge &Kegan Paul Ltd.

George Guervitsch, Society of Law, Philosophocal Libruary. 1942

Douglas C. North, Institutions, institutional Change and Economic Performance, Political Economy of Institutions and Decision. Cambridge Univ. Press 1990

Douglas C. North, Structure and Change in Economic History. New York: Norton 1981

James M. Buchanan, Constitutional Economics. 1991

3부 사회적 · 문화적 접근

제1장 현대 한국문화에 대한 법철학적 접근
-바람직한 시민 사회 윤리의 정립을 위하여-

Ⅰ. 머리말

현대 한국 문화라고 할 때 여기서 문화란 흔히 저널리즘에서 사용하는 것 같은 유형적인 의미가 아니다. 시간적으로는 2차대전 이후-더 특화해서는 한국의 가치관이 전통사회의 유형에서 경제 성장 목표 위주로 변형되기 시작할 무렵, 즉 경제개발 5개년 계획이 시작되던 1962년부터 이것을 쓰고 있는 1999년 11월까지를 이야기하며, 문화의 범위는 정치·경제·법·교육·기업·관료·대학 문화 그리고 평균인과 상식인을 가정할 수 있다면 대중문화를 포괄한다. 이 글에서 다룰 문화의 의미를 정의한다면 조형, 건축, 영상, 패션과 같은 유형물이 아니라 눈에 보이지 않는 것,[1] 역사의 어떤 기간 중에 그들이 어떻게 행동했는가

---

1) 문화(Culture)를 눈에 보이는 것(to be seen)과 눈에 보이지 않는 것(not to be seen)으로 분류할 수 있다. 문화 현상 중 눈에 보이는 것을 취급할 수도 있고 눈에 보이지 않는 것을 취급할 수도 있다. 고급 문화와 대중 문화의 분기점은 이 둘의 구별이다. 눈에 보이지 않는 문화에 주목한 것은 고대 그리스 문명의 경우 비교적 일찍부터 발달되었다. Hannah Arendt, *The life of the Mind*(New York Harcourt Brace Jovanovich, Publishers, 1978), 19쪽 볼 것

(행동 양식), 그들이 어떤 의식을 가졌는가(사고 방식), 그들이 어떤 믿음을 가졌는가(믿음의 문제) 등 그들의 행동양식 · 사고방식 · 믿음의 유형의 전개에 가장 기초적인 가치관을 종합한 것을 말한다.[2] 또한 이와 같은 문화의 의식적 부분(상부구조)과 함께 문화의 심층 부분(하부구조)을 함께 총괄적 문화로 본다. 따라서 흔히 철학 관계적 연구가 보여주는 바와 같이 아폴로적인 면모와 함께 집단 무의식 그리고 혼돈스러우며 불합리한 카오스같은 면모도 함께 고려되어야 된다.[3] 따라서 현대의 한국 문화를 다루는 데 있어 한국인의 집단 무의식과 심층 심리학에 잔존하는 고대 문화의 요소, 신화의 해석 같은 것을 원용하지 않을 수 없다. 비교 인류학의 시점과 그리스 고대철학의 용어가 등장한 것은 한국 문화의 이런 측면을 비교하기 위해서이다. 소크라테스 이전의 소피스트였던 고르기아스의 짧은 인용이 나타나는 것은 이런 이유에서이다. 실로 눈에 보이는 것과 눈에 보이지 않는 거의 이원적 문제는 문화의 헬라적 요소, 유대적 요소에서 일찍 나타난 것으로 형이상학적 이원론의 아득한 전통으로 관류한다.[4] 외관주의, 명목주의의 용어는 이 전통의

---

2) 문화를 이와 같이 총체적인 '삶의 방식'으로 보는 경우, 예를 들면 그리스 문화란 고대 그리스인들의 총체적인 삶의 방식으로 파악된다. 또한 아메리카의 문화의 경우, 아메리카인들이 발달시킨 총체적인 방식으로 이해한다. Jong Wan Kim, *Cultural Analysis of Concept of Democracy in Tocqueville's "Democracy in America"*(University of Califonia, Berkeley, 1993)

3) Octovio Paz, "Reflections Mexico and United States," *The New Yorker,* 1979년 9월 17일자, 138쪽, 153쪽 "제도, 기념비, 업적, 물건 같은 것은 어느 사회의 눈에 보이는 측면이다. 이에 비해서 물 속에 잠겨서 눈에 보이닌 않는 측면을 특히 지적할 수 있는데, 믿음, 욕망, 공포, 억압, 꿈과 같은 것이다" 파즈는 눈에 보이는 것 / 눈에 보이지 않는 것의 구별에 물위에 드러난 것 / 물 속에 잠긴 것의 구별의 차원을 더했다 Harold J Berman, *Law and Revolution, The formation of the Western Legal Tradition*(Cambridge Harvard University Press, 1983), 558쪽

4) 인류의 문화에 형이상학적 영향을 끼친 가장 현저한 예는 플라톤의 이원론 (dualism)을 들 수 있다. W. K Guthrie, *The Greek Philosophers* (New

그림자(penumbra)에서 빌린 것이다.5)

이 세대의 한국 문화6)에 대한 또 다른 중요한 진단은 이른바 외관주의와 관련된 물질주의, 경제주의와 관련된 것이다.7) 민주화, 자유화 시대의 경제주의의 문제는 이미 여러 학회에서 여러 분야에 걸쳐 다룬 적이 있거니와8) 이 분석에서는 다른 측면으로 똑같은 암벽을 등반하기로 한다.

York Harper Torchbooks, 1975), 81쪽. 서양 문화의 또 하나의 요소인 유대 문화에서 발달시킨 유일신에 대한 신앙은 형이상학적 이원론의 또 다른 원류라고 할 수 있다. 비교 문화론적으로 고찰한다면, 한국 문화 또는 동아시아 문화의 원형을 관찰할 수 있는 고대 문화에서는 이와 같은 눈에 보이는 것 / 눈에 보이지 않는 것의 구별과 보이지 않는 것의 실재성을 믿는 형이상학적 이원론의 전통이 미약하다 할 수 있다. Chull Kim, *History, Culture and Law*(Seoul Myko Int 'l, 1993), 17쪽

5) 외관주의의 기원은 고대 그리스인들이 자연을 관찰할 때의 출발로서의 소재인 외관에서 나온 것이다. 고르기아스는 "It seems to me"를 "Dokei moi"라고 썼고 눈에 보이는 세계가 파악되는 유일한 방식으로 기술한다. Hanna Arendt, *"The true being and mere appearance,"* 윗글, 25쪽. 또한 Chull Kim, 윗글, 15쪽. 한국 문화에서는 형식주의와 결합된 "이름 또는 제목 또는 타이틀을 강조하는 태도"로 이해된다. 문화사 또는 철학사에서는 실재론에 대비되는 의미의 유명론을 가리킨다. 보편의 존재에 대한 중세 이후의 일대 논쟁인 이 문제에 대해서 유명론자는 보편은 실재하지 않는다고 한다. 따라서 단순히 보편은 이름에 불과하고 생각되어진 것에 지나지 않는다.

6) 「문화와 법」한국 문화에 대한 한국인 법학자의 시점은 주로 한국의 전통문화를 대상으로 하는 것이었다. 외국인에게 잘 알려진 것으로는 함 병춘(Hahm Pyong Choon)과 유기천(Paul K Ryu)의 책과 논문이 있다. Hahm Pyong Choon, *Korean Jurisprudence Politics and Culture*(Seoul Yonsei University Press, 1986)

7) 동아시아에 있어서의 1997년 외환위기는 한국을 포함하여 타이, 인도네시아 등지의 경제 위기일 뿐만 아니라 문화적 아이덴티티의 위기라고 진단한 시점이 있다. David I Hitchcock, "Asian Crisis is Cultural as well as Economic", *Christan Science Monitor*, 1998년 3월 5일

8) 박 영신, "우리의 '현실 자본주의와' 민주주의의 허울", 한국사회이론학(엮음),『사회 이론』1999년, 가을호 그리고 김 철, "민주주의와 경제주의", 한국사회이론학회주최 학술모임, 주제발표문, "우리 사회와 민주주의"(1999년)

　이 글에서는 현대 한국 문화에 있어서 "강조된 경제주의" 또는 "꿈자리에도 나타나는 경제에의 사로잡힘" 같은 것들이 개발 독재 이후의 한국의 생활사에 어떻게 나타나며, 문화라는 의미가 사유의 방식, 선택의 양식, 결정의 방식, 또한 이런 것들이 쌓여진 축적된 관행이라고 할 때 강조된 경제주의가 "인간의 존엄과 가치" 및 "행복의 추구"에 어떤 영향을 미치는가를 다루어 보겠다. 이 분석을 위해서 이 글에서는 헌법 철학적 용어를 보다 이해 가능한 의미로 해석하여, 보다 보편적인 뜻을 지니게 할 것이다. 즉, 한국 사회에서는 대단히 특수한 용어로 되어버린 "인간의 권리"(서구 사회에서는 보편적, 시민적 가치를 지닌 시민 문화의 용어)라는 용어를 방금 이야기한 "평균적인 사유 방식, 행동 양식, 소비 형태, 투표 형태, 교육기관의 선택 방식, 일반적인 판단의 양식, 사람의 평가 방식"을 포괄하는 넓은 뜻의 한국 현대 문화의 해석에 사용할 것이다. 이 글의 제3장 및 제4장이 학술 용어나 법학 개념보다 구어풍의 서술 형태나 경험의 개인적 구술처럼 보이는 것은 이런 이유이다.

II. 현대 한국 문화에 있어서의 현상과 본질의 구별

　도시화, 기술화, 집단화와 전 영역에 있어서의 세속화는 편리함을 구하는 태도와 결합하여 일반인의 생활 태도뿐만 아니라 지성인, 지식인의 인식 태도까지 감각으로 즉시 느낄 수 있는 현상과 물질세계의 외관에 더욱 집착하게 하여왔다.

　학문 자체도 영향을 받고 있다. 곧, 사회 과학은 외부 세계의 객관적 자료를 수집하는 목적으로 현상적 사실에 열중하고 있다. 법학의 경우, 이런 태도는 '지금 여기서 당장 효력이 있는 것'에 관심을 거의 바치는 것으로 나타나며 '실정법(實定法)을! 지금 존재하는 실정법을!'이라고

외치게 되는 경향까지 나타나게 된다.9)

인간 사회의 문제 해결에는 여러 단계의 접근이 있을 수 있다. 환자를 진료하는 의사의 예를 들자. 그는 처음에는 외관을 보지 않을 수 없다. 환자의 거동이나 행태와 같은 현상을 보지 않을 수 없다. 그러나 초진이나 일상화된 회진을 제외하면 외관에만 의존하는 것은 결국에 가서는 일정한 한계를 드러내게 마련이다. 극단적인 예로서, 현대 의학의 어떤 방법도 3기 이전의 암을 외관으로 미리 발견해 낼 수 없다.

이와 마찬가지로 현상과 외관 이전에 문제가 진행되고, 이미 깊숙이 진행되었을 수 있다. 막상 현상과 외관에 나타났으면, 암 환자의 경우 이미 그것에 의존해서 치료하는 방식은 쓸모가 없게 되는 것이다. 이와 관계된 문제는 인간의 오랜 역사의 경험 중 어째서 어떤 문명권은 다른 문명권보다 더 현상과 외관에 집착하며, 또 다른 문명권은 반대로 현상과 외관을 그것의 적절한 위치에 두고 넘어서는 훈련을 발전시킨 것인가이다. 바로 고대 그리스 문명의 큰 의미를 여기에서 찾을 수 있다.

현대 한국 문화에 있어서 현상과 본질, 외관과 실상의 구별을 평균인들은 항상 무리없이 일상의 혹은 직업적인 인식에 적용하는가?

이 문제에 대해서 일률적인 대답을 할 수는 없을 것이다. 그러나 1997년을 기준으로 삼아 한국 사회에 있어서의 큰 사건들을 분석의 대상으로 하여 반성한다면 몇 가지 부인할 수 없는 부분적인 대답을 얻을 수 있다. 그 중 첫째로 들 수 있는 것은 1997년 11월의 외환위기이다. 평균인들은 오로지 나날이 진행되는 경제 현상을 감각적으로만 파악할 수 밖에 없었고 따라서 이미 외국 기구에서는 상당한 위험을 경고했음에도 불구하고 현상을 넘어서는 본질적 문제나 실상의 문제를 심각하게

---

9) 이런 태도는 물론 법철학의 사조로서 법실증주의와 관계가 있다. 법실증주의와 그 대척어로서의 자연법론에 대해서는, 김 철, "입헌주의와 법치주의 윤리적 기초", 『공법연구』, 25집4호, (1997년 6월)

다룰 수가 없었다. 이 경우에는 전문적인 직업인도 마찬가지여서 기업의 연쇄 부도, 수지 악화와 같은 경제 현상이 실제로 앞으로 어떻게 진행될지 현상을 넘어선 본질적 사고로써 눈에 보이는 것을 넘어선 경제의 실상을 책임있게 사회적으로 논의한 적이 없다.

둘째로 1995년을 전후해서 한국 사회에서는 대형 안전사고가 계속해서 일어났는데 예를 들면 성수대교 · 삼풍백화점 붕괴 사건, 대구 지하철 폭발 사건, 아현동 가스 폭발 사건 같은 것이었다. 대형 안전사고는 여러 측면에서 논의할 수 있을 것이다. 그러나 여기서 논의하고자 하는 바는 문제된 다리, 백화점, 공사 현장 같은 것들이 외관상으로는 별 문제가 없어 보였다는 것이다. 외관과 실상, 현상과 본질의 차이를 한국의 평균인이나 직업인, 전문인, 감독 기관 모두가 잘못 인식한 데 있다고 할 수 있다.

대체로 이와 같은 근거에서 현대 한국 문화에 있어서 외관과 실상, 그리고 현상과 본질적 존재 사이의 구별이 잘 되지 않고 있다고 얘기할 수 있다.

이른바 1945년 이후 약 54년 동안 한국인들은 극히 일반적으로 얘기해서 문명과 문화의 외관주의라고 할 만한 태도를 발전시켰다고 얘기할 수 있다. 외관주의적 발전의 주된 원동력은 무엇보다도 1962년부터 진행시킨 개발 위주의 국가정책과 성장 최우선 경제정책이었다. 경제 성장은 우선 거시지표 기타 수량적 지표에 의해서 증명되는데 우리 나라의 경우 성장의 결과가 양화된 지표로 나타났다고 판단하기보다 오히려 양화된 지표 자체가 목표로서 모든 국가정책, 사회정책, 교육정책과 이를 위한 제도가 조정되었다고 볼 수 있다. 경제 성장자체가 생활의 개선이라든가 국민의 복지에 일차적 목표가 있었다기보다는 현상으로서의 성장의 외관, 또는 번영의 현상적 증명 같은 것이 더욱 화급한 일이었던 것이다. 이와 같은 외관 위주의 개발, 성장 정책은 70년대, 80년대에 이어 이른바 정치적 민주화를 지향한 90년대 후반에 이르기까지 별로 달라지지 않은 한국 문명과 한국 문화의 특징 같은 것으로 되어버렸다.

도시화, 산업화와 같은 문제에 있어서의 외관주의는 그 자체로 심각한 문제를 야기하였지만 교육제도나 교육 분야에 미친 영향에 비하면 오히려 그 순위는 나중으로 돌려도 좋을 만하다.

교육, 문화, 지식, 예술의 문제는 이른바 정신문화의 영역으로서 애초에 그 성질상 외관과 실상, 현상과 본질간의 문제가 예민하게 인식되어야 될 부분으로 생각된다. 1990년대 중반 이후에 한국의 개혁 중 가장 오랜 영향을 끼칠 부분은 이른바 교육 개혁의 부분으로 생각된다. 7공화국으로부터 시작된 교육 개혁은, 실상은 6공화국 후기부터 교육 관료층에서부터 제기된 문제의식과 같은 것으로 8공화국에 있어서의 교육 문화 정책도 사실상 같은 맥락으로 볼 수 있다. 이 분야에 대한 상세한 실증적 연구는 보다 전문화된 연구 집단의 집합적 노력을 필요로 하겠으나, 사회철학 또는 법철학의 포괄성을 다소 무리해서 이용한다면 이 역시 외관주의적 경향이 강하게 지배하고 따라서 경제정책에 있어서 이미 개발독재시대부터 한국의 기업과 국민이 익숙해진 거시지표 위주의 성장 일변도 경제정책과 크게 그 궤도가 다르지 않다고 일단 종합할 수 있다.

다시 서양 철학의 전통, 즉 서양 법철학의 전통에서 외관과 실상사이의 관계를 기조적으로 논해보기로 한다. 외관과 실재 존재물 간의 관계는 ①외관과 존재가 일치하는 경우, ②외관과 존재가 일치하지 않는 경우로 우선 나눌 수 있으나 가능한 수학적 집합은 네 가지로 분류된다.

이 문제와 관련해서 흥미로운 것은 인간사회에 있어서의 악 또는 사회악을 인간의 감각에 의해서 즉각적으로 식별할 수 있느냐의 문제이다. 그리스 철학자들은 처음에는 자연현상에 대해서, 다음에는 인간세상의 문제에 대해서 눈에 보이는 것과 감각을 넘어선 존재의 문제에 대해서 진지하게 고민하였다. 그들의 주제는 선악의 존재와 그것의 가능한 외관적 모습이라고 할 수 있다. 자연철학자이기를 그만두기 시작한 소피스트들은 이 문제를 다음과 같이 다루었다.

> 악의 존재는 사람에게 보여지기 않기 때문에, 그것이 보여지지 않는 한 명백하지 않다. 악이 존재하더라도 외관이 나타나기 전까지는 그 존재의 확신은 약한 것이다.[10)]

선악에 대한 인식론적 이원론은 고르시아스 이후에 플라톤을 거쳐 아리스토텔레스에 이르는 형이상학적 이원론을 통해 그리스 문화의 주류가 되고 이윽고 유다이즘과 결합해서 긴 천년의 중세적 전통으로 이어진다. 법학의 영역에서 존재와 당위를 엄격히 구별한 이른바 방법 이원론은 이러한 형이상학적 이원론의 먼 계보에서 흘러나온 것으로써 한국에 알려진 1차 대전 직후의 법철학자들을 주도한 신칸트학파에까지 이르고 있다.

현대 철학자로서 인간의 문명사에서 가장 최초의 질문이었던 눈에 보이는 것과 눈에 보이지 않는 것의 구별로 그의 전 철학의 여정을 다시 시작한 사람은 한나 아렌트이다. 한나 아렌트는 최후의 유작인 「*The Life of the Mind*」에서 형이상학적 이원론이나 신칸트학파의 방법 이원론과는 다른 접근을 취하고 있다. 우선 그는 제2차 대전 이후 인간의 감각 세계에 주어지는 여러 가지 오관의 문제를 정면으로 다루면서 종전의 고답적인 철학적 전통에서는 볼 수 없었던 접근을 꾀한다. 즉, 생

---

10) Hannah Arendt, 윗글 25쪽 아렌트는 다음의 명제가 Gorgias의 전해지지 않는 논고 『비존재와 자연에 대하여』에 실려 있는 것이라고 소개하고 있다.

물학이나 동물학의 영역에 있어서 눈에 보이는 것과 눈에 보이지 않는 것과의 관계는 현대 이전의 관념론에서는 예측하지 못했던 것이라고 지적한다. 그의 스승이었던 야스퍼스와 철학에 과학적 정신분석의 세계가 편입되었던 것과 마찬가지로, 그의 철학에도 과학주의가 개입되었다.[11]

그러나 한나 아렌트의 사회 및 법철학에 있어서 가장 눈에 띈 것은 현대 세계에 있어서의 새로운 경험, 즉 악의 일상적 편재성, 악의 일상성의 문제이다. 이해하건대 종래의 관념론이나 형이상학적 이원론에 있어서, 또한 존재와 당위를 엄격히 구별하는 방법 이원론에 있어서는 악의 존재는 일상적인 것이 아니었다.

그는 2차 대전 이후에 가장 획기적인 논픽션 기록의 하나인 "예루살렘의 아이히만"에서 인류의 새로운 경험을 서술하고 있다.[12]

> 유대인 600만을 가축처럼 도살한 지휘 명령 체계의 총책임자였던 아이히만은 의외로 평범함 사람 같아 보였다. 그는 성실한 생활인이었으며 충실한 조직인이었다. 그가 속해 있던 사회의 지휘 명령 체계와 법규를 성실히 수행한 것밖에 그에게는 아무런 잘못도 없어 보였다. 피비린내 나는 지옥에서나 볼 수 있는 끔찍한 인간형 같은 것은 그의 어디에도 찾아볼 수 없었다.

한나 아렌트는 여기에서 20세기에 전개될 사회악의 새로운 모습, 즉 지극히 평범한 일상생활에서 범용한 모습으로 저질러지지만, 어떤 조직 체계가 완전히 와해되기 전에는 어떤 경우도 선악의 구분이 궁극적으로 되지 않는 것과 같은 현대 세계의 모습을 그린 것이다. 즉 그리스 전통의 언어로써 얘기한다면 악의 외관은 오히려 선량해 보일 수도 있다. 악

---

11) Hannah Arendt, 윗글, 23 – 37쪽, 특히 2, 3장 볼 것
12) Hannah Arendt, *Eichmann in Jerusalem A Report on the Banality of Evil*(고치고 늘림)(New York Penguin Books, 1994)

의 실재와 일치하지 않는 것이다. 고르기아스의 언어에 의하면 악은 그 어떤 역사적 단계에 이르기 전까지는 외관상 나타나지 않을 수도 있다.

선악의 문제는 우선 윤리적 측면에 있어서도 현대의 대중화 세계에 있어서 분간할 수 없는 경우가 더 많아 보인다.13) 수백만이 이동하는 대도시의 어떤 반경에서 벌어지는 일들은 어떤 경우에는 사회 문제가 있을 뿐이지 윤리적 판단은 찾을 수 없는 경우가 더 많다. 범죄학의 세계의 입구에서 초학자들이 생각할 때 범죄인은 이미 그의 행동의 어떤 단계에서 구성 요건 해당성을 갖추기 시작해서 일반인들과 구별되는 색깔을 내심에서든 동기에서든 갖추기 시작하였다고 믿기 쉽다. 많은 경우 그러할 것이다. 그러나 엄격히 관찰할 때 범죄 행위가 확인되는 것은 오직 그 결과가 식별된 사후적인 문제일 뿐 대부분의 경우에 있어서 적어도 외관상의 문제로는14) 범죄의 가능성은 모든 정상인의 행동 거취에서 멀지 않은 곳에 있다고15) 할 수 있다. 현대 생활의 획일성, 기술성, 특별한 점이 없음과 같은 무감동하며 건조한 일상은 악의 존재나 발생 가능성조차도 미미하여 별 특징이 없으므로 우연에 매이며16) 실제로는 사후적으로 인과관계가 증명된다 할지라도 우리의 일상 경험에 있어서는 아무런 구별할 만한 표지가 없는 것이다. 사회 경제 상태가 장

---

13) 현대인의 일상 세계는 선악의 이원론적 구분을 부인하는 듯이 보인다. 또한 선 / 악의 이분법적 세계는 지성인의 입장에서도 회의적일 경우가 많을 것이다. 그러나 책임을 가려야 하는 법철학의 입장에서, 또한 개인의 책임뿐 아니라 집단의 책임까지도 문제되는 법철학의 입장에서는 궁극적으로 선 / 악의 구별을 피할 수 없다.

14) 초학자가 공부하는 형법 교과서의 용어로서, "범의의 비약적인 약동"은 항상 외관상으로 나타나는 것은 아니다.

15) 존 스타인벡의 『달이 지다』에서 주인공의 점진적인 '윤리성의 포기'는 화자의 세밀한 필체로나 독자에게 전달될 뿐 외관상으로는 일상적인 행동의 연속일 것이다. 원제는 John Steinbeck, *The Moon is Down*(New York Viking Press, 1942)

16) 우연한 살인 사건의 예로 까뮈의 『이방인』을 볼 것.

기 경기변동곡선에서 급격한 변화를 보일 때, 사회적 정당성이 기준을 잃고 있을 때 역시 정상적 행동과 일탈 행동 또는 범죄 행위가 그 사회 내부에 관찰할 때는 경계선이 모호할 경우가 있다.[17] 그러나 사회 경제 상황의 급격한 변화보다 더욱 격렬한 예는 적법성의 기준 자체가 기초하고 있는 준거틀이 송두리째 변할 때이다. 법학에서 고전적으로 인용되는 2차 대전 전후 전범재판의 예가 그것이다. 어떤 시간, 어떤 장소에서는 논리실증적으로 적법했던 행동에 대한 가장 급격한 심판의 예는 인간이 안정되고 고정된 체계 내에서 그의 감각과 경험으로 인지할 수 있는 적법성을 송두리째 번복할 수도 있다는 것을 보여준다.[18] 이 모든 예 중에서도 전후 가장 큰 사건은 모범적인 도이치 사람, 아이히만의 예이다. 아이히만은 모범적이며 단정한 직업인이었고 나라와 직장을 사랑하는 성실한 사람이었다고 서술할 수 있다.

한국인의 일상적 경험은 다음과 같이 서술될 수 있다. 어떤 전직 고관이 언제 대형 사건의 범죄인으로 등장할지 알 수 없는 일이다. 왜냐하면 이제까지는 선망의 대상이 되었던 높은 지위라는 것은 어느 경우에도 그 자체가 가능성을 내포하고 있다고 생각할 수 없기 때문이다.[19] 악의 존재가 이윽고 꽃이 피듯 외관으로 드러나기 전까지는 대부분의

---

17) F 스콧트 피츠제랄드의 『위대한 게츠비』에서 여주인공의 행태가 그 예이다. 원제는 F Scott Fitzerald, *The Great Gatsby*(New York Bantam Books, 1954)

18) 2차대전 이후에 성립된 이른바 유대인의 문학의 중요 부분이 이끄힌 인간 경험의 증언에 바쳐졌다. 예를 들면 Eloi Wisel(노벨문학상 수상자)의 모든 저작들과 같은 이러한 증언 문학의 전통은 1990년대의 중요한 영상 문학에도 연결되었다. 예를 들면 Steven Spielberg의 주요 작품들

19) 한국인의 인격적 통합의 위기는 공식 제도에 대한 신뢰의 대량 상실에서 온다. 신뢰 상실은 공식 제도의 소비자 측에서 뿐만 아니라 공식 제도를 만드는 사람이나 공식 제도를 분배하는 사람들 측에서도 마찬가지이다. 김철, 윗글 볼 것

사람들은 그가 그냥 훌륭한 배경을 가진 지배층의 일원이라는 것만 인지할 수 있을 따름이다. 대단히 성공적이며 유능하다고 평을 받는 어느 엘리트도 그의 내부에 있던 존재로서의 악이 이윽고 개화할 만큼 개화해서 외관에 이르기 전까지는 우리는 단지 눈에 보이는 외관만을 볼 수 있을 따름이다.

조직 범죄의 세계는 화이트칼라의 범죄와 함께 외관이 있어서 인류에게 전혀 다른 경험을 부과하였다. 즉, 범죄 조직은 흔히 초학자들이 생각하듯이 처음부터 오로지 범죄를 목적으로 만화와 같은 단순한 모습으로 "자 우리가 악을 행하자!"라고 결성되지 않는다.[20] 현대 경제사회에 있어서 경제적 이득을 노리는 어떤 조직도 정상적 행동과 병리적 행동의 경계선을 상당히 오랫동안 배회할 수 있으며[21] 이윽고 그들의 범의가 외관으로 식별할 수 있을 때에야 비로소 결과론적으로 "아 그대였던가! 도둑 신사와 도둑 숙녀!"라고 할 수 있을 뿐이다. 선악의 문제에 대한 현대인의 순진무구한 태도는 악은 항상 악으로 일관하며 선은 항상 선으로 일관된다는 결정론에 근거를 두고 있다.[22]

자유화된 러시아에 있어서의 최대 문제는 사실상 두 개의 정부가 존재한다는 것이다.[23] 따라서 두 종류의 세금을 납부하여야 한다. 하나는

---

20) 초기 시실리 마피아의 영웅은 후기에 있어서와 같이 경제적 이득이 목적이 아니라 여러 사람으로부터 존중을 받거나 지혜로운 충고를 해주거나 상황에 맞게 사람들 사이의 말썽거리를 조정하고 해결해주는 방식으로 세력을 얻었다. 앞에서 기술된 시기 동안 러시아의 하층민 사이에서도 시실리 마피아의 영웅처럼 사실상의 존중을 받고 세력을 지닌 인물들이 등장했을 수도 있다. 김 선경"러시아 마피아 연구 – 러시아 마피아의 형성과 전개를 중심으로"(고려대 국제대학원 러시아 동유럽전공 석사 논문)(1998년 6월)
21) 자유화, 시장화 이후의 러시아 사회의 최대 문제인 조직 범죄의 주범인 마피아는 그 변천과정에서 볼 때 소비에트 시대의 노멘클라투라에서 그 뿌리를 찾을 수 있다. 윗글, 20 – 32쪽
22) 선악의 문제에 대한 흥미 있는 비교 인류학적 고찰은 유대 – 크리스찬 전통의 오래된 문헌에서 나온다. 곧, 이 전통에서의 해석에 의하면 악의 총수로서 사탄은 원래 천사였고 그의 이름은 루시퍼였다고 한다.

옐친 정부에게 다른 하나는 보다 가까이 있으며 국립 경찰보다는 훨씬 더 유효한 그림자 정부 - 마피아에게.

민주화된 러시아에 있어서 조직 범죄는 너무나 보편적인 현상이고 도처에 어디나 정상적인 삶과 섞여 있어서 일상적인 생활을 하는 러시아인들은 마피아의 조직 범죄를 악에 속한다고 생각하면서 살 수 없을 정도이다. 적법성 그 자체가 러시아 인민의 일상적 의식에서는 뚜렷한 경계를 가지고 있지 않다. 이른바 자유화된 러시아 사회에서 종래의 국영기업을 구성했던 수없이 많은 경제 단체들의 사유화 과정에서, 구정권의 노멘클라투라였던 집단이 이제는 경제적 엘리트로 변신하여 사유화라는 시대적 조류를 타고 다시 등장하였다. 이들은 이제는 합법적인 경제 엘리트로 이른바 시장경제의 총아로 나타나기 때문에, 이들이 국영기업의 불하 과정에서 범할 수 있었던 여러 종류의 조직 범죄는 그들의 신형 자동차, 그들의 서구화된 멋진 모습에 가려 외관에 나타나지 않는다.

한국 문화에 있어서 외관주의와 함께 거의 같은 맥락에서 명목주의의 지배를 들 수 있다. 그리스 고전 철학에서 외관과 존재의 이원론적 구별24)은 명목과 실상의 구별 또한 용이하게 하였다고 볼 수 있다.25) 실

---

23) Sara Jankiewicz, "Glasnost and the Growth of Global Organized Crime", *Houston Journal of International Law,* 18권(1995년), 215 - 260쪽

24) 김 철, 윗글, 16쪽 현대 문화에 있어서의 현상과 본질의 구별 4 서양 법철학의 외관과 실상 사이의 관계

25) 외관 / 존재 구별의 이원론의 철학적 전통은 형이상학적 이원론의 긴 흐름이라고 볼 수 있다. 형이상학석 이원론의 긴 계보는 실로 고대 그리스에서 출발하여 중세의 이원적 질서(하나님의 나라와 세속 국가)구별의 기본이 되었다. 법학에 있어서의 영향은 근대를 거쳐 20세기의 신칸트 학파에까지 이른다고 할 수 있다. 법적 방법론에 있어서 영향은 존재 / 당위의 이원론으로 발전된다고 흔히 이야기될 뿐이다. 좀더 다른 면에서 보면 외관 / 실상의 구별이라는 측면도 있다. 김 철, 『법철학 노트』(강의 교재, 숙명여대 법학과, 1993년판 2004년판) - 명목 / 실상의 구별에 도움이 되는 철학사에서의 논쟁은 보편자의 존재에 대한 생각이다. 곧 유명론에 있어서 개념이 실

은 현상에서 본질을 구별하는 사유와 방식은 그 기본에 있어서는 형이 상학뿐만 아니라 과학주의의 전통까지 배제하고 있다고 볼 수 있다.26) 동아시아 문명권에서 명목과 실질의 차이 및 그 평가 방법은 그렇게 잘 알려져 있지 않다. 유교 전통의 정명론(正名論)이라는 것은 필자도 잘 알지 못하나 평균인의 교양 수준에서 이해하기로는 명목을 실질과 일치 시키려는 노력이 아니었던가 싶다. 인식론적으로 봐서 현상과 본질, 명 목과 실질의 괴리를 본격적인 철학적 언어로 전반적으로 전개한 동아시 아의 문화의 예를 필자는 아직 잘 알지 못한다.

조선 사회는 그 인간 관계 및 사회 관계에서 명목, 즉 이름이 중요한 출발이고 결과였다. 개인의 이름은 족보의 항렬에 따라서 지어지고 따라 서 바른 이름은 그 개인이 가족의 나무 체계에서 어디에 속하는가를 드러 내주는 역할을 했다. 그의 관직명은 그의 사회적 열할 뿐만 아니라 그가 일생에 걸쳐서 수행했던 업무와 전 사회조직의 계층 질서에서의 위상을 나타내어 비단 본인에게만 해당될 뿐 아니라 몇 세대에 걸쳐서 영향을 끼 치는 확장된 큰 가족 나무의 위상을 나타내고 있었다.27) 이름에 대한 집 착은 유교사회에 있어서 개인의 사회에 대한 관계, 즉 적법한 출생이었다 든가 또한 광명 정대한 가문이었다든가 하는 것을 결정하는 것으로써 조 선시대 사회의 특징을 나타내주고 있다고 할 수 있다. 가문 및 관직의 중 요성은 조선조 지배층의 특징적 문화로서 부유해진 중간계층이 관직을 매

란 단순한 이름 또는 명목에 불과하고 오직 상상의 것이다. 이와 반대로 개념이 실재한다고 믿는 경우는 개념, 이름, 명목도 실재와 일치한다.

26) 자연 현상을 눈에 보이는 외관에 그치지 않고, 눈에 보이지 않는 인과관계 또는 자연물의 눈에 보이지 않는 요소나 물질의 원자적 구성을 생각한 것 은 고대 그리스 자연 철학의 성과라고 하지 않을 수 없다.

27) 한국의 가족주의 전통에 대해서는 박 영신, "가족주의 전통과 한국의 자본 주의 구조",『우리 사회의 성찰적 인식』(서울 현상과인식, 1995), 63쪽. 또한, 송 재룡, "한국 가족주의와 준거 기준의 이중성을 넘어",『현상과 인식』, 23권 112호(1999년 봄 / 여름) 볼 것.

수한다든가 하는 사태로 이어질 때 이름과 실상의 분리가 시작되었다고 볼 수 있다. 부패가 또한 이름과 실상의 괴리를 촉진했는데, 지방장관과 바른 정치를 칭송하는 송덕비조차도 과연 어느 정도 정확했는지 알 수 없는 경우도 있을 것이다. 왜냐하면 유덕한 조선조의 신사라면 덕을 기리는 송덕비를 자기 생전에 스스로 용인하지는 않을 것이기 때문이다.

현대 한국인의 의식에 있어서 사회적 역할이나 사회적 성취 같은 것들은 어떤 식으로 표현되어야 된다고 생각할 것인가? 이름과 명목에 대한 강한 집착은 역시 자손에 대한 애착과 함께 이미 퇴조하긴 했으나 사후에 있어서도 그의 가족사와 함께 관직 이름을 무덤 앞에 돌조각으로 세우게 하는 행태에서도 나타난다고 할 수 있다. 한국인의 명목에 대한 맹렬한 추구는 외관주의와 결합해서 1945년 이후에도 사회적 입신과 성공을 어떤 종류의 이름을 얻는 것으로(주로 관직의 이름) 끝나는 경우가 많다.[28]

심지어는 경제적 실리를 가장 추구한다는 재계나 기업의 세계에 있어서도 한국인의 이런 태도는 다음과 같이 나타난다. 기업의 실질 내용보다 기업의 외관과 기업의 이름을 중요시한다. 따라서 그토록 대규모의 기업 그룹이 한국에 존재한다는 것은 외관상 거대한 공룡을 연상시키는 토템의 모양을 취함으로써 한국의 이른바 기업의 그룹은 경제적 역할뿐만 아니라 격동기에는 정치적 영향력, 더 나아가서 시민들의 유사 종교적 존중을 이끄는 역할까지 하게 되었다.

기업에 있어서의 외관의 문제는 IMF 외환위기를 전후해서 심각하게 문제되기 시작한 기업의 재무 제표의 외관과 정확한 실상의 괴리가 세계적으로 문제되기 시작하고부터이다.[29]

---

28) 한국인의 명목주의적 입신에 대해서는 양 창삼, "한국의 산업화와 한국인 의 인성 변화", 『현상과인식』, 23권3호(1999년 가을)

29) 이것은 이른바 투명도의 문제로서 신뢰도의 문제와 관계되게 되었다. 외관 과 실상의 항존하는 괴리는 가장 기초적으로는 정직성의 문제로 나타나는데

이른바 분식결산의 관행은 급기야는 한국 국적 회계법인의 결산 보고 서를 믿을 수 없다는 데까지 이르렀다. 여기서 문제 삼은 것은 현대 한 국 문화에 있어서 세계적인 특징이 되어버린 외관 존중의 일반적 관행 이 드디어 국가 신뢰도의 문제에까지 확대된 것이다.

기업의 입장에서 보면 좋은 외관은 투자자를 유인할 수 있었다. 내부

사회 윤리나 국가 윤리의 문제로서는 이른바 프란시스 후쿠야마의 고신뢰 문화와 저신뢰 문화를 구별하는 분수령이 된다 Francis Fukuyama, *Trust, the Social Vitrues and the Creation of Prospenty* (London Hamish Hamilton, 1995). 과다한 명목주의는 부정직을 동반하며 이것이 개인적 차 원에서 사회적 차원으로 발전되면 사회 전체의 신뢰도가 마지막에 국제적으 로 논의될 수 있게 된다. 법철학적으로 볼 때 제도나 규범의 보편성과 특수 성의 문제는 어느 한도까지는 고유한 관행이나 역사 발전의 특별한 콘텍스 트로 또는 문화 차이로 설명하거나 이해될 수 있다. 이런 측면에서 1997년 외환 위기 이전의 아시아 국가의 지도자들이 아시아적 가치의 경제발전에 있어서의 영향을 늘 이야기하면서 말하자면 아시아적 특수성이 도움이 된다 고 주장하여 왔다. 1997년 외환위기 이후의 IMF 체제하에 있어서의 논의의 중점이 처음으로 반전되기 시작하였다. 비록 1997년의 동아시아 전반에 걸 친 위기상황을 지구상의 남북문제로 보는 정치경제적 거시 이론도 있기는 하나, 보다 범위를 좁혀서 생각한다면 프란시스 후쿠야마가 분류한 고신뢰 문화와 저신뢰 문화의 구별이 명목주의적 가치관이 지배하느냐 그렇지 않느 냐의 기준과 대체로 일치한다고 이야기할 수 있다. 그에 의하면 대체로 개 신교 문화권인 북유럽 북미 지역 그리고 도이치의 개신교 문화권과 일본이 고신뢰 문화에 속한다고 하고 유럽에 있어서 전통적인 라틴 카톨릭 문화권 그리고 동아시아의 대부분의 나라들이 저신뢰 문화권에 속한다고 한다. 이 와 같은 종교 및 정신문화에 따른 분류는 어떤 잠망경으로 볼 때는 명목주 의와 형식주의가 지배적이냐 혹은 그와 같은 명목주의와 형식주의에 대해서 역사적인 큰 흐름에서 청산 반전할 기회가 있었느냐의 문제라고 볼 수 있 다. 일본의 자본주의 연구에 대해서는 로버트 엔. 벨라, 『도쿠가와 종교』(박 영신 옮김)(사울 현상과 인식, 1993), 원제는 Robert N. Bellah, *Tokugawa Religion*(Glencoe, Illinois Free Press, 1957), 그리고 Robert N. Bellah, *Beyond Belief*(New York Harper & Row, 1979)볼 것. 이 밖에도 박 영신, 『사회학 이론과 현실 인식』(서울 민영사, 1997), 10장 볼 것. 법학 영역에서 메이지유신을 다룬 것으로는 Richard H, Minear, *Japanese Tradition and Western Law Emperor, State and Law in the Thought of Hozomu Yatsuka*(Cambridge Havard University Press, 1970)5-7장 볼 것.

적으로 수지가 악화될수록 더 많은 금융기관의 자금이 필요하며 더 많
은 직접투자가 필요해졌다. 따라서 한국 경제의 외관과 실상이 국제적
으로 문제되기 시작한 연후에야 비로소 현대 한국 문화의 일반적 관행
으로서의 외관주의가 검토되기 시작한 것이다.[30]

국가 정책의 실시라는 측면에서 급속한 개발과 성장을 과시할 필요가
있었던 한국의 지난 역사는 특히 행정 측면에서 행정의 외관적 전시(전

---

30) 법학 개념으로서의 외관 존중은 거래 당사자의 진실한 의사를 항상 사회적
으로 강요할 수 없는 거래계를 염두에 둔 것이다. 즉 최초의 쌍방 당사자
의 의사에 하자가 있다 하더라도 거래 대상의 물건이 그 하자가 있었던
것을 몰랐던 선의의 제3자에게 융통되었을 때에는 선의의 제3자를 보호하
여야 한다는 법학의 오랜 요구에서 나온 것이다. 물권변동의 의사주의와
형식주의의 대립에 대해서는 김 중한, 『물권법』(서울 박영사, 1983)45쪽.
외관 존중의 이런 측면은 소위 거래의 안전을 위한 사회적 배려로서 진의
에 반한 외관이라도 제3자를 보호하기 위해서는 하는 수 없이 존중하여야
된다는 법학적 요구를 말하는 것이다. 이와 같은 외관 존중이 민법이나 상
법에서의 법원칙으로 확립되었으나 이 경우는 한국 사회에서 전반적으로
문제되게 된 외관과 실상과의 의도적이며 지속적이며 관행이 되어버린 분
리나 통용과는 구별해야 한다고 생각된다. 그러나 이 또한 조금 더 일반적
으로 이야기한다면 한국인들이 개화기 이후 식민지 시대 때 계수한 대륙법
의 형식주의라는 것이 오로지 의사주의를 위주로 영위되던 전통사회를 근
대화하는 데 도움이 되었다고는 하나, 이 또한 자발적이며 자율적인 근대
화가 아니라 정부(갑오경장의 경우), 외세(을사보호조약의 경우), 식민지 본
국(한일합방의 경우)에 의한 근대화, 구 지주 계급이었던 엘리트 지배계급
(제1공화국), 군부 엘리트에 의해서 조직화된 관료집단(제3공화국 이후)에
의한 위로부터의 근대화를 거쳐서 근대 세계로 나온 한국은 대륙법적인 형
식주의가 이와 같은 방식의 근대화로의 도구로 쓰여졌다고 할 수 있다. 이
런 면에서 한국 전통 사회 중 지배 윤리로서의 형식주의(유교에 있어서의
형식주의 윤리)와 개발 녹재 이후의 형식주의기 대륙법의 형시주의에 잘
부합되었다고 설명할 수 있다. 혹자는 그렇다면 영미법적 관습법 존중이나
역사적 선례존중주의는 한국에 맞았겠느냐 하고 반문할 수도 있겠다. 우리
나라 근대화의 역사에서, "영미법의 정신"으로서의 역사적 일관성(선례법),
많은 사람들의 법적 확신(보통법의 형성), 문자에 얽매이지 않는 해석론 같
은 것들은 찾아보기 힘든 이유로써, 아래로부터의 근대화가 아니었다는데
가장 큰 역사적 원인을 찾고 있다. 관료 집단에 의한 "위로부터의 근대화"
는 형식주의적 법치주의를 도구로 삼는다.

시행정)라는 한국인의 관행을 발전시켰다. 행정 주체의 실질주의라는 것은 엄격히 말하면 실상에 중점을 두기보다는 외관에 더 주력하는 것으로 전시대에 전시 행정이라는 용어를 발전시킨 한국의 관료 집단은 외관적 필요성에서 이제는 실적의 형식화, 획일화를 진행시키게 되었다. 실적조차도 즉각적으로 외관상 "눈에 보이는 것"이라야 한다. 눈에 보이지 않는 것, 즉 장기적인 신용이나 진정한 의미에 있어서의 명예로운 처신같은 것들은 획일화된 형식으로는 잴 수 없고 따라서 외관주의의 잣대로서는 존재하지 않는 것이 된다. 강요된 외관주의적 형식은 오히려 실질적 의미의 실적주의 조차도 퇴색시키는 역할을 하게 되었다.

현대 한국 문화의 외관주의 또는 외향성은 80년대부터 전해오던 이른바 정보화 사회의 영향을 받았다. 좀 더 직접적으로 얘기한다면 천연색 텔레비전이 한국인의 일상생활에 도입된 이후에 한국인의 평균적 생활은 점점 더 영상매체가 제공하는 그들의 국가공동체에 대한 영상적 언어에 열중하게 되었다. 모든 의미의 외관화는 영상언어에 의해서, 인격적 체험이나 역사적 의미에 미숙한 대중문화형의 다중에게 외관을 초과하는 실상 또는 삶과 공동체의 진정한 모습에 대해서 전시대의 어떤 세대에서 볼 수 없는 감각적인 태도를 고취하였다.

Ⅲ. 외관주의, 명목주의, 형식주의
: 위로부터의 근대회의 방식과 결과

현대 한국 문화의 외관주의와 명목주의는 형식주의를 동반한다. 외관주의, 명목주의, 형식주의는 법학영역에서 볼 때에는 형식적 법치주의가 전반적으로 파급한 효과라고 각주에서 설명하였다. 그리고 형식적 법치주의는 사회 자율적인 근대화가 아니라 위로부터의 근대화에 고유한 도구로 쓰였다고 역시 각주에서 설명하였다.

이제 우리는 삶의 방식으로서의 문화의 가장 근본적인 문제인 가치관과 윤리의 문제를 언급하려 한다. 1960년대부터 전개된 한국 사회의 정치 경제의 변동사는 "왜 사는가", "어떻게 살아야 될 것인가", "무엇을 위해서 사는가"의 문제에 대해서 본질적인 반성을 할 겨를을 주지 않았다. 국가 주도의 경제정책, 사회정책 중 특히 교육정책, 대학정책, 인구정책같은 부분들이 이 시대 사람들로 하여금 자신들의 삶의 가치에 대해서 인격적인 성찰, 즉 "인간의 존엄과 가치"에 일치하는 삶의 목표와 일상의 조정을 불가능하게 만든다. 정치범이나 국사범에 속하는 일에 관해서 이야기하는 것은 아니다. 논의의 중점을 국민의 대다수를 점하는 생활인들의 수준에 두고서 하는 이야기이다. 이들의 개인 윤리는 실제로는 가족 집단에서 학습한 인간관계에서 비롯된 것이고, 이들이 모인 사회에서의 사회 윤리는 실제로는 개발독재시대의 국가정책에 의해서 심하게 영향을 받았다.[31] 경제지상주의의 경제 목표에 의해서 설정되는 사회적 분위기는 경제 성장에 직접적으로 관계없는 모든 가치를 오로지 종이 위에만 존재하는 명목적인 것으로 만들어버렸다. 사람들은 물질적 부와 직접적으로 관계없는 모든 것들에 대해서 가차없이 조소하도록 사회적으로 훈련되었다. 생산성을 증명하는 것이 정치의 유효성을 증명하는 유일한 방법이 되었는데 당시의 주도적인 국가 이데올로기에 의하면, 사회를 거대한 공장으로 환치하는 것이 가장 공공복리에 적합한 것으로 선전되었다.[32] 학교, 대학, 정신적 문화는 오로지 이와 같은 생산성을 보조하는 데서만 의미가 있는 것으로 공공연하게 선포되었다. 이 시대에 주도적인 기업인들은 애국자처럼 평가되었고 수출 드라이브

---

31) Chull Kim "Legal Education A Brief in Historical, Sociological Perspective", *History Thought&Law*(Seoul Myko Int'l, 1993), 39쪽

32) Chull Kim "Ad Sum Ipsum – A Short Memoir", 윗글 187쪽

정책에 의해서 엄청난 특혜가 대기업에 주어졌다. 약 30년 후 엄청나게 부실화된 한국의 대표적인 어떤 기업이 이 시대의 총아였다. 역설적으로 말하면 1997년 외환위기의 주범이었던 몇몇 대기업과 금융기관의 행태는 이미 개발독재시대의 기업 형성사에서 그 뿌리를 찾아볼 수 있다고 할 수 있다. 거의 모든 재벌 기업이 시장에서의 자생력과 경쟁력에 의해서라기보다 특정 국가정책의 비호나 혹은 전시대의 전체주의 국가에서나 볼 수 있는 정도의 강한 정치와의 유착관계에 의해서 기업의 규모를 확장했고 정치적 영향력을 강화했다. 반주류 문화33)에 속하는 지식인, 학자, 얼마 되지 않는 비판적 인사들을 제외하고는 산업자본 형성기34)의 거의 모든 한국의 "부유해지기를 열망하는", "중산층인 체하는 서민들"이 실은 이러한 기업의 형성사에 의해서 영향을 받았다. 그들이 영향받았다는 것은 피고용자로서 영향받았다는 것 뿐만 아니라 이미 어느 정도 축적된 교육과 지식을 배경으로 무엇인가 성취하기를 바라는 사람들에게 실제로 한국 사회에서 눈에 보이는 성취를 한다는 것이 어떤 것인가를 실례를 들어 증명한 셈이 되었다. 외관적으로 커질 것, 그 내용보다도 모양, 즉 형식을 먼저 갖출 것, 이런 면에 있어서의 형식주의다. 즉 기업은 그 내용이 어떠하든, 그 기능이 어떠하든, 법인의 실제 목적이 어떠하든, 우선 정부 관료나 일반 대중이 인지할 수 있는 형식을 갖추어야 한다. 이 형식을 위해서 기업은 실제로 수행할 수 있는 범위보다 월등히 많은 사업 목표를 설정하여야 하고, 실제로 필요한 것보다 엄청나게 많은 공장부지나 회사부지를 확보하여야 했다. 수출액수나 그에 해당하는 외화의 양적 평가가 이들에게 주어지는 정부 지원의 정도를 결정하기 때문에 채산성이나 수익성을 고려하지 않은 거

---

33) 이 시대의 문화란, 엄격히 얘기할 때 사람들의 표명된 가치보다 실제로 어떤 행태를 하느냐, 실제로 어떤 결정을 하느냐의 문제를 기본으로 하여 관찰되어야 한다.

34) 1963년부터 제2차 경제 개발 5개년 계획 이후를 이른다.

의 적자에 가까운 수출물량을 확보해야 되는 경우가 있었다. 산업의 질
적 분화나 실제로 국민 복리에 미치는 영향보다는 우선 "정당의 정당성
을 증명하기 위해서" 양적 팽창을 과시해야 했다. 이것이 60년대와 70
년대의 사정이라면 자유와 민주화가 진행 중인 90년대 후반의 사정은
어떠한가?[35] 이 글의 목적은 특정 경제정책의 타당성의 문제가 아니라
국가정책이 사회 윤리에 미친 영향이다. 필자는 물론 약 20년 간 대학
에서 서양 전통의 법철학과 윤리철학을 강의한 사람이지만 한국에 있어
서 개발정책 이후의 사회윤리는 어떤 서양 전통의 윤리학으로도 합리적
으로 다룰 수 없는 측면이 있다는 것을 알게 되었다. 사회가 정부의 존
재와 독립적으로 형성되고 독자성을 어느 정도 유지하면서 발전된 근대
시민사회 이후의 서양 세계의 사회 윤리는 식민지 경험을 가지고 있는
제3세계의 경우, 그들의 정치사, 경제사, 특히 산업화 과정을 고려하지
않는다면 적실성을 발견하지 못할지도 모른다.

근대 시민사회에서 나타난 개인 인격에서 출발하는 공동체, 개인 양
심의 절대성에서 출발하는 인격성, 절대주의 국가를 일단 전적으로 부
정하고 그 폐허 위에서 오로지 이성에 의해서 계몽되고 절대자 앞에서
평등한 자유인들이 건설한 최소규모의 공동체 또는 그리고 그 공동체의

---

35) 이 시점의 자유론자(Libertareans)의 지배적인 논의 방식은 합리성, 선택, 그
리고 자유라는 세가지 키워드에 집중되어 있다. 자유라는 중심 주제는 정치
적 선택, 시장에서의 유통, 그리고 마지막에는 대학에서의 합리성의 문제로
요약된다. 이들의 자유의 주제는 극히 단순한 방식으로 요약, 적용된다는
단순 논리가 현실에 적용된 대표적 예이다. 즉 "정부는 국민의 취향과 국민
의 선택을 존중하여야 된다."라는 기본 명제이다. 이것이 시장에 옮겨올 때,
"시장은 구매자의 취향과 선택을 존중한다"라는 명제가 된다. 마지막 예는
이를 대학에 옮겨올 때, "대학은 소비자인 학생의 취향과 선택을 존중해야
한다"라는 명제로 변형되었다. 자유론자, 자유주의자, 법 경제학자들의 이러
한 방식은 맹점을 가지고 있다. 이와 관련하여 Cass Sunstein, "Norms and
Roles", *A written Version of the Coase Lecture*, University of Chicago,
1995년 가을, The program for the study of law, *philosophy & social
theory*, NYU School of Law, 1995년 9월 7일자 볼 것

집합으로서의 국가공동체의 경험이 가르쳐준 "인간의 존엄과 가치"는
제3세계의 국가, 그리고 그러한 특색을 공유하고 있었던 한국에 있어서
오직 문면상의 문제로 여겨지게 되었다. 형식주의적이라는 것은 좀 더
직접적으로 이야기하면 "어딘가에 쓰여져 있으나 실제로는 별로 주의하
지 않는 오직 때때로 의식(ritual)또는 제식 때에만 쓰이는" 그러한 뜻
으로 옮겨볼 수 있다. 인격의 존엄성은 형식적 언어이고, 현실적으로 팽
배한 것은 새롭게 창출되는 부에 대한 선망, 압도적인 경제력에 대한
무조건적인 숭배였다. 경제개발 이후 고도 성장기간 중 한국 사회를 주
도한 윤리가 있다면 "의식(衣食)이 족하여야 예절을 알고, 곳간이 차야
인심이 난다"와 같이 요약될 수 있다. 비록 직관적이지만 고도 성장 이
후에 이 요약은 다음과 같이 변용하였다. "의식이 족하니까 예절이 필
요없고, 곳간이 차니깐 인심은 온데간데 없다."

현대 한국 문화에 있어서 사회 윤리의 실정은 몇 가지 이유로 설명
이 된다. 우선, 이미 설명한 대로 자율적인 사회의 자연적 성장이 국가
나 정부에 의해서 부인된 역사적 경험,[36] 둘째, 자율적이며 연속적인
자연공동체의 붕괴,[37] 셋째, 많은 사람들의 생활 경험에 의해서 형성된
자연적이며 사리에 맞는 관습법이 발달하지 않음,[38] 넷째, 인위적이며

---

36) 한국 현대사에서의 이런 경험은 1961년 5 · 16 군사 쿠데타 그리고 1980
년 5월 18일 광주사태를 들 수 있다.

37) 자연 공동체의 붕괴는 급격한 산업화를 추진한 1962년 제1차 5개년 계획
과 그 이후의 제2차 5개년 계획 이후에 주로 농어촌의 급격한 변화에서
찾아볼 수 있다. 한국에 있어서의 자연 공동체의 붕괴를 증거한 기록으로
는 1960년대와 1970년대의 청년 문화와 대학 문화를 담은 『창작과 비평』
에 실린 작품들을 들 수 있다.

38) 제1차 경제 개발 5개년 계획은 한국 현대사에 있어서 가장 급격한 위로부
터 근대화의 예로서 우리나라 입법사에 있어서도 기록된다. 즉, 수많은 입
법이 경제 개발과 이를 위한 개혁을 위해서 행해졌는데 입법 만능이라 할
만큼 국가주의적 요소가 강했다고 할 수 있다. 어느 사회나 국가 이외의
자율적인 사회의 전개가 필수적이므로, 이러한 자율적인 사회의 특징인 사
리(Natur der Sache)와 조리(nature of things & matters)가 항상 인위적인

부자연스럽고 때때로 도덕성을 결한 사람들의 집단에 의해서 좌우된 정
치권력의 성쇠 – 때때로 폭력에 의해 때때로 야합에 의해 결정된 이른바
정치적 공동체의 출현.

어떤 증언에 의하면[39] 제5공화국은 당시 정권이 처한 정당성의 압력
때문에 국면 전환을 꾀하였기 때문에 정부 정책의 힘에 의해서 사회 윤
리라는 물줄기를 인위적으로 왜곡하였다. 첫째, 당시 폐쇄적이던 한국인
의 지식인 사회, 더 특화해서는 대학생 사회에 걸맞지 않는 몇 가지 정
책적인 개방을 단행하였다. 이른바 자유주의적 민주국가에서 자유주의의
본질적인 표현의 자유를 실질적으로 봉쇄한 채 정부 주도로 특정 이데올
로기 서적에 대한 해금을 단행하였다. 또한 전반적으로 문화적 다양성에
접하지 못한 권위주의적 문화형이 주도하는 사회에서 후기산업사회에 있
어서의 성적 자유를 구가하는 "외설의 자유"를 허용하였다. 두 가지의
국가정책은 그 목표가 젊은 층으로 하여금 그 의식을 당면한 정치적 부
자유로부터 우회하여 다른 허수아비를 향해서 배회하게끔 유도한 것이

입법에 밀리게 되는 결과를 가져왔다. 더욱이 성숙한 국가 공동생활을 위
해서 꼭 필요한 자연법의 발견이 강한 입법론적 기조에 밀려서 시민의 일
상적인 사회경제 생활이 항상 국가주의적 필요에 의한 규제 입법에 매이게
되는 결과가 되었다. 결국 5 · 16이후에 한국의 법 생활을 주도하게 된 것
은 법실증주의적인 어프로치인데 이것은 제3공화국과 제4공화국의 출발에
있어서의 윤리성의 결핍을 실정법에 의해서는 합리화할 수 있으나 자연법
에 의해서는 합리화할 수 없다는 것을 말하는 것이다. 이후에 법학 교육에
있어서의 주된 흐름이나 서술 방식도 강한 법실증주의적 편향을 보여주는
것은 마찬가지 예이다. 제3공화국 이후 강한 국가주의에 의거한 국가 사회
건설을 목표로 했기 때문에 법학이나 입법사의 역할도 당연히 자율적인 사
회의 점진적인 육성 배양보다는 강한 통제를 기반으로 하는 도이치류의 법
치주의가 점점 더 국가주의의 부름에 부응하는 것으로 생각되기 시작했다.
실제로 70년대에 들어와서 한국 정부의 통치방식이 미국의 인권 정책의
벽에 부딪치면서 국내 법학자의 방식은 점점 더 라인강의 기적을 가져온
서독의 법치주의에 기울기 시작했다, 그리고 이것은 당시 정부가 고창한
경제 제일주의의 깃발과도 맞아 떨어졌다.
39) 이재철, 주일4부 예배 설교 테이프(서울 주님의 교회 1996)

다. 한국 역사에 있어서 부분적인 "표현의 자유"의 허용은 이와 같이 어떤 종류의 당면한 정당성의 위기를 회피하는 수단으로 더러 사용되었다. 제6공화국 시절부터 논의되기 시작한 "학문의 소비자"의 논의도 같은 차원에서 이해될 수 있다. 6·8항쟁 이후 성립된 제6공화국은 애초부터 지식인과 대학인으로부터 강한 정당성의 도전에 직면하고 있었다, 이를 회피하기 위해서 정부는 어떤 방법에 의해서든지 대학 제도 자체를 변형시킬 필요가 있었다. "사상의 자유시장"이라는 것은 기초적 자유가 확보되고 수행되는 사회를 기초로 한다. 또한 학문의 자유시장이라는 것도 어느 정도(만약 그런 자유시장이 존재한다 하더라도) 시장질서가 확인된 후에 가능한 것이다.40) 대체로 권위주의 정권 시절의 교육정책 당사자는

---

40) 세계사적으로 볼 때 1980년대 후반부터 진행된 동서 냉전체제의 붕괴는 기왕에 공산주의, 국가주의, 권위주의, 전체주의로 분류될 수 있는 당시 소비에트 러시아와 동유럽 여러 국가의 체제의 해체로 나타났다. 김 철, 『러시아-소비에트법-비교문화적 연구』(서울 민음사, 1989) 해체의 주된 이데올로기는 자유화와 시장경제였는데 이 흐름에 따라서 1989년 동독의 붕괴가 나타나고 이어서 체코, 폴란드의 자유화가 진행되었다. 체코의 자유화에 대해서는, 박 영신, 『실천 도덕으로서의 정치, 바츨라프 하벨의 사상』(서울 연세대출판부, 2000) 그리고 김 철, "체코와 러시아의 행정절차법의 발전", 31쪽-60쪽, 『법제도의 보편성과 특수성』(서울 마이코 인터내셔널, 1993). 소비에트 러시아의 해체와 새로운 러시아의 성립은 1917년 이후 지구상의 국가주의를 반분했던 이분법이 사라지는 20세기 최대의 사건이었다. 김 철 "아메리카합중국의 법체계와 러시아 공화국을 비롯한 소비에트 유니온의 법체계", 김 유남(엮음), 『미소비교론』(서울 어문각, 1992). 1992년 새로운 러시아 헌법이 성립됨으로써 사회주의 국가에 종지부를 찍었다. 주의할 것은 이러한 해체와 붕괴를 '자유화' 또는 '시장경제화'라는 특징으로 파악하는 경우이다. 우리나라의 경우에도 1980년대 후반부터 자유화 또는 시장 경제에 의한 민주화라는 세계사적인 변화의 바람에 노출되기 시작했다고 볼 수 있다. 비교법적인 관점에서 볼 때 동아시아의 권위주의 국가는 물론 사회주의 체제의 전체주의 국가와 그 양상이 같지 않다. 그러나 기묘하게도 자유화와 민주화의 세계적 경향은 공산주의 국가에 있어서나 다른 방식에 의한 권위주의 국가에 있어서나 그 충격과 효과에 있어서 비슷한 결과를 가져왔다는 것이다. 물론 한국에 있어서는 1948년 제1공화국 성립 이후 명목상의 입헌주의를 채택하였고, 경제 질서에 있어서도 시장경

종전의 가장 강력한 잠재적인 정권의 정당성에 대한 도전자였던 대학생
층을 실리와 비정치적 실용주의에 의해서 회유하고 순치할 필요가 있었
다. 이와 같이 대학 사회의 풍속, 관습, 기풍은 자율적이고 자연적인 사
회 윤리에 의해서가 아니라 그때그때마다 정권 유지라는 눈앞의 목표를
위해서 부자연스럽고 때로는 폭력적으로 오도되었다. 또한 부의 축적 자
체를 시민들이 직접 감시할 수 없었기 때문에 권위주의적인 정부의 시책
은 거의 예외없이 "콩 심은 데 콩이 나지 않고, 팥 심은 데 팥이 나지
않는" 냉소적인 사회분위기를 만들었다. 제6공화국 이후부터 자유니 민
주화니 하는 정치 구호가 나돌기 시작했는데 대체로 이미 논한 외관주의
적 접근, 형식주의적 표현으로 특징 지워졌다.

제를 근간으로 하는 자본주의 경제를 위주로 하여왔다. 그렇다 하더라도
한국에 있어서의 시장질서가 선진국형의 시장질서가 아니라는 것은 다음과
같이 증명할 수 있다. 우선 1945년 이후 1950년 한국전쟁이 일어날 때까
지의 시장의 형성은 그 이전에 국부의 형성을 파악할 때 자연적인 요소보
다 국가주의적인 요소가 더 크다(귀속재산처리법, 농지개혁법). 1953년 이
후의 전후 부흥기나 기간산업을 부흥 건설하기 위해서 주로 외국 원조에
의해서 기간산업을 건설하던 시기였다. 산업의 중점은 공기업이나 대기업
에 주어졌고, 정부의 특혜가 없이는 기간산업체의 건설이 불가능했다. 생활
필수품이나 소비재의 최종 유통과정은 일단 자연적 시장경제의 영역이라
할 만하다. 그러나 대체로 경제 개발 5개년 계획이 시작되던 이전에 이미
한국의 주요 산업은 독과점의 모든 요소를 그 형성과정에서 가지고 있었
다. 경제 개발5개년 계획 이후의 주된 산업시설의 주요한 사업은 외국 차
관에 의해서 이루어지기 시작했고, 특히 기업이나 사실상 특혜를 받은 대
기업이 아니면 이 시대의 총아가 될 수 없었다. 한국의 시장경제는 그 주
요 부분에 있어서 형성기의 역사상 독과점 시장의 요소를 강하게 배제하고
있었다. 자유화와 함께 쓰여지는 자유경쟁 시장이라는 요소는 한국의 경우
에서 부분적으로밖에 의미가 없었다. 따라서 사상과 학문의 자유시장이라
는 언어는 막스 베버형의 이념형적인 사고에서는 가능하나 한국 역사에 있
어서 시장 형성의 개념과는 맞지 않다. 이럴 경우 한국의 사회과학도나 또
는 잠재적인 정책 입안자는 정치적 자유화가 경제적 자유화와 같이 진행된
북미의 나라를 머릿속으로 그리면서 자유로운 시장경제를 논할지 모르겠으
나, 한국의 경제 사회학적 콘텍스트로는 더 검토되어야 한다고 할 수 있다.

제2장 **사회적 차별의 심층심리학적 접근**
− 법 앞의 평등의 내실을 위하여 −

이 논문은 심층심리학을 한국사회와 한국법학의 근본적인 문제에 본격적으로 적용한 예로서 기억될 것이다. 심층심리학의 법학에의 적용은 1960년대에 형법학자 유기천에 의해서 도입되었으나, 1972년 이후 한국에서는 거의 절멸되다시피 했다. 여기서는 한국사회의 병리현상으로 지적되는 집단주의에 의한 차별의 심리학적 기원을 분석하고 있다. 이 논문이 처음 구상된 것은 1977년 제4공화국 때였으며, 집필 된 것은 2002년 이어서, 구상부터 완성까지 25년이 걸렸다고 할 수 있다.

Ⅰ. 들어가는 말 − 학제적 연구의 필요성 / 사회과학과 법학 / 정신분석학의 위치

1. 어떤 학회의 어떤 학술주제의 관찰

2002년 4월 20일 한국헌법학회 학술대회가 "입헌민주주의의 실현과 정당"의 제목으로 열렸다. 대회 주제의 의도는 최근 한국 사회에서 많은 사람들의 관심의 초점이 되고 있는 입헌민주주의의 실현에 있어서의 정당의 역할에 대한 것이었다. 참석한 헌법학자들은 "권력구조의 민주화와 정당", "선거과정의 민주화와 정당", "국회기능의 정상화와 정당"의 논문들을 발표했다. 이들은 야당의 헌법상의 지위라든가, 당내 민주주의의 제 문제라든가, 정당 개념의 확정과 현행 정당등록제도의 문제라든가, 정당 제 민주주의에서의 정당의 우월적 지위의 한계라든가, 정당민주화를 위한 헌법적 요청의 상대성이라든가, 지방선거에서의 정당의 역할과 한계라든가, 국회의 위상 정립이라든가, 의회정치의 활성화라든가, 대의민주주의의 정착 같은 주제를 헌법학의 문제로서 또한 관계되는 정당법을 비롯한 정치관계법의 문제로서 논의하였다. 이들의 주된 특징은 외국에서 마지막 학문적 훈련을 받은 신진학자들로서 이들 문제들에 대해서 그들이 훈련받은 배경을 가지고 접근하였다는 것이다. 예를 들어, 정당과 당내 민주주의의 역할과 관련하여 세 가지 상이한 민주주의의 모델들을 제시한다. 즉 통합모델, 전달 모델, 경쟁 모델이다.[41] 이 모델들은 함부르크에서 2000년에 발행된 문헌을 근거로 하고 있다.[42] 또한 다른 논자는 정당의 선거 주도 내지 정치 주도를 라이프홀쯔(Leibholz)가 처음으로 포착하였던 "정당 국가와 현상"에서 출발한다.[43] 이 논자는 독일의 정당법 제2조 1항을 참고로 내세우면서 독일 기본법 제21조에서 예정하고 있는 정당의 개념을 예시하고 있다. 첫째, 시민들의 결사체일 것, 둘째, 확고하고 지속적인 조직일 것, 셋째, 연방의회 또는 주 의회에 참여하고자 목적할 것, 넷째, 이 목적을 달성하고자 하는 진지성을 갖출 것을 언급하고 있다.[44] 이 논자는

---

41) 방승주, "권력구조의 민주화와 정당-야낭기능의 활성화와 덩내 민주주의를 중심으로-"『입헌민주주의의 실현과 정당』, 한국헌법학회 제21회 학술대회 연세대학교 광복관, 2002년 4월 20일.

42) Bettina Kaehler, Innerparteiliche Wahlen und repaesentative Demokratie, Hamburg 2000, S. 43 ff. 앞의 사람, 앞의 발표문에서 재인용.

43) 이종수, "선거과정의 민주화와 정당"『입헌민주주의의 실현과 정당』, 한국헌법학회 제21회 학술대회 같은 장소, 같은 날짜.

44) 같은 사람, 같은 발표문, 주4번. 이 필자는 H. Naurer의 1999년도판 Staa-

정당 투표제의 실시와 이에 부수하는 문제점들을 논하고 있고, 정당에 대한 국고보조제도의 문제점을 논하고 있다. 그 다음 논자는 보다 더 국회의 문제에 접근했는데, 국회기능의 정상화와 정당에 대해서 대체로 한국 정치제도의 개혁이라는 시각에서 국회 자율성이나 교섭단체의 문제나 자유 투표제, 당적 변경, 의원직 상실, 국민참여의 활성화 같은 문제를 논했다.[45] 이들은 헌법 학자 또는 헌법상 정당 연구자로서 우리나라 헌법, 정당법, 선거법과 같은 정치관계법에 의거해서 입헌민주주의의 발전을 위한 주로 규범적 접근을 꾀했다.

2. 이 학회의 주된 모습

앞선 두 발표자는 주로 1990년대의 도이치란트에서 학문적 훈련을 받은 듯했다. 그들의 한국 헌법 현상이나 헌법의 해석, 또는 관계법의 접근은 그들의 학문적 배경이 되고 있는 1990년대 즉 전후 약 40내지 50년간의 서부 도이치란트의 입헌주의와 정당의 운영에 대한 도이치 헌법학자들의 해석에 기초하고 있는 듯 했다. 그들의 열정은 한국에서도 서구의 모범적인 입헌 민주주의의 나라에서 이루어진 정당 운영이 모델이 될 수 있다는 생각에서 나온 듯 했다. 다른 한 사람의 발표자는 약간 배경이 다른 듯 했으나 역시 서구의 전형적인 정당 국가나 2차 대전 이후의 입헌 민주주의 모범 국가의 모델이 내심에 자리잡고 있는 듯 했다. 큰 주제에 있어서의 모든 가능한 작은 주제들이 논해지고 토론되고 실제로 정당문제에 있어서의 모든 가능한 문제 해결을 위한 헌법적 법적 해석이 토론의 과정을 통해서 나타났다.

---

tsrecht에 의거하고 있다.
45) 박병섭, "국회기능의 정상화와 정당" 『입헌민주주의의 실현과 정당』, 한국헌법학회, 제21회 학술대회, 같은 장소, 같은 날짜.

3. 학제적 논의가 실상에 접근한다.

그러자 전혀 다른 논의가 일어났다. 지정 토론자 중 한 사람은 정치학자로서 정당론의 새 저술을 최근 발간한 학자로서 헌법학회에 초청된 것이다. 그는 구술토론의 석상에서 다음과 같이 말한 것이다. "그 모든 합리론적인 헌법과 정당관계법, 선거 관계법, 국회법과 국회규칙의 해석에도 불구하고 한가지 분명한 점이 있습니다. 즉 우리가 논의하고 있는 직접적인 대상인 한국의 정당은 지금까지 논의한 분들이 배경으로 하고 있는 입헌민주주의의 2차대전 이후의 모범국들과는 전혀 성질이 다릅니다."

분명한 문제가 제기되었다. 발표자 3인과 대부분의 토론자들이 한국 사람이고 그들의 내심에서는 물론 한국에 있어서의 정당발전과 입헌민주주의 발전을 염원하기는 하나 그들의 논의에 주된 텍스트로 사용한 것은 한국에 있어서의 정당의 역사적 발전이나 최근 현황이 아니었다. 동기는 한국의 입헌민주주의의 발전이었으나 텍스트는 주로 도이치나 다른 나라의 입헌민주주의의 언어를 쓴 것이다.

이 새로운 토론자는 천천히 다음과 같이 말했다.

최근 약 10년간의 한국의 정당의 성립과 존속, 소멸이 주로 그 때마다 한 사람의 영향력에 좌우되어 왔고 어떤 주도적인 정당도 정당의 대표자가 대통령이 되고 나면 기존의 정당을 해체하고 다른 정당을 새로 만드는 행태가 거듭되었다고 설명했다. 즉 한국의 최현대사의 정당들은 한 사람의 영향력 하에서 만들어지고 유지되다가 변형되거나 소멸된다는 것이다. 이런 명약한 한국에 있어서의 정당의 역사는 엄격히 말하사민 **헌법힉** 교괴서나 논문에 나오는 근대 이후의 입헌민주주의 제도 안에서의 헌법적 기구로서의 정당이라고 할 수 없다. 엄격히 말하자면 한사람의 개인을 중심으로 모이고 흩어지는 실상은 개인적 당파라고 즉 사당(私黨)이라고 할 수 있다.[46]

---

46) 김용호, 지정토론자, 『입헌민주주의의 실현과 정당』, 한국헌법학회 제21회

지금까지의 규범적인 논의가 정당에 대한 실상에 부딪힌 것이다. 헌법학자들은 그 논의의 텍스트를 어디서 빌렸던 간에 의식, 무의식 중으로 한국의 입헌주의와 헌법 현상을 향상시키는 것을 의욕하고 있었다. 말하자면 개혁적 의향 내지 사회적 혁신에 대한 정열을 가지고 있었다. 그런데도 이들 헌법학자들은 그들 논의의 직접적 대상이 되는 한국의 현실정당 또는 역사적으로 존재하는 정당의 실상을 파악하는데는 소홀했다고 할 수밖에 없었다.

다른 토론자가 나타났다. 그는 정당의 헌법적 문제에 대한 전문가가 아님을 전제한 뒤, 한국의 공식조직의 전반의 조직원리는 한국의 전문가급 학자들이 그들의 학문적 훈련의 중요한 시기에 접했던, 말하자면 근대 이후의 입헌주의적 원칙에 입각한 서양 주류의 시민사회와는 다르다는 것이 무엇보다도 기초 사회과학자들에 의해서 최근에 논의되고 있다고 말했다.

4. 임상 학문과 기초의학적 학문

만약에 헌법을 비롯한 모든 법학이 "사회적 질병"을 치료하기 위한 임상적 목적이 강조된다면, (오늘 이 자리의 학자들이 이론적 탐구를 하고 있으나, 그 동기 중 상당한 부분은 한국의 정당 현실에 대한 치료적 효과 같은 것을 염두에 두고 있다고 인정되는 이상) 당연히 다른 사회과학은, 예를 들어서 정치학, 사회학, 심리학, 인류학, 경제학 등은 임상적 목적을 가진 법학의 여러 분과에 대해서 말하자면 비유로서 기초의학과 같은 역할을 인정해야 된다. 한국의 정당의 실상에 대해서 기초사회과학자로서 정치학자가 그 형성, 유지, 발전, 해체의 주된 동기와 경과가 우리가 공식적으로 배운 서구적 입헌주의 하에서의 정당의 모습과 전혀 다르다면 이것은 임상의학이 존중해야 될 기초의학의 발견으로서

학술대회, 연세대학교 광복관, 2002년 4월 20일.

모든 논의는 여기서 출발해야 된다. 그렇지 않다면 형식적 논의 밖에 되지 않는다. 또한 사회적 질병을 치유하기 위한 법학의 임상적 역할과 목적은 명목적으로 떨어지게 된다.[47]

지금 논의되는 정당뿐만 아니라 헌법상 보장되는 가장 공식적인 국가 조직, 그리고 여러 종류의 공식 조직, 기업과 같은 회사법 상의 조직, 공익 목적이 인정되는 비영리법인들, 그리고 여러 수준의 교육기구들과 같은 모든 넓은 의미에 있어서의 공식 제도로서의 각종 기구에서는 근대 시민사회 이후의 조직 원리가 문명 사회의 일반 원칙으로서 확립되어 왔다. 그런데 한국의 각종 공식 조직의 조직 원리를 기초사회과학자가 탐구한 바에 의하면 (외국의 학자가 아니다. 한국의 실상과 그 명목적 형식을 잘 구별할 수 있는 한국의 유수한 학자들의 기초과학적 탐구에 의하면) 어떤 수준의 공식 조직이든 그 명목과 형식을 제외하고 가장 핵심이 되는 조직원리를 얘기한다면 놀랍게도 근대 이후의 시민 사회의 조직 원리가 각종의 원칙으로 확립된 사회와는 전혀 달리, 유사 가족적 조직원리에 기초하고 있다.[48] 이 유사 가족적 조직원리는 간단히 줄여서 "가족주의"라고 한다.[49] 이 가장 원초적인 조직 원리를 제외하고 한국의 공식 조직－정부의 차원에서부터 각종 공조직을 거쳐서 가장 단순한 비공식 조직에 이르기까지－을 관찰하거나 기술하거나 규제하려고 하거나 할 때는 항상 형식주의에 빠지거나 명목주의에 그쳐서 어떤 실효 있는 논의나 치유책이 나오지 않게 된다. 논의는 항상 이중성을 띠게 되는데 즉 형식적 외관에 입각한 가장 근대적인 언어에 의한

---

47) 김철, 종합 토론자, 『입헌민주주의의 실현과 정당』, 한국헌법학회 제21회 학술대회, 연세대학교 광복관, 2002년 4월 20일.
48) 박영신, "우리나라 권위구조의 정신분석학", 『정신분석학과 우리사회』, 한국사회이론학회, 2001년 가을 / 겨울호, 2002년 2월 28일 간.
49) 최재석, 『한국인의 사회적 성격』 (서울: 개문사 1992)

논의와, 그 실상에 있어서의 고대나 중세의 유사가족주의에 입각한 핵심조직의 문제에 가서는 더 이상 학문적이거나 근대적인 사회과학적 언어에 의해서 접근할 수가 없다. 거의 모든 한국의 공식조직이나 법인조직은 이와 같은 인격의 이중성을 가지고 있고 그것의 내면성은 형식적인 사회과학으로서는 접근할 수 없다. 보다 침투적이고 보다 근본적이며 외관적 합리주의가 아닌 새로운 언어로서 접근하지 않으면 안 된다. 예를 들어 법인의 외관으로서의 근대 합리주의적 조직은 내면으로서의 비합리적인 조직원리와 착종하고 있다. 이것은 흡사 고대인의 내면이 근대인의 외부적 양식과 동거하고 있는 시대착오적인 인격을 보는 것과 같다. 필요한 것은 이 갈등이 심한 인격ㅡ법인격도 하나의 인격이라면ㅡ을 어떤 새로운 기법을 통해서 우선 그 갈등과 모순을 넘어서 이해하는 일이다.

Ⅱ. 가족주의50) 또는 유사 가족주의

우리나라의 대표적인 사회학자 중의 한 사람은 우리나라의 역사 전통과 사회구조 사이의 관계를 논의하는 것을 한국의 모든 사회과학적 논의의 출발로 삼고 있다. 그것은 누구도 대신할 수 없는 한국인의 역사 경험에 대한 자기 분석이며 자기 성찰이라고 할 수 있다.

우리 사회는 '가족주의' 또는 '유사 가족주의'의 조직 원리에 의해 작동하고 있다는 논지를 여러 영역과 상황에 이어 펼치고자 했는가 하면

---

50) 최재석은 한국인의 사회적 성격 중 첫째로 가족주의를 들고 있다. 최재석, 위의 책, 또한 양창삼, "한국의 산업화와 인성 변화", p.11, 『현상과 인식』, 1999년 가을호 한국인문사회과학회.

이와 함께 모든 것을 경제의 잣대로 인식하고자 하는 '경제주의'가 모든 삶의 영역에 침투해 있다는 점도 밝히고자 하였다.[51]

한국 사회의 구성원리 중에서 유사 가족주의적 조직 원리는 여러 종류의 공식 조직과 비공식 조직에 통용될 수 있는 가설이다. 또한 가장 공식성과 형식성이 높은 어떤 종류의 경영조직이나 관리조직 또한 이 원리에서 제외될 수 없는 것이 경험적 실상이라고 할 수 있다. 이 사회학자는 프로이드의 정신분석학의 눈으로써 한국인의 가족주의 또는 유사 가족주의를 살피고 있다. 즉 그는 프로이드의 용어로서 인간의 성장기의 한 단계인 외디푸스 콤플렉스를 가족 콤플렉스라는 언어로 대치하면서 모든 조직의 구성원리로서 가족주의가 내밀한 원칙이 된다고 하고 있다.

1. 병리적인 가족주의

이 사회학자가 프로이드의 발견과 용어를 채택하는 것은 가족 안에서 벌어지는 외디푸스 상황과 관계되는 듯 하다. 즉 가장 기초적인 프로이디안 개념 중에서 오이디푸스 콤플렉스는 아버지에 대한 적개심 또는 살부본능의 원형의 단계로부터 벗어나는 단계 즉 바깥 현실 속에서 애정 대상을 찾아야 하며 아버지와 화해하는 단계의 발달의 진행이다. 유아 리비도의 가장 기초적인 진행 사이클을 이 사회학자는 한국의 국민들이 그들의 정치지도자에게 가지는 정서와 행동을 이해하는 데 병행해서 사용하고 있다. 즉 한국 국민들이 '국부'로 불렸던 이승만 대통령에 대한 의존의 실패와 적개심과 리볼트의 과정을 가족 집단 안에서의 아버지와 아들의 심층심리학적 역학관계로서 설명하려는 의도

---

51) 박영신, "우리나라 권위 구조의 정신분석학" 『정신분석학과 우리사회』, 한국사회이론학회, 2001년 가을/겨울 호, 2002년 2월 28일 간. 또한 같은 사람, "사회변동, 가족의 삶, 그리고 종교 지향성" 『현상과 인식』, 2001년 가을, 한국인문사회과학회

를 가진 듯 하다.[52]

　　'부친 살해' 이후 우리 사회가 부딪힌 것은 공허함과 무질서와 파쟁
이었다. 대통령의 하야 성명이 나오자 환호를 지르며 파고다 공원에 세
워진 이승만의 동상을 끌어내려 새끼줄로 묶어 길거리에 끌고 다녔는가
하면, 그가 경무대를 떠나 12년만에 이화장으로 돌아갈 때는 길거리의
군중이 눈물을 흘렸고 이화장 대문 옆에는 "할아버지 만세"라는 벽보와
"평안하시라 여생"이라고 쓴 격문도 붙어 있었다.[53] 부친 살해는 그 만
큼 복잡하고 모순되는 감정 상태를 낳았던 것이다.

　　그 다음 역사의 맥락에서 그는 어떤 정신과 의사의 박정희에 대한
정신분석을 소개한다.[54] 그 정신과 의사의 박정희 현상의 주된 포인트
는 한마디로 산업화와 경제화의 결과 살기가 좋아졌다는 측면이다. 그
리고 (참으로 당시의 이 땅의 서구적 지식인이나 대학인이 아닌, 시정
인들의 특징을 그대로 가진 이 정신과 의사의 정서는) 박정희의 질서에
의문을 품거나 도전하는 모든 정치적 항의나 시위를 나라를 소란하게
하는 쓸데없는 짓으로 느끼고 있다. 이와 같은 콘텍스트에서 정신과 의
사가 박정희에 대한 심층분석을 비판적으로 할 수 있다는 것은 회의적
으로 보인다.

　　이 사회학자가 그의 오랜 학자 생활 중의 사회이론의 전개 과정에
서 보여주는 것은 근대 이후의 합리주의적 태도 또는 근대 입헌주의의
제 가치에 대한 확신이다. 그러면서도 박정희 현상에 대한 분석에 있어

---

52) 앞의 사람, 앞의 논문, 앞의 책.
53) 심재택, "4월 혁명의 전개 과정", 한완상 들,『4·19 혁명론』, 61-62쪽, 그리
　　고 장정호 / 이효식, "4·19를 증언한다."조화영(엮음),『4월 혁명투쟁사』, 서
　　울: 국제출판사, 91-192쪽. 재인용 앞의 사람, 앞의 논문, 앞의 학술발표회.
54) 신용구,『박정희 정신분석, 신화는 없다』, 뜨인돌, 2000, 머리말. 재인용 위
　　의 사람, 위의 논문, 위의 학술발표회.

서 그와 전혀 기초적 가치가 다른 시정의 의견을 소개하는 것은 그 의도가 무엇일까? 정신분석학을 도구로 써서 한국에 있어서의 박정희 현상을 분석 설명하기 위해서, 그는 그 자신의 박정희 관이 아닌, 흔히 일반의 평균적인 한국 국민이 박정희에 대해서 가지고 있었던 정서와 견해를 우선 내세워서 박정희 현상이라는 것이 결국 박정희나 그의 지지세력 뿐만 아니라 당시 국민들 사이에서도 상당히 만연되고 있었던 병리적 현상이라는 것을 지적하려고 하는 듯 하다. 또한 프로이디안이 대상으로 하는 개인에 있어서의 무의식의 존재라는 것은, 확장한다면 시민들 또는 국민들의 무의식이라고 할 수 있으며 이 무의식을 사회과학의 대상으로 할 때는, 비판적 태도나 가치 평가적 태도보다는 현상을 있는 그대로 파악하고 확인하는 정신과 의사의 태도가 필요한데 이러한 방식이 이 사회과학자로 하여금 평소의 비판적이고 분석적이던 태도로부터 "존재하는 많은 사람들의 무의식"을 확인하는 과학적 작업으로 나간 듯 하다.

이른바 국민적 지도자에 대한 한국국민의 태도가 근대 이후 또는 현대 사회의 입헌민주주의 체제하에서의 합리적인 태도가 아닌 것을 한국의 역사가 밝혀준다. 즉 1948년부터 1960년까지 12년간 계속된 이승만의 독재 그리고 1961년부터 1979년까지 18년간 계속된 박정희의 독재에 대해서 서구전통의 입헌민주주의 가치의 표출이라면 당연히 저항운동과 자연법에 의한 정권퇴진 운동이 현대시민의 당연한 귀결이었다. 물론 대학을 중심으로 지식인과 또는 어떤 경우에는 시민들과 합세된 저항운동이 있었으나, 인구의 거의 대부분의 사람들은 이런 합리적 태도와는 거리가 멀었다. 따라서 이 독재의 기간동안 대부분의 한국시민의 지도자에 대한 태도는 병리적인 의존관계가 있었다고 볼 수밖에 없다. 앞에 서술한 사회학자는 바로 많은 한국국민의 이러한 병리적인 의존관계를 프로이드의 외디푸스 콤플렉스로 설명하려 한 듯 하다.

2. 신 프로이드학파의 접근

한국 역사에 있어서 정치지도자와 일반 국민간의 관계를 서구적 의미에 있어서의 합리성의 관계로 (위임 또는 위임철회) 볼 수 없고, 입헌주의 헌법 아래서의 정상적인 국민과 정부제도와의 관계로도 볼 수 없다. 이와 같이 병리적인 부분이 있다는 것은 이 사회학자의 프로이디안 개념 채택의 동기가 된 듯하다. 한국의 경험 있는 사회과학자라면 전체적으로는 동의할 것이다.

그러나 가족주의 안에서 이루어지는 국민과 지도자간의 다이나믹스를 프로이드의 가장 출발개념인 리비도의 변형 또는 투사로서 설명하려는 것은 초기 프로이드의 특징에 지나치게 의존하는 것일 수가 있다. 주지하다시피 신 프로이드학파에 있어서는 성－심리학적 분석보다는 사회－심리학적 분석으로 인간의 본능보다는 인간의 사회적 콘텍스트로 중점이 옮아가게 된다.[55] 따라서 신프로이드 학파의 접근으로 볼 때는 한국국민과 권위주의적인 한국의 정치지도자와의 합리적이지 못한 관계는 외디푸스 콤플렉스라는 개념만으로는 불충분하게 된다. 그렇다면 신 프로이드학파의 콘텍스트에서 이 관계를 설명할 수 있는 모델은 없을 것인가?

3. 2차 대전 이후의 청산작업

신성 로마제국 이후 중세 유럽의 주된 세력 중의 하나였던 자랑스러운 게르만 민족의 제3제국은 1930년대 후반에 성립해서 1945년 연합군에 의해 패배하기까지 인간의 역사상 전례 없는 인종주의에 의한 특정 인종의 말살 정책에 경도된 병리적 국가가 되었다. 하인리히 하이네의 나라, 괴테의 나라, 그리고 모차르트와 베토벤의 활동영역이었던 이 문

---

55) 양창삼, "정신분석학과 조직사회의 변혁가능성", 『정신분석학과 우리 사회』, 한국사회이론학회 2001년 가을 학술발표회, 연세대 알렌관, 2001년 11월 24일.

화 민족이 인간의 역사에 있어서 구약의 주인공이었으며 예수의 선조였
던 유대민족을 600만이나 그것도 살인의 신속성을 위해서 역사상 가장
효율적인 살인 공장을 그들의 뛰어난 과학기술과 관리기술을 써서 유럽
대륙의 중심부에 운영하였던 것이다.

2차 대전 이후 소수민족의 국제적 조직과 도이치란트 내부의 내성적
인 학자들과 그리고 국제적인 대학관계자들의 큰 작업 중의 하나가 다
음과 같은 의문에서 출발하였다고 볼 수 있다. "왜 어째서 도이치 제3
제국은 이와 같은 도살공장이 되었으며 왜 어째서 대부분의 도이치란트
국민들은 침묵하거나 방관하거나 순종하였는가?"

이러한 근본적인 문제의식을 밑바닥에 깔고 버클리 대학의 여론연구
소 (The Berkeley Public Opinion)와 프랑크푸르트 대학의 사회조사연
구소(The Institute of social Research, The university of Frankfurt)가
공동으로 여러 과학분과를 학제적으로 통합하며 제각기 다른 연구방법
을 통합하는 노력을 행하였다. 버클리 여론조사 연구는 사회 심리학의
관점에서 편견의 조사에 종사했으며 마침내 뚜렷한 사회적 편견과 어떤
인격적 특징간의 상관관계를 발견하였다. 이 인격적 특징은 예를 들면
불관용과 같은 비합리적으로 비관적인 태도에서 나타나는 바대로 파괴
적이며 니힐리스틱한 성격을 가지고 있었다. 프랑크푸르트 대학의 사회
조사 연구소는 이론적이며 방법론적인 원칙을 개발하는데 헌신하였다.
이미 1939년에 심리학적인 경향과 정치적인 편향을 연결하는 "권위주
의적 인간형이라는 개념이 발견되었으며 이를 토대로 1949년에 반유대
주의에 대한 포괄적인 연구프로젝트를 발간하였다. 4년 뒤 양 대학의
대표자들은 다음과 같은 역사적 업적을 내놓기에 이르렀다.[56)]

막스 호르크하이머(Max Horkheimer)가 편집한 "편견에 대한 연구" 시

---

56) T. W. Adorno et. el, The Authoritarian Personality, Preface xi, Harper&
Brothers(1950)

리즈가 그 업적 중의 하나인데 그 첫 번째 연구가 『권위주의적 인간형』
(The Authoritarian Personality)은 아도르노(T. W. Adorno)들에 의해서,
『편견의 역학』(Dynamics of Prejudice)은 모리스 야노위츠(Morris
Janowitz)들에 의해서, 『반유대주의와 정서적 무질서』(Anti‒Semitism
and Emotional Disorder)는 나산 에커만(Nathan W. Ackerman)들에 의해
서, 『파괴의 연습』(Rehearsal for Destruction)은 폴 매싱(Paul W.
Massing)에 의해서, 『사기 예언자들』(Prophets of Deceit)은 레오 로웬탈
(Leo Lowenthal)에 의해서 진행되었다.

Ⅲ. 권위주의적 인간형(The Authoritarian Personality) 이 사회적 차별(Social Discrimination)과 관계 있다.

막스 호르크하이머는 서문에서 다음과 같이 쓰고 있다.

> 사회적 차별(社會的 差別)이 우리의 주제이다. 중심적인 발견은 권
> 위주의적 유형(權威主義的 類型)의 인간이라는 새로운 인류학적 종(種)
> 이 나타났다는 것이다. 어떤 종류의 사람인가? 생각과 기술에 있어서의
> 고도 산업사회의 특징과 비합리적이고 반이성적인 믿음과 신조를 함께
> 공유하는 인간이다. 다음과 같은 전혀 상반되는 특징을 동시에 가지고
> 있다는 점에서 전례 없는 인간형이다. 즉 근대 이후의 지식에 의해서
> 계몽되었으면서 동시에 미신적이다. 개인주의자임을 자랑스러워하면서도
> 동시에 항상 모든 다른 사람들과 같지 않음을 두려워하고 있다. 독립
> 못해서 안달하면서도 동시에 권력과 권위에는 맹목적으로 복종한다. 우
> 리의 연구는 사회심리학적 방법으로 이 문제에 접근하고자 한다.[57]

---

57) T. W. Adorno, Else Frenkel‒Brunswik, Daniel J. Levinson, R. Nevitt

1. 사회적 차별(Social Discrimination)

사회적 차별(Social Discrimination)이 만약 그들의 문제였다면, 2002
년의 한국사회에 있어서의 가장 뿌리 깊은 문제는 무엇인가?

국가사회의 전반적인 문제(정치, 경제, 행정, 교육, 법의 집행과정, 검
찰, 경찰)에 있어서, 국민들이 느끼는 불만은 어떤 것인가? 확실한 부패
의 증거와 함께 확증 없이 부패하다고 얘기할 수 있는 이유는 무엇인
가? "이것은 공평하지 않다."라는 근본적인 느낌이다.

기업, 공공조직체, 학교와 같은 부분사회에서 구성원으로서의 시민들
이 느끼는 불만은 또한 무엇인가? 어떤 표현이든 간에 "우리는 다같이
짐을 지고 있다." 또는 "공동체가 건재하며, 각자가 공동체를 위해서 헌
신하고 희생하고 있다."라고 느낄 수 있다면 대단히 다행한 사례이다.
쓰디쓴 느낌은 그 반대로서 "부분의 희생 위에 다른 부분이 성공하고
있다." "헌신과 능력의 대가는 반드시 보상받는 것은 아니다."라는 것이
아닐까? 즉 "일상적으로 표현할 수는 없지만 공평하지 않다."라는 느낌
은 의외로 넓게 퍼져있다.

공평하지 않다는 것은 개인으로서나 또는 개인이 속한 집단으로서
나 전반적인 양상은 아닐지라도 부분적으로 또는 중요한 기회의 문제에
서 차별 받고 있다는 것을 의미한다. 박탈감이라는 것도 물론 절대적
박탈이 아닐지라도 상대적 박탈감 같은 것이 향상과 업적의 기회에 있
어서 작용하고 있다면 이것은 결국 차별받고 있다는 것을 느끼는 것을
의미한다.

Sanford, 『The Authoritarian personality』, Harper & Brothers · New York,
1950, Preface ix

2. 차별 금지와 법 앞의 평등

차별의 사회심리학적 현상보다 한국인이 바야흐로 진입하고 있는 시민문화와 법문화의 영역에서 차별 금지의 국민적 약속인 헌법조항을 보도록 하자. "법 앞의 평등"은 헌법적 평등의 기본언어인데, 한국의 대중문화가 가장 오도하기 쉬운 시민문화의 언어가 되었다. 명료하게 적혀 있는 대로, 모든 국민은 법 앞에 평등하다. 누구든지 성별, 종교, 또는 사회적 신분에 의하여 정치적 경제적 사회적 문화적 생활의 모든 영역에 있어서 차별을 받지 아니한다. (한국 헌법 제11조 1항) 사회적 특수계급의 제도는 인정되지 아니하며 어떠한 형태로도 이를 창설할 수 없다. (한국 헌법 제11조 2항)

차별은 합리적 차별과 불합리한 차별로서 생각할 수 있다. 합리적 차별은 자격요건(Qualification)이나 특수한 능력에 근거한 구별을 얘기한다. 예를 들어서 어떤 전문직, 특수한 직업 또는 어떤 역할에 있어서, 그것의 수행에 꼭 필요로 하는 조건이 있다면 (예를 들어서 대륙간 여객기의 기장의 자격요건 같은 것이다.) 그 조건에 의해서 구별하는 것이다. 따라서 고공공포증이 있는 사람을 최신 전투기 파일럿에서 제외하는 것은 합리적인 구별이다.

3. 불합리한 차별과 인사

불합리한 차별은 이와 반대이다. 어떤 조직에서 인사충원을 하는데 그 조직이 공식적으로 필요로 하는 역할 수행에 있어서의 자질, 능력, 경력, 성실성을 직업에 필요한 조건(Job－Necessity)이라 한다면 이러한 조건 이외의 것에 의해서 인사충원을 한다면 그 조직은 사회적 차별을 한 것이 된다.

한국사회의 공식조직이 그 인사(人事)에 있어서 만약 직업에 필요한 조건(Job – Necessity) 이외의 것에 의해서 결정을 한다면 – 무엇에 의해서? 이 물음은 오랫동안 한국사회를 근본적으로 흔들어왔던 문제라고 할 것이다.

4. 왜 차별하게 되는가? 편견, 스테레오 타입, 순응주의자

우선 한국인의 성격적 특징에 주의한다면 사회적 차별의 심리학적 근거로서 편견(Prejudice)의 정도를 주의할 수 있다. 편견의 문제와 함께 스테레오 타입(stereo type)의 문제도 있다. 이와 함께 어느 사회나 문제되는 것이 소수 집단(minority)의 위치[58]와 비순응주의자(non – conformist) / 순응주의자(conformist)의 대치, 가장 넓은 뜻에서의 사회적 종교, 즉 신조, 믿음 같은 것이 이유가 되는 미워함, 혐오 같은 것을 들 수 있다.[59]

이제 우리는 비로소 최근 한국병의 가장 흔한 표현을 정면으로 면대할 단계에 이르렀다. 어떤 사회과학자도 공통적으로 쓰는 표현, 어떤 언론도 비정상적인 사회현상을 기술하면서 그 원인으로 지적하자마자 문장이 끝나는 표현. 어떤 사회적 인과관계론의 기술(記述)도 막다른 골목에 이르르는 마지막 문제. 즉 지연(地緣), 혈연(血緣), 학연(學緣)의 문제이다. 실로 한국에 있어서의 불공평의 원인으로 가장 자주 지적되며, 동시에 차별의 원인으로 마지막으로 지적되는 문제들이다. 이것들 앞에서는 지금까지의 모든 사회과학적 분석도 입을 다물 수밖에 없었나. 이 문제는 인간의 역사에서 다른 문명, 다른 문화에서는 어떻게 다루었는가? 라고 물어보는 경우가 드물었다. 역사의 교훈에서 인간이 다른 인간 집단에 대해서 어떻게 반응하는가의 문제는 의외로 많은 선례

---

58) T. W. Adorno 들, *The Authoritarian Personality,* Happer & Brothers, New York, 1950. preface ix
59) 위의 사람, 위의 책, 위의 페이지.

가 있다. 가장 대규모의 관찰은 역시 서양사의 중요부분이 될 기독교회의 역사와 함께 이른바 기독교 국가의 후예들이 역사적 존재로서의 유대인들에 대한 반유대주의의 역사에서 발견된다. 반유대주의의 심리학이라고 할 만한 성과들이 2차 대전 이후 나타났는데, 이들이 발전시킨 개념이 "권위주의적 인간형"이다.

나치즘의 정치지도자, 사회지도자, 문화지도자, 교육지도자, 종교지도자들은 인간을 집단주의 방식으로 분류하였다. 즉 아리안 민족의 순수 도이치인은 하나의 큰 집단으로 분류된다. 순수한 혈통의 도이치인은 여러 가지 점에서 다른 종족과 구별되는 우수함이 있다. 이를 증명하기 위해서 그들은 유전학자, 우생학자, 의학자들을 동원하였다. 유대인들은 그 사회 계층이 어떠하든 그 삶의 실상이 어떠하든 하나의 집단으로 구별된다. 그리고 그들의 도이치란트 국가에서 유대인 집단의 역사적 해악은 "유대인 문제"로 등장한다. 실로 도이치란트 국가 사회주의 체제 하에서 사회문제 해결을 유대인 문제 해결로부터 출발하려 한다. 한국인의 집단주의는 물론 아직 세계 역사상에서 기록될만한 정도는 아니다. 그러나 한국민의 지역주의, 지역을 근거로 한 정치 경제 문화의 할거와 분파, 이와 비슷한 양상으로서의 애초에는 온건했으나 확장되고 과장되면 위험한 요소를 지니게 되는 지역주의와 연결된 혈연주의(신세대에 있어서는 많이 약화되었을지도 모르겠다. 그러나 가족주의가 만약 실지 혈연가족 중심에서 약화되었다면 유사 가족주의라 할 만한 상징적인 가족주의가 또 다른 조직원리로서 등장하게 되었다고 할 수 있다.) 또는 유사 혈연주의(유사 가족주의)가 지적되고 있다.

Ⅳ. 중세의 삶의 양식(樣式)으로서의 집단주의가 사회적 차별의 원인이다.

1. 중세의 삶의 양식(樣式)으로서의 집단주의

　중세 세계에 있어서 인간의 파악은 한 개인의 고유한 인격으로 파악하는 경우는 드물었다. 왕 또는 뛰어난 성직자 또는 사회계층의 최상위에 속하는 지배계급으로서 그 인격적 특징을 주목하지 않으면 안 되는 경우를 제외하면 대부분의 평범한 사람들은 사람의 개체로서 파악되지 아니하였다. 예를 들어서 바바리아의 농부 아무개는 개체로서 파악될 필요가 없다. 바바리아의 어느 지방 장원(莊園)의 농부 500명 중 한 사람으로 족할 뿐이다. 마찬가지로 브레멘 시의 양초 제조업자 누구는 독자적으로 파악될 필요가 적다. 그 시의 양초 제조업자 300명 중 한 사람으로 족할 뿐이다. 그의 사회적 활동은 양초 제조업자 조합의 일원으로서 행해진다. 중세의 사회구조는 장원 경제, 길드 경제, 수공업자 경제와 같은 단위로 편성되어있었다. 토지를 중심으로 할 때 봉건제도는 수많은 영지(領地), 즉 그 규모와 지배력에 있어서 차이가 있는 수없는 귀족령(貴族領)으로 구성되어 있었다. 여러 영지는 경우에 따라 다르겠지만 제각기 독자적인 방어력을 준비하고 축성술이든지 건축술을 발달시켰다. 어느 도시의 구성원은 독자적인 운명을 가질 수 없었다. 집단 방위와 집단 자위(自衛)는 그들의 생존의 문제였다. 물론 중앙집권적인 국가의 형성이 어느 정도 이와 같은 지역적 집단성을 해체하였나. 그러나 시민혁명에 의해서 독자적인 시민계급이 주도적으로 국가를 형성하지 아니한 국가에 있어서 여전히 봉건적 집단주의와 중앙집권적인 관료 혹은 군대와의 갈등을 해소할 수는 없었다. 관건은 근대사회를 개방화시킨 시민혁명의 여부이다. 왜냐하면 시민혁명은 근세 절대주의를 붕괴시켰을 뿐더러 그 효과로서 실로 근세 절대주의를 지탱시킨 계급주의적 봉건제도를 해체하였기 때문이다. 프랑스의 경우 제3계급의 출현과 이들에 의한 제1의 계급과 제2의 계급, 즉 당시의 지배세력의 부인은 결과적으로 봉건적 지배세력의 부인이었기 때문이다. 토지를 생산의 유일한 수단으로 장악하고 있는 대토지 소유자는 봉건제도에 있어서는 동시에 정치적 지배자였고 종교기구에 있어서도 영향력을 장악하고 있었다. 1789년 당시 신흥 브루주아지는 절대주의 왕권에 뿐만 아니라 봉건제도 하에서의 지배세력을 붕괴하고자 하였다. 시민혁명에 의해서 비로소 인류는 중세 아니 고대 이후의 집단주의적 생활양식과 집단주의적 사회제도, 경제제도에서 벗어날 수 있었다. "우리들은 인간이 태어날 때부터 자유롭고 평등하다는 것을 믿는다."라는 것은 언어의 21세기적 의미에서 평등주의의 고창이 아니다. 중세적 근세 절대주의적 질곡에 매이고 중세적 근세 절대주의적 집단주의 방식에 의해서 삶의 양식이 억압당한 사람들의 자기 발견이자 집단주의적 인간관에 대한 해체선언이다.

2. 현대의 전체주의적 질서로서의 집단주의가 사회적 차별을 행하게 했다.

다시 현대사로 돌아가기로 한다. 나치즘의 지도자들이 "유대인 문제"를 일거에 해결하기 위해서 모든 유럽의 유대인을 몇 개의 집단수용소에 집중시키기로 했을 때, 도이치란트 지배하의 전 유럽의 유대인의 상황은 어떠했을까? 동유럽 중 루마니아의 유대인 집단의 상황과 체코에 있어서의 유대인의 상황이 같지 않았을 것이다. 또한 뮌헨 부근의 유복한 전문가 계층의 유대인과 북해연안의 유대인 자영상인의 상황이 같지 않았을 것이다. 더욱 자세히 생각해본다면 나치즘 자체에 대한 협조 또는 저항의 정도도 유대인의 계층에 따라서 그들의 구체적인 문화에 따라서 같지 않았을 것이다. 그러나 어쨌든 나치즘의 "유대인 문제" 전문가들은 전 유럽의 모든 유대인을 단 하나의 집단으로 환원시키고 몇 개의 수용소에 집중시켰다. 600만의 제각기 역사가 다른 사람들이 단 하나의 범주에 의해서 분류되고 그 운명이 결정되어졌다. 이것이 집단주의적 방식의 해결이다. 이미 지나간 역사에 속하는 일이어서 현대인들에게는 별로 감흥이 없지만 스탈린 헌법 시대(1930's)의 스탈린의 해결방식 또한 대규모의 집단주의 방식이었다. 그는 정치적 반대자, 이단자, 비 순응주의자, 예외를 주장하는 자, 국가 이데올로기를 받아들이지 않는 자들을 흉악범과 같은 범주로 취급하였다. 따라서 이제는 고전이 된 거대한 "수용소 군도"가 이들 집단을 격리하기 위해서 만들어졌다. 스탈린의 눈에는 그의 소비에트 러시아의 인민이 단 두 개의 범주로 즉 단 두 개의 집단으로 분류되어졌다. 순응하는 자(conformist)와 순응하지 않는 자(non-conformist)의 집단이다.

역사의 객관적 모습은 흐름에 따라서 달라진다. 그러나 거대한 숫자의 자기 국민을 단 두 개의 집단으로서 구별하는 권력자의 집단주의적 분류법은 다른 역사에 있어서도 나타난다. 즉 한국 역사에 있어서 이른바 초기에 "국부"로 불리고 나중에는 노망이 난 할아버지로 불린 이승만 대통령의 경우 그의 권력이 강고하게 된 이후 이루어진 두 차례의 헌법 개정과정에서[60] 어떤 태도를 보여주었던가? 이른바 노회하다고 불리우는 이 노정객의 사물과 인물을 보는 범주는 "반대하지 않는 자"와 "반대하는 자"의 구별이었다. 즉 순응하는 사람(conformist)과 순응하지 않는 사람(non-conformist)를 구별하는 것이 어떤 상황에 있어서도 그

---

60) 권영성, 『헌법학 원론』제2장 제3항 헌법의 개정과정 1. 1952년 7월 4일의 제1차 발췌개헌, 2. 1954년 11월 27일의 제2차 사사오입 개헌 p.93, 94, 법문사, 2002. 또한 김철수, 『헌법학개론』제2편 제1장 제1차 헌법 발췌개정에 대해서는 p.61, 제2차 사사오입 개정에 대해서는 p.62, 또한 제6차 삼선금지규정 완화 개정에 대해서는 p.67, 제7차 헌법개정, 즉 유신헌법 개정에 대해서는 p.67, 제10 전정신판, 박영사, 1998.

의 "정치적 노회성"의 마지막 보루였다. 그는 두 가지 집단으로 그의 주위의 또는 당시 정치권이나 사람들을 구별하고 있었다. 18년간 거의 삼권이 융합될 정도의 절대권을 확립하였던 박정희 대통령의 경우는 어떠한가? 1969년의 소위 대통령 3선 금지규정을 완화함으로 박정희 대통령의 12년 계속연임을 가능케 한 제6차 개헌과 전국에 비상 계엄을 선포하고 국회를 해산하며 정당의 정치활동을 중지시킨 이후 진행시킨 제7차 개헌이며 새칭 유신헌법이라 불리는 것을 진행시킬 때의 과정은 어떠했던가?[61] 그의 정치적 판단력의 마지막 초점은 일반 시민이나 공개적으로 그를 비판하는 그룹뿐만 아니라 심지어 여당 내에 있어서도 그의 사람의 분류법은 단 두 가지의 범주에 기초하고 있었다. 즉 그에 있어서 그의 추종자나 측근자에 대해서까지도 다른 어떤 판단의 기초보다 우선하는 두 가지 범주가 있었다. 즉 반대자냐 아니냐 이것 역시 순응하는 사람(conformist)과 순응하지 않는 사람(non-conformist)의 구별이었다.

역사의 객관적 정황은 물론 스펙트럼의 다른 구분이라고 할 수 있다. 그러나 사회 심리학이나 정신 분석학의 빛에 밝혀진 심리적 특징의 단순화는 의외로 이들 인물들의 공통된 내면세계를 드러나게 해 준다. 순응하는 사람(conformist)이냐 순응하지 않는 사람(non-conformist)이냐의 문제는 "권위주의적 인간형"의 조사자이자 보고자였던 아도르노들에게는 집단 내부인(ingroup)이냐 집단 외부인(outgroup)이냐의 극단적인 차별의 태도로 측정되었다.[62]

---

61) 권영성, 『헌법학 원론』2. 1969년 10월 21일 제6차 공화당3선 개헌, Ⅳ. 1972년 헌법의 성립과 내용 1. 1972년 12월 27일의 제7차 유신개헌의 경위 p.95, 96, 법문사, 2002.

62) T. W. Adorno들, *The Authoritarian Personality*, Happer & Brothers, New York, 1950 또한 Ithiel De Sola Pool, chapter 25 Public Opinion p.790, *Handbook of Communication*, Rand McNally College Publishing Company, chicago, 1973.

V. 에릭 에릭슨은 신프로이드학파로서 사회와 인격의 상호작용을 리비도보다 중요시했다.

1. 에릭 에릭슨의 경우

현대의 사회 심리학자들은 임상 경험을 중요시하는 네오 프로이디안들이다. 훨씬 나중의 이야기이지만 에릭 에릭슨(Elik Elikson)은 그의 수련기에는 즉 2차 대전 이전에 비엔나에서 아동치료를 위한 임상 훈련을 받은 적이 있다. 공식 학력으로는 도이치어 문화권에서 김나지움을 졸업한 것이 거의 전부이다. 대전의 격류 속에서 아메리카로 옮겨간 그는 피츠버그의 아동치료 연구소에서 임상에 열중하였다. 그의 특징은 초기 프로이드의 중심 개념이었던 리비도의 현실세계에 있어서의 투사에서 벗어나서 차츰 사회가 아동의 발달에 미치는 상호관계에 주목하였다. 『어린 시절과 사회』(*Childhood and Society*)에서 그는 인간의 아동기의 발달 심리학이 사회와 어떤 연관을 가지는지 주목하였다. 고교 졸업생으로서 드디어 그는 하버드의 발달심리학 강사가 되었는데 정교수직을 받았는지는 확실치 않다. 이후의 그의 관심은 세계사에 있어서의 특이한 인격이 그 인격의 성장기의 사회사와 어떤 상호 주고받음을 통해 성장하였는지에 던져졌고 개별인격의 전기가 아니라 정신분석학적 전기가 연이어 나타났다. 『아돌프 히틀러의 정신분석학적 전기』(Elikson 1964)를 비롯해서 잘 알려진 것으로는 마르틴 루터의 정신분석학적 연구로서 『청년 루터』(*Youngman Luther*, 1962) 그리고 인도 건국의 아버지인 마하트마 간디의 정신분석학적 전기로서 간디의 진실(*The Truth of Ghandi* 1969) 그리고 1차 대전 이후의 베르사이유 조약과 약소민족 해방 조항과 관계 있는 우드로 윌슨의 정신분석학적 전기가 연이어 나타났다. 청년심리의 일반이론으로서 그는 『청년; 동일성의 위기』(*Youth;*

Identity Crisis)를 내놓아 이후의 인문사회과학 일반에 동일성 위기 또는 정체성 위기(Identity Crisis)라는 정신분석학적 용어를 통용시켰다.

2. "정신병리학과 정치" (1930)에서의 사례 연구와 "권위주의적 인간형" (1964)에서의 실지조사

시대를 거슬러서 프로이드의 이론을 정치적 행태에 적용한 선구자는 해롤드 라스웰이다.[63] 그는 정신병리학과 정치 『정신병리학과 정치』(*Psychopathology and Politics* 1930)에서 정신치료로 끝난 열두 사람 이상의 정치가들의 병력 연구를 출간하였다. 해롤드 라스웰은 원래 예일 법과대학의 교수였는데 아메리카에서 학제적 연구의 선각자로 알려지고 있다. 해롤드 라스웰의 연구는 아마도 제2차 대전 이후의 호르크하이머나 아도르노 같은 사람들에게 영향을 주었을 수가 있다. 라스웰의 연구뿐만 아니라 시대는 훨씬 이전이나(1964) 앞서 얘기한 에릭 에릭슨의 히틀러의 정신분석학적 연구가 크게 보면 역시 1950년에 발표된 아도르노들의 "권위주의적 인간형"의 실증적 조사연구와 같은 맥락일 수 있다.

아도르노의 연구의 특징은 사회 철학적인 경향이 아니고 실지 조사를 행한 데 있다. 예를 들면 그는 이 주제에 맞는 문항을 만들고 이 주제와 관련 있는 태도를 측정하기 위해서 사회조사 때 흔히 행하는 질문지를 사용하였다. 조사 대상인 그룹으로는 예를 들어서 1945년 1월부터 5월까지 캘리포니아 대학 성인교육반 여자 140명, 남자 52명 또한 같은 대학 통신교육 심리학 클래스 성인 여자 40명, 그리고 전문직을 가진 여자 즉 공립학교 교사, 사회사업가, 공공보건에 종사하는 간호원

---

63) Ithiel De Sola Pool, chapter 25 Public Opinion p.789, *Handbook of Communication,* Rand McNally College Publishing Company, chiago, 1973.

들 63명 등 총 295명에 대해서 사회조사를 실시하였으며 1945년 여름
에는 다른 질문지(Form 60)에 의해서 오레건 대학 여학생 47명 그리고
오레건 대학과 캘리포이나 대학 여학생 54명 그리고 오레건 대학과 캘
리포니아 대학 남학생 57명, 그리고 오레건주의 사회봉사클럽 예를 들
어 라이온즈 클럽, 로터리 클럽의 남자 68명, 그리고 또 다른 오레건
사회봉사클럽 남자 60명 합계 286명에게 사회조사를 행한 것이다. 이와
같은 방식으로 총 2099명에게로부터 질문지를 회수하여 분석하였다. 지
역, 직업, 계층, 성별 등 이 지면에서 일일이 밝힐 필요가 없는 사회조
사의 기법을 통해서 권위주의적 인간형과 관계 있는 여러 문제에 대한
태도 분석을 행하였다.[64]

3. 반작용 형성(reaction formation)[65]은 프로이드적인 개념이다.

예를 들어서 전투적인 평화주의자를 본다. 그는 전쟁에 너무 사로잡
혀서 외면적으로 폭력적으로 전쟁에 반대하는 시위를 벌인다. 다른 예
는 정치가들은 모두 사기꾼이고 악당들이라고 주장하는 견유과 통속철
학자를 들 수 있다. 이윽고 그는 세상이 모두 그러니까 만약 같은 기회
가 자기에게 생기면 그 자신은 스스로를 잘 챙겨서 약고 현명하게 처신
해야되겠다고 결론짓는다. 두 가지 극단적인 예에서 정신분석학을 배경
으로 하는 관찰은 다음과 같은 가설을 내놓을 수가 있다. 즉 어떤 개인
이나 그룹은 어떤 특별한 주제에 너무나 사로잡히고 관심이 많기 때문

---

64) 아도르노들, 앞의 책, Introduction p.21, 22.
65) Andrew W. Watson, M. D., Ⅳ. The Ego and its Defenses, Reaction
    Formation p.167, *Psychiatry for Lawyers,* International Universities Press,
    Inc. New York, 1978. 논문 필자는 University of Michigan Law School
    에서 Watson교수에게 직접 Psychiatry for Lawyers의 강의를 들었다. 당시
    Watson교수는 의과대학과 법과대학의 양 단과대학의 교수를 겸직하고 있
    었다. 그는 정신과의 출신의 정신병리학자이다.

에 그 결과로는 그 주제의 (전쟁, 권력이 주는 기회) 정반대의 극단(절
대 평화, 죽림칠현)을 나타내는 행태나 견해를 표명한다는 것이다. 그래
서 괴펠스 같은 사람이나 괴링 같은 사람은 애완동물이나 작은 생명체
에 대해서 열렬한 관심을 보이는 생활을 할 것이며 레닌은 러시아 차르
의 압제에 대해서 맹렬히 분노하나 "노동계급을 해방하기 위해서" 그
자신의 압제 체제를 확립할 것이다.66)

　위의 예가 정신분석학적 문헌에서 "반작용 형성"(reaction formation)
이라고 부르는 예이다. 반작용하고 있는 어떤 사람은 그 자신에게나 다
른 사람에게 그는 그와 같은 충동을 전혀 가지지 않고 있다고 증명하기
위해서, 극단적인 행태에 의해 그의 무의식적인 충동에 대해서 그 자신
을 방어한다. 아마도 지나치게 지독한 교도소의 형무관이나 지나치게
경직된 법 집행의 공무원의 예를 들 수 있을 것이다. 즉 레미제라블에
서 장발장의 뒤를 좇는 떼나르디에는 그의 내부에 있는 반사회적 충동
에 대해서 그 자신을 방어하기 위해서 그 반사회성의 반대되는 극단의
권화가 될 것이다. 개인의 문제를 떠나서 사회적 분위기의 예를 한국사
회에서 들어보자. 즉 부패의 소식이 나날의 대부분의 뉴스를 점하게 되
는 일상에서는, 물질적으로 부족함을 느끼는 많은 서민들은 그들이 내
부에서 동일한 강한 유혹을 느끼기 때문에, 결과적으로는 오히려 더
"단정해지고" 어떤 경우에는 그렇게 행동하지 않아도 좋을 때에도 "그
자신의 결백을 증명하기 위해서" 극단적으로 경직한 태도를 보이게 되
는 수도 있다. 법집행의 말단에 있는 공무원들이 민원인들에게 지나치
게 으르렁 딱딱거리는 지난날의 관행은 대체로 이와 같이 설명될 수 있
다. 이런 사회 분위기는 이중의 어려움을 주는데, 막상 결정권을 가진
계층들은 아무런 양심의 가책 없이 큰 거래를 성립시킨다. 결정권을 가
지지 않은 사소한 관료나 사무원들은 별 것 아닌 일에 대해서 지나치게

---

66) Ithiel De Sola Pool, 같은 장, 같은 책, p.789, 790.

엄격하고 "그들 조직의 결백성을 증명하기 위해서" 어떤 경우에도 기계적이고 형식적인 법해석으로 대처하려 한다.

고전적인 연구로서는 해롤드 라스웰이 1930년에 발표한 사례연구가 있다. 어떤 사람은 그 자신의 불법적인 충동에 너무나 사로잡혀서 드디어는 일절의 "단정하지 않은" 모든 풍속을 일소하는 캠페인에 나서게 된다. 또 다른 사람은 그 자신의 용인할 수 없는 폭력의 충동에 사로잡혀서 드디어는 반전 운동의 십자군으로 나서게 된다. 그런데 이러한 지나치게 반작용적인 행태는 외부 세계에 대해서는 더 중요하게 그 자신에게 대해서 그를 괴롭히고 있는 특별한 동기와 죄악에 대해서 그 자신은 절대로 죄가 없다는 것을 증명해야 한다. 그러나 이와 같이 지나치게 반작용하고 있는 사람이 끝까지 성공적으로 그 반작용을 끌고 나가는 경우는 드물다. 전형적으로는 강한 내적인 충동이 때때로 터져 나와서 결과적으로 행동의 비일관성이나 견해의 앞뒤가 맞지 않음을 보여준다. 그래서 사람들은 "어떤 가치의 권화"와 같은 지도자가 그 행태에 있어서 앞 뒤 모순되거나 전후 맥락이 닿지 않은 해석할 수 없는 애매모호함을 경험하게 된다.[67] 한국에 있어서의 이와 같은 해석이 권위주의적 지배 체제의 주도자뿐만 아니라 권위주의 체제하에서 민주화 운동을 한 정치적 지도자에 대해서 적용될 수 있는지는 아직은 시기상조일지도 모른다. 그러나 그토록 민주적 가치와 인격적 존엄성을 깃발로 해서 압제에 저항했던 한 시대의 상징들이 일단 권좌에 올랐을 때 어떤 행태를 보여주었는가의 해석은 한국문화의 통상적 콘텍스트에서 이루어질 일이 아니다. 해롤드 라스웰이 정치인의 내적 농기에 대해서 접근해 간 정신분석학적 접근이 때로는 행위와 역사의 객관적 가치를 손상시키는 결과가 될지도 모른다. 그러나 명목주의와 외관주의가 그토록 오랫동안 사회와 국가를 지배해왔던 동아시아의 나라에 있어서 정치를 비롯

---

67) Ithiel De Sola Pool, 같은 장, 같은 책, p.790.

한 결정적인 영역의 지도자에 대해서 "그 행동의 파탄이 가져다주는 영향이 너무나 파괴적이기 때문에" 외관과 명목을 넘어서서 그 동기에 있어서의 병리적인 실상을 과학적으로 탐구하지 않을 수가 없다.

VI. 평균인의 상식과 그것을 넘는 노력

1. 평균적 상식, 편견과 차별

모든 사람은 어떤 의미에서 그 자신이 그 스스로에 대해서는 사회과학자라고 믿는다. 특별히 한국의 "평균적인, 보통의" 시민은 눈앞의 사회 현상에 대해서 누구나가 그 이유도 대고 대책도 얘기할 수 있다. 그 만큼 사회과학은 시민의 일상적 생활의 물건이 돼 버렸다. 현상에 대한 평균인의 상식적 파악을 넘어서려는 것이 모든 사회 과학자들의 방식과 목표를 결정해 왔다. 다시 한국의 최근 문제로 돌아가 보자. 차별과 도가 넘는 이익에 대한 박탈감과 그 결과로서 사회적 준거틀의 부인과 같은 병리적인 사회 현상의 원인으로서 누구나 지적할 수 있는 것은 (택시 운전기사의 어조와 신문 칼럼을 쓰는 전문가급의 대학 교수도 거의 같은 언어를 쓴다.) 소위 지연, 학연, 혈연의 인과관계이다. 이 경우에도 반작용 형성의 예를 들 수 있다. 예를 들면 어떤 기회를 잡으려고 바람을 쫓은 어떤 청년이 그에게 없는 인연으로 인해서 기회를 놓치고 (그 인연에 대해서 그토록 사로잡혔기 때문에) 드디어는 일절의 학연을 부인하는(그러나 내심에서는 자신에게 그토록 상처를 주었던 어떤 인연에 대한 저항일 수도 있다는 것이 분석 심리학의 관찰이다) 십자군적인 캠페인에 나설 수가 있다. 물론 이와 같은 노력이 악성적이고 병리적인 '인연주의'와 그 사회적 가치가 비교 할 바 아니다. 행위의 객관적 가치는 그 동기에 대한 미시적인 분석과 달리 평가 될 수 있다.

그러나 지나치다는 것이 모든 반작용 형성에서 오는 행위의 특징이라면 지나친 반작용으로서의 행위가 가장 원인이 되는 병리적 현상을 제거하기는 커녕 그 효과로서 오히려 악화시키는 경우도 있을 것이다. 사회현상의 문제를 접근할 때, 그것이 병리적인 것이냐 정상적인 생리현상인 것이냐를 구별하는 것이 우선일 것이다. 특별히 프로이디안적인 접근은 정상적인 생리현상에 대해서보다 병리적인 개인이나 개인의 집단에 대해서 진단과 처방을 가능케 할 수 있다. 훌륭한 의사는 환자의 자연적인 치유력을 존중하고 근본에 있어서 환자의 생명력을 존중하는 자이지, 극단적인 처방을 아무 환자에나 내민다면 그 스스로가 언젠가는 오진과 잘못된 처방으로 책임을 지게 될 것이다.

다시 평균인의 상식을 넘어서 한국의 사회문제를 생각해보기로 한다. 흔히 지연, 학연, 혈연이 모든 한국인의 공평한 기회를 저해하고 있다라고 말해진다. 그렇다면 왜 지연, 학연, 혈연이 공평한 기회를 저해하는 것일까? 어떤 사람이 어떤 지역 출신, 어떤 교육 배경, 어떤 집안 출신이라고 해서 차별의 대상이 되거나 또는 불합리한 선호의 대상이 될 때의 문제일 것이다. 또한 그 정도가 지나쳐서, 소속 공동체나 작업 집단 또는 공식 조직의 일 자체를 심각하게 저해하거나, 여러 사람의 사기를 떨어뜨리거나, 표명되든 표명되지 않든 간에 박탈감을 느끼게 하는 경우일 것이다. 즉 각종 인연이 차별과 관계 있을 때의 일이다.

이 문제는 한국의 사회 문제이자 한국의 역사 속에서 생성된 사회구조의 문제이다. 그런데 어떤 원인에 의한 사회적 차별이 더욱 극적으로 드러나고 세계사의 조명에서 그 구조가 밝혀진 경우가 있다. 힌 사회에서 특수한 사회 문제가 오랫동안 고질되어 왔다면, 그 질병은 의외로 다른 사회에서도 맹위를 떨쳐서 수백만을 살상한 병균체로 이미 보고되어 있을 수가 있다.

세계 제2차 대전 이후의 전후 처리 문제는 여러 방면에서 진행되었다. 그런데 유독 한국에서는 잘 알려지지 아니한 문제가 전범 처리 문제, 전범 재판 문제와 같은 것이다. 본 글의 범위가 넘는 이와 같은 문제로 시작하는 것은 한국에 있어서의 사회적 대기가 그때 그때의 정치적 주도세력에 의해서 형성되는 사회 이데올로기 또는 국가 이데올로기에 의해서 결정되며 세계사적인 보편적인 문제가 기이하게도 다른 문제에 (주로 권력의 문제) 덮혀서 그냥 지나간다는 것이다.

동족을 아무런 귀책사유 없이 600만이나 살상 당한 이스라엘 민족은 제2차 대전 중의 사건들을 잊지 않았다. 그들은 전후에 무엇이 서양문화의 성전과 같이 간주되었던 문화권에서 조직적인 처형과 박해가 일어나게 했는가를 되물었다. 법과 질서와 이성의 문화에서 어떻게 해서 고대의 인종적이고 종교적인 적개심의 잔재가 남아 있어서 그토록 수많은 "교양 있으며 질서를 존중하는" 시민들이 그들의 동료시민들을 이유 없이 박해하는 것을 관용하였을까?[68]

한국인들은 왜 다음과 같이 일상적으로 되묻지 않는 것일까? 왜 무엇이 이미 1960년에 시민혁명[69]에 비할만한 놀라운 역량을 보여준 시민들로 하여금 18년의 박정희 정권과 13년의 권위주의 정권을 관용하게 했을까? 또한 왜 무엇이 그토록 오랫동안 열망해왔던 "민주화와 자유화"가 일단 뚜껑이 열려지자 판도라의 상자와 같은 것으로 계속 보여지게 되는 것일까? 무엇이 "옛날에 비해서는 더 부유해지고 더 유식해지고 더 많이 가진" 시민들로 하여금 더 불만스럽고 더 탐욕스럽고 더 외로워지고 공동체는 어디서나 해체되며 남는 것은 돈타령으로 만든 것일까?

---

68) Max Horkheimer and Samuel H. Flowerman, *Foreword to Studies in Prejudice,* v, T. W. Adorno들, 같은 책.

69) 통상 4. 19로 불려지고 있지만 이를 다시 해석하여 '1960년 봄 혁명'이라고 이름 붙여야 한다는 취지로는 박영신, "사회운동 이후의 사회운동", 『현상과 인식』24권 4호, 2000년 겨울, 183 – 203쪽. 또한 같은 사람, "우리나라 권위구조의 정신분석학, 『정신분석학과 우리사회』, 한국사회이론학회 학술발표회 2001년 가을.

사회적 차별이 한국사회에 존재한다. 그리고 그 사회적 차별은 가시적으로는 지연, 혈연, 학연에서 온다고 주장되어 졌다. 사회를 기계적으로 파악하지 않고 생태학적으로 관찰 하는 경우에 어떤 수준의 자연적 성향을 발견하게 된다. 따라서 여러 자연적 성향이 어떤 정도의 분포로 보일 수 있다. 생태학적 군집성의 어느 정도는 자연 현상으로 인정된다. 어느 정도가 생리학적 수준이며 어느 정도가 병리적 수준인가는 사회적 질병에 대한 진단으로 판단 되어야 한다. 지연, 혈연, 학연이 병리적으로 작용하는 경우에는 병리적 집단주의를 형성한다. 병리적 집단주의가 인간의 역사에서 가장 극단적으로 나타난 예로는 반 유대주의와 같은 종족 말살의 기도이다. 특정 종족에 대한 맹렬한 증오는 편견의 효과이다. 즉 역사적으로 사회적 차별은 사회적 편견에서 온 것을 전후 사회심리학자들이 증명하였다.

2. 사회적 차별과 그 원인으로서의 편견의 문제

아도르노와 브른스윅(두 사람은 프랑크푸르트 대학 소속) 그리고 르빈슨과 샌포드(두 사람은 버클리 대학의 여론 조사 연구소 소속)들은 특정 종족이나 다른 소수민족에 대해서 적개심을 가지는 경우 그 적개심을 측정하는 스케일을 개발하고 그 스케일을 E 스케일이라고 불렀다. (E 스케일이라는 것은 종족 중심주의 – Ethnocentrism – 를 재는 스케일이라고 명명된 것이다.) 그들은 또한 내집단(ingroup)과 외집단(outgroup)을 극단적으로 구별하는 태도(polarization), 윤리적 문제에 대해서 경직되며 극단적으로 분리해서 판단하는 태도, 그리고 권위에 대한 의심 없는 지지의 태도와 같은 것을 측정하는 스케일을 개발했다. 이 스케일을 F 스케일이라고 불렀는데 이 F는 파시즘(Fascism)에서 따온 것이다.[70]

---

70) E 스케일에 대해서는 J. Levinson, Ⅳ. The Study of Ethnocentric Ideology b. *Construction of the Ethnocentrism* (E) scale p.109, 아도르노들, 같은

이들이 개발한 두 가지 스케일, 즉 E 스케일과 F 스케일은 높은 정도로 상관관계가 있다는 것을 발견하였다. F 스케일은 쉽게 쓸 수가 있고 또한 다른 변수들과 높은 상관관계가 있는데 현대 사회과학에서 가장 널리 쓰여지는 태도 측정 방식이 되었다.[71]

권위주의에 대한 후속의 문헌들은 F 스케일의 해석을 바꾼 것이다.[72] 이 때 문화 차와 사회계층의 차가 권위주의의 해석을 측정하는데 매개변수가 될 수 있다고 한다. 계속된 연구는 F 스케일에 있어서의 질문지의 항목들이 언어적으로 어떻게 배열되느냐에 따라서 결과가 달라질 수가 있다고 했다. 예를 들어서 권위에 대한 태도의 문화와 계층에 따른 차이는 다음과 같이 구체적으로 나타난다. 즉 어떤 문화 어떤 계층의 사람들은 다른 문화 다른 계층의 사람보다도 더 "예, 그렇습니다." 라고 잘 하는 사람들이 있는가 하면, 어떤 사람들은 "아니다." 라고 말할 수 있는 태도를 더 갖추고 있는 경우도 있다고 한다.[73] 한국 문화에 있어서 예와 아니오 라고 대답할 수 있는 사람들의 태도는 어떠한가? 전통문화에 있어서 특히 윗사람에 대한 대답에 있어서는 예라고 하는 대답이 그 내용이 어떻든 간에 외형적 예법에 맞는 것으로 알려져 왔다. 또한 한국어의 특수성은 예를 들어 "너 밥 안 먹었지?"라고 묻는 경우에 "예, (당신의 추측이 맞습니다. 당신이 바로 본 것입니다. 당신은 윗사

책, 또한 F 스케일에 대해서는 R. Nevitt Sanford, T. W. Adorno, Else Frenkel‐Brunswik, and Daniel I. Levinson, *b. Construction of the Fascism* (F) scale p.224, 아도르노들, 같은 책.

71) Ithiel De Sola Pool, 같은 장, 같은 책, p.790 이 사항에 대한 문헌으로서는 Titus and Holland, 1957; Christie & Cook, 1958, Kirscht & Dillehay, 1967들을 De Sola Pool은 열거하고 있다.

72) 위의 사람, 위의 장, 위의 책, p.790 저자는 F 스케일의 수정된 해석으로 다음의 문헌을 들고 있다. Christie & Jahoda, 1954; Rokeach, 1960

73) 같은 사람, 같은 장, 같은 책에서 다시 인용. 저자는 다음의 연구 결과를 인용하고 있다. Christie & Jahoda, 1954; Couch & Kenniston, 1960; Rokeach, 1960; Wells, 1961; 1963; B. W. Becker & Myers, 1970.

람입니다.) 과연 저녁을 먹지 않았습니다."라고 해서 저녁을 먹었느냐, 안 먹었느냐는 사실의 문제보다도 상대방 또는 윗사람의 관측이 맞다, 안 맞다 라는 측면에 더 신경을 쓴다. 서양어에서는 "밥 안 먹었지?"라고 묻든, "밥 먹었지?"라고 묻든 상대방의 물음에 관계없이 대답은 사실관계에 중점을 둔다. 그래서 "밥 안 먹었다."라는 주된 의사표시 위주로 앞의 대답은 안 먹은 경우에는 "No"로 답하고 먹은 경우에는 "Yes"로 답한다. 한국어가 그만큼 대화의 상대방의 입장과 경우를 고려하는 상대적인 언어라는 얘기다. 인간관계에 있어서 장점도 있겠으나 지금 이 논문은 권위주의(Authoritarianism)의 병리적인 사회적 역할을 재는 스케일에 관한 논의이다. 질문지의 문항을 작성할 때 한국인의 이런 문화를 배경으로 하지 않고 특정 권위에 대해서 묻는다면 그 문항의 방식에 따라서 답변이 달라질 수가 있다. 매우 미묘한 사회 심리여서 한국 문화와 더 보편적인 시대정신을 다같이 꿰뚫지 않고서는 응답자에게 올바른 의미있는 답변을 얻어낼 수가 없다. 한국의 사회 문제가 특히 차별의 문제에 있어서 어떤 경우에는 정치적 문제화하기 전에는 좀처럼 외부에서는 관찰하기 힘든 경우가 있다. (이것은 한국의 부분 문화에 있어서-예를 들어서 기업, 공식조직, 정부조직, 교육기구의 구성원이 어떻게 행동하느냐의 문제에 대해서,-경우에 따라 다르겠지만 유사 가족주의적 논리로서 평소에 조직 책임자들에 의해 잘 쓰여지고 있다.) 즉 공식 조직의 내부 관계를 가족주의적 유사논리로 유비하는 것이다. 그 경우에 조직의 구성원들은 내부 문제에 대하여 외부에 대해서 발설하는 것을 상당히 꺼리게 된다. 흡사 개인의 사적인 가족구성원의 험담을 하는 것처럼 가책을 느끼게 된다. 자유화, 민주화 이후 정부 차원의 여러 가지 모순과 문제점에 대해서는 여론에 쉽게 노출될 수 있는 통로가 열리고 있으나, 다른 부분 사회의 문제는 대부분 잘 알려지지 않고 있다. 문제는 그처럼 형식주의적이고 외관주의적인 보도나 혹은 홍보처

럼 모든 것이 "가족적으로" 해결되고 있다면 이처럼 많은 사회적 불만
과 박탈감과 그것의 극단적인 표현인 사회적 질병 즉 범죄, 자살, 각종
중독과 같은 것들은 어떻게 설명되어질까? 권위주의적 문화형의 특징
중 하나는 그것의 어떤 형태로서는 구성원 각자의 인격적 실체와 책임
이 분화되지 아니하고 있는 집단주의적 방식에 있고 이것의 병리적인
특징은 공생(共生, Symbiosis)이라는 하급동물의 특징으로 나타난다. 공
생적 방식은 생태계에서는 자연 현상으로 보인다. 악어와 악어새, 말미
잘과 집게의 관계는 좋은 공생이다. 그러나 문제가 각자가 인간의 존엄
성을 가진 인격체로서의 인간의 사회일 경우에 생태학적 유비는 한계를
가지게 된다. 마피아 조직에 있어서의 공생의 논리는 내부조직의 비밀
을 누설하기보다는 죽음을 택해야 한다. 유사 종교단체에 있어서의 공
생의 논리는 외부의 위협에 대해서는 집단자살을 택한다. 인격적 미분
화라는 것이 집단주의의 특징으로 보이는 경우가 있다.

Ⅶ. 심층심리학적으로 특화된 권위주의 (Authoritarianism)의 예

1. 좌파 권위주의와 우파 권위주의는 심층심리학에서 볼 때 같은 특징이 있다. (Shils, 1954; Lipset, 1960)

저널리즘적 용어로서 우파와 좌파는 구별되고 더구나 이념적인 스펙
트럼에 있어서 극우와 극좌는 정반대의 극단에 있다. 한국정치의 기술
(記述)에 있어서도 최근에 자연히 보수니 혁신이니 또는 좌파니 우파니
하는 언어를 쓰고 있다. 대단히 주의할 것은 한국에 있어서의 사회현상
과 정치현상에 대해서 어느 정도 역사적 통찰을 가진 사람은 이런 언어

를 경계하게 된다. 다음의 심층심리학적 연구는 한국과 같이 정치가 이념집단이나 역사적으로 안정된 정당에 의해서 행해지기보다는 전혀 다른 조작된 집단주의에 의해서 행해지고, 정치적 상징과 표상 같은 것들이 이성적이기보다는 대단히 감정적이고 더욱이 민중이라고 불리는 다수인의 정서에 호소하고 있는 경우이다. 한국의 경우 표현되는 정치적 이데올로기를 서구적 이데올로기의 전통에서 그대로 해석하기보다는, 집단의 무의식에 관한 정신분석학적 접근이 진실을 밝혀내는데 도움이 될 것이다.

2. 판단에 있어서의 경직성과 극단성

심층심리학적으로 특화된 권위주의의 개념 요소 중 하나는 도덕적 판단에 있어서의 경직성과 극단성이다. 이런 의미에서의 권위주의는 이른바 서구 역사에 있어서 나타난 우익 쪽에 속하는 사회적 편견이 많은 이른바 "반동주의"(reactionary)에 뿐 아니라 왼쪽에 속하는 교조주의에서도 찾아볼 수 있다. 즉 사회주의나 수정주의 위에 선 권위주의가 가능하고 파시즘이나 보수반동 위에 선 권위주의도 가능하다.[74]

3. 쇼비니즘의 권위주의

흔히 상식적으로는 권위주의가 극단적인 애국주의나 국수주의와 연결된 것으로서 생각한다. 즉 일본의 경우 신사 참배를 위주로 하는 쇼비니즘이 권위주의와 결합할 경우 2차 내전의 피해국의 입장에서는 2차 대전 당시의 군국주의가 회상된다. 이런 이미지의 권위주의적 인격이 대체로 한국의 신세대에게는 식민지 시대의 지배 계급이나 혹은 친일 매판세

---

74) 위의 사람, 위의 장, 위의 책, p.791, 저자는 다음의 준거를 대고 있다.
(Shils, 1954; Lipset, 1960)

력으로서 해방이후에도 계속해서 한국의 민주화를 실질적으로 저해한 "권위주의적 인격"의 이미지로서 남아있다. 그러나 사회심리학적으로 특화된 권위주의는 이와 같은 우파 쇼비니즘에 한한 얘기가 아니다.

4. 쇼비니즘과 스펙트럼의 다른 극단 - "외국을 이상화 시키기"의 권위주의

Perlmutter(1956; 1957)에 의하면 권위주의는 국가에 대한 전혀 다른 형태의 태도에서도 나타날 수 있다고 한다. 심리학적으로 본다면 쇼비니스트의 경우에 국가에 대한 광적인 의존은 (이미 설명한 바대로) 성장기의 권위에 대한 깊은 정서적 의존에서 나온 것이다. 프로이디안들이 밝혀낸 대로 반작용 형성(reaction formation)은 권위의 대상에 대한 의존 상태에서 나타나는데, 깊은 적개심이 오히려 반동을 형성해서 맹렬히 추종하는 외관을 보여줄 수가 있다. 즉 분석 심리학적 진실은 적개심과 의존이 독립적 관계를 수립하지 못하는 데에서 오는 동전의 다른 두 면이다. 따라서 현상으로서는 쇼비니스트와 외국문물에 대한 광적인 예찬자는 스펙트럼의 극단의 다른 방향에 있다. 그러나 심층 심리학의 연구에 의하면 특정 외국에 대한 광적인 추종자는 그 심리적 실체에서 광적인 쇼비니스트와 같은 다이나믹스를 공유하고 있다. 한국의 개화기의 문제는 대원군과 같은 이유 있는 쇼비니스트의 문제이기도 하고 동시에 친일파, 친러파를 비롯한 가능한 모든 서양 선진국에의 문물에 대해서 독립적으로 대하지 못하고 의존적으로 열광한 당시 지도층의 병적인 다이나믹스에 있다. 대원군이나 외세 의존적인 개화파의 지도자들이나 심층심리학의 언어를 빌리며 "권위주의적 인간형"이며 이 때 권위주의적이라 함은 그들 내심의 에너지가 대상에 대해서 독립하지 못하고 의존을 형성하고 있어서 때로는 적개심과 때로는 광적인 의존을 보여주는 병리적인 관계를 말한다. 해방 이후의 한국에 있어서의 정치를 비롯한 여러 분야의 지도자들은 어떠한가? 그들이 민족주의적 성향을 보여주든, 또한 전혀 반대로 아메리카를 비롯하는 이른바 서양 열국에 대해서 호의적인 성향을 보여주든, 사회 심리학적 견지에서 측정할 수 있는 기준은 F 스케일이다. F 스케일의 주된 항목 중의 하나는 윤리적 문제에 대해서 경직성과 극단적인 판단을 하느냐의 문제다. 이 때 문장으로 나타낼 수 있는 언어는 지극히 평이한데 민족주의의 입장에서 서든, 또는 서구의 민주주의의 입장에서 서든 그 태도가 권위 의존적 태도인가? 따라서 권위 의존성의 특징인 경직성이 나타나는가? 극단성이 나타나는가? 한국의 윤리 문제에 대해서 어떤 판단을 내리는가가 바로 미터가 될 것이다. 해방 이후 나타난 지식인이나 문화적 지도자에 대해서도 같은 스케일을 쓸 수 있을 것이다.

어떤 외국을 이상화하는 태도는 후진국 뿐 아니라 서양 역사에 있어서도 흔히 보여져왔다. 자국의 주권을 부인하면서 어떤 멀리 떨어진 외국을 이상화하는 태도는 경우에 따라서는 정치적 이단자나 또는 인권의 후진국에서 박해받은 피해자가 외국에서 피난처를 구하는 경우에 있을 수 있다. 정상적인 경우의 망명같은 것이다. 그런데 이와 같은 경우 이외에 멀쩡히 한 나라의 어떤 분야의 지도자들이 자신이 뿌리박고 있는 자국의 주권(국민주권)의 권위를 부인하고 (내심에 있어서) 여차하면 외국으로 뛸 생각을 하는 사회적 병리가 있다. 옛날 스페인과 포르투갈 제국의 가혹한 식민지에 시달렸던 중남미 제국의 정치·경제·문화 지도자들에게는, 어쩐 일인지 그들의 종착지가 그들을 살찌우는 그들의 조국이 아니라 전혀 그들의 조국과는 모든 사정이 다른 아메리카가 되기가 쉽다. 덧붙여서 매판세력이라고 불리는 세력들이 있는데 이들의 활동 본거지는 분명히 그들의 본국이다. 이들이 대하는 사람들은 일상적으로 남아메리카의 슬픈 역사가 보여주듯 잉카제국의 망한 후예로서 에스파냐인의 노예 생활을 하던 토착원주민들, 에스파냐 본국에서 한탕

하러 왔던 서양인들 후예, 이들의 혼혈 같은 요소들이 섞인 사람들이다. 그러나 어쩐 일인지 객관적인 제3자가 볼 때는 이들 지도자들이 진정으로 그들 나라를 사랑한 것 같지가 않다. 때가 되면 이들은 더 자유롭고 더 평화로운 그리고 아마도 개인적 준비가 상당한 외국으로 떠날 것이다. 그것이 아메리카가 되든 스위스가 되든 취미에 따라서 파리가 되든 어쨌든 자기 조국은 아닌 것이다. 이들의 외국에 대한 태도는 그 심층 심리에 있어서 정상적이라 할 수 없고, 반작용이 형성된 병적인 인격이 보여주는 심리학적으로 특화된 "권위주의적 인격"이다. 역사적으로 어떤 종류의 이념주의자들은 소비에트 러시아를 유토피아로 미화한 적이 있었다. (프랑스의 어떤 20세기의 철학자와 문학자들은 1917년 러시아 혁명 이후 러시아를 방문하고 열광적으로 찬양한 적이 있었다.) 또 다른 지식인들은 초기의 쿠바 사회주의를 과찬한 적이 있었다. 중국 공산당의 초기 상황을 과찬한 서구 지식인이 있었다. 이 모두가 1980년대 후반의 세계 체제의 대변동에 대해서 어떤 감상을 가졌는지 궁금하다. 분석 심리학의 진단으로는 이들은 자국의 어떤 권위에 대해서 반역하면서 그 심리적 보상으로 외국의 어떤 체제와 화해한 것으로 본다.[75] 한국의 지식인에 대해서는 어떤 평가가 가능할까? 어떤 권위에 반역하면서 그 보상으로 다른 권위에 화해하면서 평생동안 외국의 어떤 것에 대해서 비현실적인 유토피아니즘을 설파하는 그런 지식인이 한국에도 있었을까? 있었다면 그것은 심층심리학적으로 특화된 "권위주의"적 지식인이라고 할 것이다. 아마도 오랜 유학에서 돌아온 책상물림의 백면 서생은 그가 지식의 주된 텍스트를 전수 받은 첫사랑과 같은 외국의 도시를 항상 그릴 것이다. 덴마크의 고독한 왕자 햄릿의 시대에 덴마크의 귀족이나 왕실의 자제들은 주로 파리로 유학 보내졌다. 제정 러시아 시

---

75) 이런 해석을 Isaacs, 1958; 1963; Pool, 1965. 의 연구에 근거를 둔다. 위의 사람, 같은 장, 같은 책, p.791

대의 귀족이나 대토지 소유자의 자제들은 그들의 청년의 이른 시기에 주로 파리나 프로이센에 보내졌다. 제정 러시아의 절정기에 황제의 파티에서는 주로 프랑스어가 쓰여졌고 귀족들은 그들의 교양을 나타내기 위해서 자국어인 러시아어를 쓰기를 부끄러워했다. 모스크바 대학은 황제의 영광을 나타내기 위해서 굉장한 규모로 지어졌는데 아직도 대학부지로서는 세계 제1위라고 한다. 러시아의 왕립대학의 법학부는 황제의 관료를 위해서 일찌감치 서구풍으로 지어졌는데 놀라운 것은 데스니츠키라는 러시아 법학의 아버지가 대학에 자리잡기까지의 오랜 기간동안 러시아 왕립 대학 법학부 교수 전원이 프로이센인이었다고 한다. 따라서 공식으로는 도이치어가 쓰여졌고 모든 텍스트는 도이치의 것으로 당연하게 여겨졌다고 한다. 데스니츠키는 그라스고우 대학에서 돌아와서 최초의 러시아인 법학 교수가 되었는데 그가 역시 최초로 러시아어로 법학을 강의한 케이스라고 한다.[76) 한국의 법학 교육의 예를 들어보자. 한국의 법학적 지식인의 분석심리학적으로 특화된 "권위주의적 인간형"인가의 판단은 위에서 든 개념요소 즉 경직성, 극단성 이외에 자국의 주권과 다른 "이상적인 나라"에 대한 태도를 스케일에 의해서 측정함으로써 결정될 수 있을 것이다.

5. 내집단과 외집단의 차별

이 때 윤리적 문제에 대한 경직성과 극단성 뿐 아니다. 정치적 지도

---

76) 김철, 『러시아 소비에트법-비교법 문화적 연구』, 민음사, 1989. 부록 장별 해제(解題) 제6장 해제(解題) p.516. 제정 러시아의 동일성의 위기는 어떠했는가? 그 무력이 최성기에는 유럽 최강의 나폴레옹 군대를 꺾은 유일한 군주국이었고 앙샹 레짐의 최고봉으로 전 유럽의 존중을 받았다. 그러나 자국 관료와 사법 관리를 훈련시키는데, 도이치어로 훈련을 시켰고 나폴레옹 군대의 침략을 받으면서도 상류계층의 부인들은 프랑스어로 얘기해야 존중을 받았다고 한다.

자에 대해서나 문화적 지도자에 대해서 윤리적 문제에 대한 태도보다 한국 사회에 있어서 권위주의적 인격성을 정하는 더 큰 F 스케일의 척도는 내집단과 외집단의 차별이다.

내집단 · 외집단의 극단적 구별의 태도와 같은 것의 정도를 측정하는 스케일로서는 F 스케일을 개발했다. (Adorno, Frenkel‒Brunswik, and others, 1950) F 스케일은 fascism 스케일이란 뜻이다.

6. 내집단과 외집단의 극단적인 차별의 증상과 원인

내집단(ingroup)이라 함은 한 개인이 그 자신의 동일성과 일치시키는 집단이고, 외집단(outgroup)이라 함은 한 개인이 소속감을 가지지 않는 집단이며 내집단과 정반대의 집단이다.[77] 외집단은 부정적 의견과 적대적 태도의 목표가 되며 내집단은 긍정적 의견과 무비판적으로 지지하는 태도의 목표가 된다. 그래서 외집단은 내집단에 사회적으로 종속되어져야 한다고 생각되어진다. 어떤 문화가 내집단과 외집단의 이분법을 날카롭게 하게 만들고 있을 때 그 극단적 이분법으로 말미암아 그가 의존하고 있는 어떤 존재 특히 위광(威光)이 있거나 특권적인 존재에 대한 적개심을 의식하는 것을 두려워하게 되고 그 적개심을 억압하게 된다. 억압의 결과로 그는 그 적개심을 더 약하게 보이는 외집단(外集團)으로 향하게 하는데 그 이유는 약하게 보이는 소수 집단으로부터는 보복을 두려워할 필요가 없기 때문이다.[78] 이 심리적 메카니즘은 그로 하여금 그의 심리적 약점을 상대적으로 의식하지 않고 유지시키게 하는데 왜냐하

---

77) 아도르노들, 위의 책, p.104
78) Else Frenkel‒Brunswik, Dynamic and Cognitive Personality Organization as Seen Through the Interviews, *Summary of interview results*, p.480, in Adorno et. el, Supra., p.480

면 사회적으로 보다 약한 그룹들에 대해서는 우월감을 느낄 수 있기 때문이다. 무엇보다도 한 사람이 자신의 부도덕한 경향을 두려워하는 것은 특별히 외집단의 부도덕성을 과장하거나 비난함으로써 감경(減輕) 된다.[79] 따라서 자기가 속한 내집단(ingroup)을 칭찬하며 자기가 속하지 않은 외집단을 부정하는 것은 종종 사회적 믿음과 정치적 신조의 영역에서 친숙한 일인데 병리적인 데이터에 있어서는 잘 나타나는 경향이다.[80]

7. 권력에 대한 찬양과 강한 지도자에 대한 동경의 원인

이 특징을 엘제 프랭켈-브르스윅은 성장기의 시절에 겪은, 권위의 대상(부모의 정서)에 대한 애매모호함(ambivalence)에서 기원을 구하고 있다. 즉, 사회적 편견도가 높은 즉, F 스케일의 점수가 높은 사람의 경우 즉, 내집단과 외집단을 극단적으로 차별하는 경우, 그 유년시절에 그의 부모에 대한 양가(兩價)적인 경험 즉 애매 모호한 경험을 했을 경우, 이 애매 모호함의 양가(兩價, ambivalent)적인 정서중 부정적인 측면을 억압하거나 바깥으로 내몰아야(externalization) 하는데, 이 억압과 바깥으로 내모는 것이 내집단의 무조건적 수락과 외집단의 맹렬한 부인과 같은 초 강경하게 극단적인 태도를 결정하는 요인이 될 수 있다.[81] 즉 공포와 의존은 그 어린이로 하여금 부모를 의식적으로 비판하지 못하게 하는 것처럼 보인다.

권력에 대한 찬양과 강한 리더쉽에 대한 동경과 추종은 F 스케일에 있어서 높은 점수를 받은 사람들에게 편재하는 것인데 이것은 대인관계의 위계적 평가로부터 전이된 것이라고 해석할 수 있다.

---

79) 위의 사람, 위의 논문, p.480
80) 위의 사람, 위의 논문, p.451
81) 위의 사람, 위의 개요, p.472

8. 극단적인 개인적 기회주의의 심층심리학

극단적인 개인적 기회주의는 늘은 아닐지라도 자주 이념적인 기회주의나 이념의 내용에 대한 무관심과 관계될 수 있다. 지위에 대한 조바심은 가치판단에 있어서 형식에 고착되기 때문인데, 이미 널리 받아들여진 사회적 스테레오 타입으로만 생각하며, 어떤 종류든 질적인 내용에 대한 것을 빼놓고 생각하는 데서 오는 것이 특징이다. 그 심리적 기원은 어떤 사회에서 열등하다고 이미 인정된 집단에 대한 비난을 받아들여서 모욕함으로써 무엇인가로부터 해방되는 데에서 찾을 수 있다. 자신의 약함과 거세(emasculation)에 대한 공포가 약자에 대한 동정의 발전을 막고 있는 경우다.[82]

반면에 외집단은 종종 F 스케일의 스코어가 높은 사람들에게 심하게 억압된 바램과 공포의 투사(投射, projection) 영사막으로 작용하게 된다. 부도덕한 경향은 충분히 동화되지 않았거나 전혀 낯선 집단들에게 더 잘 인식되어지거나 그들의 속성으로 돌려진다. 적개심이나 또는 희생될 것이라는 공포는 이들 집단에 대해서는 가능한 보복이 가져다 줄 수 있는 억제나 공포 없이 표현되어질 수 있다. 만약에 외집단이 충분히 강력한 그룹이라면 편견을 가진 경우도 그것의 적개심을 표명하기보다는 억압하게 될 것이다.[83]

9. 사회적 출세주의의 가족적 측면

편견이 심한 사람들의 부모들은 종종 사회적 지위의 문제에 사로잡혀 있는 경향이 있었음이 관찰되었다. 또한 경직된 규칙을 그들의 자녀에게 전달했음이 관찰되었다. 사회적 지위에 대한 관심은 가치에 대한 경

---

82) 위의 저자, 위의 개요 중 8. cultural outlook, p.485
83) 같은 저자, 같은 개요서, 8. culture outlook, p.485

직된 태도의 기본으로 생각되어져 왔다. 사회적으로 받아들여질 뿐만 아니라 사회적 사다리를 기어올라가는데 도움이 되는 것은 좋은 것으로 간주되고 무엇인가 다른 것, 무엇인가 중심에서 멀어진 것 또는 사회적으로 열등한 것은 나쁜 것으로 간주되었다. 종종 자주 E 스케일의 스코어가 높은 사람들의 집안이 사회적으로 경계선상에 있는 것이 관찰되었다. 그들이 그들 집안이 사회적 경계선상에 있음을 받아들이기를 꺼려하면 꺼려할수록 더 급박하게 그들은 상류 계층 또는 특권층이라고 생각되는 그룹에 소속되기를 원하게 된다. 이 때 사회적 경계선상에 있다는 느낌은 반드시 가족의 경제적 상황에만 관계된 것으로 보이지 않고 오히려 사회적 열망이나 사회적 지위와 관계되는 요인에 연결된다고 한다.[84]

VIII. 한국인의 인성에 대한 기왕의 연구

1. 당위론적이고 규범적인 논의

한국인의 인성에 대해서는 기왕에 조직심리학이나 조직행동의 입장에서 다음과 같은 점이 지적되어 왔다.[85] 특징으로서 출세지향성, 가족주의, 연고주의와 집단적 이기주의, 폐쇄성, 적당주의, 권위주의, 형식주의 같은 것들이 지적되어왔다. 이 중에서 기왕에 우리들이 보아온 사회적 차별의 원인으로서의 권위주의적 인산형의 개념요소와 관계되는 것은

---

84) Else Frenkel−Brunswik, Comprehensive Scores and Summary of interview Results, p.483, in Adorno, et. el, The Authoritarian Personality, in series of Studies in Prejudice Edited by Max Horkheimer and Samuel H. Flowerman.

85) 양창삼, "한국의 산업화와 한국인의 인성 변화", p.11−34. 『현상과 인식』, 1999년 가을 제23과 3호 통권 78호, 한국인문사회과학회.

순서로 볼 때 가족주의, 연고주의, 집단적 이기주의, 폐쇄주의가 모두
관계된다. 그밖에 가외로 지적된 것이 미지근함과 화끈함, 느림과 빠름,
무뚝뚝함과 정서로움, 적당주의와 관계된 호박주의(pumkinism)[86], 독창
성과 생각하는 힘의 모자람, 체면의식, 단결심의 문제 등이다.[87] 그러나
이와 같은 한국인의 인성의 지적은 우선 전통사회와 전통문화에 있어서
의 인성의 지적일 수도 있고, 산업화 이후의 문제에 대해서는 적절한
사회조사의 결과라기 보다는 전통문화의 연속선상에 선 역사의 잔존물
로서 의식하는 경우도 있을 것이다. 또한 윤태림이 지적한 한국인의 성
격으로서의 "권위주의"의 개념은 전통사회에 있어서의 사례를 들고 있
다. 남존여비라든지 여성의 복종의 태도라든지 온순, 정숙, 순종을 미덕
으로 한다든지 고된 시집살이를 한다든지 하는 것이다. 또한 한국인의
권위주의 성향으로서 상하 서열의식의 강화, 직장에서의 위계질서 강조
같은 예를 들고 있다. 같은 맥락에서 루스 베네딕트의 『국화와 칼』에
나타난 일본인의 문화의 연구를 들고 있다. 수 백년간의 막부 봉건시대
의 카스트적 계층구조는 일본인으로 하여금 철저하게 계급질서에 대한
신앙과 신뢰를 갖게 했다는 것이다.[88] 이와 같은 전체 국민의 오랜 역
사에 걸친 특징적인 인성 지적은 자연히 문화로서 받아들이게 되고, 어
떤 특정한 시대에 있어서의 특정한 문제에 대한 해결책으로 쓰기에는
좀 더 특화되고 정밀화될 필요가 있다. 어느 경우에나 시대의 변화에
따른 특히 제2차 대전이나 후기 산업사회에 있어서의 계층, 세대, 문화
의 차가 결과할 수 있는 각종 사례에 있어서의 세밀한 예가 나타나지
않는다. 한국 법문화에 대한 접근으로서 잘 알려진 것은 함병춘을 들

---

86) 최재석, "윗 글" p.200, 재인용, 양창삼, "윗글", p.24
87) 같은 사람, 같은 글.
88) R. Benedict, *The Chrysanthemun and the Sword*: Patterns of Japanese
Culture(New York; New American Library, 1967), 양창삼, 위의 논문에서
재인용.

수 있으나 대부분의 경우 한국 전통 사회의 특징을 가르칠 뿐이고, 제2차 세계대전 이후의 권위주의적 통치나 개발 독재 시대의 특징이나 이후의 후기 산업사회시대의 한국 사회의 변형된 모습을 배경으로 삼지 않고 있다. 결과는 흡사 전통 문학에서 발견할 수 있는 한국인의 특징 같은 것이다. 1997년 IMF 외환 위기를 계기로 반성적인 의미에서 한국인의 특징과 한국문화의 특징을 사회사와 연결하는 작업들이 나타났는데, 예를 들어서 6. 25 사변을 이후에 있어서 한국 사회의 왜곡과 공동체의 변형의 가장 큰 요인으로 보는 등이다. 그러나 사회과학자들의 모처럼의 한국의 문제에 대한 천착에도 불구하고 대체로 가설을 제시하는데 그치고 어떤 경우에도 가설을 철저히 검증할 만한 학제적인 프로젝트나 집합적인 노력이 주어지지 않았다. 자연스럽게도 이런 논의는 사회 철학적인 또는 사회 윤리적인 어조를 띠게 되고 당위론적인 또는 규범적인 논의를 하게 되었다.[89]

2. E 스케일과 F 스케일의 한국에의 적용

한국인의 인성에 대한 지금까지의 연구는 한국문화의 특징과 같은 수준에서 말하자면 정상심리학의 테두리 안에서 논의되어져 왔다. 그러나 한국의 그 모든 장점과 함께, 개인적 질병이 존재하는 것과 마찬가지로 사회적 질병이 존재한다는 것을 부정할 수는 없을 것이다. 개인적 질병에 대한 임상의학의 역할이 당연하다면 사회적 질병(Social Disease)에

---

89) 법철학의 입장에서 전통문화가 아니라 경제개발 5개년 계획이 시작되던 1962년부터의 한국문화의 문제를 다룬 것으로는, 김철, "현대 한국문화에 대한 법철학적 접근: 바람직한 시민사회 윤리의 정립을 위하여", 『현상과 인식』, 2000 봄 / 여름 한국인문사회과학회. 여기서 지적한 것은 위로부터의 근대화의 방식과 결과가 외관주의, 명목주의 형식주의를 낳았다는 단일한 주제에 논의를 집중하고 있다. 권위주의의 문제나 집단주의의 문제는 이 논문에서는 다루지 않았다.

대한 기초의학 및 임상의학의 역할도 기대되어져야 할 것이다. 이제 앞에서 한국인의 특징으로 열거된 것 중에서 가족주의, 연고주의와, 집단적 이기주의는 일단 유사 가족주의와 내집단, 외집단에 대한 극단적인 가치 평가의 갈등과 관계 있다. 또한 가족주의, 연고주의, 집단적 이기주의, 폐쇄성은 약간 문맥을 달리하면 세계사의 구도에서 나타난 종족 중심주의(ethnocentrism)와 그 특징을 같이 한다. 다시 말하자면 버클리 여론조사의 르빈슨(Levinson)과 샌포드(Sanford)가 사회조사 도구로서 발전시킨 E 스케일의 항목과 병행하는 점이 있다. 동일한 여론조사에서 권위주의적 인간형을 재는 또 하나의 척도로서 사용한 F 스케일의 상관 항목은 1. 윤리적 문제에 대한 경직되고 극단적인 판단, 2. 주어진 권위나 권력에 대한 순응, 즉 Conformism, 3. 자신이 속한 집단 (ingroup)과 자신이 속하지 않은 집단(outgroup)의 평가에 대한 극단적인 차별이었다. 그렇다면 앞 절에서 지적된 한국인의 정상심리에서의 모든 특징이 E 스케일의 구성항목을 대강 만족시킨다는 결론이 나온다.

한국인이 한국인의 집단적 특징이나 인성을 객관적으로 평가한다는 것은 원숭이가 원숭이 종족의 특징을 객관적으로 평가하는 것만큼 어렵다. 그러나 일단 정상심리학의 영역에서 인정된 특징을 버클리 여론조사와 프랑크푸르트 사회조사 연구소에서 공통적으로 개발된 스케일과 개념에 의해서 평가해 본다면 E 스케일과 F 스케일의 스코어가 어떻게 될 것인가? 물론 문화차라든가 또는, E, F 스케일의 제작 연도 같은 것이 문제될 것이다. 또한 비슷한 스케일을 써서 직접 사회조사를 한 보고서가 나오지 않는 한 엄격한 과학적 세계에서는 섣불리 결론을 내릴 수는 없다. 그러나 일단 상당히 근접하고 병행하는 결과가 나올 수 있다는 추측은 어디에서 가능한가?

3. 한국에 있어서의 사회적 차별과 박탈감 그리고 집단주의의 분석심리학적 통찰

다시 최초에 제기했던 사회적 차별의 문제로 돌아가기로 한다. 국가 사회의 전반적인 문제에 있어서 국민들이 느끼는 불만은 무엇인가? 어떤 확증 없이도 어떤 조직이 부패했다고 함부로 얘기하는 이유는 무엇인가? "이것은 공평하지 않다"라는 근본적인 느낌이다. (본 논문 3 - 1. 사회적 차별) 공평하지 않다라는 것은 개인으로서나 또는 개인이 속한 집단으로서나 부분적으로 또는 중요한 기회의 문제에서 차별 받고 있다는 것을 의미한다. 박탈감이라는 것도 물론 절대적 박탈이 아닐지라도 상대적 박탈감 같은 것이 향상과 업적의 기회에 있어서의 작용하고 있다면 이것은 결국 차별 받고 있다는 것을 느끼는 것을 의미한다. 한국인의 이와 같은 사회적 감정 내지 법 감정은 결국 막스 호르크하이머의 다음의 명제로 돌아간다.[90]

> 사회적 차별이 우리의 주제이다. 중심적인 발견은 권위주의적 유형의 인간이라는 새로운 인류학적 종이 나타났다는 것이다.

한국 사회에서 가장 높은 갈등의 빈도수를 보여준 것이 내집단과 외집단의 평가에 있어서의 극단적인 차별이라고 인정된다. 이 문제의 세계사적인 발생의 기원이나 그 기원에 대한 통찰에 있어서 정신분석학의 공로, 특히 반작용 형성의 심리기제와 신프로이드학파의 사회적 행동에 대한 심리통찰 같은 것이 한국 사회에 있어서 "사회적 질병"의 진단과 치료에 도움이 될 것으로 보인다.

---

90) 본 논문 3. '권위주의적 인간형의 사회적 차별'과 관계 있다.

제3장 **현대 법문화와 전통 법문화의 관계**
- 중국의 경우 -

필자는 1989년 『러시아 소비에트 법-비교법 문화론적 연구』에서, 동유럽 러시아 혁명 이전의 사회주의 법제도의 전형이었던 소비에트 러시아 법제도를 분석·종합하였다. 방법으로는 Harold Berman이 주창하고 일생 사용해온 역사-철학-제도의 종합적이고 통합적 법학(Integrative Jurisprudence)을 지향하였다. 이 논문은 비록 짧은 요약에 지나지 않으나 역시 제도-역사-철학의 통합적 고찰을 넘어서, 사회학적 측면을 덧붙인 종합적 고찰의 배아(embryo)로 시도된 것이다. 아마도 오로지 분석적인 방법만 쓴다면 몇 개의 독립된 고찰이 형성될 원형모델을 제시한 것이다. 최현대의 서양비교법의 견지에서의 관찰은 Lubman에 크게 의존하였다.

1949년 인민 민주주의 국가를 수립한 중국의 법 제도는 사회주의 법제도이다. 그러나 1989년 이후 또는 더 소급해서 1971년과 1978년 이후 개방화 되고 있다. 개방화 이후의 중국인의 분쟁 해결 방법에 대한 태도는 법문화라고 파악되고, 한편에서는 개방이전의 사회주의 법제도의 문화와 구별되고, 다른 한편에서는 전통 중국의 법문화와 불연속적인 관계가 있다. 한국인이 현대 중국법을 취급할 때 주의하여야 할 점

은, 법제도를 제외한 한자문화나 유교문화의 공통점만으로 법제도와 법
문화를 안일하게 이해하려고 하여서는 안 된다는 것이다. 우선 한국인
의 인식의 준거 틀이 되는 현대 한국법제도라는 것은 경국대전 이후의
중국의 영향이 아니라 현대화 이후의 서양법제도의 압도적인 영향아래
있기 때문이다. 다시 말하자면 한국의 법학도가 중국법을 이해한다는
것은, 현대한국의 법제, 현대한국의 법제에 영향을 미친 서양법제, 현대
중국의 법제, 전통중국의 법제에 대한 4차원의 비교를 하여야 한다. 이
런 이유로 현대한국인이 현대 중국법을 접근 할 때에는 서방에서 발달
한 비교법학의 일부로서 접근할 수 밖에 없고, 비교문화론적인 고찰이
배경이 된다. 따라서 1948년 이후 외국에서 진행된 중국법학의 역사를
통하여야 바른 이해를 할 수 있다. 현대 중국의 법문화는 전통중국의
법문화, 사회주의 법문화, 개방이후의 법문화가 혼재되어있다. 따라서
서양법전통의 법학도가 현대중국의 법제도의 상태를 파악하기 위해서는
역사에 대한 충분한 이해가 선행되어야 한다. 이 논문은 고대 중국의
자연법, 왕조시대의 종교와 법의 관계, 중국 근대화의 문제 해결의 관계
에 있는 범위에서 간단하게 요약한다. 한국인이 최근에 학습하고 있는
법의 개념 또는 법의 지배 자체도 서구법 전통의 것이므로 중국전통의
법의 개념에 대해서는 서구법 전통과 대비해서 다시 정리하는 비교법적
태도가 필요하다. 이 논문의 처음과 마지막은 실정제도와 현실적인 문
제해결을 목표로 하나, 거대하고 모호한 중국법의 문제에 접근하기 위
혜서 비교역사적이고 비교법철학적인 중간부분이 개입된다. 그리고 나
서 비로소 개방화 이후 주로 외국인 법률가들에 의해서 관찰된 중국인
의 태도—특히 분쟁 해결방법에 있어서의 문화를 사례에 근거한 종합적
고찰을 행한다.

I. 들어가는 말

한국의 위치에서 볼 때, 대륙 중국은 가깝게 느낀다. 같은 한자 문화권이며, 또한 유교문화권이다.[91] 동아시아를 흔히 서양에서 동질적인 지역으로 보는 관행이 있었다.[92]

그러나 세계 제2차 대전이 끝난 이후 대륙 중국과 신생 대한민국은 전혀 다른 길을 갔다. 한국은 1948년 자유주의와 민주주의를 근간으로 하는 헌법을 제정하고, 냉전시대에 서방에 속하게 되었다. 대륙 중국은 1949년 중국인민 공화국(People's Republic of China, PRC)을 수립하고 1917년의 소비에트 연방공화국 헌법의 영향 아래, 자본주의의 법제도와 대립하는 사회주의 법군[93](群)의 주된 나라가 되었다.

1989년 동유럽-러시아 혁명 이후 사회주의 법군(legal family)은 대변혁을 겪었다.[94] 그러나 동유럽과 이전의 소비에트 연방공화국에 속했던 독립주권국가들과 달리 대륙 중국은 다른 흐름을 가진다.

이 글은 크게 두 부분으로 나누어져 있다. 1949년 이후의 현대 대륙 중국의 법제도, 관행, 법문화의 부분과 전통 중국의 법문화의 부분이다.

---

91) Chull Kim, "Religion & Law in East-Asian Culture of Chinese Confucian Influence" *History, Thought & Law private printing* (MYKO Int'l Ltd. Seoul, Korea.)

92) 1950년대에 북미로 간 한국의 법학자.
고광림교수에게 당시 로스코 파운드가 한 충고: "당신은 왜 중국의 법제를 연구하지 않는가?"

93) 김철, 6-2) 역사적, 정치적, 경제적 그리고 사회적 범주로서의 사회주의법
6-3) 사회주의 헌법 체계의 요소들,
6-4)의-종교적 범주로서의 사회주의 법
김철, 러시아-소비에트 법-비교법 문화론적 연구(민음사, 1989)

94) 김철, "아메리카와 러시아-소비에트법 체계의 비교"
김유남등 편『미소비교론』(어문각, 1992)

II. 현대 대륙 중국의 법제도의 연혁

1949년 인민 민주주의 국가가 성립한 이후, 현대 중국은 법과 법학을 장려하지 않았다.[95]

제 2단계는 1954년부터 1957년까지 인데, 법체계가 필요하게 되었다. 당시까지 지구상에서 존재하던 사회주의 법체계의 모델로는 소비에트 모델 밖에 없었다.[96]

소비에트 모델에 의해서 1957년까지는 이루어진 어느 정도의 제도화와 규칙성은 대약진 운동(1958 - 1960)때의 우파주의(Rightism)에 대한 공격으로 약화되었다.[97]

1971년에 중국의 대외경제관계가 발전하고 무역이 팽창하기 시작했다. 그때까지는 중국의 무역은 매우 제한되었는데, 그 이유는 모택동의 사후의 대약진 운동과 사인방의 압력 때문이었다.

1978년 이후 외국인들의 합작투자에 대해서, 대륙 중국인들이 새로운 태도를 보여주었다. 즉, 무역과 투자에 대한 법제도가 팽창하였다. 중국 내의 경제활동에서 생기는 소득을 보장 할 수 있는 새로운 세법이 제정되었다. 형법과 형사소송법이 1979년에 제정되어 1980년에 다시 조직되었다. 내국 기업사이의 경제계약에 관한 법이 1982년에, 그리고 같은 해에 민사소송법이 공포되었다.[98] 민법과 특허법도 이 시기에 초안이

---

95) 왜냐하면, 초기 5년 동안 중국공산당의 에너지는 지주계급과 도시 중산층을 파괴하는데 쓰여 졌기 때문이다.

   Stanley Lubman, "Chinese Law: Past Accomplishments" and Present Challenges, *Transnotional Law Review*(1983)

96) Lubman은 중국인들이 소비에트 모델을 불완전하게 이해할 수밖에 없었다고 한다. 윗글.

97) 이런 노선을 Rubmann은 반제도주의적 노선이라 한다. 윗글.

98) 형법, 형소법, 변호사 법, 경제계약법, 민사 소송법은 O Nee, Jr, Fichu,, M. Moser eds, *Commercial Business and Trade Law*: *People's Republic*

마련되었다. 1983년에 거의 10년 이상 정지되었던 법학교육이 다시 부
흥되기 시작했다.[99] 대학에 25개 이상의 법학과와 4개의 특수 법학교
(법조공무원 양성 목적)가 설립되었다. 법학연구도 장려되었다.

Ⅲ. 서방세계에 있어서의 중국법학 연구 추세

한국의 법학도가 인식 가능한 현대 중국법의 모습은 지금까지 서방세
계에 알려진 것들이고 한국인이 직접 현대 중국법을 체계적으로 연구한
실적은 희소하다. 사회주의 법 그룹의 나라의 특징은 제정법(code)이나
법전을 일반 공중에게나 외국인에게나 알리지 않는 관행이다.[100] 중국
은 외국투자가를 표적으로 1978년 이래 법개혁의 성과를 외신기자(중국
으로 여행하는)에게는 결과적으로 알려왔다. 그러나 법학교육에 대해서
는 서방과의 문화교환 프로그램에 따른 교환학생에게 정규 법학과목 청
강을 허용한 것은 1982년이 처음이라고 한다.[101] 그렇다면 1978년 경
에 서방세계의 법률가들이 중국을 직접 여행하기 전에, 즉 1949년 이후
의 긴 기간 동안 중국의 법에 대해서 서방세계는 어떻게 연구를 진행
시켰을까? 냉전기간 동안 서유럽의 몇 대학과 연구소[102]를 제외하면 아
메리카의 법과대학원, 동5아시아연구소, 비교법연구소가 중심이 되었다.

---

of China (1982)

99) New China News Agency 1983년 3월 25일.

100) 1989년 러시아-동유럽혁명이후에도 개방된 러시아의 대도시의 책방에
법전을 찾을 수 없었다는 한국인 상사회사 주재원의 체험담.

101) Lubmann, 위의 글.

102) Cambridge 대학과 London 대학의 동양 및 아프리카 학부, 함부르크의
막스 프랑크 비교 및 국제사법연구소, 같은 곳의 아시아학연구소를 든다.
네덜란드 Leiden 대학도 사회주의 법 연구센터가 있다.

1. 1960년대의 중국법학의 창시자들.

A. 제롬 코헨(Jerome Cohen) / 스탠리 럽만(Stanley Lubman) / 빅터 리(Victor Li)

세 사람은 각각 60년, 63년, 64년에 중국법학을 시작했다. 어떻게 시작했는가? 록펠러 재단이 코헨과 럽만을 지원해서, 각 각 버어클리와 콜럼비아를 거쳐 홍콩에서 연구를 하도록 했다. 리(Li)의 경우 하바드를 거쳐서 역시 홍콩에서 풀부라이트의 지원으로 현지 실습을 하였다. 주로 중국사에서 출발한 랭들 에드워즈는 처음에는 대학에서 중국사를 가르쳤고[103], 윌리엄 조운즈는 비슷한 케이스나 워싱턴대학(St. Louis)법과대학이 베이스였다.

B. 중국계 미국거주자들.[104] 미국국회도서관의 Hsia Tao-tai, 『대륙중국의 법원(法源)선집.』(1967), 버지니아대학의 Leng Sha-chuan, 『공산중국의 사법(司法)』(1967), 메릴란드 로스쿨의 Chiu Hungdah, 『중국인민공화국의 조약집』(1972), 버클리의 중국연구센터 출신으로 남일리노이 대학으로 간 Gene Hsiao, 『중국의 무역』(1977)

C. 중국학, 중국역사, 인류학, 중국문학을 법률가가 연구해서 중국법으로 옮겨간 경우, 한국인의 상식으로 납득이 가지 않는 것은 이들은 모두 대학에 자리잡지 않고, 실무 법률가로 나간 것이다. 역사학 또는 중국학 분야에서 상당한 연구(석사이상)를 한데다가 로스쿨에서의 훈련까지 갖추고 있었다.[105]

---

103) 비교법연구가 어문학과 역사연구에서 출발하는 것은 전형적인 사례이다.
104) 이민출신자들과 유학 왔다가 교직을 갖게 된 중국인으로 구성됨, Lubman, 위의 논문에서 인용.
105) William Alford는 영국법제사＋예일의 중국학대학원＋하바드 로스쿨을 거쳐 4년 6개월 동안 변호사로 일하다가 UCLA 로스쿨의 교직으로 갔다.

D. 1960년대의 중국법학의 한계는 대륙중국에서의 문화혁명에서 온다. 이른바 "영구혁명론"을 계승한 4인방과 이들이 동원한 홍위병의 기승은 모든 제도화와 조직화를 적대시하고 파괴하여, 법제도를 기피하였다. 또한 중국연구의 본산이던 아메리카에서 1960년대와 1970년대에 걸쳐서 관심의 초점이 도시문제 또는 국내문제로 옮아갔다.106)

2. 1970년대 이후의 중국법 연구

이 시기에 중국법 연구의 중심은 하바드였다. 제롬 코헨(Jerome Cohen)이 프로젝트와 책 편집을 주로 했다. 「현대 중국법의 역사」강의가 로스쿨과 대학 전체에 걸쳐 행해졌다.107)

버클리 로스쿨이 중국법 강좌를 두었고,108) 미시간, 컬럼비아, 스탠포드에서 중국법 강좌가 주어졌다.109) 이어서 워싱턴 대학(St. Louis), 조지 타운, 조지 워싱턴, 듀크, 탬플, 피츠버그, 메릴랜드 대학의 중국법강의가 시작되었다.

그 밖에 중국학 관계 학위 소지자 5사람은 거의 홍콩에서의 변호사생활, 또는 베이징에서의 실무 또는 교환교수로 갔다.

106) Lubman, 윗글

107) 동아시아법 프로그램이 연구의 중심이다. East Asian Legal Studies Program은 한국인에게도 낯익은 곳이다. 중국법 뿐 아니라 일본 · 한국 · 베트남과 같은 아시아 법체계에 대한 연구도 행해졌다. 전후 약 50년 동안 한국인 법학자들이 가장 많이 들린 곳이 하바드 로스쿨 동아시아 법 연구 프로그램이다. 필자는 1995년 Harold Berman과의 공동연구를 위해 방문한 적이 있다.

108) 이 논문에 귀중한 가르침을 준 Stanley Lubman 1967 – 1972년 전임교수로, 1972 – 1974 겸임교수로 활약했다.

109) 중국계 미국인 Victor Li는 인류학, 비교법적인 연구이다. 「Law in radically different Culture」(West Publishing). 하와이대학 동서문화센터의 책임자로 갔다.

3. 1980년대 이후의 중국법 연구

1981년에 제롬 코헨이 그가 주도했던 하바드의 동아시아법 연구프로
그램을 떠났다. 그 이후에 이 프로그램은 동아시아지역 학자들의 거점
이기는하였으나, 구심점을 잃었다.110)

컬럼비아가 중국법 교수와 연구의 유효한 장소가 되었다. 랭델 에드
워즈가 정년보장교수로 컬럼비아의 중국법 연구를 주도하였다.111) 그
밖에 윌리암 알포드가 UCLA에서, 윌리엄 조운즈가 워싱턴 대학 (St.
Louis) 에서 중국법을 1982년에 시작하였다.

Ⅳ. 전통 중국의 법문화를 어떻게 볼 것인가

1960년대 이후의 주된 현대 중국법 연구자가 중국학, 중국 역사학,
중국 문학, 중국 인류학과 같은 배경을 가지고 출발하였다면112) 현대
한국의 법학도도 똑같은 가능성을 가지고 있다. 즉 전통 한국과 전통
중국의 공통적인 문화적 요소는 한국인의 입장에서는 이해하기가 쉽다.
한국과 중국에 공통적인 영향을 끼쳤던 신유교 즉 주자학의 해석에 다
음과 같은 해석이 있다.113) 여기에서 한국과 중국전통 사회의 공통적인

---

110) 기이하게도, 아메리카에서 한국과 한국법에 대한 관심이 이때부터 멀어졌다.
111) 에드워즈는 원래 보스턴 대학에서 중국사를 강의하였다. 중국 최근대사
　　특히 개항 전후의 청조의 중국분화가 서양열강의 새로운 출현에 어떻게
　　반응했는가라는 역사적 연구를 우선하였다. 그의 주된 초점은 "청조의 외
　　국인에 대한 재판관할권"과 "외국통상에 관한 광동의제도" 그리고 "열강
　　의 국제법에 대한 중국인의 태도" 그리고 현대 "중국의 시민의 권리와
　　사회적 권리"같은 현대중국의 인권문제에도 관심이 있었다.
112) 대표적인 예는 랭들 에드워즈이나 1960년대와 1970년대 서방의 중국법학
　　선구자는 거의 같은 유형이다.
113) 淸代. 李拱, 論語傳注問, 學而一

특징을 나타내는 단서가 보인다. 논어의 가장 첫 구절에서 學而時習 之로 시작된다. 너무나 평범한 "배우고 때로는 익히면 즐겁지 아니한 가?" 이 부분의 해석론에서 청대의 이공(李拱)은 배움의 대상으로 세 가지를 들고 있다. 첫째는 하늘(天)에 대해서 두 번째는 사람(人)에 대해서, 세 번째는 사물(事物)에 대해서이다.[114]

논어에서 단서가 된 인간의 지식의 세 방향은 아직은 인문학적 해석 의 단계이다. 즉 인간에 대한 이해, 하늘에 대한 이해. 그리고 사물에 대한 이해를 논하고 있다. 이러한 지식과 이해의 세 갈래가 법의 세계 와 어떻게 관계되는가? 현대 한국의 법학도나 사회과학도의 기본에서 출발해 보기로 하자.

"법의 지배"는 번역어이다. 영미법의 전통에서는 "Rule of Law"라고 하고, 도이치의 번역어는 "Rechts Staat"가 된다. Rule of Law의 서양 지성사나 철학사의 연원은 Rule of Reason에 가깝다. 왜냐하면 유대- 그리스-전통이나 이후의 로마-중세전통-의 주류에서 볼때 법이란 실 정법뿐만 아니고 자연법까지 포괄하는 큰 의미이다. 또한 서양고전 전 통에 있어서는 시민법이나 만민법의 원천이 되는 것은 국가 제정법이 아니라 자연법이다. 그리스전통의 고대 자연법은 이성중심의 법칙으로 서 로고스(Logos)에서 시작된다고 그리스 철학사가 보여주고 있다. 서 양 문명의 큰 흐름의 상류 쪽에서 로고스가 가장 넓은 의미의 법의 원 천이라면 인류의 문명의 상응하는 가장 큰 고대 문명은 중국문명이다. 황하유역의 비교적 이른 시절의 중국문명이 고대그리스와 상응할 수 있 는 자연법의 전통을 가졌느냐의 문제는 법학자 이전에 중국학을 평생의

114) Chull Kim, "Religion & Law in East-Asian Culture of Chinese Confucian Influnce", 운남 서정호교수 정년기념 논문집 『法과 國家』민 영사, 1997 이 글은 원래 가톨릭 사회과학연구회(회장 양승규교수)에서 발표된 것이다. 전통 중국사회와 중국법에 대해서 서양 사회와 서양법제 도와 대조하여 주로 종교의 제도에 미친 영향을 집중적으로 논한 것이다.

업으로 삼은 학자들의 주된 관심이 되어왔다. 예를 들어 캠브리지 대학의 대표적 중국학자 Joseph Needham은 이미 1950년 5월 런던대학의 홉하우스(Hobhouse)강좌에서 "중국과 서방에 있어서의 인간법과 자연법"이라는 제목으로 강연을 하였다.[115] 니담 이외에 고대 중국문명의 자연법에 대한 대표적 서구의 업적은 웨이드(Prof. E. S. Wade, Cambridge)의 法家와 自然法, 도즈(Prof. E. R Dodds, Oxford)의 고대중국의 自然法, 보디(Prof Derk Bodde, Pennsylvania)의 고대중국의 自然法, 빙거(Prof. K. Buenger, Tuebingen)의 고대중국의 自然法이다. 이들의 연구업적을 아주 거칠게 요약하면 고대중국문명에는 서양고대 그리스에 해당할 만한 자연법의 전통이 발견된다고 한다. 즉 그리스 전통의 초기 로마 법학자 울피아누스가 "자연법은 인간과 자연에 공통적인 것"이라고 한데서 보인 것처럼 "자연의 법칙"과 분리되지 아니한 상태의 자연법이라 할만하다. 따라서 20세기 최대의 중국학자라고 할만한 조셉 니담이 고대 중국 문명을 접근하는데 있어서 중국의 과학기술 특히 고대 중국의 자연과학의 발달이라는 주된 테마를 전개시켜 나가는 도중에 드디어 중국에 있어서의 인간법과 자연법의 만남이라는 법학적 주제를 발견한 것은 이런 맥락이다.

그리스 전통에 있어서의 로고스를 한국어로 어떻게 번역하든 정확하지는 않을 것이다. 아마도 이것은 중국어에 있어서의 Li(里)에 가깝게 될 수 있다.[116] 다시 그리스 전통의 서양법 사상의 전개는 근대에 와서 비로소 과학주의와 만나게 되는데 이 때가 이른 바 이성의 시대가 된다 (Age of Reason) 계몽시대라고 불리우는 서양사의 중요한 대목은 이성의 시대로 불리기도 하고 이때부터 이성의 지배(Rule of Reason)가 계

---

115) 조셉 니담(Joseph Needham)저, 이석호 등 공역, 『중국의 과학과 문명』, 을유문화사, 1988, p19
116) 김철, 위의 논문, p463

몽주의와 계몽시대의 중요한 산출물이자 근대를 여는 서곡이 되었다. 서양에 있어서의 근대적 의미의 이성의 지배는 이윽고 시민 민주주의 시대의 법의 지배(Rule of Law)로 진행하게 된다.[117]

고대 중국문명의 이성적(理性的) 부분에 대해서 계속하기로 하자. 고대 중국의 과학사(科學史)를 일생의 탐구대상으로 삼았던 서양의 학자들은 고대 중국의 여러 사상에서 서양과 상응할 만한 증거를 들고 있다. 예를 들어, 그리스의 아리스토텔레스(BC 384~322)의 '영혼의 단계설'은 기원전 298년에서 238년에 중국에서 생존했던 순자(荀子)에게서 유사한 설을 발견한다.[118] 또한 소크라테스가 주인공으로 등장하고, 플라톤이 화자로서 나오는 그리스의 마리우스전(출판 AD 46~122)에서는 중국의 열자(列子, BC 400)에서 10여 군데의 상응관계가 흥미있게 대조된다.[119] 또한 묵자(墨子)와 크세노폰(Xenophon)의 언행록 (Memoravi-lia)에서는 유사한 사고방식이 발견된다. 우연이겠지만 묵자와 크세노폰은 동시대의 사람이라고 한다.[120]

이와 같이 서양의 대표적인 중국 학자들의 검증을 거쳐서 우리는 다음과 같이 말할 수 있게 된다. 즉 고대 세계의 자연적 이성의 문제에 있어서는, 적어도 고대 서양 문명의 대표자인 그리스와 고대 동양 문명의 대표격이라 할 수 있는 중국의 자연철학자 사이에는 유사성이 있다. 즉 그들의 세계를 보는 이성(理性)과 로고스의 판단에는 상응하는 닮음이 있다.

---

117) 김철, 『러시아 소비에트법 – 비교법문화적 연구 – 』민음사, 1989, p497
118) Joseph Needham. 위의책, p135
119) Joseph Needham. 위의책. p187
120) 윗사람, 윗책, p137

V. 서양 중세와 근대화 이전의 중국의 사회구조 비교

중국법의 구조는 중국 사회구조의 역사적 반영이다. 따라서 서양법 체계에 익숙한 한국의 법학도가 중국법의 혼재된 모습을 이해하기 위해서는 서양법 체계의 연원인 서양 중세사회 구조와 현대 중국법 문화의 연원인 근대화 이전의 중국의 사회구조를 비교하지 않을 수 없다. 따라서 이 절은 비교 사회학적인 고찰이 된다. 이 비교는 "국가와 종교", "국가와 교회", 그리고 "세속권력과 정신적 권위"라는 서양 중세에 있어서의 가장 큰 이분법으로부터 출발하지 않을 수 없다.[121] 서유럽 전역에 걸쳐서 기원 후 5세기부터 기원 후 15세기까지의 사회구조는, 중국의 사회구조와 가장 현격한 차이를 보여준다. 즉 동아시아인이 자신들의 경험에서 오는 선입관으로서의 단일한 국가는 서양에 있어서의 이 시기에는 간단하게 말해서 존재하지 않았다. 다시 말하자면 오늘날 동아시아인들이 보고 있는 서유럽의 국가들, 즉 프랑스, 도이치, 오스트리아, 이탈리아, 네덜란드 같은 나라들은 존재하지 않았다. 그뿐만 아니라 중국대륙을 지배했던 단일한 제국의 지배권과 같은 강력하고 중앙집권적인 제국도 서양에는 존재하지 않았다. 신성로마제국의 황제권과 프랑크제국의 황제권도 중국에 비하면 부분적이며 특히 정신적 권위에 있어서는 "두개의 검(zwei Schwert)이론"에서 보여주는 대로 서유럽 전부에 보편적인 "교회의 관할권" 즉, 교황을 정점으로 하는 거대한 위계를 이루고 있는 성직자 피라미드에 의해서 견제되고 있었다. 중세에 있어서의 교회의 관할권은 동양인이 상상하는 것보다 훨씬 더 국민의 생활에 가까이 있었고 실효적이었다고 할 만한 이유가 있다. 한마디로 서양 중

---

121) 해롤드 버만과 김철, 『종교와 제도-문명과 역사적 법이론-』민영사, 1992, 김철, 이 책은 법과 종교의 상호교호작용에 대한 역사적 연구로, 이 분야의 세계적 권위인 Harold Berman의 주저를 텍스트로 한 것이다.

세는 동아시아에 어떤 경험도 꿈꾸지 못할 지상의 왕국과 천상의 왕국의 실질적인 이원적 지배에서 국가나 정부가 정하는 제정법에 대해서 "신이 정한 법(Lex Divina)"의 권위에서 유래하는, 국가권력이 제정하지 않은 자연법(Lex Naturalis)은 항상 견제하는 위치에 있었으며 또한 인간이 정한 법을 재는 척도이기도 하였다. 중세적 가치에서 인정법(Lex Humana)은 신법(Lex Divina)보다 아래에 있다. 이것은 신학적 명제일 뿐만 아니라, 실제로 교회는 신법과 자연법의 권위로 항상 정부나 국가기관에 대해서 유효하게 법의 유효성을 검증할 권위를 갖고 있었다.

중국의 전통사회에 있어서의 국가나 정부의 법과 정신적 권위의 관계를 보여주는 것은 세속권력의 정점(頂点)인 황제의 위치이다. 중국대륙을 지배한 대제국의 통치자는 그가 가진 세속적 권력 이외에 국가나 정부와 맞먹을만한 정신적 권위나 종교의 견제를 용인하지 않았다. 중국 민속의 어떤 연구자는 다음과 같이 증언한다.

> 공식적 유교이론에 있어서 중국 황제는 하늘로부터의 위탁에 의해서 통치한다. 황제의 정신적 권위는 동심원적(同心圓的)으로 바깥으로 뻗어나간다. 그의 정신적 권위의 대가로 황제는 모든 신민의 충성과 삼라만상 즉 다른 피조물의 복종을 받아낸다. 중국인들은 황제를 하늘의 아들(Son of Heaven), 백성의 아버지로 여긴다. 따라서 전통 중국에 있어서의 황제는 서양 중세에 있어서 두 가지 칼을 모두 다 가진, 즉 황제권과 교황권을 단일하고 반신(反神)적인 존재에 집중한 것이다.[122]

동아시아에 있어서의 제정법과 자연법의 관계는 위와 같은 공식적 유교 독트린에 의해서 이론의 여지없는 관계를 성립한다. 즉 주권자가 만

---

122) Moss Roberts, Introduction, ⅹⅴⅰ, *Chinese Fairy Tales and Fantasies*, (Pantheon Books New York, 1979) 또한 Chull kim, 같은논문, p36

든 법은 어떤 정신적 권위에 의해서도 도전하거나 부인할 수 없다. 왜냐하면 제정법에 도전할 수 있는 정신적 권위 역시 입법자인 주권자가 독점하고 있기 때문이다. 두 가지 칼을 다 가지고 있는 주권자에게는 어떤 도저의 여지도 봉쇄되어 있다. 따라서 공식유교 독트린이 동아시아 지역의 전통사회에 미친 영향은 거의 같게 보인다.123)

Ⅵ. 중국 근대화의 문제

이 문제를 논하는 까닭은 왜 중국이 근대 이후의 서양 세계와 같은 근대 자연법을 발전시키지 못했느냐는 의문에서 출발한다. 많은 중국학자에게 공통된 의문은 왜 중국이 근대화의 시기에 근대적인 상업이나 산업을 발전시키지 못했을까이다. 이 질문은 왜 서양에서만 근대적인 자본주의와 과학을 발전시켰을까라는 질문과 연결되어서 논해 왔다. 사회학124)에서는 잘 알려진 이 질문이 다시 중국학의 영역에서 인용되어진다. 종교와 과학 그리고 근대 자본주의의 관계에 대한 중국학에의 응용은 결국 중국에 있어서는 종교가 윤리적 가치를 정하는 주된 소스가 아니었고 종교단체는 무엇이 옳고 그른가에 대한 판단을 행하는 권위를 가진 사회집단이 아니었다는데 까지 이른다.125) 근대시민사회를 서구에서 형성하는데 있어서의 많은 요인을 상식적으로 열거하면 르네상스,

123) 공식유교 독트린이 큰 영향을 미치게 된 깃은 한국과 일본이 문화의 원형으로 지적될 수 있는 건국신화의 함의에 있다고 주장하는 입장이 있다. Chull kim, 같은 논문, p36
124) Max Weber, The Protestant Ethic & the Spirit of Capitalism.
125) Derk Bodde, *Chinese Thought, Society and Science*(The Intellectual and Social Background of Science and Technology in Pre-modern China), University of Hawaii Press, 1991 이 책에서 주로C. K. Yang (1961)을 인용하고 있다.

종교개혁 그리고 시민혁명을 들 수 있다. 동아시아 역사에 있어 — 흡사 서구중세사에서 약 1000년간 지속된 보편적 정신적 가치를 재해석하고 개혁하는 종교개혁과 같은 것이 근대사회 이전에 없었던 것은, 거칠게 말하면 국가권력이나 세속권과 대립되는 종교나 교회의 존재가 애초부터 크지 않았다는 데부터 시작할 수밖에 없다. 황제의 관료는 동시에 모든 지역의 정신적 권위에 있어서의 마지막 결정자였기 때문에 오직 왕조가 변하지 않고서는 근본적 쇄신은 불가능했다. 제정법은 주권자인 황제의 재가로 효력을 갖게 되고 그 제정법을 변경하거나 폐지하는 것을 요구할 수 있는 어떤 권위도 황제권 밖에서는 존재하지 않았다. 주권자가 스스로 궤도수정을 하지 않는 한 어떤 종류의 개혁도 불가능하게 된다. 장구한 세월동안 계속된 "위로부터의 권위", "위로부터의 지배"는 관료제도의 형성에 있어서나 또는 세속권력이 아닌 정신적 권위에 있어서나 똑같이 하향적 방향이었다라고 할 수 밖에 없다.

국가의 압도적인 영향 아래서, 자율적인 사회의 전개는 이와 같이 서유럽과 비교해서 제한된 범위라고 얘기할 수 있다. 큰 범위에 있어서의 논의는 이와 같으나 이 모든 조건에도 불구하고 전통중국사회가 제한된 범위에서 정의, 형평과 같은 법의 이념을 발전시킨 흔적을 찾지 못할 것인가? 또는, 더 구체적으로 이와 같은 법의 이념이 법전화나 법제도로 정착된 것을 찾지 못할 것인가? 서구적 의미에 있어서의 전통중국의 법문화에 대해서는 서구의 연구자들은 주로 중국전통문화가 법보다는 예를 우선적 가치로 여겨왔다는 전제에서 회의적이다.126)

체계적인 법전이나 서양적 의미의 법학을 떠나서 "법의 일반원칙"의 연원이 되는 조리(條理)에 대해 보도록 하자. 서양법에 있어서의 조리의 세계는 근세자연법의 이론가인 그로티우스에 의해서 표현되었다. 그

---

126) 예를 들면 에스카라(Escara)의 견해, 조셉 니담(Joseph Needham)이 이를 소개하고 있다.

는 "신이 존재하지 않는다 하더라도 사물의 본성, 자연의 본성은 법칙
으로 남아있게 된다."라고 하였다. 근세의 절대 권력의 회의에서 그는
"자연법칙에 준할만한" 그 자체로 존재하는 법칙을 자연법으로 생각하
였던 것이다.

유럽에서의 법학상의 자연법과 자연과학의 자연법칙은 하나의 공통의
뿌리에서 나왔던 것은 명백하다. 소급해서 후기 그리스 철학에서는 헤
브라이의 종교에서도 이성적인 창조주인 신이 - 제우스이건 야훼건 지상
의 입법자인 군주나 황제와 아주 똑같은 방식으로 일체의 피조물이 필
연적으로 따라야 할 천상의 법전을 정하였다. 이 때문에 지상의 나라들
의 실정법은 (설령 아무리 강하게 주장되더라도) 전 인류가 그 본성에
입각해서 행동할 경우에 어디서나 무의식 속에서 준수해야 될 보다 큰
(법학적인 의미에서의) 자연법에 거역한다는 것은 있을 수 없었다. 그리
고 이 자연법은 동시에 살아있는 생물의 행동이나 별의 운행을 통제하
는 우주 법칙의 일부로 생각되었던 것이다.[127]

중국학의 연구자 중에서 "중국의 과학과 문명"이라는 접근을 꾀한 사
람들은 지금까지의 법학자 중 서양법의 전형적 역사에서 출발했던 사람
들 보다 훨씬 더 전통중국의 자연법에 대해서 폭넓게 인정하려 한다.[128]
그 이유는 서양법의 세계에 있어서도 법학 상의 자연법과 과학상의 자
연법칙이 공통의 뿌리에서 나왔다는 사실[129]이 근세의 자연법론자인 그

---

127) Joseph Needham(이석호등 역), 중국의 과학과 문명Ⅱ, 을유문회사, 1988,
    p304
128) 윗사람, 같은 책 1권 및 2권
129) Samuel Huntington은 『문명의 충돌』에서, 문화와 문명을 엄격히 구별하
    는 것이 도이치의 방식이라고 한다. 문화 - 정신 / 문명 - 물질이라는 구별
    이다. 그러나 만약 인간정신과 자연계를 엄격히 구별하고 결과적으로 정
    신의 법칙과 자연의 법칙을 논리와 관념으로 엄별한다면, 고대 자연법의
    형성을 설명할 수 없게 된다. 같은 논지 김철, '법철학특수연구 강의록',

로티우스에서 다시 재연되고 있기 때문이다.

이런 맥락에서 신유교의 해석에서 출발하여 다시 중국 전통사회를 규범화 하는데 가장 큰 영향을 미친 유교적 전통에서도 조리에 해당하는 법의 일반원칙의 연원을 찾아볼 수 있을 것인지 알아보기로 하자. 이미 논의한 바대로 청대의 신유교 해석론자 이공은 유교의 가르침을 인간에 대한 것, 하늘에 대한 것, 그리고 사물에 대한 것으로 구분하였다. 유교의 많은 내용 중에서 예에 해당하는 것들은 실제로는 "인간에 대한 것"에 해당된다고 보여진다. 전통사회를 구성하는 사회구조 내부에서의 여러 관계를 규범적으로 구성한 것이다. 이 중 사물에 대한 이치가 바로 한국인들이 전통사회에서도 일상 언어로써 썼던 "사리(事理)"의 세계이다. 한국의 법학자들은 그들의 가장 손쉬운 법학의 소스였던 도이치어의 Natur der Sache를 일본개화의 영향을 받아 조리(條理)로 번역할 때 이미 동아시아 전통의 문헌이나 생활에서도 사리(事理)라는 익숙한 용어에 연결시키는 데에 실패하였다.[130] 흔히 서양법학자들이 지적하듯이 전통중국사회에서 존재하는 법이 거의 국가 형벌법이며 자율적인 사회의 자율적인 관계를 규율하는 시민법은 발달하지 않았다고 한다. 그러나 전통중국사회의 모든 특징들(종교와 국가, 국가주의적 전통, 절대주의적 전통, 중앙집권적 특징)에도 불구하고 중국학의 다른 연구자들은 고대 중국문명에서 출발한 중국의 과학과 사상을 검토하면서 끊임없이 자연법이 중국사회의 중요한 위치를 점했다는 것을 강조한다.[131]

이런 근거에서 전통 중국사회에 있어서의 자연법칙의 발견과 함께 이

숙명여자대학교 법학과 대학원 강의록 2003학년도 2학기

130) 유교 전통의 사리(事理)와 서양어의 번역어로서의 조리(條理)의 관계에 대해서는, 김철 "사리(事理)와 조리(條理)에 대해서", 『법제도의 보편성과 특수성』, pp88-95, 사간본(MYKO International 1993)

131) 이런 입장의 대표적인 사람이 Joseph Needham이다. 같은 취지, Prof. E. S. Wade(Cambridge), Prof. E. R Dodds (Oxford), Prof. Derk Bodde (philadelphia)

와 병행하는 사리와 조리가 적어도 정의, 형평의 중국적 표현과 함께
(신유교나 또는 불교 또는 도교 어디서도 서양적 의미의 정의, 형평의
이념은 발견될 수 있을 것이다.) 그 존재를 확인할 수 있다고 결론지을
수 있다.

Ⅶ. 개방화 이후의 현대중국의 법문화

1) 서양법제도를 근간으로 해서 한국법학을 공부한 법학도가 사회주의
법제도에 속하는 현대중국의 법에 접근하기 시작한 것은 중국의 개방화
(1978년 등소평에 의해서) 이후이며, 또한 한국이 북방정책에 의해서 사
회주의 법군(群)에 속하는 소비에트 러시아와 같은 사회주의 법군(群)에
속하는 중국에 대해서 종전의 태도를 달리했을 때부터이다. 더욱 가까이
는 한국이 권위주의 지배에서 벗어나기 시작한 1990년대 때부터라고 생
각된다. 한국의 전문가급인 법률가가 중국법에 대해서 실천적인 흥미를
갖게 된 것은, 다소 역설적으로 들리겠지만 서방의 주요한 법률회사가
그 지사를 북경에 두기 시작한 이후 또는 거의 동시에 주요한 로스쿨에
서 주로 사회주의법이라는 범주 안에서 냉전시대에도 제한된 통상문제와
연결해서 몇몇 소수의 전문가의 독자적 연구와 강좌로 연결되다가, 드디
어 중국의 개방정책 이후 중국법에 대한 수요가 급증할 시점부터이다.
한국인의 경우 개별적으로 하버드나 콜롬비아의 강좌에 참석하다가 역시
90년대에 뉴욕대학 로스쿨에 제롬 코엔(Jerome Cohen) 강좌를 활성화
시킬 때부터 주목하기 시작했다 할 수 있다. 결국 서양의 법률가들이 정
리한 개방화 이후의 현대중국의 법문화에 접한 것이다. 제롬 코엔은 중
국관계의 로펌에 고문으로 있으면서 오랜 기간 하버드의 동아시아연구소
에서 쌓은 중국문화와 중국제도의 축적을 새롭게 증가되는 중국관계 교

역에 맞추었다. 90년대에 급격하게 현대중국의 법제가 변화하고 발전했기 때문에 미처 나날이 쏟아져 나오는 개혁된 중국법의 소개를 책자로 모아서 출간할 겨를도 없었다. 말하자면, 동유럽 러시아 혁명 이후의 사회주의권 중국의 변화도 "나날의 역사"[132]라고 부를 만큼 신속하고 따라 잡기 힘들었다.

제롬 코엔은 완간된 책자 없이 불연속적인 카피를 교재로 사용했다. 그의 강좌에서 나타난 1990년대의 개방이후의 중국법의 특징은 다음과 같이 요약될 수 있다.[133] 대부분이 아메리카의 법률가를 지망하는 학생들 또는 외국에서 온 법률가를 상대로 코엔은 때때로 솔직하게 개방화 이후의 현대중국의 법문화를 표현했다. 우선, 사회주의 국가의 체제가 우리가 익숙한 자본주의국가 내지 서양법전통의 국가와 전혀 다른 점이다. 삼권분립이 되어있지 않다. 특히 입법권이 독점되어 있고 입법내용에 대한 사법심사가 거의 불가능하다. 최고의 대의기구(전국인민대표자회의)에 의해 통과된 입법은 인민전체의 의지로 간주되기 때문에 그 자체에 의하지 않으면 변경이나 수정이 불가능하다.

이런 기초적인 사회주의 국가의 특징이외에 서방국가에서 간과하기 쉬운 놀라운 특징이 있다.

첫째, 개방이후의 현대중국의 법문화에서도 드러나는 것은 집단주의적 특징이다. 이 집단주의적 특징이 사회주의 국가라는 중국의 국가성격에서 나오는지 또는 오랜 전통사회의 집단주의적 특징에서 나오는지,

---

132) Chull Kim, "Religion & Law in East－Asian Culture of Chinese Confucian Influence" *History, Thought & Law* private printing (MYKO Int'l Ltd. Seoul, Korea.)

133) 그의 강좌에 감사한다. 이하에서 그의 강의록을 소재로 글을 진행시키는 것을 양해할 줄 믿는다. 원래 완간된 책자가 아닌 강의록은 강의 이외의 용도에 인용하는 것이 예정되어 있지 않다. 따라서 구체적인 페이지 수나 항목을 인용하지는 못하고 그의 강의의 특징만을 개인회상의 형식으로 소개한다.

둘 다인지 원인은 분명치 않다. 집단주의 법문화의 현실적 나타남은 다음과 같은 사례에서 보여진다. 우선, 서양법체계의 익숙한 한국인으로서 이해할 수 없는 것은 법관계의 당사자가 분명하지 않다는 것이다. 이것은 코엔이 에피소드로 얘기한 바, 계약체결 장소에 나타나는 사람은 책임자만이 아니다. 여러 사람이 나타나는데 경우에 따라서 누가 책임자인지 분명치 않다고 한다. 당연히 체결된 계약이 문제가 생겼을 때 계약서상의 파트너와 실제 책임을 지는 당사자가 다른 경우가 많다고 한다. 쉽게 말하면, 적어도 1990년대까지 관찰된 사례로는 권리와 의무의 귀속자인 당사자가 분명하지 않다는 것이다. 당연히 문제가 생겼을 때 책임소재도 분명하지 않다는 것이다.

둘째, 현대중국의 법문화에서 지적할 수 있는 것은 중국인들은 법원, 재판, 재판과정을 통한, 다시 말하자면 사법과정을 통한 문제의 재판에서의 해결을 높이 평가하지 않는다는 점이다. 이점은 서양의 다른 중국법학자들도 공통적으로 지적하고 있다.[134] 당연히 현대중국에 있어서의 분쟁해결의 방식 중 빈도수가 높은 것은 재판이 아니라 조정, 화해, 중개 또는 중재이다. 이점이 전통중국과 현대중국의 공통적인 법문화의 특징이라 할 만하다.

셋째, 지금까지 열거한 현대중국의 법문화와 상치되는 것으로, 현대중국이 점점 더 서양세계와 접촉빈도가 높아지면서 "국제적 규격" 또는 "국제적 표준"을 급속히 받아들이게 되는 경향이다. 여기에는 개항 이후 열강이 강요한 국제법의 일반원칙에 대한 이전중국의 회의적인 태도의 변화도 함께 고려되어야 한다. 랜델 에드워즈(R. Randle Edwards)는 청조 말 중국인들의 국제법에 대한 태도와 외국인에 대한 관할권 문제, 또는 개항초기의 외국통상문제에 대해 상세한 역사적이고도 국제법적인

---

134) Stanley B. Lubman 와 Gregory C. Wajnowski, 또한 다른 모든 중국법 학자와 실무가들이 그러하다.

연구를 하였다.135)

넷째, 중국인들은 특히 비공식적인 해결방법을 좋아한다. 이점은 중국 전통문화의 영향이라 평가된다.136) 협상, 교섭 조정을 좋아하는 태도는 유교에서 법을 예절보다 열등한 것으로 간주하는 것과 연결되어 있다. 유교철학에서 인간행동의 바람직한 목표는 협상을 통해 사회적 하모니를 유지하는 것이다. 전통중국사회에서 제삼자가 공식적으로 나서서 분쟁해결에 기여하는 것 즉, 국가관원이 분쟁해결에 개입하는 것은 상대적으로 드물었다고 한다. 법은 기본적으로 국가 형벌권의 표현이었을 뿐 우리가 말하는 민사관계에 관한 법은 드물었다고 한다. 더욱이 전통중국에서 사법기능이 행정기능과 분화되지 않았다. 결과적으로 황제의 관료의 인적자원은 광대한 영역을 관장할 만큼 충분하지 않았으며 사법관계는 중대한 위험이 없는 한 대체로 관원의 영향권 밖에 있었다고 해석된다. 그래서 사적분쟁의 해결은 중국국가로부터 사회에 맡겨져 있었다고 해석되고 그 사회란 당사자 개인이 소속하는 가족, 족속, 마을공동체 또는 직업공동체를 의미한다. 경우에 따라서 존경받는 권위 있는 원로들 또는 향리의 향사에 속하는 사람들이 당사자들이 속하는 사회의 인물이었다.137) 이때 사실로서의 관습 반복된 관행은 관습법으로서 분

---

135) R. Randle Edwards, "Ch'ing Legal Jurisdiction over Foreigners", in Cohen, Edwards, & Chen (ed.), *Essays on China's Legal Tradition*, (Princeton, New Jersey, Princeton University Press, 1980), 222 – 225, 259 – 260, "The Old Canton System of Foreign Trade:", in Victor Li (ed), *Law and Politics in China's Foreign Trade*, (Seattle, University of Washington Press, 1977), 360 – 378, "China's Practice of International Law – Patterns from the Past", in Ronald St. John MacDonald (ed). *Essays in Honour of Wang Tieys*, (Masachusetts, Kluwer Academic Publishers, 1994), 243 – 249

136) Lubman과 Wajnowski, "International Commercial Dispute Resolution in China: A Practical Assessment" Dispute Resolution in China, 1993

137) Lubman과 Wajnowski, 윗 글 111쪽

쟁해결의 준거가 되었다. 그러나 1920년대와 1930년대의 짧은 공화국 정부시절의 지방법원으로 가져온 민사 분쟁의 수는 점차로 증가했다가[138] 전통주의 또는 유교전통 이외에 협상과 중재를 중요시하는 태도는 놀랍게도 1949년 이후의 중국인민공화국의 공식정책에서도 일관적으로 나타난다.[139]

다섯째로, 1982년에 제정되고 1992년에 개정된 중국의 민사소송법은 법원으로 하여금 당사자들이 "우의있게" 사건을 해결하도록 격려할 것을 요구하고 있다.[140] 특히 이른바 1981년의 중국인민공화국의 경제계약법은 48조에서 계약당사자들이 자발적으로 중간조정자의 도움을 받아서 해결하도록 중점적으로 규정하고 있다. 이때에 법원이나 공식적인 기구가 이미 사건에 대한 관할을 접수했을 때라도 우선적으로 거중조정자에 의한 조정을 더 우선하고 있다. 결과적으로 중국의 민사법원에 접수된 대부분의 사건들이 실제로는 법원자체에 의한 적극적인 조정에 의해서 해결되고 있다.[141]

---

138) 청나라시절의 사법상의 분쟁해결방법에 대해서는 1991년 U. C, L, A에 서 Philip Huang의 논문발표가 있고 곧 출간될 예정이다. 타이완에 있어 서의 19세기 연구에는 David Buxbaum의 연구가 있다. 재인용 Lubman 의 위의 논문

139) Michael Palmer, "The Renewal of Mediation in the People's Republic of China: (Ⅰ) Extra-Judicial Mediation," in *Yearbook on Socialist Legal Systems* 219(William Butler ed. 1987)

140) 중국 인민공화국 민사소송법 제9조 그리고 제85조~제91조까지 인용은 5 China L. & Prac, June 17, 1991

141) Michael Palmer, "The Renewal of Mediation in the People's Republic of China." Lubman에서 재인용

Ⅷ. 경제계약 및 국제통상문제에서 나타난 중국의 법문화와 분쟁에 대한 태도

로렌스 프리드만(Lawrence M. Friendman)은 관행들, 의견들, 그리고 사고방식과 행위양식들은 어떤 사회의 전반적 문화의 일부로서 사회적 힘을 법 쪽으로 데려가기도 하고 법으로부터 멀리하기도 하는데, 이런 것들을 법문화라 한다.[142]

럽만(Lubman)과 와즈노우스키(Wajnowski)는 경제계약과 국제통상에 관계된 최근 중국의 법문화를 세 단계로 요약하고 있다.[143]

첫 번째 단계는 회피 또는 피하기; 분쟁이 존재한다는 것을 받아들이기를 거절하는 단계이다. 코엔(Cohen)은 지적하기를[144] 중국의 통상조직 즉, 무역에 종사하는 기구들은 사업상의 분쟁을 공식적인 중재기구에 제출하기를 엄청나게 꺼려한다고 한다. 더욱 놀라운 사실은 외국의 당사자가 국제분쟁조정조항에 호소하겠다는 위협을 하기도 전에 중국의 상업적 행태는 우선 심각한 분쟁의 소지가 존재한다는 것을 인정하기조차도 꺼려하거나 회피한다는 사실이다. 이것은 이미 상당히 오랫 동안 논한 전통주의 시대의 중국의 문화적 패턴 또는 중국 관료들의 행태 때문만이 아니라, 정말 분쟁이 존재하지 않고 사라지기를 바라는[145] 중국인의 진심에서 나오는 것이라고 설명한다. 공동 투자 같은 외국인 투자와 관계된 분쟁에 있어서, 중국 측 계약당사자가 때때로 공동투자에 있

---

142) Lawrence M. Friendman. *The Legal System: A Social Science Perspective* 15 (1975).

143) Lubman과 Wajnowski, 위의 논문 115쪽

144) Jerome Alan Cohen et al. eds., Essays *On China's Legal Tradition* 76 (1980).

145) 법심리학에서는 심리적인 자타 혼합이라고 하고, 그 이유는 투사(投射, projection)때문이다. Andrew S. Watson, M. D., *Psychiatry for Lawyers*, International Universities Press, Inc. 1978

어서의 상호협조가 완전히 깨어지고 중국과 외국당사자들이 그들의 협
조를 완전히 불가능하게 된 사실조차도 받아들이기가 불가능할 때가 많
다는 것이다. 예를 들면 계약조건을 위반한 상황에서 내놓고 토론하기
를 거절할 뿐만 아니라, 심지어 중국 측 당사자가 명백히 잘못했을 때
라도 협상과 양해를 통해서 양 당사자의 원래 관계를 계속 할 수 있다
고 말하고 오해만 풀면 된다고 주장하기를 좋아한다는 것이다.

　어떤 산업공동투자에서 외국 측의 투자자가 조사해보니 그와 계약한
두 사람의 중국인 파트너가 이미 공동투자계약조항을 여러 항목에 걸쳐
서 파기했다는 것을 알았다.146) 한쪽 중국인 당사자는 애초의 공동투자
때문에 외국인 당사자가 이전한 새로운 테크놀로지를 사용하는 것을 준
비하고 있었다. 두 사람의 중국 측 파트너들은 원래 그 기술을 공동투
자를 위해서 넘겨준 외국인 파트너와 상의하지 않고 공동투자계약의 자
기들 지분의 일부를 다른 중국인에게 팔아 넘기기로 이미 약속해 버렸
다. 이것은 계약조건이나 법에 의해서 요구되는 당사자의 동의획득에
다같이 위반되는 것이다. 여기에 그치지 않고 두 사람의 중국 측 파트
너는 외국인 공동투자로 세울 공장의 위치를 원래 동의한 위치에서 옮
겨버리는 것을 자기들끼리 정해버리고, 그 새로운 공장 위치는 그 중
한사람의 중국인 파트너가 소유하는 공장 바로 옆에(중국인 파트너의
이익을 위하여) 옮기고 새로운 공장부지의 개발은 물론 외국인을 포함
한 공동투자의 비용으로 돌리는 것이다. 더 나아가서 중국인 파트너 중
의 한사람은 공동투자의 은행구좌에 자기가 불입할 자본액수를 넣지 않
고 결과적으로 약정된 공동투자기업에는 자본부족현상이 일어나게 만들
어서 중국 지방정부의 관계 산업 및 통상공무원에 의해서 영업허가증을
거절당하는 사태까지 나아가게 하였다. 드디어 지방정부의 투자담당 공

---

146) John Frisbee and David Ben Kay, Joint Venture Dissolution, 1990 *China
Bus. Rev.*, Nov‐Dec., at 42, 43

무원도 이러한 위반사례를 알게 되고 그 공무원은 중국 쪽의 파트너들이 공동투자계약조항을 위반했다는 것을 외국투자자 앞에서 인정하기에 이르렀다. 일년간에 거친 토론과 통신 끝에 당사자들은 모여서 외국투자가는 양 당사자들의 협력을 지속시킬 희망이 없으며 중국 측 투자가가 공동투자계획으로부터 물러서주기를 요청했다. 여기에 대해서 중국 측 당사자는 그들이 계약조항을 위반했다는 것을 부인하고 양당사자들은 계속해서 협조 할 수 있으며 협조하여야 한다고 주장했다. 외국투자가가 이사회 결의를 요구 했을 때 중국파트너들은 그와 전연 반대되는 이사회결의를 제시하였다. 여기에 대한 중국투자당국의 태도는 되풀이해서 외국투자가에게 당사자는 그들의 차이를 극복하기위해 노력해야 하고 더욱이 행정당국은 중국 측 파트너들이 외국 투자자들이 요청 하는 것과 같이 공동투자에서 물러날 것을 절대권유하지 않겠다고 선언하였다.147) 그런데 중국당국은 이전에는 중국의 투자당사자들이 계약을 위반하였다는 것을 공식적으로 인정하였기 때문에 이런 태도는 그들의 표명된 공식입장과도 배치되고 그들의 행동은 이해할 수 없는 것이 되었다. 이런 중국투자당국의 태도는 하청공무원에게서만 발견되는 것이 아니다. 한 고위관리는 역시 관련된 문제 자체를 내놓고 토론하기를 거절하였으며 명백히 계약위반이 법 관계에 손해를 입혔음에도 제삼자를 선임해서 협상에 들어가도록 제의하는 방법을 택했다. 이에 대해서 외국인 투자당사자는 이 사건을 스톡홀름에 있는 국제중재위원회에 제소하겠다고 위협하였고 실지로 이것은 계약서면에 미리 쓰여 있는 조항에 의거한 것이었다. 이러한 위협이 중국 당국을 마침내 불법행위를 한 중국인 공동투자자들이 물러서도록 하는 제안에 찬성하게 만들었다. 이때까지는 외국인 투자가가 전혀 새로운 중국 측 공동투자자들을 찾아서 조인트벤처를 계속하겠다는 최초의 제의가 일 년이 지나버렸고 별 실효

---

147) John Frisbee et al., supra at 42, 43.

성이 없게 되면서 외국인 투자자는 결국 조인트벤처 자체를 해산하기를
제의하기에 이르렀다. 이때 역시 중국관계당국은 동의하기를 꺼려했다.
중국관계당국은 외국인 투자가의 이의신청을 액면 그대로 받아들일 수
없었고 그들을 조사하고 관계당사자를 만나서 상황을 평가하게 되었다.
그러나 이미 설명된 바 중국인과 중국문화에 내재한 "분쟁이 존재하지
않고 저절로 사라질" 희망과 마음속 깊은 바람[148]이 그렇지 않았더라면
정상적으로 해야 될 공무원으로서의 주의책임을 못하게 했다. 다른 사
례에서 어려움이 존재하는데도 그 존재하는 어려움을 직시하지 않고 회
피하려는 경향이 지적되었다. 한 중국인 수출업자가 통조림 음식을 세
사람의 유럽수입업자에게 팔았다.[149] 그들 모두는 오래된 고객이었다.
유럽시장에서 그 통조림들이 유통점에서 팔린 뒤에 캔들이 새고 터지기
시작했다. 물론 필요한 조치가 행해졌다. 일년 동안 세 사람의 수업업자
가 각자 중국인 수출업자에게 이러한 일들에 대해서 계속해서 메시지를
보내서 주의를 한 것이다. 최초의 수입업자에 대해서 중국인 수출업자
는 "문제를 연구"하고 있다고 답변하고 클레임을 거절했다. 그다음의
수입업자와의 관계에 있어서 중국인 수출업자는 44%의 물품을 팔 수
없는 것이라는 보고서를 받고서는 16개월 동안 아무런 답장을 하지 않
았다. 얼굴을 맞대고 하는 면대면 회의도 별로 효과가 없었다. 따라서
이 사건은 중국국제경제계약 및 통상 중재위원회에의 중재사건으로 가
져갔다. 여기서 비로소 처음으로 중국 수출업자는 자기가 지금까지 회
피한 분쟁의 실제 문제에 직면해야만 했다. 이 중재위원회의 청문절차

---

148) 이것은 혼기를 놓친 어떤 하녀가 자꾸 자기 침대 밑에 남자가 숨어있다
고 주장하는 예와 같은 것으로 자신의 wishful mind를 현실에 투사한 예
이다. 김철, 숙명여자대학교 법학부 법철학 강의록 2004년 제 2학기 또
한, A. S. Watson(1978)

149) Madelyn C. Ross, *Changing the Foreign Trade System*, 1988 *China
Bus. Rev.*, May‒June, at 34

에서 외국인 수입업자의 법정대리인은 외국인 수입업자가 하자있는 상
품의 샘플들을 중국 측 수출업자에게 보냈으나 결코 답장을 받지 못했
다고 주장했다. 중재위원이 중국 측 수출업자에게 질문했다. "당신은 유
럽의 수입업자가 보낸 하자있는 상품의 샘플을 검사하였느냐?" 여기에
대해서 중국인 수출업자의 대리인은 다음과 같이 대답하였다. "우리들
은 그 샘플들이 하자가 있었기 때문에 검사하지 않았다." 그리고나서
문제가 되는 샘플들을 버렸다. 청구인의 물질적인 증거가 되는 것을 없
애는 것이야말로 매우 흔한 중국인들의 분쟁에 대한 태도라고 이 사례
의 보고자는 지적한다.

두 번째 단계는 책임 있음을 두려워하는 관료들의 반응과 관계가 있
다. 법적책임 또는 다른 책임도 포함한다. 중국의 경제개혁은 기업거래
에 영향을 주어 온 관료들의 오랜 행태를 고치지 못했고, 이 행태가 우
리들의 관심의 초점인 국제상사분쟁의 처리에 영향을 주고 있다. 중국
체제에 있어서 관료들의 권위는 유동적(流動的)이라고 한다. 즉 조직표
에 나타난 권위의 분명한 라인에도 불구하고 정책형성과 실시는 흥정과
협상의 결과이다. 조직단위간의, 기업들 간의 또는 조직과 기업내부의
흥정과 협상의 결과이다.150) 이러한 흥정과 협상을 위해서 비공식적 관
계(關係)가 필요하다. 경직되고 구획 지워진 체제가 설렁한 목표를 달
성하기 위해서, 경제기업이든 행정기구든 간에 비공식적 관계가 또한
필요하다.151)

더욱 세포같이 조직된 중국의 경제조직과 정치조직은 각각의 조직단
위가 다른 모든 조직단위에 대해서 정보와 자원(資源)을 서로 견제하며

---

150) Andrew Walder, Communist Neo-Traditionalism: *Work & Authority in Chinese Industry* 239(1986) Michel Oksenberg & Kenneth Lieberthal, Understanding China's Bureaucracy, 1986 *China Bus. Rev.*, Nov. -Dec.
151) Barrett L. McCormick, Rational Legalism and Partrimonialism, in *Policy Implementation in Post-Mao China* 402 (D. M. Lamptoned., 1987)

움켜쥐고 있도록 만드는데, 심지어 조직의 상사(上司)에 대해서도 마찬
가지이다. 이와 같은 맥락에서 전지전능(全知全能)하다고 공식적으로
발표되는 국가와 당(黨)에 대해서, "체제 자체를 비난하기"는 흔히 행해
지는 게임으로 보인다.152) 이런 중국체제의 특징은 중국 수출업자의 행
태에 종종 영향을 주고, 책임 특히 공식적 법적 책임이라는 개념을 분
산시키거나 약화시킨다. 중국인 수출업자가 인도한 물품의 결함을 무시
하려는 것을 외국인 수입업자가 불가능하게 만든 경우에도, 곧 외국인
수입업자가 발견하게 될 것은 중국인 수출업자의 그 다음의 행태를 색
칠하고, 책임지는 것에 대한 두려움이다. 두려움과 책임(개인적 또는 경
제적)을 피하고자 하는 욕구는 흠결 있는 상품에 대한 통신에 대답하지
않는 이유이기도 하고 어느 정도는 이런 흠결에 근거한 청구에 대해서
협상하자고 주장하는 이유이기도 하다.

세 번째 단계는 중국 법체계의 불완전성과 적법성의 개념이 아직 약
하다는 것이 지적되고 있다. 왜 법적책임과 책임의 개념이 확고하지 못
하냐 라는 물음에 전반적인 법체계가 불완전하기 때문이라고 지적한다.
심지어 극단적으로는 "중국은 아직 법체계를 가지고 있다고 말할 수 없
다. 공식적인 법제도는 국가권력을 휘두르는 다른 기구들로부터 기능적
으로 잘 분화되어 있지도 않고, 높은 정도의 규칙성을 가지고 운영되도
록 정치권력으로부터 허용되어지지도 않고 있다. 준법정신이 아직 약하
다. 그러나 법제도는 점점 커져가고 있고 공포되는 법률도 증가되고 있
으며, 국가기관들은 이제 막 이 법규들을 '규칙성을 가지고' 해석하고
적용하기 시작했다."153) 인치(人治)를 법치(法治)로 바꾸는 것이 개혁의

---

152) Walder 참조

153) Donald Clarke, "The Law, the state and Economic Reform", in *The
Chinese State in the Era of Economic Reform: The Road to Crisis*
190 (Gordon White ed., 1991); Phyllis L. Chang, Deciding Disputes;
Factors That Guide Chinese Courts in the Adjudication of Rural

기본방침임은 변함이 없지만, 중국의 관리들은 공식적인 법규에 따라서 행동을 지도하고 제약하는 데에는 아직 습관이 되지 않고 있다. 장기간에 걸쳐 중국의 지도노선이 일관되게 적법성과 준법정신을 지지한다면 체제전반이 안정성과 생명력을 얻어갈 것임에도 중국의 지도노선이 일관되게 법의 영역 안팎에서 '사람의 지배'에서 '법의 지배'로의 개혁을 견지할 수 없었다는 지적이 있다. 기억할 것은 재판소, 변호사들, 그리고 제정법과 같은 중국의 법제도의 거의 모든 것이 1980년대에 비로소 부흥되거나 처음으로 만들어졌다는 사실이다. 이후에도 일단 공포되고 제정된 법제도들에 대해서 계속된 지도층의 노력이 더해지지 않는다는 지적이다. 따라서 국민이나 시민이 그 제도에서 무엇을 어떻게 하느냐는 법제도의 실질 내용의 문제보다, 그 제도의 형식만이 강조되는 형식주의적 접근이 되풀이 된다.154) 사례로써 드는 것은, 외국인이 심지어 중국법에 입각해서 항의하는 경우에도 중국 관리 자신의 의견과 다를 때는 못 견뎌하는 경우이다. 국제투자협상 때의 사례이다. 공식적인 분쟁해결을 위한 중재절차에서도 법에 대한 무지 또는 무시가 보고된다. 합작투자에서 중국인 파트너가 사실과 다른 주장을 한다든가, 중국관리가 중국 국내의 규제보다 국제상품매매 계약에 대한 비엔나 협약과 같은 국제법규를 받아들이지 않으려고 하는 것이 그 예이다.

Responsibility Contract Disputes, 52 *L. & Contep. Prob.* 101 (1989)
154) 법 형식주의는 한국의 근대화 과정에서도 잘 관찰된다. 형식주의에서 탈피하려는 노력은 사회학적 법학과 법 현실주의이다. (Legal Realism) 김철, 법률사상사 강의록, 숙명여자대학교 2004년 4월

Ⅸ. 붙이는 말

최근 대륙중국 또는 북한의 법제를 한국의 법률가가 다루게 되었다. 어떤 경우에 사회주의법의 형식적 면만 주목하여[155] 1917년이후 약 70년간의 사회주의 법체계의 공동핵을 잊기 쉽다. 역사적, 정치적, 경제적 그리고 사회적 범주로서의 사회주의 법의 요소들을 잊기 쉽다.

물론 1989년 동유럽 러시아 혁명 이후 사회주의 법체계 전반이 변화하고 있고[156], 중국의 경우 대외무역의 양이 엄청나게 증가하고 있다. 개방화는 가속되고 있으나, 개방화 이전의 제도, 오랜 중국의 관행과 고대 자연법의 영향을 평가할 수 있어야 문제해결을 위한 중국법학이 가능하다. 불가피하게 전통중국의 법에 대한 비교문화적 접근이 요구된다. 한국 법률가의 한쪽 습관이 된 개념적 형식적 접근으로는 우선, "어떤 법이 어떻게 실지로 작용해서 어떤 영향을 끼치고 있는가"라는 물음에 대답할 수 없다. 법사회학적 접근[157]은 이 경우 필수적인 것이 되며, 분쟁해결이나 문제해결의 방법이 된다. 같은 맥락에서 필요한 것은 법현실주의적인 접근[158] - 개념과 형식보다 실제로 일어나는 역할과 기능,

---

155) 김철, "비교법의 방법론: 법체계의 공동핵의 문제 - 개념적, 형식적 범주로서의 사회주의 법률", p.37.
   『러시아 - 소비에트법 - 비교법문화적 연구』, 민음사, 1989,
156) 김철, "러시아와 체코의 행정심판에 대한 절차법의 역사적 발전 - 헌법현실의 대변혁과 관계해서(1989년까지의 경과) - ", 『공법연구』 제28집 제4호 제2권 사단법인 한국공법학회, 2000년 6월.
   김철, 『러시아의 법치주의와 입헌주의』, 헌법학연구(한국헌법학회회지), 제6권 제1호, 2000. 5.
   김철, "러시아 및 동유럽법 강의 요약", pp.147~211, 「한국법학의 반성」, Myko Int'l. Ltd, seoul, 1997.
157) 이런 태도는 로스코 파운드에게서 사회학적 법학의 강조로 나타나고, 벤자민 카도조에게 살아있는 법의 강조로 그이전의 전통적 방법을 보충하는 것이 된다. 그 보충의 수단을 "사회학적 방법"이라고 하였다. 김철, 포즈너의 공법학 방법론(Ⅰ), 「공법연구」제30집 제4호, 2002. 6, 한국공법학회

그리고 법경제학159)적인 기간, 부담, 비용분석 – 이다.

　검색어 중국 법(학) Chinese Law
　　　　전통 중국의 법문화 Legal Culture in Pre – modern China
　　　　동아시아의 법과 종교 Law & Religion in East Asia
　　　　개방이후의 중국 법문화 Chinese Legal Culture since 1978
　　　　분쟁에 대한 태도 Conflict resolution in modern China

---

158) 1930년대의 법 현실주의 운동에 대한 것은 김철, 위의 논문, pp.62~63.
159) 법학 방법론으로서의 경제분석과 법경제학에 대해서는 김철, 위의 논문,
　　 pp.63~71.

커뮤니케이션과 우리 사회

I. 학제간 연구의 필요성

2004년 한국사회이론학회의 전기학술 대회의 주제는 "커뮤니케이션과 우리 사회"이다. 이 학술대회에서 전부 일곱 개의 논문이 발표되었는데 3부로 나누어서 진행되었다. 이제 이 발표논문들의 상호관계, "커뮤니케이션과 우리 사회"라는 총 주제에 있어서 위치 같은 것을 밝히고 단일주제의 학술대회를 21년간 계속해온 전통 위에서 제기된 이론, 문제의식, 사회문제, 그리고 이론의 우리사회에 있어서의 적용가능성과 문제해결능력을 검증할 때가 되었다. 왜냐하면 이 학회의 초창기부터 사회이론의 보편성과 특수성의 문제, 둘 사이의 변증법적 긴장관계는 늘 문제가 되어왔으며[160] 한국사회의 사회문제에 대한 실천적이고 윤리적인 관심은 이론자체가 "문제해결력"이 있느냐라는 것이 사회이론학회의 모든 논의의 초점이 되어왔기 때문에 앞의 문제는 주로 기초이론을 다룰 때의 문제이며, 뒤의 문제는 응용사회과학을 배경으로 할 때의 문제였다.

---

160) 박영신, 한국사회이론학회(엮음), 『우리사회의 이론적 이해』, 현상과 인식, 1984, 머리말 9쪽

학제간 연구의 필요성은 다음과 같은 이유에서 설명되었다. 우선 보편적 이론사에서 모든 중요한 학사(學史)는 영역 간에 교차하면서 발달했다는 것, 이것의 예는 르네상스 이후 서양학문의 세 가지 중요한 축이었던 의학, 법학, 신학의 발달에서 볼 수 있다. 다음 한국의 학문사(學問史)에서 각각의 학계는 배타성을 특징으로 해서 발전되어 왔다고 볼 수 있기 때문에, 극히 최근에야 급박한 정치, 경제 법제도의 논의에서 오로지 "문제해결력"을 목적으로 할 때 비로소 영역간의 높은 담을 일부 제거하고 논의가 진행된 것을 볼 수 있다.

"권위냐 합리성이냐"의 문제는 지성사에서 전환기에 늘 문제되었다. 어떤 지식의 축적도 제도 안에 편입되면서 사회적 권위로 바뀌고 합리성의 새로운 도전을 받아왔다. 최현대사에서 1989년의 동유럽 러시아 혁명은 1945년 이후 지속된 세계체계(World System)의 대변혁을 가져오고 철학이나 역사학을 비롯한 학문의 기본적 패러다임의 큰 충격을 주었다. 한국의 90년대의 자유화와 민주화는 이와 같은 세계체계의 변동에서 이해될 수 있는데 한국사회과학이 이 때를 전기로 그 태도가 바뀌었다고 할 수 있다.

한국사회이론학회는 동유럽혁명 훨씬 이전부터 권위주의 체제의 붕괴 이후를 예정하는 원시적 이론을 제시하고, 영역 간 배타성, 전문가의 과도한 권위주의, 한국사회의 특수성이 지나치게 과장된 지식의 체계 또는 한국사회의 구조적 성찰 없는 일반이론의 막연함 같은 것을 극복하려고 노력했다.

II. 커뮤니케이션 연구의 위치

이제 2004년을 기준으로 한 한국사회의 이론적 탐구에서 커뮤니케이션이 주제가 된 동기를 밝혀야 될 것 같다. 이에 앞서 다른 사회에서 커뮤니케이션이 주된 관심대상이 된 경위를 보아야 할 것이다. 이남복161)이 지적하듯이,

> 커뮤니케이션 개념은 여러 학문분야에서 사용되고 있으나, 사회학에서는 이 용어를 인간 사이의 의미전달로 표현하고 있다……그러나 사회학에서는 대략 1955년까지 의미전달이라는 커뮤니케이션의 개념을 거의 사용하지 않았다. 1920년경 미국의 철학자인 듀이는 "사회가 전달과 커뮤니케이션을 통해서만 존재하는 것은 아니지만 전달과 커뮤니케이션 속에서 존재한다고 말하는 것은 타당하다고 주장하고 있다……머튼은 160개에 이르는 커뮤니케이션개념에 대한 사회과학적 정의를 분석한 뒤 '포괄적인 커뮤니케이션 이론'은 존재하지 않지만 커뮤니케이션 개념이 사회학의 기본개념이라는 점에서는 이견이 없다는 결론을 내리고 있다.

다시 이남복은 본격적으로 커뮤니케이션 개념을 가지고 사회현실을 분석한 경우로 1970년경 하버마스의 커뮤니케이션 이론적 접근 방식을 들고 있다.162)

한국사회에 적용 가능한 것을 찾기 위해서 우리는 보편적 이론과 과학의 발달에 대해서 반추할 필요가 있다. 커뮤니케이션 현상이 정치, 경

---

161) 이남복, 청주대 정치사회학부, '말'과 '글'의 커뮤니케이션을 넘어: 사회체계로서 커뮤니케이션, 한국사회이론학회 2004년 전기학술대회 주제: "커뮤니케이션과 우리 사회"
162) 윗사람, 윗글, p.1

제, 사회, 문화, 법제도라는 전통적인 분류방식에서 벗어나서 주목을 끌게 된 것은 언제부터인가. 아무래도 이 문제는 특정한 학문의 분야에서만 논할 것이 아닐 수가 있다. 과학사회에서 또는 공학사회에서 커뮤니케이션이 두드러진 모습으로 나타나게 된 것은 아무래도 라디오와 같은 기초적인 미디어, 전화와 전신같은 통신기기의 발명부터라 하지 않을 수 없다. 커뮤니케이션 역사학자는 훨씬 이전의 인쇄매체나 또는 고대사회의 커뮤니케이션 방식에까지 소급하겠으나, 아무래도 라디오와 전화의 발명이 현대에서의 출발이라 하지 않을 수 없다. 1차대전과 2차대전에서 인류는 권위주의적, 전체주의적 국가군과 싸워 승리했는데, 전시선전의 문제가 커뮤니케이션과 미디어에 대한 관심을 극적으로 고조시켰다고 할 수 있다. 현학적인 사람들이 어떤 지성사를 얘기하든 간에 인간의 역사는 전체주의 세력과의 전쟁이 가장 절실한 과거사일 수가 있다. 전시커뮤니케이션의 가공할만한 위력 - 예를 들어 나치즘 대두시의 정치선전의 위력과 2차대전 당시의 심리전의 효과 같은 것을 생각하자 - 은 우선 동원된 사회과학자로 하여금 그것의 효력에 대해서 방법에 대해서 연구하도록 강요했을 것이다. 따라서 세계 제1차대전부터 제2차대전이 끝나고 냉전시대였던 1950년대까지의 커뮤니케이션 연구의 지배적인 관심은 「The Target Audience」라는 말에서 나타나는데, 즉 표적이 되는 것은 미디어의 수용자이며 이 수용자라는 과녁을 미디어가 어떻게 맞추느냐의 문제였다.[163] 2차대전과 한국전쟁을 거쳐서 서서히 전시가 아닌 사회체제로 들어가자. 이제 투표행위, 구매행위 등과 같은 평화시의 문제가 부각되고 연구자들도 전시커뮤니케이션 시대의 거칠고 단순했던 "탄환이론"(Bullet Theory)에서 벗어나 평화시의 시민에게 적

---

163) 김규환, "커뮤니케이션 과학연구의 현황과 방향 - 매스커뮤니케이션 한국
    어판 출간에 즈음하여", 윌버슈램편저, 김규환 편역, 『매스커뮤니케이션』,
    서울대학교 출판부, 1970

용가능한 이단계학설(Two Step Flow of Communication)을 주장했다. 사회계층, 교육, 취향을 고려하고 수용자의 선택적 행동, 그리고 구성 집단의 문제를 고려한 것은 사회학자들이었고, P. F. Lazarsfeld와 그의 제자들이었다.164) 점차로 시민의 개인적 취향 또는 경향이 강조되고 매스커뮤니케이션의 한계가 지적되었다. 이 단계에서 비로소 매스커뮤니케이션과 퍼스날커뮤니케이션의 영향의 문제가 측정되며 커뮤니케이션 네트워크가 과학적으로 추출되기에 이르렀다.165) 시민의 커뮤니케이션 과정에 있어서의 개인적 선행경향(Predisposition)에 대한 문제는 당연히 심리학자들의 몫으로서 이 단계에서는 사회학자에서 심리학자로 중점이 옮아가게 되었다. 냉전이후 시대의 커뮤니케이션 연구는 주로 전후세계에 있어서의 주된 배후였던 미국이 선도하는 신생국 및 후진국의 국가형성, 국가발전이라는 아시아, 아프리카에 걸친 영역과 관계된다. 즉 신생국에 있어서의 자유민주주의적 헌법의 성립, 국가체제의 건설, 그리고 시장경제를 중심으로 하는 경제 질서의 건설은 제2차대전의 승전국이었던 연합국 중 이른바 "자유세계"라고 불리는 지역과 관계있었다. 이런 신생후진국의 국가발전, 사회발전과 커뮤니케이션과의 관계를 연구하는데는 마땅히 정치학자, 법학자, 그리고 신생국에 있어서의 커뮤니케이션과 매스미디어를 중점적으로 취급하는 연구자들이 동원되었다.166)

이상에서 알 수 있는 바대로 제1차대전과 제2차대전, 그리고 1950년대에 걸쳐서 성립된 커뮤니케이션 이론연구의 아버지들은 심리학자, 사회학자, 정치학자 및 법학자로 요약될 수 있다고 한다.167) 1959년에

---

164) 윗사람, 윗 글, p12
165) 윗사람, 윗 글, p14
166) 윗사람, 윗 글, p14, 여기에 해당하는 그룹은 MIT그룹과 STANFORD 그룹을 들 수 있다고 한다.
167) 윗사람, 윗 글, p15, Wilbur Schramm은 H. Lasswell, Paul F. Lazarsfeld

Wilber Schramm은 커뮤니케이션은 하나의 디씨프린(discipline)이라기보다는 오히려 하나의 문제영역이라고 말하고 사막의 오아시스처럼 왔다가 지나가는 「학문의 십자로」에 비유하였다.[168] 그 이후 사막의 오아시스 옆에 집을 짓고 정착하게 되는 사람들이 나타나게 되었다는 표현이 나왔다.

이남복에 의하면 1970년에 프랑크푸르트 학파에 속하는 하버마스에 의해서 커뮤니케이션 개념을 가지고 당시의 도이치의 사회현실을 분석한 것을 특기하고 있다.[169] 이남복은 "Martin Heidegger"가 1953년판 존재와 시간에서 사회현실을 설명하는데 커뮤니케이션의 중요성을 인식했다고 하여, 도이치 학계에 있어서의 철학적 기반을 밝히고 있다. 그러나 제2차대전 이후의 학문의 국제화 경향은 특히 미디어나 미디어 공학과 관련된 한에 있어서 2차대전 이전의 국경선이나 그것이 가져온 국적별 담장 같은 것들은 별 의미 없게 만들었다고 보는 것이 타당할 것이다. 프랑크푸르트 학파의 사회과학적 업적은 여러 면에 걸치지만 한국인으로서 염두에 두어야 할 1970년대의 도이치의 사회적 맥락은 다음과 같다. 1945년 패전, 1948년 Bonn기본법 제정 이후, 도이치 사회는 연합군의 주둔 아래에서 "민주주의를 위한 재교육" 프로그램의 영향을 받았다. 그것은 전쟁 중 같은 입장이었던 일본이 맥아더 주둔 하에서 "민주주의를 위한 재교육"의 영향을 받은 것과 마찬가지이다. 양국에서 진행된 중요한 국제법적 사건은 다같이 제2차대전의 전범재판이었다. 1970년의 프랑크푸르트는 일단 전후청산이 국제법적으로는 마무리되고

Kurt Lewin, Carl Hovland 의 4인을 매스, 커뮤니케이션의 연구의 창시자로 들고 있다. p16의 주9) 참조

168) 같은 사람, 같은 글, p15

169) 이남복, '말'과 '글'의 커뮤니케이션을 넘어: 사회체계로서 커뮤니케이션, 한국사회이론학회 2004년 전기학술대회 주제: "커뮤니케이션과 우리 사회"

마샬 플랜 아래에서 전후 도이치가 경제적으로 자신감을 얻었을 때였다. 본 기본법 아래에서의 "인간의 존엄과 가치"의 도이치에 있어서의 실질적 가치가 어느 정도 느껴질 때라고 할 만하다. 이러한 정치 사회 경제 조건하에서 비로소 하버마스가 시민사회의 분석단위로서 커뮤니케이션을 주목하였을 것이다.

Ⅲ. 우리사회의 어떤 문제를 커뮤니케이션 개념으로 분석할 것인가?

1. 시민사회의 공공의 공간의 형성에 대해서

시민사회의 '공공의 공간'에 대해 오랜 관심을 가져온 박영신은 한국 사회에서의 공공의 마당을 역사적으로 회고한다.[170]

그러나 비록 제한된 것이라 하더라도 우리 역사 속에 공공의 공간이 없었던 것은 아니다. '1960년 봄 혁명'을 앞뒤로 하여 번진 그 공간의 폭과 깊이가 결코 만만하지 않았으며, 광복 직후에 들어선 '해방 공간', 그에 앞서 일제 강점기 민족 저항 운동 언저리에 마련된 공간, 한말 격변기의 지평에 떠오른 공간에서 빗발쳐 나온 갖가지 주장의 소리들은 모두 한줄기의 역사로 이어져 있다. 오늘의 시민 사회와 시민의 자리는 이러한 역사의 마당이 담당해 온 긴 역사의 한 자락이지 역사의 새 뿌리노 새 씨앗도 아니다. 오늘이 있기까지에는 공공의 공간을 열어가기 위하여 어느 구석진 삶의 터전에서 그리고 어느 도시의 광장에서 소리

---

170) 박영신 "'공공의 공간'형성과 확장: 한말 조선 사회와 그 이후" 한국사회 이론학회 2004년 전기학술대회 – 커뮤니케이션과 우리 사회 2004년 6월 25일 연세대학교 연희관

치고 소리치며 싸운 유명 무명의 앞서 간 전사들이 감당한 핍박과 희생
이었던 것이다.

한국 전통사회의 구조적 인식171)(1977)이래 박영신은 조선사회의 지
배관행과 여론의 관계에 대해 천착(穿鑿)해왔다. 그는 조선사회의 공공
의 마당을 비록 양반층이라는 제한된 범위에서나마 사헌부와 대간(臺
諫)이라는 제도를 통해 지배층의 독선과 전횡을 막고 백성의 여론을 살
펴 말하게 한 점을 지적한다.172) 이 점은 조선조의 언관 사관제도를 전
통사회의 중요한 언론으로 보고 있는 일련의 국학자들과 같은 태도라고
보여진다.173) 그는 또한 관직을 가진 중앙의 조관과 그렇지 않은 재야
유생들이 공공의 마당에 들어서 공론에 참여할 수 있는 소통의 수단으
로 상소를 주목한다.174) 일반 백성들도 억울한 사정을 임금에게 알릴
수 있는 길로써 '상언'과 '격쟁'의 방도를 주목한다. 그러나 그는 이런
방식은 서원들이 경쟁하는 당쟁의 수단으로 빠져들고 소통수단의 독점
현상과 관심영역의 제한성을 드러낸다고 비판한다.175) 계속해서 그는
한말 격동기의 새 상징체계에 주목한다. 신분질서의 이완, 삼정의 문란
에 따른 19세기의 민란, 농민 항쟁은 유교라는 상징체계를 뒤흔들어 놓
았다. 이어코 새로운 상징체계로 동학과 기독교가 저변의 삶 속으로 파
고들었다고 한다.176) 박영신이 특히 주목하는 새로운 상징에 의한 공공

---

171) 박영신 『한국 전통 사회의 구조적 인식』(1977) 『또한 박영신 "현대사회
   구조와 이론"』(서울: 일지사, 1978)
172) 윗사람, 윗 글 박영신은 팔레의 분석에 의거하고 있다. James B. Palais,
   Politics and Policy in Traditional Korea(Cambridge, Massachusetts: Ha-
   rvard University Press, 1975)
173) 박영신이 의거하고 있는 글은 손보기(2000년) 최이돈(1997) 설석규(2002)
   한상권(1996) 그리고 오인화 / 이규완(2003)이다. 윗사람 윗글 4쪽 참조
174) 윗사람 윗 글 4쪽 참조
175) 윗사람 윗 글 4쪽 참조
176) 윗사람 윗 글 4쪽 참조

의 공간은 기독교[177])이다. 1890년대의 개신교 선교사들이 설교하는 공공의 장소 또는 그 이전의 미션 계통의 병원과 학교가 새로운 공공의 장소가 되었다고 한다. 초기 사랑방이 선교사들의 공공의 장소가 되었다고 한다.

그는 계속하여 초기 기독교에서 낮은 사회층 뿐만 아니라 상층부 사람들도 교회로 들어서면서 신분의 벽을 넘어선 점을 크게 평가한다[178]). 그는 한국 역사에 있어서 교회사가 가지는 의미를 신분제와 갖가지 차별을 철폐하는 새로운 의사소통의 문화를 일궈내는 것으로 파악한다[179]). 그러나 역사적으로 새로운 의사소통 문화를 전개했던 교회에 대해, 세계사에 유례없는 부흥과 양적 팽창을 거친 뒤, 이윽고 한국 교회의 병리학인 '유사(類似) 가족주의'와 '유사(類似) 산업화', '거대 성장주의'가 공공의 장소로서의 교회 안에서 토론이 사라지게 했다는데 주목한다[180]).

한국 사회에 있어서의 시민사회의 전개를 교회가 마련하는 공공의 의사소통 기능과 연계하여 파악했던 박영신은 이제 다음과 같이 한국의 최근 시민사회를 진단한다[181]).

시민 사회라 하여 시민이 주체가 되어 있는 듯하지만 실상은 전래하는 친분 중심의 의식 세계에 함몰되고 경제논리로 사물을 바라보려는 경제주의에 '식민화'되어, 깊은 뜻에서 '시민다움'으로부터 동떨어져 있

---

177) 윗사람이 의거하는 것은 Yong – Shin Park, "The Church as a Public Space: Resources, Practices, and Communicative Culture in Korea" (Presented for the Symposium on the Impact of Christianity on Korean Studies, University of california, Los Angeles, May 7, 2004)

178) 윗사람 위 글에서 재인용 S. F. Moore, "An Incident in the Streets of Seoul," *The Church at Home and Abroad*, 16권 (1894년 8월), 120쪽 볼 것.

179) 참조 박영신 『기독교와 사회변동 또한 역사와 사회변동』(서울: 민영사, 1987) 재인용 윗사람 위 글 제10조

180) 윗사람 윗 글 11쪽

181) 윗사람 윗 글 11쪽

다.

2. 북한 교회 커뮤니케이션의 구조적 성격에 대해서

2004년 현재 한국사회의 미래를 가늠하는데 있어서 가장 큰 내부적 요인 중 하나는 역시 북한문제이다. 최근 한국사회의 동질성을 그 밑바닥에서부터 뒤흔들고 있는 북한 문제를 최명국은 정치, 경제, 사회적 접근을 우회하여 북한의 교회, 교회 커뮤니케이션의 구조에서 출발한다.[182] 그는 먼저 교회 커뮤니케이션 모델을 신학적 근거에서 만들려고 노력한다. 즉 커뮤니케이션 모델에서 커뮤니케이터와 수용자 그리고 미디어, 채널, 코드의 프레임 워크 안에 기독교 신학의 말씀, 계시, 기도, 예배 같은 것들을 담으려고 한다.[183] 그는 성서적 의미에서의 교회를 한스 큉(H. Kueng)의 에끌레시아(Ekklesia)로 파악한다. 그는 교회를 역사적, 사회적 현실 속에서 사회적 네트워크의 한 매듭으로 존재하면서, 사회와 상호작용하는 현실 게마인데(Gemeinde)로 파악한다.[184] 그는 다시 큉(Keung)에 의거하여 현실교회는 하나의 역사적 사건이며 동시에 커뮤니케이션 사건이고 커뮤니케이션 마당이라고 했다.[185]

최명국은 북한의 종교 정책, 북한의 공식 교회의 커뮤니케이션의 구조와 특징, 북한의 비공식적 교회커뮤니케이션(그루터기 신앙)에 대해서 그룹 인터뷰의 방법으로 자료를 정리했다. 방문자료, 체제자료 또는 정보자료를 토대로 실증적 연구를 행했다.[186] 커뮤니케이션 학자로서 그

---

182) 최명국, "북한 교회커뮤니케이션의 구조적 성격", 한국사회이론학회 전기 학술대회, 주제: "커뮤니케이션과 우리사회" 2004년 6월 25일 연세대학교 연희관
183) 윗사람 윗 글 5쪽 그림참조
184) 윗사람 윗 글 9쪽
185) 최명국이 의거한 것은 Keung. H. Hrsg. (1977): Was Ist Kirche. 2. Auflage der lizensierten Kurzfassung der Originalausgabe "Die Kirche". Geutersloh
186) 최명국 포커스 그룹 인터뷰(FGI) 대상자 목록, 같은 글 12쪽

는 북한사회의 정치 커뮤니케이션으로 대표되는 제도적, 수직적 커뮤니케이션과 함께 가족 내부의 사적(私的)커뮤니케이션의 실태를 인터뷰를 통해서 정리했다.

비교헌법학 또는 비교법학의 어떤 분류에 의하면 사회주의국가 또는는 사회주의 법군(法群)은 일종의 유사(類似) 종교적 법제도 또는 의(擬) 종교적 법제도로 설명된다.187) 사회주의법제도 자체의 사회, 경제적 그리고 정치적 특성을 강조한 상식적인 견해는 냉전시대 이후 탈이데올로기 시대까지 별다른 의심 없이 받아들여졌다.188) 그런데 1989년 동유럽 혁명과 소비에트 연방의 붕괴과정에서 이러한 상식적 견해는 전혀 새로운 현상 앞에서 도전 받기 시작했다. 동부 도이치의 경우, 동유럽 혁명을 선도하고 베를린 장벽을 무너뜨린 대규모의 엑소더스의 행렬은 경제적 이유에서만 이루어지지 않았다. 왜냐하면 1989년 당시 동부 도이치의 국민 소득은 서부 도이치에는 못 미치나 유럽 대륙에서 최빈국이 아니었다. 1917년 이후 72년간 지속되었던 소비에트 연방이 해체된 것도 오로지 경제적 이유라고 보지 않는 견해가 있다.189) 이미 1971년에 해롤드 버만교수는 사회주의 법체계의 국가의 특징을 무엇보다도 유사 종교적인(pseudo – religious)측면을 강조하였다.190)

언젠가 김일성을 만나 뵙는 영광을 지닌 서방의 정계, 종교계의 한

---

187) 김철, 『러시아 소비에트법 – 비교법 문화적 연구』 1989년 특히 44쪽 4) 의(擬) – 종교적 범주로서의 사회주위 법률
188) J. N. Hazard, Communists and Their Law: A Search for the common Core of the Legal Systems of the Marxian Socialist States(1969).
189) Lester Thurow, *Head to Head – The Coming. Economic Battle Among Japan, Europe and American*, William Morrow and Company, INC New York, 1992
190) H. Berman, *What Makes Socialist Law Socialist? Problems of communism* 24 – 30(September – October 1971) 또한 참조 해롤드 버만과 김철 종교와 제도 – 『문명과 역사적 법이론』 민영사 1992

저명한 인사는 귀국 후 자기의 소감을 이렇게 피력하였다. "나는 지금
까지 예수야말로 덕과 사랑의 화신이라고 여겨왔다. 그러나 주석님의
덕망에는 예수도, 하느님도 따르지 못할 사랑의 높이가 있고 가장 깊은
인정의 바다가 있다. 나는 김일성의 숭고한 덕망에서 하느님의 화신을
보았다."(노동신문 1999. 7. 18).[191]

　미 국무성은 이른바 1999년 '국제종교자유에 관한 연례보고서'라는
데서 세계 여러 나라들의 종교상황을 제 멋대로 열거하면서 특히 우리
나라에 대해서는 종교의 자유가 보장되지 못하고 있다느니, 종교 활동
을 하면 가혹한 형벌이 가해진다느니 하며 무턱대고 걸고들었다. 우리
나라는 공민의 신앙과 자유가 헌법에 의하여 완벽하게 보장되고 있을
뿐 아니라 신자들의 의사에 따라 자유롭게 종교 활동을 할 수 있도록
모든 조건을 국가가 법적으로 보장해주고 담보해주는 세상에서 가장 우
월한 사회주의 제도이다(평양방송, 1999. 9. 27).[192]

　북한은 1980년대 후반부터 변화를 강요받게 된다. 김정일 후계체제가
확립된 1970년대 중반부터 북한 경제는 점차 심각한 어려움에 직면하
기 시작하였다. 1989년 냉전의 상징이었던 베를린 장벽이 무너졌고 동
독의 사회주의 정권이 해체되었다, 헝가리, 폴란드, 체코, 불가리아, 루
마니아 등에서 사회주의정권이 해체되었다. 그리고 마침내 1991년 고르
바초프는 소련해체를 선언했다. 소련해체와 서독중심의 독일통일은 북
한정권에게 엄청난 충격을 주었다.[193]
　북한주민들은 당시 소련붕괴를 로동신문과 조선중앙방송 등을 통해
알았다고 한다(포커스그룹인터뷰대상자 A1). 동독 사회주의 정권교체와
소련해체의 사실은 간부강연회, 시사강연회 등에서도 설명했다고 한다.

---

191) 최명국, 같은 글에서 재인용
192) 최명국, 같은 글에서 재인용
193) 최명국, 같은 글

내용은 "소련이 수정주의 노선을 걷다가 붕괴된 것"이라면서 "우리는 당을 중심으로 굳게 뭉쳐 우리식 사회주의로 나아가자"는 것이었다고 한다.194)

1988년을 분기점으로 북한의 종교정책이 변화하기 시작하였다. 평양의 두 개의 제도교회가 허용되고 종교행위가 용납된다는 것을 선전하기 시작했다. 봉수교회와 칠골교회 그리고 가정예배소라는 곳이 평양방송과 중앙방송에 모습을 드러내기 시작했다. 따라서 북한의 공식제도로서의 교회의 교회 커뮤니케이션 구조는 가시적이 되었다. 그러나 북한 교회 목사들의 설교의 특징은 애국심을 고취하는 내용과 남북통일 문제 등에 초점을 맞추고 있어, 정치색이 짙은 것으로 알려지고 있다.195)

우리의 관심은 북한의 제도화된 공식교회보다, 그루터기 신앙의 존재와 관계있는 지하교회존재의 유무이다. 최명국은 포커스그룹 인터뷰를 통해서 지하교회의 존재를 조사한다. 증언에 의하면 1970년대 탄압으로 지하교회가 격감하고 1994년 김일성의 사망 이후 감시와 통제가 완화되었다고 한다. 인터뷰 내용은 극단적으로 다양한데, 인터뷰 대상자 B3에 의하면 중국으로 탈출한 후 자녀들에게 자신이 기독교 신자라고 밝히자, 자녀 중 한 명이 '내가 저런 반동분자를 아버지라고 했으니……' 하는 등 반발도 있었다고 한다.196) 어떤 증언에 의하면,

'통상 7, 8명이 모이는데 1-2명은 망을 보며 예배를 드린다. 예배시간은 20분에서 많게는 2시간까지 가능하다. 50여분 동안 성례식 예배를 드렸다. 너무 급한 나머지 세숫대야를 깨끗이 씻어 물을 담고 떡은 그들이 먹다 남은 마른 쌀떡으로 대신했다197)'

194) 최명국, 같은 글
195) 같은 사람, 같은 글
196) 같은 사람, 같은 글, 22쪽
197) 같은 사람, 같은 글, 22-23쪽

한편 다른 인터뷰 대상자에 의하면 북한의 농촌 지역은 20여명을 1 개반 단위로 하여 인민반장이 통제를 한다고 한다. 이 인민반장 휘하에 는 예를 들어 4-5개의 위생반장들이 통제한다고 하는데, 대략 4-5명 을 최소단위로 해서 세포로서 통제한다는 것이다. 이런 감시 하에서 지 하교회가 존재한다는 것은 어려운 일이라고 한다. 이런 입장에서는 북한 의 지하교회의 가능성을 부풀리는 것이 의도적이라는 비판도 있다.[198]

외부에서 북한의 지하교회에 대해서 관심을 가지는 이유는, 이제는 역사의 상식이 된 기독교의 초기 모습 때문이다. 즉 고대 로마 제국이 황제를 국가신으로 모시고 기독교를 금지하였을 때, 초기 기독교도들은 국가의 금지에도 불구하고 지하묘지에서 위험한 종교행사를 가졌으며, 가혹한 종교탄압을 받았다는 사실에 있다.[199]

최명국은 다시 북한과 같은 전체주의 사회에 있어서의 커뮤니케이션 의 특징을 공식적인 것과 사적인 것으로 구분한다. 이에 따르면 북한의 대부분의 커뮤니케이션은 제도화된 정치 커뮤니케이션이다. 그 목적은 이데올로기를 전달하는 것이고 방향은 위에서 아래로의 수직형이다. 매 체가 없는 경우, 집단농장 또는 모든 종류의 학교가 제도화된 공식 커뮤 니케이션의 마당이 되고 있다. 일상생활에 있어서 제도화되고 공식화된 커뮤니케이션은 생활의 모든 측면에 침투하는데 한 주일에 두 번씩 주체 사상 학습을 한다. 이 때 토론에 참가해서 느낌을 발표해야 한다. 지구상 에 남아있는 가장 대규모의 제도화된 전체주의 사회가 아닐 수 없다. 사 적인 영역에 있어서의 커뮤니케이션에 대한 증언은 다음과 같다. 예컨대 어린이들이 소풍을 갈 경우, 장군님께 충성을 다해야 한다는 충성심 외

---

198) 같은 사람, 같은 글, 23쪽
199) 해롤드 버만과 김철, 『종교와 제도-문명과 역사적 법이론』 민영사, 1992. 특히 제2장 기독교가 서구제도-서구법의 발달에 미친 영향

에 함부로 체제에 맞지 않는 발언은 할 수 없다고 한다. 왜냐하면 어린 학생 중에도 보위부첩자가 있다는 인터뷰 대상자의 증언이다.[200]

북한 헌법 제71조는 공민은 휴식에 대한 권리를 가진다라고 규정하고 있다. 사회주의노동법 제65조에 의하면 14일의 정기휴가와 덧붙여지는 보충휴가가 보장된다. 그러나 이것은 명목적 헌법의 예이며 일주일의 한 번 휴일도 지역을 구분하고 있다고 한다. 즉 평양은 일요일, 함경북도는 수요일, 함경남도는 목요일, 평안북도는 화요일, 강원도는 금요일을 휴일로 지정하고 있다.[201]

북한의 커뮤니케이션이 변화하게 된 것은 구소련과 사회주의 국가들과의 경제협력이 중단되고 서구 자본주의 국가들과의 협력을 추구해야 하는 위기를 극복하기 위한 출구로 보인다. 1992년 10월 합작법과 외국인기업법이 제정되고 1993년 1월에는 자유경제무역지대법이 마련되었다.[202] 특히 남북정상회담(2000년 6월), 이산가족상봉, 국제스포츠대회(2002년 부산 아시안게임, 2003년 대구 유니버시아드대회) 등이 북한의 변화와 관계된다.

지난 일이지만 문익환과 임수경 등의 북한 방문이 북한 사회에 끼친 영향은 실로 대단했다고 인터뷰 대상자는 전한다. 그들이 봉수교회와 장충성당 등에 가서 예배드리거나 발언하는 장면이 방영되었다고 한다.[203] 1998년에 평양에 건립된 봉수교회는 해외로부터 요청과 방문자의 편의 때문에 정책적 차원에서 만들어진 것으로 보인다. 북한 정부에서 토지와 재료를 무상으로 공급하고 북한과 남한 및 해외 기독교인들이 건축비를 모아 교회를 건축한 것으로, 여기에는 그동안 북한에서 기독교인들, 특히 지도자들이 사회를 위해 기여해온 긍정적인 역할이 작

---

200) 최명국, 같은 글, 25쪽
201) 같은 사람, 같은 글, 26쪽
202) 같은 사람, 같은 글, 29쪽
203) 같은 사람, 같은 글, 29쪽

용하고 있었을 것이다(포커스그룹 인터뷰대상자 B8).[204] 최명국은 1990
년대에 들어 북한 당국은 종교와의 화해, 협력을 위한 노력을 더욱 심
화시키고, 특히 '기독교와 주체사상 사이의 이론적 공존 가능성'을 모색
하는 단계로까지 발전하게 된다라고 기술한다.[205] 우리의 의문은 평양
과 같은 전체주의 체제가 어떤 미디어 정책도 쓸 수 있으나, 기본적으
로 '주체사상과 기독교의 공존'이라는 것은 주체사상을 기본으로 한 북
한 체제에 필요성에 의해 극히 부분적으로 제도교회가 인정된다는 정도
의 한정적 의미밖에 없다고 할 수 있다. 북한에도 종교의 자유가 있다
는 것을 선전하기 위해 남한 종교인을 비롯해서 해외 동포 신자들의 방
북예배 참여가 확대될 것은 예상된다. 그러나 이것은 인류의 긴 경험에
서 나온 보편적 종교의 자유나 종교행사의 자유와는 아득한 거리가 있
고, 이미 피면접자들의 증언을 통해서 나타난 것과 마찬가지로 기초적
사회구조가 자발성을 기반으로 하지 않는데 어떻게 제도교회 몇 개 또
는 공식행사로서의 제한된 예배행위가 통제된 사회를 상대할 수 있겠느
냐는 의문이 든다. 최명국은 극단적으로 제약을 받고 있는 사적인 커뮤
니케이션 상태를 감안한다면 북한의 교회 커뮤니케이션조차도 목사와
교인, 교인상호간의 수직, 수평적 커뮤니케이션이 이루어지지 않고 있
고, 바람직한 공동체 중심으로 변화하기보다는 국가가 그 필요성에 의
해서, 즉 대외 교류라든지 선전의 도구로서 제도교회를 인정했다고 보
고 있다.[206]

우리의 역사적 경험은 2차대전 중의 나치즘 지배 하의 도이치의 고
백 교회, 그리고 1989년 동유럽 혁명의 최초의 불씨가 된 동독에 있어
서의 작은 교회와 같은 자발성과 시민성을 기반으로 하고 국가를 배경

---

204) 같은 사람, 같은 글, 30쪽
205) 같은 사람, 같은 글, 31쪽
206) 최명국, 같은 글, 37쪽

으로 하지 않은 교회로 돌아간다. 법 제도의 문제에서 1989년 동유럽 혁명 이전까지 대부분의 대륙 법학의 주된 준거였던 '국가와 법(Staat und Recht)'의 문제에서, 동유럽 혁명 전후 대 변동기에 관심의 초점이 '종교와 법(Religion and Law)'으로 옮아간 것을 상기 한다.207) 만약 국가(Staat)가 인간의 양심과 종교의 원천이며 제도가 또한 정신적 자유의 형성자라면 – 다시 말하자면 법실증주의가 법 판단의 최종 귀착이라면 – 북한과 같은 전체주의 국가가 그것의 제도적 장치로서 제도 교회를 설립하고 선전하며 지원하는 것도 정상적일 것이다. 그러나 인류의 경험은 국가가 양심과 종교의 출발지가 아니었으며, 어떤 종류의 국가 형태든 그것은 존재하는 권력의 현시일 뿐 그것 자체가 인간의 양심과 종교를 규정할 수 없다는 것이다.208)

3. 한국 교회(남한 교회)의 커뮤니케이션 과정

양창삼은 최근 몇 년 동안의 한국 교회의 커뮤니케이션의 흐름과 영향을 극히 흥미 있는 단면에서 관찰하고 기술하였다209). 이 논고는 두 가지 점에서 관심을 끈다. 우선 박영신이 지적한대로 개화기 이후 한국 사회에 돌이킬 수 없는 '공공의 공간'으로 등장하고, 1989년 세계체계의 대변혁의 영향 아래에서 한국에서도 진행된 권위주의 체제의 후퇴와 새로운 변혁의 시기에 박영신이 지적한 바 '시민스러움'의 주된 공간으로 작용한 한국의 교회, 그러나 '경제주의'와 대형화의 신화 때문에 점차로 적극적이고 긍정적인 '공공의 공간' 보다는 부분적으로 역기능이 드러난 한국의 교회에 대해서 2000년을 전후해서 그 커뮤니케이션의

---

207) 이것은 한국의 법학계에서 기묘하게도 논의되지 않는 부분이다. 참조, 김철,『법 철학 특수 이론』숙명여자대학교 대학원 강의교재 2003년 12월
208) 해롤드 버만과 김철, 앞의 책
209) 양창삼, "주 5일제와 한국 교회의 반응 커뮤니케이션", 한국사회이론학회 전기학술대회, 주제: "커뮤니케이션과 우리 사회"

구조와 형성, 작용과 효과를 과학적으로 추적한 것이다.

양창삼이 한국 교회의 커뮤니케이션의 흐름을 관찰한 계기는 최근 몇 년 동안 한국사회의 핫이슈 중 하나인 주5일 근무제라는 창을 통해서이다. 그는 최근 한국사의 급격한 변혁 또는 개혁의 흐름 옆에 전망대를 마련하고, 고대 그리스의 현인들이 발전시켰던 방식을 써서 과학자와 신학자로서 한국사회를 분석하고 종합하였다. 한국사회라 하지만 그 중 한 단면 즉 최근 몇 년간의 경제사회에서 큰 논쟁을 불러일으켰던 주 5 일 근무제가 그 주제이다.

한국의 개혁 이슈에 대해서, 교회커뮤니케이션이 어떤 작용과 반작용 그리고 종합에 이르게 되었는가를 그리스인들이 발전시키고 헤겔이 역사 철학에서 주된 프레임 워크로 썼던 변증법을 차용하였다.[210]
한국의 경제 사회 이슈의 결정 과정에서 과연 헤겔의 "절대 정신"이 발현 되었는지는 우리는 알 수 없다. 그러나 흥미 있는 것은 한국 교회들이 이 문제에 대해서 작용 반작용한 경위의 정리는 기이하게도 변증법적 전개과정이라고 논리적으로 판단할 수는 있을 것이다.

가. 정(正) 커뮤니케이션으로서 한국기독교총연합회(한기총)의 주5일

---

210) 헤겔은 그의 역사철학에서 역사는 절대정신이 변증법적 방식으로 발현하는 과정이라고 하였다. 헤겔의 역사철학을 여기서 논의할 필요는 없다. 단지 한국의 지난날에서 헤겔 철학은 주로 위로부터의 국가건설, 강력한 주권자에 의한 산업화를 배경으로 한 도이치 제국시대의 배경에 의해서 강한 국가주의를 옹호하는 관념론 철학으로 설명되어져 왔다. 여기서는 오로지 헤겔의 변증법만을 차용하였을 뿐이다. 엄격한 의미에서 변증법은 고대 그리스 철학의 소피스트 시대로부터 기원을 찾을 수 있으며 철학적인 문제에 있어서의 탐구 방식으로 이를 전형적으로 사용한 사람은 소크라테스이다. 소크라테스의 모든 대화편은 변증법적인 구조를 가지고 있다. (참조) Frederick Copleston, *A History Of Philosophy —volume1: Greece and Rome; volume3: Modern Philosophy* (Doubleday, 1994)

근무제 반대 근거는 십계명에 위배되며 향락과 소비문화를 부추기고 주일을 지키는 것을 어렵게 만들며 산업경쟁력을 약화시킨다.

나. 반(反) 커뮤니케이션으로서 주장은 주로 주 5일 근무제가 성경적이 아니라는데 대한 반론이 된다.

정(正) 커뮤니케이션과 반(反) 커뮤니케이션 주장의 논쟁의 주된 토픽은 성경을 문자 그대로 읽느냐 또는 당시의 문화와 역사적 상황 전후 문맥을 고려하느냐의 문제이다. 문자주의자를 성경주의자라고 부른다고 한다.211) 모세의 법에서 출발하는 성경 해석에 있어서의 문자주의와 맥락주의(Context – Based Interpretation)는 신학상의 문제로 그치지 않는다. 한국 교회의 커뮤니케이션이 문자주의냐 아니냐를 둘러싸고 출발하였다는 것은 의미심장하다. 왜냐하면 서양 법의 기원으로서의 종교적 교리 또는 해석의 문제는 동시에 사회를 규율하는 법의 해석 문제로 연결되기 때문이다. 이 점에서 신학과 법학은 교차로에서 만나게 된다. 한국의 법학의 최대 문제가 2000년 전후에 있어서도 여전히 해석(解釋)주의와 비해석(非解釋)주의, 다른 말로 하면 문자(文字)주의와 비문자(非文字)주의의 문제에 있기 때문이다.212)

주5일 근무제에 대한 정 커뮤니케이션과 반 커뮤니케이션의 대립에서 양창삼은 반 커뮤니케이션의 주요 준거로서 종교 혁명의 아버지 중 한 사람인 칼빈을 든다213). 칼빈은 안식일을 문자적인 의미가 아닌 영적인

---

211) 윗사람, 위 글

212) 김철, "표현조항과 이원론의 극복", 『현대의 법 이론 – 시민과 정부의 법』, 사간본(Myko Int'l co) 또한 김 철, "행정법학의 역사", p21, '튜더(Tudor)와 스튜아트(Stuart)정부에서의 행정과 법' p25, '법의 문자에 집착함'. 법에 쓰인 그대로의 문자에 경직하게 의존하는 바는 너무 지나치게 강조될 수 없다. 이렇게 경직되게 해석된 법은 정부의 실정적인 행정 행위와 반대자들을 억압하는 것을 정당화 하였다. 『법제도의 보편성과 특수성』, 사간본 (Myko Int'l co),

의미에 초점을 맞추어 해석했다. 법학적 언어로 표현한다면, 문자 해석
이 아니라 목적 해석을 한 것이다. 즉 왜 하나님이 인간에게 안식일을
지키도록 명령했을까. 칼빈에 의하면 안식일의 목적은 인간이 하나님
안에서 영적으로 쉬는 것이다. "만약 교회 내의 질서와 훈육이 잘 이루
어질 수 있다면, 어느 날을 따로 정하여 예배드리는 것은 상관없다"라
는 것은 안식일에 대한 목적적 해석이다. 이와 정반대되는 태도의 원천
이 '모세의 법'에 대한 형식주의적 접근이다214). 문자주의냐 목적론적
해석이냐의 문제에서 해롤드 버만은 이렇게 말했다.

> 오히려 예수는 모든 법의 해석을 문자로(축자적으로) 기계적으로(논리
> 해석)하지 않고, 법의 정신과 목적의 빛 안에서 – 사랑의 빛 안에서 – 모
> 든 법을 해석할 것을 주장하였다. 그래서 그는 안식일에 병을 고쳤으며,
> 이교도와 식사하였으며, 무엇보다 중요한 것은 그는 유대 장로들의 권
> 위를 부인하였다215).

주5일 근무제에 대한 정(正)·반(反) 커뮤니케이션의 전개와 별도로
양창삼은 주5일 근무제에 대한 비교 역사적 고찰을 행한다.216) 즉 1886
년 5월 1일 미국 노동자들은 법정 근로시간을 하루 10시간에서 8시간
으로 줄여달라고 요구했다. 이 운동 도중 노동자 6명이 죽고 유혈 충돌
이 발생했으며 노조 지도자들 4명이 교수형을 당했다. 이 날이 노동절

---

213) 윗사람, 위 글
214) 율법에 대한 형식주의적 접근에 대한 성경구절은 다음과 같다. "화 있을
    찐저 외식하는 서기관들과 바리새인들이여 너희가 박하와 회향과 근채의
    십일조를 드리되 율법의 더 중한 바 의와 인과 신은 버렸도다. 그러나 이
    것도 행하고 저것도 버리지 말아야 할찌니라. 소경된 인도자여 하루살이
    는 걸러 내고 약대는 삼키는도다(마태복음 23:23 – 24). 해롤드 버만과 김
    철, 위의 책, 133쪽
215) 해롤드 버만과 김철, 위의 책, 133 – 134쪽
216) 양창삼, 위의 글

이 된 경위이다. 1930년에 미국은 결국 하루 8시간 프로그램을 승인했으며 1938년 대공황 중 뉴딜 정책으로 루즈벨트 대통령은 주5일 근무제를 허락했다. 목적은 근로시간을 단축해서 실업률을 감소시키고자 한 것이다. 프랑스는 1946년에, 일본은 1987년에, 중국은 1995년에 주5일 근무제를 실시했다.

우리나라에 있어서 사용자들의 주5일 근무제 반대와 근로자들의 대립을 서술하고 나서, 양창삼은 주5일 근무제가 법제화되고 일부에서 이 제도가 시행되면서 교회는 합(合) 커뮤니케이션으로 이동하였다고 한다[217].

합(合) 커뮤니케이션의 정착화로서 한국교회는 현재 주5일 근무제를 현실로 받아들이고, 예배시간 변경과 프로그램 마련 등 대안 마련을 모색하고 있다고 한다. 합(合)의 커뮤니케이션을 창출하기 위한 문화 프로그램으로 영성 훈련 및 경건 프로그램, 일반 건전 프로그램, 지역사회 복지 참여 프로그램, 인간관계 개발 프로그램, 자기계발 및 변신 프로그램을 들고 있다. 마지막으로 양창삼은 다음과 같이 말한다.

> 현대 기독교인들에게 필요한 것은 보다 개혁적인 신앙자세이다. 개혁적 신앙은 '신앙은 보수적이지만 행동은 진보적인 것'을 말한다. 신앙도 행동도 보수적이라면 편협하다는 인식을 받기 쉽고, 신앙과 행동 모두 진보적이라면 손가락질 당하기 쉽다. 그러나 하나님의 말씀을 철저히 유지하되 그 말씀을 시대상황에 맞게 잘 적용해 나간다면 그럴 리 없다.[218]

4. 커뮤니케이션 네트워크를 어떤 문제해결에 쓸 것인가?

남인숙은 청소년 집단 따돌림을 한국의 사회문제 중 해결되어야 될 우선순위로 본다.[219] 현황은 초·중학교 교사의 87.6%가 심각하다고

---

217) 위의 사람, 위의 글
218) 위의 사람, 위의 글
219) 남인숙, 커뮤니케이션 네트워크와 청소년 집단 따돌림, 한국사회이론학회

응답한다. 현상의 파악은 mobbing(1973년, Heinemann), bullying (1978, Olweus) 등으로 파악되었다. Olweus는 특정 학생이 반복적으로, 장기에 걸쳐 한 사람 또는 복수의 학생들에 의해 거부행동을 당하고 있는 상태로 정의하였다. 위협, 조롱, 같은 언어적인 것, 물리적 공격, 따돌림 등 사회적인 소외를 포함한다고 한다. 반복적, 지속적으로 이루어지는 점에서 단순 폭행과 구별된다. 가해자와 피해자 간의 힘의 불균형을 전제한다고 한다.[220]

우리나라에서 일반적으로 통용되는 따돌림은 "두 명 이상이 집단을 이루어 특정인을 그가 속한 집단 속에서 소외시켜 구성원으로서의 역할 수행에 제약을 가하는 것 또는 인격적으로 무시하거나 인격성을 해치는 언어적, 신체적 일체의 행위"로 본다.[221] 우리나라 현상의 특징은 따돌림은 집단 안에서 일어나며 집단적으로 행해지며 집단에서의 소외가 결과라고 볼 수 있다. 어떤 연구자는 따돌림의 대상을 "집단의 암묵적 규칙을 어긴 자"라는 요소를 추가하고 있으나,[222] 이는 지나치게 규범적인 해석이라고 보여진다. 남인숙은 그의 논거에서 집단 따돌림의 발생 원인으로써 한국사회의 전통 중 집단 문화의 중시, 몰개성적 문화, 동질적인 것의 강조를 들고 있다.[223]

한국사회의 집단, 집단 위주의 생활양식, 집단을 우선적으로 하는 사고방식 같은 것들은 집단주의라는 보편적 개념과 함께 지난 시절의 권

전기학술대회, 주제: "커뮤니케이션과 우리 사회", 2004년 6월 25일 연세대학교 연희관

220) Olweus, "Annotation: Bullying at School: Basic facts and effects of a school based intervention program.", *Journal of Child Psychology and Psychiatry*, (1994), 24. 윗 글에서 재 인용

221) 구본용, 따돌리는 학생들, 따돌림 당하는 학생들, 한국청소년대화의 광장, 1997 윗 글에서 재 인용

222) 박경숙, 손희권, 송혜경, "학생의 왕따현상에 관한 글", 한국교육개발원, 1998 윗 글에서 재 인용

223) 남인숙, 위의 글, 5쪽

위주의적 지배 또는 권위주의적 정부의 통치 방식과 관계가 있다. 이와 함께 논의의 폭을 넓혀 사회윤리 또는 국가윤리까지 생각한다면 마침내 한국사회가 언제부터 개인의 인격성을 사회의 구성원리로 삼게 되었느냐라는 고찰이 된다. 세계 제2차대전 이후 문명국의 헌법들은 지난날의 역사적 교훈에 의거하여 국가 사회의 구성원리로서 개인을 출발로 하는 원리들을 명문화하였다. 즉 지난날의 전체주의가 집단이나 전체 사회를 항상 개인의 가치보다 압도적으로 우월한 것으로 이념함으로써 대량 살상, 인종 말살과 같은 비극을 가져온 것을 반영하였다. 헌법 철학에서 "인간의 존엄과 가치"의 문제는 추상적인 얘기가 아니라, 어떠한 경우에도 전체주의를 포함한 집단주의가 개인의 인격을 압도할 수 없는 법제도를 마련하자는 것이었다.224) 그러나 우리나라를 포함한 대부분의 사회에서의 개인은 집단 없이는 살 수가 없다. 공동체로서의 가족이나 일차 집단에 속하는 자연적 집단 이외에 인간은 그 사회화 과정에서 끊임없이 여러 종류와 수준의 집단과 상호 반응하면서 살아가고 있는 것이다. 인간이 속한 어떤 집단도 개인으로서의 인격에게 요구하지 않는 법이 없다.

청소년의 학교라는 마당에서 벌어지는 집단 따돌림의 현상은 한편으로써는 어른들의 사회에 있어서의 사회적 행태를 또한 전제로 한다. 즉 한국 사회의 평균적 성인은 여러 종류의 집단에 관계하고 있으며(공동체이든 이익집단이든), 개인의 집단 귀속성은 개인의 사회생활의 기본이 된다. 논의의 이러한 단계에 있어서는 아동이나 청소년의 집단 내부에 있어서의 집단행농의 희생앙으로서의 집단 따돌림 현상이 비단 특정 연령대에 머물러 있지 않다는 것을 알 수 있게 된다. 예를 들면, 진부한 이야기이지만 한국사회에 있어서 지난날의 각종 차별의 원인225)이 되어

---

224) 권영성, 『헌법학원론』 p.292 (법문사 1991) 김철수, 『헌법학개론』 p.380 (박영사 2004)

왔던 지연, 학연 같은 것이 그 출발에 있어서는 그 개인이 속하고 있었
던 집단의 성격을 나타내는 것이다. 어떤 시민이 어떤 집단에 귀속하고
있다는 것이 다른 집단의 구성원에서 볼 때는 차별의 당연한 이유가 되
는 것이다.226)

　남인숙은 청소년 집단 따돌림의 커뮤니케이션적인 특성에 주목 한
다.227) 교육학자로써 남인숙은 커뮤니케이션 네트워크를 통한 대인지지
관계를 파악하기 위해서 구체적으로 학급의 사회적 관계와 교사의 행동
간의 상관관계에 주목한다.228) 그가 인용한 연구에 의하면229) 권위주의
적 전제형 교사들은 학생들의 감정문제나 협동 등에는 관심이 없으며
규율과 학업을 강요함을 지적함과 동시에 교실환경의 중심체인 교사와
학생의 긍정적인 인간관계 형성에 학생들의 소외감 감소에 매우 중요한
요인임을 강조한다. 또한 교사와 학생, 학생과 학생간의 친밀한 풍토가
형성될수록 소외 수준이 낮아지며 학급풍토가 경쟁적이면 소외 현상은
심화된다고 한다.

　교육사회학자로써 남인숙은 학급내의 사회적 관계를 파악하고 사회관
계도를 통해서 서로에 대한 선호, 중립, 무관, 배척을 알 수가 있다고
한다. 사회측정법에 의해서 확인된 이러한 관계는 예컨대 친구가 되고
싶다, 같이 있고 싶다, 싫어한다 등의 반응으로 사회적 관계가 파악된
다. 이와 같은 집단 네트워크를 밝힘으로써 따돌림의 피해자로 예상되
는 학생이 이 네트워크에서 어떤 위치에 있는가를 확인하고 예상할 수
있게 된다. Peter K. Smith는 대인관계지지도를 이용하여 집단따돌림의

---

225) 김철, "사회적 차별의 심층심리학적 접근 – 법앞의 평등의 내실을 위하여"
　　（『사회이론』 2001년 가을 / 겨울 한국사회이론학회)
226) 한국사회이론학회, "차별과 우리사회", 『사회이론』, 2003년 봄 / 여름
227) 남인숙, 위의 글, 7쪽
228) 윗사람 윗글 9쪽
229) 옥일남, "교실환경에서 나타나는 학생소외연구", 서울대학교 대학원 석사
　　학위논문, (1991). 위의 글에서 재인용

원인과 실태 및 대처 방안을 제시하고 있다.[230]

학급 내의 또래 집단은 학기 초에 산발적으로 형성되거나 어떤 사건이나 계기를 통해서 형성되기도 하는데, 고정된 형태로 존재하는 것이 아니라 커뮤니케이션을 통하여 계속 재편되어 지므로 주기적으로 관찰해서 소시오 메트릭을 만들면 연결망을 구성할 수 있다.[231] 결론적으로 남인숙은 집단내부의 커뮤니케이션 네트워크를 소시오 메트릭으로 파악함으로써 집단 따돌림의 관계를 예측하거나 교정할 수 있는 수단이 된다고 한다. 문제해결의 가장 실증적인 방법을 제시함으로써 사회과학의 치유적 역할을 과학적으로 증명하였다고 할 수 있다.

5. 한국 사회의 커뮤니케이션 과정에서 어떤 병리 현상이 있는가?

이 물음에 대해서 최종렬은 사이버공간을 사용한 텔레커뮤니케이션에서 나타나는 환각적 요소와 현실감의 박탈을 지적한다.[232] 결과로서 우려되는 것은 유아(幼兒)적인 전능감 (omnipotence)과 성적(性的)인 문제에서의 "불가능은 없다. 모든 것이 가능하다"라는 성적인 무정부주의 (sexual anarchism)라고 보고있는 듯 하다.

하지만 내용의 입장에서 볼 때, 사이버공간은 "교감된 환각"(consensual hallucination)의 세계이다. 현재와 완전히 다를 유토피아, 즉 현재

---

230) Peter K. Smith, Helen Cowie and Lucia Berdonini, "Co-operation and Bullying", Peter Kutnick and Colin Rogers, Groups in Schools, (Lodon: Cassell Villiers House, 1994), 1999쪽.

231) 남인숙 윗글 13쪽

232) 최종렬 텔레커뮤니케이션과 사회적인 것의 미학화 한국사회이론학회 전기 학술대회 (주제: "커뮤니케이션과 우리사회", 2004년 6월 25일 연세대학교 연희관 201호 국제회의실)

보다 더욱 바람직스러울 공간이나 현실이 있을 거라는 공통의 비전이 교감된다. 유토피아(utopia)로서의 가상현실은 현실에는 존재하지 않는다는 점에서 아우토피아(outopia)인 동시에 현실보다 더 바람직스러운 현실을 지칭한다는 점에서 유토피아(utopia)이다 (Robins, 1995: 135). 사이버공간은 현실이 불완전하다는 점을 알려준다는 점에서 변혁 지향적이다. 하지만 불완전한 현실을 넘어선 세계를 환각의 공간에 구축한다는 점에서 자기기만적이다.

이러한 환각을 창조하는 데에는 디지털 복제라는 새로운 테크놀로지의 발전이 결정적이다. 그 이전에는 감히 볼 수 없었던 실재를 실재보다 더 실재인 것처럼 복제해내는 디지털 기술은, 3D 애니메이션이나 홀로그램이 보여주듯 의미작용의 우발적 성격을 극대화시켜 현실언어의 힘으로부터 완전히 해방된 사이버 시공간을 만들어낸다. 탈공간화하고 탈시간화한 사이버 시공간에서는, 기표와 기의 간의 결합이 자의성을 넘어 우발적이기까지 하다. 전자매체에 의해 흩뿌려지는 지배 이데올로기가 그 현상적 모습에서 너무나 빨리 변전하기 때문에 그것을 내면화할 시간을 허락하지 않는다. 그 결과 성에 대한 정신착란적인 체험을 허용하지 않아, 순수한 성의 경우 경외와 숭배의 감정을, 불순한 성은 공포, 두려움, 혐오의 감정을 불러일으키지 못한다. 그 결과는 무엇인가? 이제 불가능은 없다. 모든 것이 보여질 수 있기 때문이다. 실재가 너무 많이 보여질 뿐만 아니라, 그 과실재가 실재보다 더 실재인 것처럼 보이기에 더 이상 덧붙일 그 어떤 것도 남지 않은 것처럼 되어버렸다. 실재의 참혹함을 참아낼 수 없어 환상을 꿈꾸는 니체의 아이러니가 과실재에 압도당한 보드리야르의 아이러니로 뒤바뀐 것이다. 에로티시즘을 포르노그라피로 바꾼 기표의 즉물성은, 실재에서 환상을 빼앗아가 버린다. 그 결과는 무엇인가? 도덕적 공동체가 아니라, 기표의 즉물성에 대한 공유된 환각이다.[233]

---

233) 같은 사람 같은 글 p.15

그는 다시 보드리야르(Baudrillard)의 현학적인 구절을 인용한다.234) 그 내용은 컴퓨터 게임의 성질인 듯 하다.

하지만 텔레커뮤니케이션이 제공하는 유혹은 진정한 유혹이 아니다. 텔레커뮤니케이션에서의 유혹은 도전과 내기가 이미 완벽한 모델로 프로그램화되어 있어, 도전과 내기가 그 매력을 상실한다. 완벽한 모델로 프로그램화되어 있다는 말은 다른 말로 해서 기호가 그 유혹하는 힘을 상실하였음을 뜻한다. 유혹은 단순히 미리 프로그램화된 옵션으로만 존재할 뿐이고, 어떤 옵션을 선택하든 이미 그 결과는 결정되어 있는 것이다. 그런 점에서 이는 과실재(hyperreality)이다. 과실재는 실재를 너무 많이 보여주어 더 이상 덧붙일 것을 남겨놓지 않는다. 그 결과 유혹하는 힘을 상실한다. 이제야말로 그렇게도 오래 동안 꿈꿔왔던 실재를 실재 그대로 포획하려는 진리에의 의지가 실현되었다. 실재를 보지 않으려는 무의식적 환상이 패퇴된 것이다. 하지만 이 세계는 인간적 세계일까? 진리에의 의지는 실재를 실재 그대로 포획하려 한다는 점에서 기호학적 세계의 죽음을 겨냥하고 있다. 반면 무의식적 환상은 자기가 갖고 있지 않은 것을 암시한다는 점에서 기호학적 세계이다. 진리에의 의지는 기호학적 세계가 사라진 죽음의 세계요, 무의식적 환상은 삶을 더 살도록 기호학적으로 유혹하는 삶의 세계이다. 따라서 역설적이게도 무의식적 환상이 더 인간적인 것이다. 무의식적 환상이 사라지고 진리에의 의지만 있는 보드리야르의 과실재의 사회는 그런 점에서 가장 비인간적인 사회이다. 하지만 보드리야르의 과실재의 사회는 쉽사리 죽음을 맞이하지 않는다. 죽음을 벗어나기 위하, 이미 프로그램화된 것을 숨기기 위한 갖가지 과장된 의례를 행하여 기호학적 거품을 만든다.

---

234) Baudrillard, Jean. [1979] 1990. Seduction. New York: St. Martin's Press. 배영달역(1996). 『유혹에 대하여 백의』 - 위의 글에서 재인용[1981] 1994. Simulacra and Simulation, Ann Arbor: The University of Michigan. 하태환 역(1994) 『시뮬라시옹』 민음사 - 위의 글에서 재인용

최종렬이 말하는 바는 무엇인가? 사이버공간에서 에로티시즘을 포르노그라피로 바꾼 기표의 즉물성은 실재에서 환상을 빼앗아가 버린다고 한다. 그 결과가 도덕적 공동체가 아니라 기표의 즉물성에 대한 공유된 환각이라고 한다. 즉 윤리의식이 사라지고 환각 속에 몰입한다는 말이다.

또한 컴퓨터 게임에서 모의조작된 의례가 나르시스트적인 차가운 유혹에 이른다고 한다. 그의 한국사회에 있어서의 텔레커뮤니케이션의 진단은 "리얼리즘 소설에서 촉발되고 민속지와 영화 등으로 확산되었던 오이디푸스 서사"를 끝장내고 있다는 것이다. 그러면서 그는 이런 시대에 어떤 글을 쓸 것인가를 한탄한다.

만약 그가 교육학자였다면, 남인숙과 같이 텔레커뮤니케이션의 환경이 새로운 세대의 인성에 어떤 영향을 주고 있는가를 조사 하였을 것이다. 만약 그가 사회 심리학자였다면, 현실감을 박탈당하고 있는 대중들이 어떤 충동적인 행동 패턴을 발전시키고 있는가를 조사하였을 것이다. "리얼리즘 소설에서 촉발되고……(중략)……확산된 오이디푸스 서사"의 내용이 무엇이든간에 여전히 많은 사람들은 창작과 민속 심지어 영화에서조차 일상에서 찾기 힘든 생의 교훈이나 지혜를 찾으려 하고, 좌절과 실패의 위안을 찾는다고도 말해질 수 있다. 새로운 세대나 대중들이 이러한 원천 대신에 환각과 현실감의 박탈을 선택하고 있다면, 그래서 전례 없는 여러 가지 일 들이 일어나고 있다면, 무엇을 해야 할 것인가?

그의 인문학적 감각은 세련된 언어로 새로운 미디어 환경에 처한 대중의 상황을 묘사하고 있다.235) 문제의 서술의 단계에서 한국사회에 있어서 어떤 출구가 가능한가를 요구하는 것은 무리일지도 모른다.236)

---

235) 김철, 서평 "코드: 사이버공간의 법이론, 김정오 역", 『헌법학 연구』 제8집 제1호, 2002년 4월

6. 새로운 미디어 기술은 우리 사회에 어떤 충격을 주었으며, 앞으로 어떤 변화가 예측되는가?

이미 2000년 6월과 11월 두 번에 걸쳐 한국사회이론학회는 '인터넷과 우리 사회', '인터넷의 빛과 그림자'라는 주제로 학술대회를 개최하였고, 그 결과가 두 권의 학술지를 특집으로 채우게 됐다[237].

2000년 6월 대회에서는 사회학, 정치학, 언어학, 경영학, 방송학, 언론학, 법학, 여성학, 교육공학에 몸담고 있는 이들이 인터넷이 우리 사회에 주고 있는 파급 효과에 대해서, 인터넷 시대정신, 사이버공동체의 형성, 전자 감시, 지적 재산권, 디지탈 미디어 통합현상, 컨텐츠산업, e-busuness 방법론, 인터넷 벤처 산업, 사이버대학교육의 시장화, 가상교육, 여성의 인터넷 활용에서 그 파급 효과를 강도있게 논의하고 있다.[238]

2000년 11월 대회에서는 사회학, 정치학, 경영학, 언론학, 여성학, 법학을 전공한 사람들이, 사이버 일탈과 청소년, 인터넷과 지배문화, 인터넷 문화와 교회, 인터넷의 정치적 영향력, 디지털 디바이드와 노인 문제, 인터넷 활용과 정보 인프라에 대한 싱가폴과 한국의 비교 등의 파급 효과를 강도있게 다루고 있다.[239]

2000년 당시 인터넷 테크노로지가 한국사회에 어떤 변화를 가져올 것인가에 대해서 박영신은,

그 가운데 특히 주목할 점은 오늘의 삶을 관통하고 있는 밑 흐름 속

---

236) 김철, 위의 글, 289쪽 12 자유와 규제의 문제
237) 한국사회이론학회, "인터넷과 우리 사회", 『사회이론』 2000년 봄 / 여름, 한국사회이론학회(현상과 인식 2000. 8), 한국사회이론학회, "인터넷의 빛과 그림자" 『사회이론』 2001년 봄 / 여름, 한국사회이론학회 (아침나라 2001. 8)
238) 위의 책, 3쪽과 4쪽, 구자순의 머리말
239) 인터넷의 빛과 그림자, 차례 참조

에는 경제 위주로 사물을 인식하려는 경제주의의 가치가 지배하고, 그
것이 기술을 지배하고, 통제하고 있다는 것이다. 인터넷이 등장하게 된
과정과 대중화되는 과정은 정보 산업 기업과 연결되어 있고, 기업은 새
기술을 개발하여 거대기업으로 부를 축적할 수 있었다. 정보 산업에 기
대지 않고 정보 산업을 뒤따르지 않는 기업은 이제 생존할 수조차 없게
되었다. 심지어 지식과 교육도 이러한 선상에서 상업화의 길로 들어서
고 있다[240].

　인터넷 기술 때문에 생기는 문제에 대해서 눈을 돌리는 사람은 없다.
기계의 힘을 믿는 기술 세력과 거기에서 이득을 얻고 있는 경제 세력은
그 문제를 다만 기술의 '부작용'쯤으로 여겨 기술의 개발과 적용에 손
질만 하면 거뜬하게 해결할 수 있다는 철석같은 믿음을 가지고 있다.
기술 영역에서 피드백이란 기계의 흠이 생기면 바로 고쳐 바로 잡아 이
후 그러한 과오를 저지르지 않게 하는 방식을 뜻할 뿐이다[241].

　이 시대의 문화가 무엇을 강요하지 있는지 그 근본 원인으로 돌아가
거기에 물음을 던지지 않는다. 기계를 만들고 움직이고 있는 문화의 핵
심을 들먹거리고 그것을 넘어 더 깊은 삶의 가치를 논의의 대상으로 삼
지 않고 있는 것이다. 하벨의 말로, "물질 획득의 숭배"를 "가장 높은가
치"로 여겨 "다른 모든 것을 거기에 양도하고 그 앞에 민주 의지까지도
때로 무릎을 꿇게 되는" 오늘의 문명 상황은 결코 건강하지 않다[242].
양창삼은 그의 글에서,

　　그러나 미래 사회가 바람직하게 구조되고 있는가에 대한 답은 명쾌하
지 않다는 것이다. 현재보다 이기심이 더 깊게 확산될 것으로 보고 있
다. 살아남기 위한 초 경쟁 상황이 사람을 한계상황으로 몰아넣는다. 도
덕적 부패도 더욱 심화될 것으로 예측되고 있다. 인터넷 환경은 더욱

---

240) 박영신, "인터넷과 지배 문화", 인터넷의 빛과 그림자, 『사회이론』 2001
　　년 봄 / 여름(아침나라), 29쪽
241) 위의 사람, 위의 글, 32쪽
242) 위의 사람, 위의 글, 33 – 34쪽

그러하다. 이런 상황에서 교회가 지적인 영역, 나아가 영적인 영역에서 할 일은 많아질 것으로 예상된다. 교회가 변화에 능동적이고, 특히 인터넷 영역에서 정신 문제를 창의적으로 구조하는데 앞장서야 할 이유가 여기에 있다. 인터넷 시대에 맞게 교회의 역할도 달라져야 하기 때문이다[243].

이를 위해 교회는 목회 철학을 바르게 하고, 디지털 환경에 적합한 비전을 구성원 모두가 함께 나누면서 지식을 공유하고 창출하는 장으로 변화될 필요가 있다. 이러한 노력이 파동을 일으킬 때 현재 건전한 문화를 형성하기보다 불건전한 오염지대로 전락되고 있는 인터넷 환경을 활성화시키는 일에 상당 부분 도움을 줄 수 있을 것이다.

끝으로, 디지털 시대가 도래했기 때문에 모든 것이 디지털화되어야 하는 것은 아니다는 점을 강조하고자 한다. 기술은 디지털화되더라도 아날로그 시대의 감성적 터치가 아울러 필요하다. 이른바 디지로그(digilogue)적 접근이 더욱 요구되는 시대가 바로 디지털 시대인 것이다. 따라서 디지털 시대에 교회가 인터넷 등 웹기반 시설을 갖추고 보다 첨단화되는 것도 필요하지만 인간과 인간이 만나 교류하고, 정신적으로 건강한 관계를 유지하는 역할도 충실히 감당할 필요가 있다[244].

해방 이후 세대의 대표적 사회학자인 김성국은,

이미 사이버 스페이스를 둘러 싼 헤게모니의 쟁탈전은 시작되고 있다. 1960 - 70년대까지 비교적 자유로웠던 사이버 스페이스에 1990년대를 거치면서 정부의 통제와 자본의 침투가 급증하고 있다. 사이버 스페이스를 지배하려는 대자본가, 국가주의자, 도덕주의자, 교조주의자, 민속주의자들의 세력은 날로 증대하고 있다. 사이버 스페이스의 해방전은

---

243) 양창삼, "인터넷 문화와 교회 경영의 방향", 인터넷의 빛과 그림자, 『사회이론』 2001년 봄 / 여름(아침나라), 81 - 82쪽
244) 위의 사람, 위의 글, 117 - 118쪽

현실 세계에서 패배한 자유-평등-복지사회의 이념을 실현할 수 있도
록 전지구적 시민(주도의)공동체 사회를 형성하여, 끊임없이 현실 기계
의 지배 시력과 게릴라전을 시도하는 것이다. 우리의 해방 전략은 사이
버 스페이스 내에 수많은 공동체를 형성하여 그것들로 하여금 그람시적
의미의 진지전을 수행하도록 하는 것이다.245)

이러한 학회의 지적 전통 위에서 4년 뒤 우리는 다시 커뮤니케이션
과 우리 사회의 학술대회를 가졌고 마지막으로 가장 젊은 연구자가 새
로운 커뮤니케이션 기법 즉 Weblogs라고 불리는 것이 마케팅에 어떻게
쓰일 것인가를 소개했다.246)

인터넷의 위력은 폴란드의 '솔리다리티 운동' 이후의 탈공산화 개혁
운동으로부터 체코슬로바키아의 벨벳 혁명에 이르기까지 공산 체제의
몰락도 인터넷의 요인을 고려해야만 풀이할 수 있다는 주장이다.247)

홍석민은 Weblog의 역사에서 전통적인 미디어가 불충분한 인프라 스
트럭처나 언론에 대한 억압 때문에 취급하지 못한 정보에의 욕구를 사
람들은 대안적인 미디어 채널을 통해 찾고자 했다고 한다.248) 지금 당
장 무슨 일이 일어나고 있는가에 대한 급박한 궁금증이 사람들로 하여
금 2001년 9월 11일의 뉴욕 세계무역센터 폭발 사건이나 2003년의 이
라크전쟁의 경우에 그 정보의 소스가 개인적이라 하더라도 개인이 주도
하는 weblog에 가까이 가는 계기라고 한다.

245) 김성국, "사이버 공동체 형성의 과제-자유 해방주의적(Libertarian) 관점
　　에서", 『사회이론』 2000년 봄/여름, 한국사회이론학회(현상과 인식 2000.
　　8), 52쪽
246) 홍석민, "새로운 커뮤니케이션으로서의 인터넷 활용방안", 한국사회이론학
　　회 전기 학술대회, 주제: 커뮤니케이션과 우리 사회 2004년 6월 25일 연
　　세대학교
247) 박영신, 위의 글, 24쪽
248) 홍석민, 위의 글

'낡은 미디어는 죽지 않는다. 다만 사라질 뿐이다'라고 장기적인 미디어의 변화를 예언한 것은 1984년 경이었다.[249] 약 20년 뒤, 한국 사회가 새로운 미디어에 의한 사회적 충격을 가장 극적으로 체험한 것은 2002년 말부터 2003년 초까지의 대통령 선거전이었고 이 때 인터넷을 매개로 해서 이전에는 정치적 무관심 계층이었던 20대와 30대가 큰 영향을 미쳤다. 이제 더 개인화된 인터넷의 종류로써 홍석민은 weblog의 특징을 다음과 같이 요약한다.[250]

첫째, 개인이 유지관리한다. 그런 면에서 개인적 저널이라 할 만하다.

둘째, 규칙적으로 업데이트를 한다.

셋째, 특정한 게시문(posting)은 weblog 바깥의 소스에 대한 높은 연결을 포함한다.

넷째, 게시문은 최근의 것부터 나타난다.

한국의 대학생들이 익숙한 것은 싸이월드(www. cyworld. com)이다. 이것의 특징은 협업(collaboration)이 가능하고, 공동체를 형성한다(community building)[251]는 것이다. 이런 weblog가 등장한 것은 불과 수년 이내의 일이다. 교육적 목적에서 또는 저널리즘 공동체를 위해서 이것의 사용이 논의돼 왔으나, 마케팅의 목적으로는 처음부터 사용되지는 않았다고 한다. 홍석민은 마케팅 매니저가 고객과 좋은 관계를 가지기 위해서 weblog를 이용할 수 있는지 없는지의 관계는 아직 문제가 있다고 본다. 어쨌든 관계를 형성하거나 고객과 협조하는데 있어서는 친목 도모와 마찬가지로 쓸 수 있을 깃이라고 한다.[252]

과학기술사의 중요 대목에서 우리는 다음과 같은 교훈을 얻는다. 모

---

249) 한국언론학회 학술발표회(문화방송과의 공동주최, 유성)
250) 홍석민, 위의 글
251) 위의 사람, 위의 글
252) 위의 사람, 위의 글

든 중요한 과학상의 발견·발명이나 세기적인 테크놀로지의 발전은 흔히 최근 한국의 저널리즘이 얘기하듯 영리의 목적이나 상업적 목적으로 애초부터 이루어지지 않았다는 것이다. 과학이나 테크놀로지 역시 인간의 지적·인격적 노력의 결과인 것은 가장 비영리적인 동기로 시작한 철학이나 인문학 또는 순수예술도 마찬가지이다. 특별히 기업의 시대에 과학과 테크놀로지의 현실적합성과 이윤 획득이 강조된다 하더라도 그것은 문명사의 큰 흐름에서 볼 때, 지엽적인 이야기이다.

버너스 리와 케리요(Cailliau)는 HTML과 그 단짝인 HTTP를 누구든 자유롭게 가져다가 이용할 수 있게 했다.

처음에는 사람들이 드문드문 이것들을 가져가더니, 얼마 안 가 놀랄 만한 속도로 확산되었다. 사람들은 웹페이지를 만들고 이를 다른 웹페이지들과 링크시키기 시작하였다. HTML은 컴퓨터의 역사상 가장 빠르게 성장한 컴퓨터 언어가 되었다.

왜? HTML은 항상 '공개 코드'였다는 점이 중요한 이유 중 하나였다. 두 개의 주요 브라우저가 시장을 양분하고 있는 지금도 우리는 언제든 웹페이지의 '소스'를 밝힐 수 있고, 어떻게 작동하는지를 알 수 있다. 소스는 공개되어 있다. 그래서 그것을 다운로드받을 수 있고, 복사할 수 있으며, 원하는 대로 수정할 수도 잇다. 저작권법으로 웹페이지의 소스코드를 보호할 수도 있겠지만, 현실적으로 그 보호는 매우 불완전할 수 밖에 없다. HTML은 아주 쉽게 복사할 수 있었기 때문에 가장 인기 있는 것이 되었다. 어느 때건 누구든지, HTML문서의 뚜껑을 열어볼 수 있고, 제작자가 어떻게 만들었는지를 알 수 있다.

공개성, 재산권이나 계약이 아닌 자유로운 코드와 접근은 지금 우리들이 알고 있는 인터넷을 탄생시켰던 붐을 일으켰다. 기업들이 인터넷을 주목하게 된 것도 바로 이러한 열기 때문이다. 이러한 활력을 보고서 기업들은 즉각 이것들이 돈이 된다는 사실을 알아차린 것이다.

넷의 역사상 소프트웨어를 만들어 내기 위한 상업적 모델은 이와 달랐다. 공개 코드 운동이 추진중일 때, 그 역사가 시작되었으나, 상용 소프트웨어 판매상들은 '자유'(공개 소스에서처럼) 소프트웨어를 만들려고 하지 않았다. 상인들은 소스가 넘겨지지 않도록 비공개 소프트웨어를 제작하였고, 이의 변형을 막기 위해 법과 자체 코드로 보호장치를 만들어 놓았다[253].

공개성, 개인의 사유재산권이나 사적계약이 아닌 자유로운 코드와 접근이 현재 우리가 알고 있는 인터넷 붐을 일으킨 원동력이었다. 공개 코드 운동이라는 현대 과학기술사에서 가장 많은 사람들이 참여한 신나는 사건이 아니었으면, 이후 기업들이 눈독을 들인 인터넷의 발달은 결코 이루어지지 않았다는 것이다. 인간의 문명사에서 자발성, 공개성 그리고 참여의 문제가 어떤 결과를 가져오는가를 보여주는 한 예라고 할 것이다.

---

253) 로렌스 레식 / 김정오 역, 『코드 사이버 공간의 법이론』, 나남 출판, 2000. 여기에 대한 서평으로는 김철, "코드: 사이버공간의 법이론, 김정오 역", 『헌법학연구』, 제8집 제1호, 2002. 4.

참고문헌

박영신, 한국사회이론학회(엮음), 「우리사회의 이론적 이해」, 현상과 인식

이남복, 청주대 정치사회학부, '말'과 '글'의 커뮤니케이션을 넘어: 사회
체계로서 커뮤니케이션, 한국사회이론학회 2004년 전기학술대회
주제: "커뮤니케이션과 우리 사회"

김규환, 커뮤니케이션 과학연구의 현황과 방향－매스커뮤니케이션 한국
어판 출간에 즈음하여, 월버슈램편저, 김규환 편역, 매스커뮤니케
이션, 서울대학교 출판부, 1970

이남복, '말'과 '글'의 커뮤니케이션을 넘어: 사회체계로서 커뮤니케이
션, 한국사회이론학회 2004년 전기학술대회 주제: "커뮤니케이션
과 우리 사회"

박영신 "'공공의 공간'형성과 확장: 한말 조선 사회와 그 이후" 한국사
회이론학회 2004년 전기학술대회－커뮤니케이션과 우리 사회
2004년 6월 25일 연세대학교 연희관

박영신 "한국 전통 사회의 구조적 인식"(1977) 또한 박영신 "현대사회 구
조와 이론"(일지사, 1978)

Yong－Shin Park, "The Church as a Public Space: Resources, Practices,
and Communicative Culture in Korea" (Presented for the Symposium
on the Impact of Christianity on Korean Studies, University of
california, Los Angeles, May 7, 2004)

S. F. Moore, "An Incident in the Streets of Seoul," The Church at
Home and Abroad, 16권 (1894년 8월), 120쪽 볼 것.

박영신 기독교와 사회변동 또한 역사와 사회변동(서울: 민영사, 1987)

최명국, 북한 교회커뮤니케이션의 구조적 성격, 한국사회이론학회 전기
학술대회, 주제: "커뮤니케이션과 우리사회" 2004년 6월 25일 연
세대학교 연희관

Keung. H. Hrsg. (1977): Was Ist Kirche. 2. Auflage der lizensierten Kurzfassung der Originalausgabe "Die Kirche". Geutersloh

김철, 러시아 소비에트법 – 비교법 문화적 연구 1989년 특히 44쪽 4) 의 (擬) – 종교적 범주로서의 사회주위 법률

J. N. Hazard, Communists and Their Law: A Search for the common Core of the Legal Systems of the Marxian Socialist States(1969).

Lester Thurow, Head to Head – The Coming. Economic Battle Among Japan, Europe and American, William Morrow and Company, INC New York

H. Berman, What Makes Socialist Law Socialist? Problems of communism 24 – 30(September – October 1971)

해롤드 버만과 김철 종교와 제도 – 문명과 역사적 법이론. 민영사 1992

김철, 법 철학 특수 이론, 숙명여자대학교 대학원 강의교재 2003년 12월

양창삼, 주5일제와 한국 교회의 반응 커뮤니케이션, 한국사회이론학회 전기학술대회, 주제: "커뮤니케이션과 우리 사회"

Frederick Copleston, A History Of Philosophy – volume1: Greece and Rome; volume3: Modern Philosophy (Doubleday, 1994)

김철, "표현조항과 이원론의 극복", 「현대의 법 이론 – 시민과 정부의 법」, 사간본(Myko Int'l co)

김철, "행정법학의 역사", p.21, '튜더(Tudor)와 스튜아트(Stuart)정부에서의 행정과 법' p.25, '법의 문자에 집「법제도의 보편성과 특수성」, 사간본 (Myko Int'l co),

남인숙, 커뮤니케이션 네트워크와 청소년 집단 따돌림, 한국사회이론학회 전기학술대회, 주제: "커뮤니케이션과 우리 사회", 2004년 6월 25일 연세대학교 언희권

Olweus, "Annotation: Bullying at School: Basic facts and effects of a school based intervention program.", Journal of Child Psychology and Psychiatry, (1994)

구본용, 따돌리는 학생들, 따돌림 당하는 학생들, 한국청소년대화의 광장, 1997

박경숙, 손희권, 송혜경, 학생의 왕따현상에 관한 글, 한국교육개발원, 1998

권영성, 헌법학원론 p.292 (법문사 1991)

김철수, 헌법학개론 p.380 (박영사 2004)

김철, 사회적 차별의 심층심리학적 접근 - 법앞의 평등의 내실을 위하여
  (사회이론 2001년 가을 / 겨울 한국사회이론학회)

한국사회이론학회, 차별과 우리사회, 「사회이론」, 2003년 봄 / 여름

옥일남, "교실환경에서 나타나는 학생소외연구", 서울대학교 대학원 석
  사학위논문, (1991)

Peter K. Smith, Helen Cowie and Lucia Berdonini, "Co - operation and
  Bullying", Peter Kutnick and Colin Rogers, Groups in Schools,
  (Lodon: Cassell Villiers House, 1994)

최종렬 텔레커뮤니케이션과 사회적인 것의 미학화 한국사회이론학회 전
  기학술대회 (주제: "커뮤니케이션과 우리사회", 2004년 6월 25일
  연세대학교 연희관 201호 국제회의실)

Baudrillard, Jean. [1979] 1990. Seduction. New York: St. Martin's Press.
  배영달역(1996). 유혹에 대하여 백의.[1981] 1994. Simulacra and
  Simulation, Ann Arbor: The University of Michigan. 하태환 역
  (1994) 시뮬라시옹 민음사

김철, 서평 "코드: 사이버공간의 법이론, 김정오 역", 헌법학 연구 제8집
  제1호, 2002년 4월

한국사회이론학회, 「인터넷과 우리 사회」, 사회이론 2000년 봄 / 여름, 한
  국사회이론학회(현상과 인식 2000. 8

한국사회이론학회, 「인터넷의 빛과 그림자」사회이론 2001년 봄 / 여름, 한
  국사회이론학회 (아침나라 2001. 8)

박영신, "인터넷과 지배 문화", 인터넷의 빛과 그림자, 사회이론 2001년
  봄 / 여름(아침나라)

양창삼, "인터넷 문화와 교회 경영의 방향", 인터넷의 빛과 그림자, 사
  회이론 2001년 봄 / 여름(아침나라)

김성국, "사이버 공동체 형성의 과제 - 자유 해방주의적(Libertarian) 관점

에서", 사회이론 2000년 봄 / 여름, 한국사회이론학회(현상과 인식 2000. 8)

홍석민, "새로운 커뮤니케이션으로서의 인터넷 활용방안", 한국사회이론학회 전기 학술대회, 주제: 커뮤니케이션과 우리 사회 2004년 6월 25일 연세대학교

로렌스 레식 / 김정오 역, 코드 사이버 공간의 법이론, 나남 출판, 2000

김 철, "역사적, 정치적, 경제적 그리고 사회적 범주로서의 사회주의", "사회주의 헌법 체계의 요소들,", "의-종교적 범주로서의 사회주의 법",『러시아-소비에트 법-비교법 문화론적 연구』(민음사, 1989)

김 철, "아메리카와 러시아-소비에트법 체계의 비교" 김유남등 편『미소비교론』(어문각, 1992)

조셉 니담(Joseph Needham)저, 이석호 등 공역,『중국의 과학과 문명』, 을유문화사, 1988, p19

김 철,『러시아 소비에트 법-비교법 문화적 연구』-민음사, 1989

해롤드 버만과 김 철,『종교와 제도-문명과 역사적 법이론-』민영사, 1992

김 철 "사리(事理)와 조리(條理)에 대해서",『법제도의 보편성과 특수성』, 사간본(MYKO International 1993)

김 철, '법률사상사 강의록', 숙명여자대학교 2004년 4월

김 철, '법철학특수연구 강의록', 숙명여자대학교 법학과 대학원 강의록 2003학년도 2학기

김 철, 숙명여자대학교 법학부 법철학 강의록 2004년 제 2학기

Chull Kim, "Religion & Law in East-Asian Culture of Chinese Confucian Influence" *History, Thought & Law* private printing (MYKO Int'l Ltd. Seoul, Korea.)

Chull Kim, "Religion & Law in East-Asian Culture of Chinese Confucian

Influnce" 운남 서정호교수 정년기념 논문집 『法과 國家』민영사,

Moss Roberts, Introduction, xvi, *Chinese Fairy Tales and Fantasies,* Pantheon Books New York, 1979

Max Weber, The Protestant Ethic & the Spirit of Capitalism.

Derk Bodde, Chinese Thought, Society and Science (The Intellectual and Social Background of Science and Technology in Pre－modern China), University of Hawaii Press, 1991

Joseph Needham(이석호등 역), 『중국의 과학과 문명 II 』, 을유문화사, 1988, p.304

Prof. E. S. Wade(Cambridge), Prof. E. R Dodds (Oxford), Prof. Derk Bodde(philadelphia)

R. Randle Edwards, "Ch'ing Legal Jurisdiction over Foreigners", in Cohen, Edwards, & Chen (ed.), *Essays on China's Legal Tradition,* (Princeton, New Jersey, Princeton University Press, 1980), 222－225, 259－260, "The Old Canton System of Foreign Trade:", in Victor Li (ed), *Law and Politics in China's Foreign Trade,* (Seattle, University of Washington Press, 1977), 360－378, "China's Practice of International Law－Patterns from the Past", in Ronald St. John MacDonald (ed). *Essays in Honour of Wang Tieys,* (Masachusetts, Kluwer Academic Publishers, 1994), 243－249

Lubman과 Wajnowski, "International Commercial Dispute Resolution in China: A Practical Assessment" *Dispute Resolution in China,* 1993

Michael Palmer, The Renewal of Mediation in the People's Republic of China: (I) Extra－Judicial Mediation, in *Yearbook on Socialist Legal Systems* 219(William Butler ed. 1987)

Michael Palmer, The Renewal of Mediation in the People's Republic of China.

Lawrence M. Friendman. *The Legal System: A Social Science*

Perspective 15 (1975).

Andrew S. Watson, M. D., *Psychiatry for Lawyers,* International Universities Press, Inc. 1978

Andrew Walder, *Communist Neo —Traditionalism: Work & Authority in Chinese Industry* 239(1986) Michel Oksenberg & Kenneth Lieberthal, Understanding China's Bureaucracy, 1986 *China Bus. Rev.,* Nov. —Dec.

Barrett L. Mc Cormick, *Rational Legalism and Partrimonialism, in Policy Implementation in Post —Mao China* 402 (D. M. Lamptoned., 1987)

Donald Clarke, The Law, the state and Economic Reform, in *The Chinese State in the Era of Economic Reform: The Road to Crisis* 190 (Gordon White ed., 1991); Phyllis L. Chang, Deciding Disputes; Factors That Guide Chinese Courts in *the Adjudication of Rural Responsibility Contract Disputes,* 52 L. & Contep. Prob. 101 (1989)

제 4 부 교육, 영화, 인권, 사이버 공간
－서평－

제1장 헌법과 교육

Ⅰ. 취지와 구조

김철수 교수의 『헌법과 교육』이 출간되었다. 저자는 그의 바치는 말에서

"이 책을 헌법과 교육에 관심을 가진 모든 사람에게 바친다."

라고 하여 이 책의 대상이 전문인이나 학자에 그치지 않고 일반 교양인에게도 읽을 기회를 미리 생각하고 지은 것임을 밝히고 있다. 따라서이 책은 전문서의 형식성이나 어려움을 피해서 되도록 쉽게, 일상적이고 자연적인 언어로서 "헌법과 교육"이라는 주제를 얘기하는 듯 하다. 한글을 전용하고 있고 제3장 교육에 관한 판례 부분의 판례 각주를 제외하고는 각주를 거의 생략하고 있다. 문제는 단순하고 명료한 건조체로 현학적인 표현이나 우회적인 표현보다 되도록 직접적인 단문을 쓰고있다. 이런 단순함과 명료함은 상당한 기간 이후의 학자적 성숙과 대성이후에 나타나는 것인데, 말하자면 긴 학문 생활의 중요한 기간 동안의지하였던 여러 외국학설, 여러 권위에 대한 존중, 다른 의견에 대한 예비적인 조심 같은 것들을 떨쳐버리고 이제는 단순한 언어로 이야기하기 시작하는 것이다.

저자는 두 가지를 주제로 삼는다. 첫째는 한국 헌법에 관해서이다. 둘째는 한국의 교육에 대해서다. 따라서 책의 구성도 두 부분으로 나누어져 있다. 제1편은 한국 헌법이고 제2편은 교육이다. 분량도 거의 반반으로 구성되어 있다. 제1편 한국 헌법의 부분은 그가 지금까지 헌법학자로서 오랜 세월을 두고 써 왔던 한국 헌법에 대한 중심적인 생각을 다시 단순화 시켜서 정리한 것으로 보인다. 제1편에서 눈에 띄는 것은 제1장 한국 헌법 54년의 회고이다. 한국 헌법학의 원로이며 제1공화국 헌법 시대로부터 제6공화국 헌법 시대를 골고루 직접 체험하고 이론적 연구를 한 학자로서 정리한 것으로 보인다. 제2장의 한국 헌법 서설과 제3장의 기본권보장, 제4장의 국가 권력의 조직과 작용은 한국 헌법의 총강 및 총설, 기본권론, 권력 구조론을 단순 명료하게 설명한 것으로 볼 수 있다. 이 부분은 많은 사람들에게 한국 헌법의 모든 구조를 가장 쉽사리 명료하게 접근할 수 있는 기회를 준 것으로 보인다. 제5장 헌정의 나아갈 길은 다소 이와 성격이 다른 것으로 보인다. 즉 제1절 헌정사 변천과 민주주의의 정착 과제나 제2절 입헌주의의 확보 방안이나 제3절 헌법 준수와 헌법 개정의 문제는, 헌법학도에게 있어서나 또는 법학도에게 있어서나 또는 국가의 제도에 관심있는 모든 교양인에게 있어서나 흔히 논의되고 있는 헌법 개정의 문제, 이와 관련된 헌법 정책의 문제, 더 근본적으로는 한국 헌법을 논의할 때 제일 밑바닥에 깔려있는 헌법적 가치의 선택 문제를 비교적 솔직하고 명백하게 논하고 있다. 따라서 제1편 모두 5장 중에서 이미 이야기한 대로 제1장 한국 헌법 역사의 회고와 제5장 헌정의 나아갈 길은 전문 헌법학도와 법학도 일반에게 흥미 있는 논의의 지침이 될 것이고 2장에서 4장까지는 현행 헌법의 구조에 대한 항목별 음미가 될 수가 있다.

아마도 이러한 한국 헌법의 기초 위에서 제2편 교육편이 이 저서의 주된 목표라고 볼 수도 있을 것이다. 왜냐하면 저자는 그의 오랜 헌법학 교수 생활을 통해서, 주된 주제로써 헌법학 일반을 다루어 왔으며, 저서 제목도 헌법학, 위헌 법률 심사 제도, 입헌주의와 관련된 것이었기 때문이다. 일반을 위한 저서로서 "교육 문제"를 주제로 삼은 것은 거의 처음이라고 생각된다. 헌법학의 제2편 전부는 "교육법"으로 알려진 실정법 체계(교육 법전은 그 자체가 방대함과 상세함으로 인해서 주목을 끌만하다.)를 가진 한국의 법 제도에서, 포괄적이며 종합적인 교육법에 대한 접근을 시도하고 있다. 즉 저자는 흔히 그 외관상 성질로서 "교육 행정에 대한 실정 법규"로서 취급하기 쉬운 교육 기본법, 초중등 교육법, 고등 교육법, 직업 교육 관계법, 사립 학교법 등을 첫 번째 장에서 다루고 있다. 첫 번째 장의 제목은 교육법의 이념과 문제점인데, 세 개의 절로 나누고 있다. 즉 교육법의 체계 전부를 제1절 교육법의 단계 구조에서 헌법과 관련시켜 입체적으로 파악하고 있다. 제2절 교육법의 이념과 현실에서 한국 교육의 이념(172쪽) 교육 이념의 구현 방안(174쪽) 한국교육의 현실 (177쪽)을 논하고 있다. 세 번째 절은 각종 교육 법규의 문제점을 논하고 있다. 이마도 이 작은 절이 최근 한국 사회를 뒤 흔들고 있는, 논쟁거리가 많은 부분으로 생각된다. 즉 제3절 1항 교육 기본법과 의무 교육의 순차적 실시(182쪽), 제3절 2항 초중등 교육법과 의무교육의 무상(183쪽), 제3절 3항 초중등 교육법과 학교 선택권(186쪽), 제3절 4항 고등 교육법과 대학의 자율성 보장(188쪽), 제3절 5항 직업 교육관계법의 개정(190쪽), 제3절 6항 사립학교법이 개정(191쪽), 제3절 7항 교원의 법적 지위와 신분 보장(192쪽), 제3절 8항 초중등 교육법과 국정 교과서 문제(195쪽)이다. 결론에서 저자는 교육 관계법은 헌법에 위반 되는 것이 많고, 교육 행정에 관한 명령이나 규칙 중에는 법률에 위반 되는 것이 많으므로 하루 빨리 개정되어야 한다고 매

둡 짓는다. 헌법재판소와 대법원의 적극주의와 교육 인적 자원부의 입
헌주의 원칙 준수와 법치 행정을 촉구하고 있다.

제3절은 모두 16페이지의 분량이다. 이 안에 90년대 이후 한국 교육
계의 최대 쟁점이 되어 왔던 "사립 학교법"의 문제 (191 - 192 쪽), "교
원의 법적 지위와 신분 보장"의 여러 문제 (192 - 195쪽)가 요약 되어
있다. 관계자는 아쉽겠으나, 교육기본법과 현행 사립 학교 법, 교육
공무원 법, 교원 지위 향상을 위한 특별법의 현행 제도와 한국의 현실
을 간략하게 소개하고 있다. 특히 사립 학교법에 대해서는 "자율성을
신장 할 것인가, 감독권을 강화 할 것인가……관하여 개정 논의가 분분
하다" (192쪽) 라고 하고, "여야는 이익 단체들의 의견을 수렴하여……
자율성이냐, 준 공립화를 할 것이냐를 결정하여야 할 것이다"(192쪽)라
고 한다. "교원의 사기가 저하되는 원인은……그 중에서도 보수가 열악
한 것이다" (193쪽)라고 하고 "……교원의 정년을 단축하여……불만을
사고 있다." (194쪽)라고 한다.

"……교수 재임용제에 따른 문제들이 나타 나고 있다"(194쪽)라고 보
고 있다.

제2편 교육의 두 번째 장이 고등 교육법에 관한 장이다. 즉 대학에
관한 문제이다. 오랜 시절을 한국의 대학에서 헌법학을 가르친 저자는
당연히 이 두 번째 장의 서두를 역사적 고찰로 시작하고 있다. 이것은
저자가 제1편 한국 헌법 부분을 그 첫째 장에서 한국 헌법 54년의 회
고로 시작한 것과 마찬가지 태도로 보인다. 고등 교육법의 발전 역시
제1공화국 시대로부터 제6공화국 시대까지를 10쪽에 걸쳐서 살펴보
고 있다. 이어서 대학의 역할을 4쪽에 걸쳐서 논하고 있다.

제2편 교육의 세 번째 장은 이 책 전체에 있어서 특징이 나타나는
부분인데 즉 모든 이론적 논의, 역사적 논의 또는 비판적 논의를 가능
케 하는 헌법학자의 소재로서 교육에 대한 판례를 정리하고 있다. 아마

도 지금까지 한국 헌법과 법학의 영역에서 교육에 대한 판례로서는 가장 최신의 요약이 아닌가 생각된다. 약 60면에 걸친 지면에서 교육을 받을 권리, 부모의 자녀 교육권, 의무 교육, 교육에 대한 국가 감독, 교육 제도 법률주의의 의의와 한계, 교육의 자주성·전문성·중립성 및 대학의 자율성, 교원의 신분 보장과 권리라는 모두 7개의 큰 항목에 대해서 판례를 요약하고 있다. 우선 헌법재판소의 판례를 현행 헌법에 의거하여 요약하고 마지막 부분에는 아주 짤막한 몇 줄짜리의 (말하자면 촌철살인의) 논평을 붙이고 있다. 판례에 따라서 물론 헌법재판소 결정의 반대의견도 소개하고 있다. 따라서 위에 소개한 7개의 항목에 대한 헌법재판소 판례를 신속하고 명확하게 이해하려는 독자에게는 좋은 길잡이가 될 것이다. 저자가 이 판례 요약을 상당한 노력으로 부친 의도는 제2편 1장에서 현행 교육 관계법과 행정 명령, 규칙을 '입헌주의 원칙'과 '법치주의 원칙'에 의해 할 것을 거듭 촉구한 뒤의 구체적이고 실천적인 노력으로 보인다.

제2편 4장은 법학 교육이라는 한국의 법과대학 내지는 법학과에서 수년동안 가장 논쟁적인 문제를 다루고 있다. 이 장은 법학 교육의 개선방향이라는 1절 2항에 의해서 제2절에서 국제 이해 교육의 강화라는 항목을 두고 있다. 제2절 4장은 국수주의 전체주의적 교육의 지양이라는 항목도 나타난다.

제2편 5장은 아마도 일반 독자에게는 가장 흥미를 끄는 부분이 될 수 있을 것이다. 즉 모든 현재와 미래의 한국의 학부형들(말하자면 성인 남녀 전부이다)이 가장 열띤 논쟁을 벌일 수 있는 논제이다. 즉 교육 개혁에 관한 문제이다. 중점적으로 얘기한다면 두 번째 절에서 고교 평준화 정책을 다루고 있고 세 번째 절에서 대학 교육 개혁을 다루고 있다.

II. 평준화 교육 정책

1. 평준화에 대한 입장

저자는 제2편 제5장을 바람직한 교육 정책으로 제목하고 제1절 교육 개혁의 당면 과제, 제2절 고교 교육 개혁, 제3절 대학 교육 개혁으로 구성하고 있다.

저자가 머리말에서 미리 밝힌대로 입헌주의에 입각한 교육정책을 강조하고 있다.

그러나 아직도 입헌주의가 정착되지 못한 감이 있다. 특히 헌법을 교육하고 실천해야 할 교육정책이 입헌주의에 역행하여 국민·학생·학부모·교원의 기본권을 침해하고 있어 이의 시정이 시급히 요망되고 있다.[1]

이와 같은 출발점에서 저자가 구체적으로 교육 정책에 대해서 강조하고 있는 것은 다음과 같다.

2002년에 와서 경제계와 경제 기획원 등에서 평준화 교육에 대한 반성이 제기되어 국민적 관심의 대상이 되고 있다. 고교 평준화 정책은 학생·학부모·교원의 기본권을 침해하는 폭력적 정책이요 획일화적 군사 문화의 유산인데도 불구하고 인기 영합주의에 따라 아직도 유지되고 있어 큰 문제이다.[2]

제5장 바람직한 교육 정책의 제1절 교육 개혁의 당면 과제 중 1. 새 천년과 교육의 당면과제에서 더 구체적으로 전개되고 있다.

---

1) 김철수, 『헌법과 교육』머리말 p.3, 교육과학사, 2002년 5월 5일 발행
2) 같은 사람, 같은 책, 머리말 같은 쪽.

　　현재와 같은 평준화 정책은 지양돼야 한다. 같은 고교의 같은 반에는 영재와 둔재가 혼합돼 있어 영재에게는 권태를, 둔재에게는 소외감을 제공하고 있다. 평균 학생을 위한 수업을 하고 있으니 영재를 둔재로 만드는 결과가 되고 있다. 평준화정책은 평둔화정책이라고 할 수 있다. 세계 각 국의 고교생은 경쟁적으로 수업에 열중하고 있는데 과외 공부를 하면 처벌하는 기이한 발상으로 평준화를 유지하는 경우 세계와의 경쟁에서 실패할 것은 명약관화하다.3)

　이 입장은 제5장 바람직한 교육 정책의 제1절 교육 개혁의 당면 과제 중 제2항 인재 양성의 방향에서도 되풀이되고 있다. 저자는 평준화 정책을 '평둔화(平鈍化)'라고 부르면서 평준화 정책이 지금까지의 교육 정책의 기조라고 파악하고 있다.

　　이 평준화 정책은 교육의 기회 균등, 사회적 평등이라는 논리로 미화되어 있다. 그러나 교육의 기회 균등은 어디까지나 능력에 따른 평등이며 학력에 따른 차별은 당연한 것이요, 합헌적인 것이다. 어느 나라나 우수 중·고등학교와 우수 대학이 있으며 이를 폐지하는 것을 교육 목적으로 하고 있는 나라는 없다. 이웃 일본에서는 우수 유치원, 우수 소학교, 우수 중·고등학교뿐만 아니라 우수 대학이 있어 명문 학교 진학을 위하여……4)

　저자는 아마도 2000년 12월 12일 수능 시험 결과 발표 이후 다음과 같이 쓰고 있다.

　　……수능시험이 변별력을 상실했기 때문이다……고등학교가 평준화되

---

3) 같은 사람, 같은 책, 제5장 바람직한 교육정책 제1절 교육개혁의 당면과제 1. 새천년과 교육의 당면과제 p.296.
4) 같은 사람, 같은 책, 같은 장 p.298.

어 학교간 선별 능력이 없어졌기 때문이다⋯⋯이 결과로 대학 입학은
능력별이 아니고 우연에 맡겨지고 있다.5)

아마도 저자는 최근 수년간의 교육 현상에 대해서 구체적으로 사태의
변화에 대한 평가를 계속해 온 것 같다. 다시 이 저자는 고등학교 교실
에도 들여다보는 것 같다.

> 평준화 정책을 도입한 뒤 고교의 수업은 엉망진창이 되었다. 한 교실
> 에서 IQ 50과 IQ 150의 학생이 있어 학과 담임 선생은 어느 부류의
> 학생을 상대로 강의해야 할지 모르게 되었다. 자연히 중간적인 학생을
> 대상으로 강의하게 되니 지진아는 따라가지 못하여 좌절감을 가지게 되
> 었고 우수 학생은 다 아는 수준의 수업을 듣기 싫어 잠이나 자는 경향
> 이 생겼다. 학과 선생이나 담임 선생은 우수 학생에 대해서는 진학 지
> 도를 포기한 채, 대학에 진학 할 학생들에게 개인 과외 공부할 것을 권
> 고하고 알선하여 돈 없는 학생에게는 학원 과외를 권장하게 되었다. 한
> 반에 바보와 천재가 섞여 있는 교실에서의 수업은 교사에게 정신적 부
> 담감을 주었고 수업에 대한 열의를 상실하게 하였다.6)

그는 지난날의 고등학교 평준화의 명분과 그 정책의 추세를 다음과
같이 서술한다.

> 고등학교 평준화를 도입한 명분은 고교 입시를 위한 중학생의 과외를
> 금지하고 고교 학벌 사회를 타파하기 위한 것이었다. 고교 평준화는 고
> 등학생의 과외를 조장하는 결과를 가져왔고 고교 교육의 황폐화를 초래
> 하였다. 고교생들의 평균 학력은 크게 저하되었고, 과거 성행했던 직업

---

5) 같은 사람, 같은 책, 같은 장 3. 교육평준화 망국론 - 교육의 수월화를 위하
   여. p.300
6) 같은 사람, 같은 책, 같은 장 p.301.

고등학교를 망하게 하고 모든 고등학교를 대학 준비 교육 기관으로 만
들어버렸다.[7]

이 문제를 둘러싸고 2002년 6월 11일 한국에서는 처음으로 고교 평
준화를 위한 무시험 진학제의 인권법적 검토가 행해졌다.[8] 그 중에서
고교평준화 제도 비판에 대한 검토로서 학력 저하 시비를 다룬 발표자
가 있었다.[9]

······단지 학업 성취 수준이 다른 학생들로 구성된 이질 학급에서는
수업의 수준과 진도를 중하위 수준에 맞출 수밖에 없게 되므로 학력이
하향되고 있다는 식의 교사들의 개별적 체험이 하향 평준화의 근거로
주장될 뿐이다······15세 학생의 읽기, 수학, 과학 과목 지식의 실생활 응
용능력에 대한 OECD의 국제 비교 연구인 PISA에 의하면 평준화 제도
를 시행하고 있는 우리나라 초등학교 및 중학교 학생의 평균 학력은 양
적으로나 질적으로 세계 최고 수준을 유지하고 있다······한편 PISA 결과
를 평준화에 대한 비판의 근거로 활용하는 입장에서는 상위 5%학생의
평균점수가 비교적 낮다는 것을 문제로 삼는다······앞의 강태중과 성기선
의 연구에서도 평준화 지역 상위권 고교 신입생의 3년간 성적 향상 효
과가 낮게 나타나고 있고 혹자는 이를 근거로 하향 평준화에 대한 비판
을 제기하기도 한다. 간단히 말하자면 평준화는 공부 잘하는 학생이 더
잘하는 것을 가로막는 제도라는 주장이다······예를 들어 수학과 과학 상
위 5%권 학생의 성적이 우리나라보다 높은 국가들 즉 일본, 영국, 호
주, 뉴질랜드, 스위스도 평준화된 중학교를 갖고 있다. 우리나라 상위
5%권 학생의 성적이 이들 보다 낮다는 이유만으로 평준화제도가 성적

7) 같은 사람, 같은 책, 같은 장, p.302
8) 서울대학교 BK 21 법학연구단 공익인권법센터 주최 2002년 제2차 학술세
   미나, "고교평준화를 위한 무시험진학제의 인권법적 검토"
9) 앞의 기관, 앞의 학술세미나, 앞의 주제 중 제2부 발표, 정봉근(한국교원대
   학교), "고교평준화 제도 찬반 논의의 실제" p.56

하향을 초래한다고 할 수는 없는 것이다……위의 논의에서 얻을 수 있는 시사점은 평균화 제도와 학력의 관계에 대한 실증적 근거는 아직 충분하지 않다는 것이다.

한마디로 말하면 평준화 제도와 학력의 관계에 대한 실증적 근거는 충분치 않다고 이야기하고 있는 것이다. 한국에 있어서의 교육 통계와 그것의 작성 방법 그리고 그것이 지금까지 어떻게 쓰여져 왔는가에 대해서는 달리 논해야 되겠지만, 대체로 한국의 교육학자들의 통계적 방법론이 지금까지는 국가 교육 정책을 비판하기보다는 옹호하고 특정 교육 정책을 집행하는데 주로 동원되었다는 것이 서평 필자의 견해이다.

김철수 교수는 다시 바람직한 교육 정책 제2절 고교 교육 개혁에서 교육 평준화를 폐지해야 한다고 주장하고 다음과 같이 근거를 대고 있다.

> 고등학교 평준화에 관한 법률 규정은 교육 지방 자치에 대한 법률상 교육감의 권한 사항에 관한 것뿐이다. 그것도 학생의 통학 구역에 관한 교육감의 결정 규정 뿐이다. 이에 반하여 초·중등교육법 시행령은 고등학교의 입학 전형은 당해 학교의 장이 실시한다고 하고 교육부령이 정하는 지역 안에 소재하는 고등학교의 입학 전형은 당해 교육감이 실시하도록 하고 있다. 이로써 고교 평준화에 관한 법률적 근거는 그 시행령에만 근거하고 있다고 하겠다.
>
> 이에 대하여 헌법재판소는 "「부모의 자녀에 대한 교육권」은 비록 헌법에 명문으로 규정되어 있지는 아니하지만, 이는 모든 인간이 국적과 관계없이 누리는 양도할 수 없는 불가침의 인권으로서 혼인과 가족 생활을 보장하는 헌법 제36조 제1항, 행복추구권을 보장하는 헌법에 열거되지 아니한 이유로 경시되지 아니한다고 규정하는 헌법 제37조 1항에서 나오는 중요한 기본권"이라고 했다.[10]

---

10) 김철수, 『헌법과 교육』 제5장

이미 이 책의 서문에서 밝혔다시피 김철수 교수는 입헌주의를 기반으로 한 교육정책을 그의 주장의 출발로 하고 있는 것이다. 이 점에 있어서 통계학적 실증주의나 또는 이 서평의 범위에는 들지 않지만 경제학적 실증주의에 입각한 다른 견해와는 그 출발이 다르다는 것을 알 수 있다. 또한 역시 이 서평의 범위를 넘는 것이지만, 한국의 교육 정책의 결정에 있어서 지금까지 영향을 끼친 이른바 양적 분석 또는 통계적 분석을 주된 도구로 하는 교육학 또는 인접과학자의 역할도 음미해 보아야 할 것이다. 이른바 과학주의로 불리는 도구들은 물론 중성적이고 그 도구로 무장한 학자들의 역할도 다양했을 것이나, 한국에 있어서의 교육정책의 결정에 있어서 미친 영향의 역사적 분석은 결코 한가지 뜻으로 긍정적으로만 볼 수 없는 측면이 있다. 이것은 교육뿐만 아니라 경제 또는 다른 영역의 테크노크래트 또는 관변학자들의 경우도 마찬가지라고 할 것이다. 이른바 질적 분석이라고 불리는 방식은 물론 자칫하면 개인적 체험을 확대 해석하거나, 어떤 사상이나 철학에 과도하게 의존하는 일방적인 방식일 수도 있었다. 그러나 이제 한국에 있어서도 지금까지의 정책 수립에 있어서 써 왔던 관변학자들의 양적인 분석(그것 자체가 실은 어떤 준거점을 가졌는가를 분명히 밝혀야 할 것이다)에만 의존하는 태도는 지금까지의 실패의 역사로도 경고가 될 것이다.

이 책의 저자는 비교법적 측면에서 미국, 독일, 영국, 일본의 평준화 교육에 대한 반성 사례를 들고 있다.[11]

무엇보다도 필요한 한국의 평준화 교육의 역사적 분석에서 저자는 교육 평준화 정책의 동기를 묻고, 다음과 같이 요약하고 있다. 아마도 이것은 70년대의 유신시대에 대한 성찰 같이 보인다.

명문고를 나오지 않은 군사 엘리트들이 명문고를 없애기 위한 것이

---

11) 같은 사람, 같은 책, 같은 장 p.307 - p.313

고교 평준화 정책이었다.12)

같은 맥락에서 다음과 같이 요약하고 있다. 이것은 유신에 이은 5공화국 시대까지 포함된 것으로 보인다.

> 군사 엘리트와 인기 영합주의에 급급한 정치인들이 학교의 붕괴를 가져왔고 교육의 수월성을 파괴했다. 평준화 제도는 유신 독재의 잔재이다.13)
> 고교 평준화 정책은 군사 정권 아래서 좋지 못한 학교를 나온 학부모와 학교 성적이 나쁜 학생이 학부모들의 성화에 따라 이루어진 것이다.14)

한국의 헌법사에 정통한 헌법학의 원로는 "평준화 정책"이라는 정책의 등뼈가 어떻게 한국의 역사에서 등장했는가를 증언하고 있는 것이다. 물론 이 정책이 거론되고 형성되고 통용될 당시는 정부가 이를 추진하고 있었기 때문에 또한 더 솔직하게 말한다면 집권 세력이 그들 집권의 정당화를 꾀하기 위해서 밀어부친 것이었기 때문에 어떤 이유로든 공개적으로 반대한다는 것은 집권 세력에 반대한다는 것이고 결국은 반정부가 되는 것이었다. 평준화 정책이 한국역사에 나타난 배경을 성찰할 수 있는 사람들은 (그 정책 형성의 동기와 과정과 정책수행의 전기간동안 환경이 되었던 정치상황과 입헌주의의 상황을 반성한다면) 결코 어떤 정책이―프리드리히 니체의 제목대로 "선악을 넘어서"―의외로 선한 열매를 맺는다고 증언할 수 없게 된다. 악의 꽃이 선한 열매를 맺는다는 것은 긴 역사의 과정에서 있을 수 없는 일이라는 것을 알게 된다. 선악의 구분을 넘어서, 누이 좋고 매부 좋고 다 좋다라는 것은 실존주의도 아니요, 세기말의 허무주의에 불과하다는 것을 알게 된다. 그렇다

---

12) 같은 사람, 같은 책, 같은 장 p.301
13) 같은 사람, 같은 책, 같은 장, p.298
14) 같은 사람, 같은 책, 같은 장 p.306

면 자유화 민주화 이후의 교육정책의 똑같은 등뼈였던 평준화 정책의 동기는 어떠한가?

과거 정권에서는 00대학 등 명문대학 출신이 관계를 지배해 왔다고 하여 그 발발로 00대학교 폐지론을 들고 나왔고, 장차관 등 임명에서도 사립대학이나 지방대학 출신을 임명하는 경향이 높아졌다. 그 동안 00 대학교 망국론을 떠벌이면서 대학의 평준화 정책을 펴 온 정치인과 관료들이 많았는데 그들의 정책이 성공 단계에 왔다고 하겠다.[15]

저자의 기본적인 입장은 5. 16군사 쿠데타의 연장인 유신 이후 평준화 정책이 나타났고, 4공화국 5공화국 6공화국을 거쳐 기이하게도 자유화와 민주화에 의해서 권위주의 시대의 정책을 벗어날 줄 알았던 문민정부와 국민의 정부에 있어서도 평준화 정책은 계속되거나 오히려 강화되었다는 입장이다. 이런 입장은 미시적인 과학주의나 혹은 통계 처리된 교육학적 연구 방법으로 검증될 일이 아니다. 역사적 분석으로서 말하자면 헌정사나 헌법 사회학 또는 역사 사회학의 거시 분석으로만 가능한 입장이라 하겠다.

2. 고교평준화를 위한 무시험추첨입학제의 헌법적 평가

고교평준화에 대한 헌법적 평가에 대해서 지금까지 제시된 의견은 대부분 위헌론의 입장에 선 것이며 합헌론을 찾기는 쉽지 않다. 위헌론의 핵심은 학생 개개인의 지적 능력과 개성, 적성이 차이 그리고 생활 관계의 다양성을 무시하고, 교육감이 근거리 통학이라는 명목하에 고등학교를 강제 배정하고 있는 현 고교평준화 제도는 학생, 학부모의 학교선택권과 학교의 학생선발권을 박탈함으로써 헌법이 보장하

15) 같은 사람, 같은 책, 같은 장 p.300

고 있는 교육 기본권의 본질적 내용을 침해하고 있다는 것이다.[16]

이 발제자는 위헌론의 근거로서 첫째, 헌법 전문의 취지에 반한다는 것이다. 헌법의 교육 이념은 '절대적 평등'이 아니라 상대적인 '교육의 수월성'을 추구하고 있다는 것이다. 모든 국민의 생활 수준을 「평준화」하고 「일원화」하려는 것은 우리나라 사회의 비정상적인 과열현상이며 그 기반에는 획일적 평등주의의 강조가 있다고 한다. 그리고 그 이유는 자유와 평등의 관계를 잘못 이해한 데서 온다고 한다.[17]

3. 잘못 된 평등주의의 출발; "자유와 평등은 선택적이다".

서평 필자가 관찰하기에도 제4공화국 이후의 한국사회의 기조 중에서 잘못된 평등주의의 강조가 지적되어야 한다고 생각한다. 또한 이런 이유 중에 하나가 자유와 평등을 대립관계나 모순관계로 보는 헤겔 이후의 관념론적 국가관이 자리하고 있다고 본다[18]. 자연적이며, 절대주의적

---

16) 허종렬, 발제문「고등학교 입학전형 방법과 절차 관계 법령의 헌법적 평가」, 서울대학교 BK21 법학연구단 공익인권법센터 주최 2002년 제2차 학술세미나, 『고교 평준화를 위한 무시험진학제의 인권법적 검토』, 서울대학교 법과대학 근대법학교육 100주년기념관 소강당, 2002년 6월 11일.
17) 위의 사람, 위의 글, p.7
18) 극히 개괄적으로 얘기 한다면, 특히 1970년대부터, 한국의 헌법 학계에, 다시 영향력을 갖기 시작했던 비스마르크 이후의 도이칠란트의 국가학 전통을 상기하게 하는 국가 철학의 예를 조심 스럽게 들 수 있다. 1871년 비스마르크 헌법 이후의 도이칠란트는 빌헬름 프리드리히 황제의 제한적 입헌 군주제로써, 위로부터의 산업화, 위로부터의 관료 조직화, 위로 부터의 국가주의의 방식에 의해서, 부국강병과 국가 통일을 꾀하고 있었다. 이러한 국가주의에 걸 맞는 이데올로기가 '절대 정신의 구현자'로서의 국가를 고무하는 헤겔의 국가 철학이라고 해석 할 수 있다. 변증법이라고 불리우는 헤겔의 역사 철학은 보기 드문 거대 이론 중의 하나인데, 자유와 평등을 역사 변동에 있어서 갈등 관계로 본다. 한국의 경험에서 얼핏 생각하면 대단히 맞는 소리 같아서 역사에 대한 성숙된 관점이 없는 지식인들이 잘 빠져 들곤 했다. 그러나 헤겔의 역사철학 역시 그 시대의 산물이며, 프로이센 제국이라는 역사적 맥락이 투사된 것으로 볼 수 있다. 이런 류의 선

제1장 헌법과 교육 ❖ 449

이 아닌 정부가 이끄는 나라의 역사[19]는 "평등은 항상 자유를 전제로 해서 이루어졌다". 이에 반해서 위로부터의 근대화나 절대주의적 방식에 의한 국가건설의 나라에서는 평등과 자유는 상호 갈등하고 모순하는 경험을 가져왔다. 한국의 헌법학의 어떤 시절의 텍스트에서는 자유주의적 자연법이 역사의 법칙이 된 나라와 사회의 경험을 송두리째 빼버리고, "철과 피"에 의해서 즉, 근대라는 시점에 있어서도 절대주의적 자연법에 의한 제한군주제의 관료에 의한 근대화와 산업화라는 역사적 배경에서 나온 국가관을 배경으로 한 국가이론, 정부이론을 강조해왔다. [결과는 항상 자유와 평등을 특정 시점이나 특정 정책에 있어서는 선택적인 것으로 취급하는, 그 경향에 있어서 전체주의적으로 흐르기 쉬운 방향으로 형성되어왔다. 최근 젊은 학자들이 다음과 같이 얘기할 때 이제 한국의 헌법학도 세계사의 주된 교훈을 받아들이고 앞으로의 한국사회의 법과 정책에 참조할 것으로 기대된다.

즉, 「자유 속의 평등」이어야지 「자유 대신에 평등」은 아무런 의미가 없다.[20]

헌적 철학의 헌법학적 의의에 대해서는, 김 철, "포스너의 헌법학 방법론 소개 (1)", 111쪽 『헌법학 연구』 제8권 제 1호 2002. 4. 한국헌법학회 또한 김 철, 『법 제도의 보편성과 특수성 』1994 Myco. Int'l. 서울
19) 1215년 권리장전 이후의 영국의 헌정사의 경우. 특히 1648년 청교도 혁명의 경위를 충분히 음미한 한국의 헌법학적 연구는 찾아보기 힘들다. 오히려 정치사의 경우 연구가 있지 않을까 생각 된다. 한국의 지금까지의 헌법학이, 기조가 되는 역사적 배경의 연구를 하지 않고, 특정한 나라의 기성 학자들이 "자신들의 입장에서 본, 해석 작용을 거친 이차적 소재"에서 추출한, 특정 국가의 특정 시대의 국가 이데올로기로서의 국가주의적 색채가 짙은 "일반 이론"을 수입하여 이론화 하여 왔다고 볼 수 있다. 참조 김 철, 위의 책, 또한 김 철, 『시민과 정부의 법』 Myko. co. 서울. 1993
20) 이석연, 『현 고교평준화 제도의 위헌성』 2002년 4월 11일 '자유기업포럼', 허종렬, 앞의 논문에서 재인용.

4. 잘못된 평등주의21); "능력에 따른 합리적 선별도 평등에 반한다."

또 다른 이유로 들 수 있는 것은 평등의 원칙에 반한다는 것이고, 교육에서의 평등은 능력에 따른 차이를 인정하는 상대적 평등이라는 것이다. 모두 똑같이 다루는 것은 평등이 아니라는 것이다. 고교평준화 정책은 이러한 상대적 평등, 다룰 가치가 있는 진정한 평등에 반한다는 것이다. 세 번째 이유로 드는 것은 모든 국민이 배우고 가르치고 교육시킬 권리는 교육 기본권이고 헌법 제10조에 행복추구권의 내용이라는 것을 헌법재판소가 받아들였다는 것이다. 따라서 생활 관계의 다양성 그리고 능력과 적성 및 개성을 중시하여 교육 정책을 입안 시행하라는 헌법의 정신을 무시하고22) 획일적 평등주의, 하향식 일원화로 나가고 있는 고교

---

21) 법 앞의 평등의 문제는 헌법적 토픽중에서는 가장 고전적인 주제이다. 그러나 지금까지 한국의 헌법학계가 다루어온 방식은 대표적으로는 "같은 것은 같게, 다른 것은 다르게"라는 그리스 철학 이후의 너무나 당연한 공리에 근거한 것이다. 산업혁명이후, 더욱이 사회적 계층화가 급속히 진행된 현대 즉, 제1차대전과 제2차대전 이후의 법 앞의 평등의 문제를 다루는 준비자세로서는 고전 그리스 철학의 공리를 보다 더 세련화 시키지 않고는 불가능할 것이다. 우선, 평등의 문제가 생기는 사회적 배경으로서 갖가지 계층의 문제를 직시해야 될 것이다. 한국의 헌법학은 그 도구로서의 개념으로 사용하고 있는 것이 극히 한정되어 있다. 그렇지 않다면 빈부뿐 아니라 문화적 격차, 교육에 있어서의 격차 같은 새로운 문제들이 평등의 문제를 야기시키는 것을 간과하게 될 것이다. 또한 법 앞의 평등의 문제는 그것의 형식적인 적용을 넘어서는 것이, 한국사회에 널리 퍼져있는 상대적 박탈감을 적게 하는데 도움이 될 것이다. 최근의 교육의 문제, 교육 개혁의 문제는 제도의 문제이기도 하고, 보다 더 근본적으로는 사회전체에 깔려 있는 국민정서 중 "차별받고 있다는 감정", 즉 상대적 박탈감을 이해하지 않으면 언제까지나 꼬리에 꼬리를 무는 문제의 순환에 그치게 될 가능성이 높다. 한국민의 상대적 박탈감에 대해서는 참조, 김 철 "사회적 차별의 심층심리학적 접근"『정신분석학과 우리 사회』한국사회이론학회지 제20집 2001. 가을 / 겨울호.
22) 헌재 2000. 4. 27 선고 98헌가16 등, 이른바 과외금지규정 위헌결정, 재인용 허종렬 위의 발표문 p.8

평준화 제도는 청구인들의 헌법상 보장된 행복추구권도 침해하고 있는 것이라 한다.23) 더해서 헌법재판소는 학부모의 자녀에 대한 교육권의 일환으로 자녀를 어떤 학교에 보낼 것인가를 결정하는 학교선택권을 가지고 있다는 점을 밝혔다.24) 또한 위헌의 이유로 들 수 있는 것은 헌법 제31조 4항에서 다른 나라의 헌법에 그 유래가 없는 교육의 자주성, 전문성, 정치적 중립성과 대학의 자율성을 보장하고 있다는 것이다. 더 나아가서 교육 기본법에서는 교육이 어떠한 정치적 파당적 또는 개인적 편견의 전파를 위한 방편으로 이용되어서는 아니됨을 선언하고 있다(제6조 1항). 그럼에도 불구하고 우리처럼 교육의 자주성과 전문성, 학교 운영의 자율성 등이 정권적, 관료주의적 차원에서 훼손되고 있는 나라는 없다. 그런 점에서 국회나 교육인적자원부의 고등학교 입학방법 및 절차에 대해서 지나친 간섭을 하고 그것을 가능하게 하는 각종 교육관계 법령을 재개정하는 것은 역시 교육의 자주성과 대학의 자율성을 보장한 헌법 정신에 위배된다고 한다.25)

이와 같이 최근의 헌법학계와 헌법재판소의 판례는 일치하여 지난날의 교육정책의 등뼈 역할을 했던 고교평준화 정책을 비롯한 이른바 평준화 교육 정책에 대해서 위헌의 판단을 내리고 있는 것이다. 이런 한국사회의 최근의 맥락에서는 김철수 교수의 평준화 정책에 대한 비판이 이해되어질 수 있다고 생각한다.

---

23) 이석연, 위의 발표주제, 허종렬 위의 글에서 재인용.
24) 헌재 2000. 4. 27 선고 98헌가 16 등, 이른바 과외금지규정 위헌결정, 허종렬 위의 발제문에서 재인용.
25) 이석연, 위의 발표주제, 허종렬 위의 발제문 중에서 재인용.

5. 인기위주의 교육정책

이 책의 저자가 평준화 정책과 함께 맹렬한 비판의 대상으로 삼는 것은 인기위주의 정책이다.

> 그 동안 대학교육의 보편화라는 인기 영합정책에 따라 대학이 지나치게 많이 인가되어 일부 지방대학은 학생정원의 반도 채우지 못하고 있다.[26]
> 개혁성향의 교육자와 명문 우수 고등학교에 대한 부정적인 평가를 서슴치 않는 정치인들이 교육평준화를 역설해 왔다……명문학교들이 한국을 망친 것으로 인정하는 군사엘리트와 인기 영합주의에 급급한 정치인들이 학교의 붕괴를 가져왔고 교육의 수월성을 파괴했다.[27]

즉 이 책의 저자는 권위주의 시대에는 군사 엘리트가, 그 이후에는 인기 영합주의에 급급한 정치인들이 학교의 붕괴를 가져오고 교육의 수월성을 파괴한 무모하고도 몰역사적인 교육정책의 주범이라고 지목하고 있다. 이 평가가 정당한가 어떤가는 미시적인 실증주의나 짧은 기간동안 타당한 현상에 대한 실증적 분석으로는 해답이 나오지 않을 것이다. 적어도 1960년대 이후 약 40년 이상의 한국의 사회 경제사와 제도사 그리고 교육사에 대한 장기적인 성찰을 통해서만 가능할 것이다[28].

---

26) 김철수, 위의 책, 제5장 제3절 1. 대학교육개혁 p.313
27) 같은 사람, 같은 책, p.298
28) 이 문제에 대해서는 여러 가지 문헌이 있을 수 있으나, 최근 발표문으로서는 참조, 김 철 "최근의 정부 개혁조치를 어떻게 볼 것인가?-법사회학적 조망" 『한국 사회이론 학회』 2002. 3. 월례발표회 발표문, 연세대학교 알렌관. 특히 발표문 중, 본론 (2) 한국 현대사의 개혁 A. 군사정부시대(제3공화국-제6공화국)의 개혁 개관 B. 군사정부시대의 대학 개혁의 출발 C. 민정 이양 이후의 개혁 D. 민정 이양 이후의 교육개혁 E. 민정 이양 이후의 시장경제와 교육과의 관계 F. 민정 이양 이후의 교육개혁 모델 G. 민주화의 반성. 또한 참조 발표문 중, 결론 5. "경제와 법"의 충돌-한국에 있어서의 개혁의 문제 (1) 경제지상주의와 그 지속적인 영향 (2) 국민의 정부 (1998년 성립)의 개혁-구조조정과 관련된 문제 (3) 개혁 방법론으로서의 경제분석과 한국에 있어서의 의미.

6. 민주주의와 인기

역사적으로 이상적인 민주주의를 추구했던 많은 선례가 있다. 한국 헌법학에서는 지금까지 너무나 현대의 국적별로 구분된 헌법론에 몰입해왔다. 따라서 나라만 달라지면 컨텍스트가 달라지는 이해와 대화의 맥락이 끊기는 분절화 현상을 보여왔다. 이른 바 비교법적 방법으로 불리우는, 즉 현대의 여러 나라의 제도를 평면적으로 배열하는 방식도 최소한의 공통점을 보여주는 장점임에도 불구하고, 별다른 영향을 가지지 않아 왔다. 비교법적 방법이라는 것도 그 연구의 범위에 드는 여러 나라의 제도의 역사적 발전의 단계에 대해서, 그리고 그 원동력에 대해서 피상적이 아니라 내부에서 움직여 왔던 역사적 에너지와 그 방향에 대해서 통찰력이 없고서는 기계적이고 평면적인 제도 비교에 불과하게 된다. 최근의 한국에 있어서의 여러 나라의 헌법 제도 연구가 도이칠란트, 프랑스, 잉글랜드, 아메리카, 일본, 그 밖에 들 수 있는 모든 가능한 컨텍스트의 텍스트를 다룰 수 있는 학자들의 역량에도 불구하고, 가장 근본적으로는 기저에서 움직이는 역사적 형성력이나 각 나라의 단계를 알지 못했기 때문에 한국의 기본적인 문제에 대해서 여전히 해결의 시사력을 주지 못한 감이 있다. 말하자면, 학자들의 현학적이고 단편적인 지식은 때로는 저널리즘을 통해서 대중에게 부분적이고 편린에 그치는 지식의 소개에 그쳐왔다. 문제는 한국이라는 사회, 한국이라는 국가공동체에서 상당한 기간동안 풀리지 않고 기본적인 문제로서 남아있는 핵심적인 함정에 대해서, 어떤 다른 문명에 있어서도 어떤 시대에 있어서 컨텍스트는 달라도 치명적인 문제로서 작용했다는 자각이 비교법적 연구에 전제되이야 한다는 것이다. 또한 헌법제노의 특수성과 보편성의 문제에 대해서 균형있는 판단을 할 수 있을 정도의 기본적 소양과 '철학적 능력'이 전제되어야 할 것이다. 문명 사회의 지성인이나 그들이 영향을 미치는 한도 내에 있어서의 정책 입안가들에게 필수적인 이런 점을 새삼스럽게 논하는 까닭은, 최근 한국의 교육정책의 '인기위주의 오리엔테

이션'이 이제는 위험수위를 지나고 있다는 '헌법과 교육'의 저자의 판단에
좀더 상세하고 구체적인 설명을 덧붙이기 위해서이다.

　저자 김철수 교수는 '인기위주의 교육정책'이라고 단순화된 어법을
쓰고 있다. 한국에 있어서의 인기 영합에 의한 정책결정이나 입법 또는
개혁은 그 역사가 길다[29]. 이 문제의 보다 근본적인 연관은 민주주의의
기본적 출발부터 생각할 수 있다. 즉, 민주주의의 잘 알려진 결정방식의
첫 번째 특징은 누구나 인정할 수밖에 없듯이 다수결이다. 초등학교 반장
을 뽑을 때부터 시작하는 이와 같은 민주주의 훈련이 다른 축(軸)이 없
이는 먼길을 갈 수 없는 수레가 되는 것을 한국의 민주주의 체험은 종종
잊어 왔다. 이 문제를 법학자들은 간단히 민주주의란 법치주의를 전제로
해야 된다라고 교과서에 쓰인 대로 되풀이 하나 최근 한국의 사정에 있
어서는 사법부를 제외하고는, 어떤 경우에는 심지어 행정부에게조차도
별로 설득력이 없다는 것을 한국인이면 누구나 알고 있다. 법 철학자들은
보다 더 단순화된 표현을 사용하는데, 다수결로 하더라도 어떤 규칙이 없
이는 그 다수결은 항상 불안정하고 변덕스러우며, 좋은 시절에는 누구나
좋은 결정을 뽑아낼 수 있지만 그렇지 않은 경우에는 항상 극단적인 선
동에 움직이기 쉬우며, 때로는 민주주의 자체를 파괴할 수 있는 힘으로도
작용할 수 있다는 것을 강조한다[30]. 역사적 사례로써 들 수 있는 것은
BC 5 세기 전후의 아테네의 경우이다.

---

29) 한국현대사의 개혁에 있어서의 대중적 인기의 문제에 대해서 참고: 김철 저,
　　'최근의 정부 개혁조치를 어떻게 볼 것인가? – 법사회학적 조망', 『한국 사회이
　　론 학회 2002년 3월 월례 발표회 발표문 요지』, 연세대 알렌관, 2002년 3월
30) 민주주의와 다수결의 문제의 최근의 대중 문화적 전개에 대해서는 참조:
　　Ronald Dworkin, 'Television & Democracy', Law, Philosophy & Social
　　Theory, 1995 NYU law school

 제2장 법과 영화

Ⅰ. 들어가면서

안경환 교수의 『이카루스의 날개로 태양을 향해 날다-안경환의 법과 영화 사이-』가 출간되었다. 이 책에 실린 글은 2000년 4월부터 1년에 걸쳐 동아일보와 동아닷컴에 "법과 영화 사이"라는 제목으로 연재한 것을 책의 편제에 맞게 보완해서 새롭게 탄생시킨 것이라 한다.[31] 현직 법학교수가 법과 영화에 관한 글을 쓰는 것은 이유가 있음직하다.

"문학 작품 속엔 사회가 반영되어 있다. 그래서 문학 작품을 일러 흔히들 '사회적 텍스트'라고 부른다. 문학이 그린 사회상에는 당대의 공적(公的)텍스트인 법이 반영되기 마련이다. 그래서 문학 작품을 총체적으로 이해하기 위해서는 '법과 문학'이라는 지적 작업이 필요한 것이다. 문학과 함께 영화가 세상을 '읽는' 새로운 텍스트로 등장한 후로는 '법과 영화'라는 담론이 가능힐 것이나."[32]

영화 미디어는 활자 미디어와 비교할 때 뜨겁고 높은 대중성을 특징

---

31) 책을 내면서 p.4
32) 책을 내면서 p.4

으로 한다. 법의 문제 또는 헌법의 문제는 현상이 아무리 뜨거워도 뜨거운 상태로는 다룰 수 없는 면이 있다. 즉 법의 전문성의 문제이다. 냉정한 주제를 뜨거운 미디어로 다룬다는 것은 보통의 재주가 아니다. 여기에 대해서 안 교수는 이와 같이 말한다.

"미국이야말로 법의 전문성과 대중성이 동시에 확보된 나라이다. 이 책에서는 영상으로 본 미국법의 모습을 전하는데 주력했다……시대의 거울인 영화를 총체적으로 이해하는데는 나름대로 도움이 되리라 믿는다. 진정한 국민주권, 인권보장, 배심제도, 사법심사 등 미국법의 진수를 이해하는 것은 영화의 재미를 배가할 것이다."[33]

책의 순서를 소개한다. 전부 6개장으로 나뉘어져 있고 제 1장의 주제는 시민종교로서의 헌법, 시민에 의한 판결이다. 제 2장은 미국 사회의 소수자를 위한 법이다. 제 3장은 미국 사회를 들여다보기, 다양성의 포용이다. 제 4장은 법이 눈감은 진실, 법이 말하는 진실이다. 제 5장은 당대의 과오를 성찰하고 해부하는 법률가이다. 제6장은 수치스런 과거 역사의 심판과 한 사람의 힘이다.

안 교수가 이 책을 만든 기본적 동기는 프랑스 역사학자 마르크 페로(Marc Ferro)가 『역사와 영화』라는 책에서 제시하는 논의와 관계가 있다.

영화가 당대 역사관의 거울이라고 보는 페로는 미국영화가 보여주는 역사관이 네 가지 층위로 나뉜다고 한다. 첫 번째는 영화 등장 이전의 프로테스탄트적 기독교 이데올로기이고, 두 번째는 19세기말의 남북 전쟁의 이데올로기이다. 이어서 미국이 제1차 세계대전에 참전한 1917년

---

33) 책을 내면서 p.4

부터 제2차 세계대전까지의 세 번째 층위를 이루는 역사관은 '인종의 용광로'와 국민적 화합의 이데올로기에 기초해 있다. 그리고 이러한 자족적인 이데올로기는 그후 앵글로 색슨계 백인 지배 체제로부터 소외되어 있던 인종적·성적·종교적 소수자 집단들의 집합체인 '샐러드 그릇 이데올로기'라는 대항적 역사관으로 대체되었다.34)

II. 아메리카의 시민종교

아메리카의 시민종교 논의는 헌법학도에게 흥미 있는 주제를 제공한다.

서구역사에 있어서 종교 및 종교 개혁 운동은 그 예언적인 성격 때문에 역사적으로 노예제의 폐지, 평등권의 확보, 그리고 복지법의 촉진과 같은 법 개혁을 유효하게 하는데 극단적으로 중요한 역할을 계속하였다.35) 반면에, "의심할 나위없이 이미 조직화된 종교는, 그 결과가 어떻게 되든 간에 기존상태 옹호를 계속하였다."36) 19세기에 있어서 그리고 20세기에 있어서 더욱 더 그러한데, 전통적인 종교는 개인적이며 사적인 일의 수준으로 점차로 환원되어 갔으며, 법 제도나 법규범의 발달에 공식적인 영향을 끼치지 못하게 되어갔다고 한다.

반면에 다른 신념 체제들–새로운 세속 종교들(즉 '이데올로기'나 '–主義' 같은 것)은 열정적인 신앙 수준에까지 높여져서 이러한 세속 종교를 위해서는 사람들이 기꺼이 죽을 준비가 되어 있기도 하고, (더욱 어려운 길로서) 새로운 삶을 살려고 한다는 것이다.

새로운 세속종교를 위해 무대를 열어준 것은 아메리카 혁명과 프랑스

---

34) 같은 책 제1장 첫 번째 스미스씨 워싱턴에 가다. p.11
35) 헤롤드 버만과 김철, 『종교와 제도–문명과 역사적 법이론–』, 민영사, 1992, p.101
36) 같은 사람들, 같은 책, 같은 면

혁명이었다. -즉, 그 전에는 가톨리씨즘과 프로테스탄티즘의 다양한 형태로 표현되었던 종교 사상과 종교 심리적 에너지들이 세속정치 및 사회운동으로 쏟아 부어졌다는 것이다.[37]

실상 18세기 말과 19세기에 걸친 훌륭하고 큰 혁명적 마음-루소나 제퍼슨과 같은 사람-에게 종교적인 점은 신에 대한 그들의 신앙이 아니라 인간, 개별 인격으로서의 인간, 인간의 천성, 인간의 이성, 인간의 권리에 대한 신앙이었다. 계몽사상으로부터 분출한 정치·사회철학은 종교적이었다. 왜냐하면 이러한 철학이 궁극적인 의미와 신성함을 개별 인격의 마음과 국가에게 돌렸기 때문이다.[38]

아메리카의 시민종교는 이와 같은 배경으로 성립된 것이다.[39] 여기에 있어서 종교는 벌써 특정한 종교적 전통만을 의미하지 않고, 아메리카의 주류 종교전통에서부터 기원한 시민적 신조와 믿음 등을 가리킨다. 프로테스탄트적 기독교 이데올로기와 남북전쟁을 가능케 한 평등주의적 이데올로기, 그리고 '인종의 용광로'와 '국민적 화합'의 이데올로기는 모두 미국 시민 종교의 교리를 구성하는 신념들이다.[40]

여기서 한국의 지식인들이 새삼 알 수 있는 것은 아메리카에 있어서의 종교의 자유는 이제 역사상의 문제가 아니라 현대에 있어서도 시민 종교의 성립을 가능케 하고 유지하게 하고 발전시키고 있다는 것이다.

시민종교는 국가를 초국가적 가치에 종속시키면서 현실 비판적인 예언자적 역할을 담당하는 이상주의를 특징으로 한다. 링컨과 남북전쟁이 그렇게 중요한 지위를 부여받는 것은 이 때문이다.[41] 시민 종교의

37) 같은 사람, 같은 책, p.101, 102
38) 같은 사람, 같은 책, p.102
39) "미국의 시민 종교"(Civil Religion in America)라는 이름을 처음으로 붙인 논문이 나온 것은 Robert N. Bella. "Civivl Religion in America". Daedalus, 1976년 겨울이다.
40) 안경환.『이카루스의 날개로 태양을 향해 날다』. 효형출판. 2001. p.23
41) 같은 사람, 같은 책. p.23

이념을 처음으로 부각시킨 버클리 대학의 로버트 앤 벨라(Robert N. Bella)는 여기에 근거해서 미국의 시민종교가 미래에 도래할 '세계 시민 종교'의 일부가 되기를 희망한다.42) 그러나 만약 시민종교가 "이상주의"를 상실하게 되면 '종교적 민족주의'로 변질되어 벨라의 표현처럼 '깨어진 성약(聖約)'이라는 상황이 빚어진다. 즉 '순응적 역사관'이라고 할 수 있는 것이 된다고 한다.43)

『이카루스의 날개로 태양을 향해 날다』의 저자 안경환 교수가 그의 책 제1장을 시민종교로서의 헌법, 시민에 의한 판결이라는 제목으로 시작하고, 루소, 뒤르켕, 토크빌 등의 견해를 배경으로 제기된 것을 사회학자 로버트 벨라의 '시민종교 테제'라고 소개하고 있는 것은 이 책의 전 내용의 정신을 미리 서술하고 있다고 보여진다. 또한 그는 헌법학자 레빈슨(Sanford Levinson, 1941~)의 『헌법적 신앙(Constitutional Faith)』(1998)을 인용하고 헌법숭배와 종교신앙 사이의 유사성에 기초해서 아메리카의 헌법해석 논쟁을 이해하는 흥미로운 관점을 제시했다.44) 이로써 저자는 '법과 영화사이'라는 부제가 설명하듯이 영화미디어를 저술의 대상으로 삼은 이유를 법학자로서 정당화시킨 듯하다.

Ⅲ. 헌법학적 사유(思惟)의 소재(素材) – 텍스트와 콘텍스트, 규범과 맥락

무엇을 법학적 사유 또는 헌법학적 사유의 소재로 볼 것인가?

---

42) 로버트 앤 벨라에 대해서는 박영신. 『사회학 이론과 현실인식』, 민영사. 1992 p.369-419 이 책의 제 10장이 역사적 대화: 벨라의 탈사회학적 관심 세계로 편성되어 있다.
43) 안경환, 위의 책, p.23
44) 안경환, 같은 책. p.22

헌법학의 소재는 무엇인가? 재빨리 헌법 규범이라고 대답할 것이다. 그러면 헌법 규범은 어디에서 생겼는가라는 문제는 제외 되어야할 것인 가? 어떤 나라의 헌법을 연구하면서 그것의 형성과 발전과 변화를 어디 에서 찾을 것인가? 그 나라의 역사에서 찾는 수밖에 없다. 그것이 1930 년대의 역사이든 1940년대의 역사이든 혹은 2차 대전 후 1948년의 역 사이든, 또한 역사라도 역사적 맥락(脈絡이 콘텍스트 이다.)이 분명해야 한다. 언제 이야기인가? 계몽군주가 가부장적 권력을 휘두르던 1918년 이전의 이야기인가? 또는 1차 대전 종전 이후 1919년부터 언제까지의 이야기인가? 또는 유럽 대륙 전역에 걸쳐서 전체주의적 분위기가 시작 되던 1930년대의 이야기인가? 나치즘도 그 초기에는 아메리카 청교도 들의 찬사와 기대를 받았다. 폴란드를 무력침공하기 직전까지도 영국의 챔벌레인은 히틀러야말로 유럽 평화를 정착시키는데 불가결한 인물이라 고 평가했다. 언제 시점의 역사적 소재인가? 더하여 특정한 외국 학자 를 신성하기보다도 어느 사회나 따르기 마련인 학문하는데 있어서의 시 대적 고뇌와 집단주의적 압력 같은 것을 고려하는 것이 좋을 것이다. 법학적 사유를 하는데 있어서 특히 전문학자의 경우에 있어서 맹목적인 순수 규범 제일주의나 대국주의 또는 사대주의에 빠지지 않는 자기 절 제와 인내가 필요하다고 할 수 있다.

본 서평의 대상이 되는 『이카루스의 날개로 태양을 향해 날다』는 물 론 본격적인 학문적 저작이 아니다. 이미 밝힌 대로 일간신문에 연재된 짧은 에세이를 모은 것이다. 그런데 법과 문학의 연재에 이어서 법과 영화라는 일견보다 더 대중적인 형식으로 나아간 것은 어떤 이유일까?

법학도들과 법학적 토픽을 얘기해 보자. 예를 들어 표현의 자유를 얘 기할 때, 또는 법 앞의 평등의 문제로서 차별금지 사항을 토의해 보자. 한국의 모범적인 법학도들은 그들이 이미 익숙한 항목과 사항을 차례로 이야기한다. 다음에 이 항목과 사항을 가지고 문제 해결에 나아가거나,

다른 케이스에 적용하려고 해보자. 곧 알 수 있는 것은 한국의 법학도는 개념과 사항의 암송에는 능숙하나 문제 해결을 위해서 알고 있는 개념을 적용하는데 현저한 어려움이 있다. 왜 그럴까? 개념 법학도 장점이 있을 것이다. 그런데 그 개념을 학습할 때 조차도 어떤 헌법 개념은 역시 어떤 역사적 소재에서부터 전개된 것이지 어떤 학파나 학자의 순수이성에서 만들어진 것은 아니라는 것을 알 수 없다. 기본권의 대사인적 효력이라 할 때 그 의의나 학설을 재빨리 설명하는 것보다 더 오래 가고 문제 해결력이 있는 것은 어느 때, 어느 경우에, 왜 이런 문제 의식이 생겨났으며, 그 개념 자체가 어떤 목적을 위해서 형성되었는가를 아는 것이 오랫동안 도움이 될 것이다.

그런데 인문 사회과학의 꽃이라고 할 수 있는 법학을 가르치기 위해서 법학적 사유의 소재 문제를 논의하다가 이윽고 의외의 사실에 놀라지 않을 수 없다. 생리학과 병리학 그리고 해부학은 생물학과 물리학, 화학 같은 기초 자연과학을 전제로 해서 가르쳐지는 것이다. 내과든 외과든 안과든 정신과든 모든 임상 의학은 생리학과 병리학, 해부학, 혈액학과 같은 것을 전제로 해서 가르쳐지는 것이다. 20살 짜리 내지 21살 짜리 한국의 대학생이 오스트리아 역사, 도이치의 일차 대전 전후사, 바이마르 공화국의 정치·경제사를 들어볼 기회가 있었다면 그것은 아마 특이한 배경일 것이다. 하물며 도이치의 보편적이기도 하고 특수성도 있는 제한적인 법치주의를 이해하기 위해서 단 몇 줄이라도 도이치의 정치·사회사를 공부한 적이 있을 것인가? 그런데 놀랍게도 한국의 헌법학의 지금까지의 어떤 태도는 도이치 정치사, 경제사, 정신사, 사회사의 마지막 결정체인 도이치 헌법 규범으로 똑바로 들어가서 법학 논리로서 설명하려고 한다. 도이치 대학생은 물론 김나지움 시대 때 당연히 도이치 역사, 도이치 문화 그리고 일반사회에 해당하는 정치와 경제시간에 도이치의 고유하고도 자랑할 만한 사회 생활을 배울 것이다. 아비

투어라고 불리는 고교 졸업 자격시험을 치고 그 중에도 우수한 사람이 대학 법학부에 입학할 것이다. 라틴어까지 가르치는 김나지움의 교과과정은 대학교육의 전제조건이고 따라서 20대 초반의 학생이 도이치 헌법학을 배우는데 아무런 지장이 없을 것이다.

필자가 학생들과 법적 주제 또는 헌법적 주제에 대해 토론하기 위해서 이야기의 실마리를 자연스럽게 끄집어내는 여러 시도를 해 보았다. 유럽이나 아메리카에서 다소의 유연한 강의 방식은 법적 주제를 끄집어내기 위해서 이미 수강자들이 친숙한 화제, 즉 넓은 의미의 문화적 화제로 시작한다. 눈앞의 정치적 화제는 불안정한 사회에서는 피하는 것이 교육 효과면에서 요구되기 때문이다. 무엇이 문화적 화제인가? 되도록 문화적 원형(原型)이 담긴 오래 기억해도 좋을만한, 쉽게 말해서 명작이나 현대의 고전에 속하는 것들을 인용한다. 따라서 법과 문학은 어느 경우에나 모든 법학적 화제의 출발이 된다. 20세기 후반을 통틀어서 가장 새롭고도 넓은 영역을 개척한 포즈너(Richard A. Posner)는 그의 『법과 문학』(Law and Literature – A Misunderstood Relation)에서 다음과 같이 헌정(獻呈)하고 있다.[45]

나에게 문학의 즐거움으로 이끌어준 어머니에게 그리고 내가 법과 대학을 가도록 격려한 나의 아버지에게 이 책을 바친다.

서평의 대상이 되는 『법과 영화사이』의 저자 안경환 교수는 6년 전에 『법과 문학』을 출간한 적이 있다. 6년 이후에 문학은 영화로 바뀌었는데 여기에 대해서 안 교수는 마르크 페로의 예를 들어서 "문학은 영화의 전사(前史)에 불과하다."[46] 라고 한다.

---

45) Richard A. Posner. Law and Literature – A misunderstood Relation, Harvard University Press, 1988 헌사부분
46) 안경환, 같은 책, 책을 내면서 p.4

역사가 그러하듯 현실과 실상이 담론을 앞선다. 즉 최근의 법학도는 넓은 의미의 문학, 특히 서양사에서 원형이 될만한 문학에는 멀고 영화에 더 가깝다. 솔직히 얘기하면 1990년 이후 세기말의 상황에서 3차 산업 특히 오락산업(Entertainment Industry)의 산업구조 내에서의 비율이 커지면서 자라나는 세대는 일상적으로 오락 산업의 자장(磁場)안에 놓이게 되었다. 몇 사람의 대학생을 모아서 아무런 주제 없이 얼마쯤 지나면 영화 얘기부터 시작할 것이다. 이들이 입는 옷, 행동거지, 취미, 쓰는 말, 그리고 미의식, 심미감 뿐만 아니라 인간관계의 기본조차도 영향을 받고 있다.

법학적 논의를 시작할 때 명작이나 고전 문학으로 시작하는 것이 힘들어지면서 문학적 소재를 기초로, 3차 산업의 주체가 다시 각색한 영화로 시작할 수도 있는 것이 그간의 사정이다. 고답적인 인문주의자나 비교문학자들도 재빨리 영화라는 매체, 영상 언어에 주목하게 되었다.

안경환 교수는 이미 6년 전에 『법과 문학』을 출간하여 법학자나 법학도가 법적 사유나 흔히 말하는 법 논리를 구사하는데 있어서, 어떤 소재를 가지고 시작할 수 있는가를 보여 주었다. 이제 흔히 말하는 그러나 늘 그렇듯이 피상적으로 잘 쓰이는 "영상의 시대"에 어떤 소재가 법학적 문제의식이나 법적 담론 또는 마침내 문제 해결에 이르는 법적 사유의 출발이 될 수 있는가를 보여주고 있다. 주의할 것은, 영화 미디어라는 미디어의 특징만이 아니라 미디어가 싣고 있는 내용—그 내용은 결국은 넓은 의미의 문학과 법(넓은 의미의 문학이라 함은, 흔히 쓰이는 픽션의 세계 뿐 아니라 논픽션 즉 기록, 사회사, 정치사, 경제사, 정신사 등을 포함한다는 뜻이다)을 의미하게 될 것 이다. 한국의 법학 교육과 법적 사유가 오로지 텍스트, 즉 법조문과 법 규정언어에 집착되어 있는 편향이 있는데, 안 교수의 폭 넓은 접근은 텍스트를 둘러싼 콘텍스트를 가리키는 가장 명백한 노력으로 보여질 수 있다.

이 책은 물론 논문을 모은 책은 아니다. 그러나 1989년 이후 진행되어온 전 세계적인 현상으로서, "국가와 법(Staat und Recht)"의 전반적인 변형 및 해체과정47)에서 기존의 제도의 변형 및 해체가 어떤 확정적인 모습을 취하지 못하고 있는 종전의 이른바 "대륙형" 법치주의에 의해서 제약 받아온 동아시아의 법치주의에 대해서 어떤 통찰을 제공하고 있다고 보여진다. 그러나 책의 저자는 법적 계몽의 이름 아래에서 적절한 기초 교육을 결여하고 있는 다수의 대중에게 법적 사유의 어떤 결정적인 부분까지 매스 미디어의 수단으로서 전달·소통할 수 있다고 끝까지 확신하는 대중주의자는 아닌 것 같다.

『이카루스의 날개로 태양을 향해 날다』는 그 형식은 일반인에게 친숙한 모습을 취하고 있으나, 그 내용의 모든 부분은 법학도나 상당 수준의 법학자와 법조인이 오랫동안 고려해야 될 진지한 사회사와 문화사의 내용을 담고 있다. 이런 형식을 택해서 한국 법학이 앞으로 대결해야 될 사회 문제와 사회악을 언급한 영화 편 수 만큼 (모두 44편이다.) 케이스를 전개한 저자의 용기에 찬사를 보낸다. 다시 말하자면, 이 책은 시대 정신을 나타낼 수 있는 44개의 사례(事例)에 대해서 흥미를 돋구는 방식으로 요약하고 소개한 것이다. 적절한 정도의 법적 용어, 법적 절차, 법적 제도와 마침내 "법의 정신"에 대해서 짧고 요령 있게 설명하고 있다.

---

47) 가장 현저한 것으로는 동독의 붕괴, 동유럽 세계의 해체, 1917년 이후 세계 정치 경제 및 제도사를 반분하였던 소비에트 러시아 연방의 해체를 들 수 있다. 여기에 대해서는 김철, "비교제도론"『차용석 교수 화갑 논문집』. 또한 같은 사람, "아메리카와 소비에트 러시아의 법 제도 비교", 김유남 편저, 『미소(美蘇) 비교론』어문각, 1992

 **제3장 조영래 평전**

안경환 교수의 『조영래 평전 – 세상을 바꾼 아름다운 열정』(이하 '평전'이라 한다)이 출간되었다. 저자는 머리말에서 다음과 같이 쓰고 있다.

역사는 기억과 기록을 두고 벌이는 싸움이다. 한 사람의 전기를 쓰는 작업은 그의 일생을 역사의 일부로 만드는 일이다. 기록을 통해 재생된 역사는 후세인의 해석을 통해 재현된다. 이 책은 생경한 공권력이 청년의 양심과 일상적 창의를 억압하던 권위주의 시대에 한 지성인 청년 법률가가 살다 간 궤적을 자료로 남길 목적으로 쓴 사초이다.[48]

Ⅰ. 개인사와 사회사, 법사(法史)의 교착점

저자는 법학교수로서, 조영래라는 한국의 법률가가 한국 사회에 미친 영향을 추석한 것이다. 한국 최(最)현대사의 법 발선이 소영래라는 인격과 어떤 상호 작용을 해 왔는가를 연대기적으로 기록하고 있다. 자연인 조영래의 성장, 십대의 조영래, 법대 학부생 재학 중의 조영래, 법대

---

48) 안경환, 『조영래 평전』, 도서출판 강, p.5.

대학원 시절의 조영래, 전태일과 함께한 10년, 변호사로서의 조영래, 통합적 지성인으로서의 조영래의 순서는 일면 그의 개인사의 전개 같아 보인다. 그러나 그의 개인사의 전개는 한국 사회사 내지 헌정사와 법사와 분간 할 수 없을 정도로 같이 얽혀 있어서, 곧 평전의 독자는 이 역사의 기록은 날줄과 씨줄이 같이 짜여진 타피스트리라는 것을 알게 된다. 따라서 그의 기록은 그의 활동 범위에 따라서 다시 연대기적으로 구성된다. 즉 학생운동시대, 노동운동시대, 인권변호시대, 여성인권시대, 집단소송시대 그리고 환경소송시대이다. 전 생애에 공통되는 것은 인간과 시민의 권리이며, 이를 위해 표현의 자유와 이를 기반으로 한 사회운동과 시민운동을 옹호하였다.

평전의 또 다른 교직(交織) 또는 능직(綾織)은, 그의 생애 중 특히 그의 사회적 활동기에 그가 조우한 법률가, 교육자, 학생, 지식인, 종교인, 문필가, 근로자, 시민들, 피해자들, 사회운동가, 여성들, 친구들-통틀어서 동시대인의 좌절과 열망, 고난과 희생과 성취이다.[49]

법학자로서의 흥미는 조영래는 다음과 같은 전문(專門)법학의 영역에서 활동했다는 사실에 주목한다. 우선 헌정사 또는 입헌주의와 헌법사 영역, 노동법과 노동운동 영역, 인권법과 기본권의 발전과정이라는 영역, 여성인권의 영역, 집단소송으로 대표되는 공익법 영역, 근로조건에서의 남녀차별 문제, 환경법 영역, 권위주의시대의 언론·출판의 자유라는 언론법의 영역이다.

1. 그의 학창시절의 학생운동은 1960년대 이후의 한국 헌정사와 직결된다. 따라서 외국의 입헌주의가 아니라 한국의 헌정사와 입헌주의의

---

49) 평전 저자는 동시대인을 다루면서도, 분명한 역사적 맥락이라는 Framework을 잊지 않았기에, 한국어로 쓰인 전기의 한계-특히 인물 미화나, 사교적 고려-에서는 비교적 자유롭다.

발전과정을 연구하는 양심적인 헌법학도는 근대화와 민주화에 있어서의
1960년대와 1970년대에 전개된 한국 대학의 학생운동과 조영래의 역할
에 대해서 외면할 수 없을 것이다.[50] 저자 안경환 교수는 제2장 67쪽
에서 202쪽까지 4·19, 5·16의 한국 역사의 단계, 1972년 10월 유신
에 이르는 기간동안에 한국사회를 특징지은 지성인 집단으로서의 학생
운동을 '한일회담과 6·3 학생운동'[51], '사카린 밀수 사건과 학생운
동'[52]과 같은 항목으로 나누어서 세밀하게 기록하고 있다.

  2. 조영래 평전의 저자는 '겨울공화국과 전면적인 민주화투쟁'[53]이라
는 별도의 항목에서 70년대의 민주화운동, 서울대생 내란음모사건과
1972년 유신 이후의 민주화운동에 대해서 기술하고 있다. 1974년 민청
학련사건은 당시 권력층에 의해 조작된 사건이었다.[54] 민청학련사건으
로 장장 만 6년간의 조영래의 도피생활이 시작된다.[55] 알려진 바대로
민청학련사건은 1970년대부터 시작된 자연법과 이를 배경으로 한 양심
선언이 시작된 계기가 되었다.[56] 저자는 조영래에 대한 개인적 기술의

---

50) 한국의 헌법교과서와 공법학 관계전문서적이 한국의 입헌주의와 법치주의
    를 다루면서도, 한국 국민이 1960년대부터 전개시킨 시민운동, 넓은 의미
    의 시민운동에 병렬하는 학생운동의 성과를 전혀 외면하는 것은 놀라운 일
    이다. 또한 기본권, 인간의 권리가 모든 법학의 출발이면서, 유럽과 아메리
    카에 있어서의 기본권을 위한 역사적 투쟁을 항상 기술하면서 한국의 근대
    화과정을 전혀 기술하지 않는 것은 또한 놀라운 일이다.
51) 안경환, 위의 책(註 2), pp.150-178.
52) 안경환, 위의 책(註 2), pp.179-191.
53) 안경환, 위의 책(註 2), pp.243-261.
54) 이는 '국가정보원 과거사 규명을 통한 발전위원회'의 조사로도 밝혀졌다.
    <중앙일보>, 2005. 12. 08. (http://news. joins.com/politics/200512/08/
    20051208051424143120002010 2011. html)
55) 안경환, 위의 책(註 2), p.244.
56) 자연법의 원용이 유신헌법 이후의 양심선언에서 최초로 등장했다. '양심의
    자유'와 '저항권' 등의 개념과 이론이 등장하기 시작한다. 안경환, 위의 책
    (註 2), p.247.

맥락을 한국의 헌정사·사회사의 흐름에서 잡고, 더 큰 맥락으로서는
유신시대에 전개된 한국에서의 세계인권운동과 관련시키고 있다. 따라
서 조영래 평전은 조영래의 개인사가 한국의 헌법사 및 입헌주의의 역
사와 만나는 소용돌이를 기록한 것이다.[57] 1970년대의 기본권의 암흑기
는 흔히 "암울했다"라는 상투어로 표현되고 있지만, 역설적으로 법학도
가 기초적으로 습득하는 문자와 용어, 개념이 선명하게 헌법사에서 들
어난 기간이기도 하다. 조영래 평전의 저자는 조영래라는 개인 인격을,
그의 행동이 개인적 의미를 넘어서서 한 시대의 대표적인 울림으로서
평가될 수 있는 이유로서 시대사의 큰 굴절을 들고 있다.[58]

3. 조영래 평전 제3장 '전태일과 함께한 10년'[59]에서 저자는 70년대
를 특징지은 또 다른 특징으로서 노동운동을 다루고 있다.[60] 1970년
11월 13일 청계천 평화시장 봉제공장의 한 청년이 "근로기준법을 준수
하라!"라고 외치며 스스로의 몸에 불을 붙였다. 이 청년의 이름은 전태
일. 전태일의 분신은 근로기준법과 노동관계법의 준수를 확보하려는 노
력과 투쟁의 주된 키워드가 되었고, 이후 종교계에 의해서 그 의미가
사회적으로 되새겨지면서 학생운동이 노동운동·빈민운동과 연대하게

---

57) 흔히 한국의 헌법사를 몇 사람의 인물사로 대치시키는 대중저널리즘이 있
    어왔다. 즉 제헌이후 이승만, 김구, 여운형, 김성수 등의 인물중심으로
    1950년대의 입헌주의를 전개시키는 방식이다. 또한 박정희 시대의 인물들,
    반독재투쟁의 정치인들, 더 넓게 보면 이른바 문민정부시대의 정치인 영웅
    들 또한 통일정치시대의 정치인 영웅들의 인물로서 한국현대의 헌법사를
    채색하는 방식이다. 이런 역사관은 이른바 영웅사관으로 역사서술의 한 방
    식이긴 하나, 근대시민혁명 이후의 정치사의 주체가 시민으로 옮아간 것을
    생각한다면 다분히 왕조시대의 제왕의 역사를 기술하는 근대 이전의 의식
    이라고 할 수 있다.
58) 1974년 이른바 동아사태로 알려진 동아일보 언론노조사건에 관계된 여러
    문제들이 이에 해당한다.
59) 안경환, 위의 책(註 2), pp.203-272.
60) 안경환, 위의 책(註 2), p.203.

되는 계기가 되었다. 이른바 노학연대운동의 계기가 된 것이다61).

 4. 제4장에서 비로소 독자는 '인권변호사'로서의 조영래를 만나게 된
다. 2006년 현재 한국의 법조계와 법학계에서 인권변호사의 용어는 그
리 낯설지 않다.62) 그러나 인권변호사라는 용어가 한국사회사에서 뚜렷
이 주목을 받게 된 것은 유신체제와 긴급조치 하에서 발생한 인권침해
를 구제하기 위한 변론에서였다. 평전의 저자는 286쪽에서 296쪽에 걸
쳐 한국의 인권변론사를 정리하고 있다. 특히 1986년 이후 정법회, 청
년변호사회, 민주사회를 위한 변호사 모임(민변)의 탄생과정 속에서 조
영래의 시대적 역할을 기술한다.

II. 공익 소송, 공익법 사건의 탄생

 4·19 이후의 짧은 기간을 제외하면 한국 근대화와 민주화 과정에서
언제부터 시민의 역할, 시민의 공익이 중심이 된 법적 사고(思考)가 나
타났는가에 관하여 명료하게 논의된 바 없다. 이에 대해 평전의 저자는
1983년 조영래가 시민공익법률사무소를 설립한 이후라고 설명하고 있
다.63) 조영래의 시민공익법률사무소가 다룬 문제영역은 이전의 한국의

---

61) 전태일의 분신의 영향은 80년대로 이어져서, 80년대에 수도권 공단에 취
 업한 학생운동 출신 근로자의 숫자는 4천명이 넘을 것이라는 추산이 있
 다. 김정남, 『진실, 광장에 서다』 창비 2005, '안경환, 위의 책(註 2), p.310.'
 에서 재인용.
62) 우리나라 인권변론의 역사는 일제 시대까지 거슬러 올라갈 수 있다. 가인
 김병로, 긍인 허헌, 그리고 애산 이인을 들 수 있다. 안경환, 위의 책(註
 2), p.288.
63) 평전의 저자는 법률구조, 공공적 법률서비스 활동, 1960년대 이후 미국에
 서 전개된 공익법운동을 세계적인 환경으로 들고 있다. 또한 랄프 네이더

법조계나 학계가 다룰 수 없었던 문제였다. 대표적인 예로 망원동 수재 사건(1984년)은 최초 주민 5가구 21명이 원고였으나 1987년 원고 1심 승소이후 5천여 가구 2만여 주민이 배상신청서를 제출했고 정식으로 민 사소송을 제기한 가구 수가 2천3백여 가구에 달했다. 서울 민사지방법 원에 접수된 재판의 건수는 총 47건으로 나누어 졌다.64) 한국의 법학자 는 외국의 이론에 심취하고 한국의 법조인은 기왕의 해석론에 정밀하 다. 그러나 집단소송이라는 외국의 텍스트에만 존재하던 소송의 형태를 당시의 학계나 법조계의 관행적 사고를 뛰어넘어 실제로 권위주의사회 에서는 사실상 불가능했던 소송을 수행한 것은 조영래를 중심으로 한 시민공익법률사무소였다. 흔히 조영래를 운동가나 재야인사로 보는 시 각이 있어 왔다. 또한 재조의 법조인은 조영래를 비정통적 법률가로 평 가하기도 했다. 그러나 망원동 수재사건 단 하나의 사례를 보더라도 우 선 그는 권위주의시대의 일방적 법치주의의 압력 하에서도 앞으로 도래 할 시민사회의 초점이 어디에 있으며, 어떤 방법에 의해서 문제를 해결 할 것인가에 대해서 선구적인 시범을 보여주었다.65)

의 소비자법률운동도 외적 환경으로 들고 있다.

64) 안경환, 위의 책(註 2), p.348.

65) 한국의 법학자는 항상 문제해결과 동떨어진 사후적이며 관찰적인 이론에 길들여져 왔다. 특히 강단법학은 권위의 원천으로서 한국사회와 역사적 발 전의 단계가 다르고 산업화·민주화의 과제가 화급하지 않은 사회의 이론 을 빌려왔다. 개념법학이 특히 권위주의 사회의 '위로부터의 법치주의'와 결합할 때, 법조 역시 권위주의와 잘 결합되고 대다수 시민들의 생존과는 거리를 두게 되는 결과는 1980년대의 조영래의 시대에서 대표적으로 관찰 된다. 조영래는 그의 인간애로써 그가 습득했던 당시의 개념법학을 뛰어넘 었고 부질없이 외국의 전례만을 인용하는 당시의 법학이론가를 실천적으로 교육했다고 볼 수 있다.

Ⅲ. 노동법 사건 – 이경숙 사건

시민공익법률사무소에서 다룬 또 하나의 선구적인 케이스는 여섯 사람의 젊은 여성근로자의 정년에 관한 '이경숙 사건'이다. 이 사건은 흔히 한국사회에서 명목적·추상적으로 논의되어온 문제, 즉 여성의 인권이 구체적인 근로조건에서 어떻게 구현되어야 하는가를 보여준 것이다. 어느 경우에도 기본권은 구체성과 생활관계성을 가져야 하며 차별금지나 합리적인 근로조건은 사건에서 명료하게 판단되어야 한다.66) 아마도 이 판결이 아니었다면 1985년 서울민사지법 합의15부 판결 "한국 여성은 통상적으로 결혼과 동시에 퇴직한다. 그리고 한국 여성의 평균 결혼연령은 26세이다. 따라서 손해배상의 산정에 있어서도 25세까지 근무하는 것을 전제로 일실수익을 계산하되, 그 이후로는 가정주부로서 살아갈 터인데 가정주부는 별도의 수입이 없으므로 도시 일용노동자의 임금에 준하여 일당 4천원으로 계산하여야 한다."라는 법원판결은 반복되었을 것이다.67) 이 사건은 민사사건이면서도 그 함의는 노동법과 헌법까지 미친다.

Ⅳ. 기본권의 문제로서의 '부천서 성고문 사건'

권위주의시대 뿐만 아니라 이른바 탈권위주의시대에서도 한국 법학계의 통상적인 견해는 다음과 같다. 너무나 명백한 편견이나 문자화하면 다음과 같다.

---

66) 안경환, 위의 책(註 2), p.353.
67) 안경환, 위의 책(註 2), p.356.

뭐니 뭐니 해도 법관계의 기본은 민법 재산편을 근간으로 하는 재산관계의 법률관계이다. 인간의 인격을 대상으로 하는 법률관계는 형법을 제외하면 헌법의 기본권편이 있는데, 형법은 명료하고 헌법은 주로 외국의 개념에서 모든 것이 나온다. 인간의 존엄성 같은 것은 외국헌법이 이를 규정하기 이전에는 존재하지 않았고 이후에는 주로 외국헌법의 권위에서 나온다.[68]

과연 그럴까? 한국의 기본권 저술가나 헌법교수들이 한국 최(最)현대사에서의 기본권의 주장, 옹호, 변론, 그리고 기본권 의식을 바탕으로 한 시민운동을 외면하면서, 한국에서의 기본권 문제를 풀기 위한 강의, 대중교육, 언론기고 등에서, '시간과 지역으로 멀리 떨어진, 더구나 하필이면 권위주의 법문화가 강한 사회의 기본권 이론을 인용하고, 원용하려고 하는 가?'[69]라는 의문이 조영래 평전의 간접적 효과이다.

---

68) 이것은 말할 필요도 없이 한 시대의 편견을 문자화 한 것이다. 어떤 법학자도 이와 같이 내놓고 명언하지는 않으나 한국의 권위주의시대의 법학자의 무의식에는 항상 이와 같은 식민지시대 이후의 잠재의식이 깔려있다고 본다.

69) 한국의 법학교수들이 흔히 인용하는, 바이마르 헌법(1919)은 세계사적으로 볼 때, 권위주의적 법문화가 청산되었다고 보기 어려운 제1차 세계대전 (1914‒1918) 패배 후 몰락한 비스마르크 제국(1871‒1918)의 유산이 깊은 영향을 받았다고 할 수 있다. 또한 같은 맥락에서 한국의 기본권 교수들이 금과옥조로 인용하는 본 (Bonn) 기본법(1948‒) 조차도, 제3제국의 패전과 연합군의 군정, 전범재판과 같은 강요된 전후 청산에 의해 도이치 국민과 국가에 대해서 외부로부터 부과된 것이다. 조문 상으로는 한국인의 눈으로 볼 때 이상적이며 "철학적인" 법문을 가지고 있다고 하나, 이 이상적인 도이치 헌법의 기본권 조항은 도이치 제2제국(비스마르크 제국), 제3제국(국가사회주의, 즉 파시즘)이 모두 세계사의 주류에 의해서 군국주의 국가로 지목되어 제1차 대전과 제2차 대전에서 패전하고, 그 패전이 직접적인 원인이 되어 국가와 국민 모두가 가치전향을 하지 않을 수 없을 정도로 강요된 재교육과 가치 재정립의 산물이었다. 본 기본법조차도 도이치 내부의 인권 운동이나, 시민사회의 성장이 직접적인 계기가 되었다고 보기는 힘들다. 인권운동, 시민운동, 시민사회의 각성의 직접적인 예는 차라리 권위주의시대의 현대 한국을 살았던 '조영래'라는 인권 변호사의 소송기록에서 나타난다고 할 것이다.

1986년 이른바 '권인숙 사건'은 인간의 기본권이 어떤 식으로 문제되고, 어떤 경위를 거쳐서 그 폭발적인 효력이 나타나는가를 보여준 한국 현대사에 있어서의 대표적인 사례라고 할 것이다.

　권인숙 사건이 그때 까지 지속된 한국의 5공화국 정권의 정당성에 대한 의문과 분노를 자극했다고 한다. 부천서 성고문 사건은 이듬해 2월에 터진 박종철 군 고문치사 사건과 함께 전두환 정권을 무너뜨린 기폭제가 되었다 이들 사건을 통해 정권의 부도덕성과 구조적인 폭력성이 적나라하게 폭로되었고, 그 결과 1987년 6월 항쟁의 결정적인 계기가 마련되었던 것이다[70].

권인숙 사건에서 변론원고에서 조영래는 한 인간의 개인적 고난을 사회전체의 문제로 확대 시켜 사회문제화 하는 방식을 택했다. 이 변론문의 호소력과 문학성은 권위주의 정부가 저지른 불법의 선을 넘은 지극히 잔학한 행위에 의해서, 피해자가 오히려 피고인으로 둔갑하여 법정에 선 20대 여성의 고난을 국민 전체에 알리려는 목적을 충실히 수행했다. '조변'에 의해 '권양'의 신화가 탄생하는 순간이었다.

V. 환경소송

　환경문제는 흔히 기술법적 측면이 강조된다. 객관적인 자료의 수집·측정이나, 오염에 의한 손해의 인과관계의 증명이 자연과학과 공학의 도움 없이는 불가능하기 때문이다. 산업사회의 기술성이 특징으로 드러나는 이 분야는 전통적인 법 영역과는 접근방법이 다르다. 또한 대중사

---

70) 안경환, 위의 책(註 2), p.342.

회의 집단적 성격 역시 특징으로 꼽을 수 있다. 그런데 흔히 간과하기 쉬운 것은 권위주의적 성격이 강한 정부 하에서나 시민문화가 시민 자치에 의해서 자율적으로 형성되지 못하는 사회에서, 환경 문제는 해결되지 못하는 경향이 강하다.71) 이와 같이 지극히 포괄적 영역의 새로운 법적 문제에 대하여 조영래는 그의 12년 걸린 석사학위논문(1969 - 1981)에서 당시 한국법원의 "다분히 보수적인 자세"를 비판 하면서, 공해소송에서 피해자인 원고가 부담하는 피해발생에 관한 인과관계의 입증책임을 경감해야 한다는 결론을 내리고, 전통적인 민법이론에 수정을 가할 것을 제시하는 것으로 논문을 마감한다.72)

상봉동 진폐증 사건에서 공장 측은 원고가 입증책임을 부담해야 한다는 민사소송법상의 법리를 십분 활용하여, 분진의 발생을 억제하기 위해 쏟았던 자신들의 노력을 강조하면서 공장에 이웃한 주민들의 '수인의무' 등의 논거와 함께 원고의 진폐증과 공장의 분진사이에 인과관계가 없다는 주장을 폈다. 이에 대해 조영래와 그의 젊은 동료들은 일본의 판례와 학설을 동원하는 한편 명확한 사실관계와 정황증거에 의한 변론으로 원고의 주장을 반박했다.73) 그리고 헌법전 속에 잠자고 있던 환경권을 법정으로 끌어내어 국가가 이를 보장할 의무가 있음을 강조했다.74)

---

71) 한 예로, 과학기술과 공학의 수준이 세계 최상위였던 1989년 동유럽 - 러시아 혁명 이전의 소비에트 러시아를 들 수 있다. 한 때 미국보다 앞선 첨단 기술을 우주공학과 군수과학 분야에서 보여주었던 소비에트 러시아는 시민자치의 부재, 시민문화의 수동성, 정부의 관료귀족화 때문에 그들이 자랑하는 볼가강의 중요지역이 사막화되는 환경비극을 겪었다. 또한 경이적인 경제성장을 과시하는 2000년대의 중국본토는 전체주의적 경제개발, 시민문화의 후진성 때문에 환경재해의 최악의 사례로 열거된다. 지금 건설 중인 양자강 중류의 산샤 댐 역시 많은 학자와 환경운동가들의 반대에도 불구하고 건설이 강행되어 심각한 자연재해의 우려를 낳고 있다.

72) 안경환, 위의 책(註 2), p.197.

73) 안경환, 위의 책(註 2), p.360.

74) 안경환, 위의 책(註 2), p.360.

물론 이 사건은 민사소송이었기에, 공·사법 이원론자들이 주장하듯 헌법조문이 직접적으로 판결의 근거는 되지 못했다. 그러나 제5공화국 헌법의 이름뿐인 장식품에 머물렀던 환경권을 정면으로 끌어내어 헌법을 살아 있는 일상규범으로 만드는 데 기여한 공적이 크다.[75]

Ⅵ. 한겨레신문 압수 수색사건을 계기로 한 국가보안법 논의

1989년 조영래는 한겨레신문 압수·수색영장 발부결정의 취소를 구하는 준항고를 제기했다.[76] 언론사에 대한 압수·수색이 언론의 자유를 위축시키고 민주적 기본질서를 침해한다는 점을 지적했다. 이 사건은 또한 국가보안법상의 불고지죄와도 관계 되어 있었다.[77] 그는 변론을 통해 국가보안법을 대한민국 헌법질서에 배치되는 악법으로 규정하고, 특히 불고지죄는 인륜에 반하는 악법임을 강조했다.[78] 1989년 권위주의 질서에 대한 해체가 세계적으로 추세가 되어가는 유장한 시대의 흐름 속에서[79] 조영래는 자연법이라는 단서에 다시 한번 주목했다.[80]

---

75) 안경환, 위의 책(註 2), p.360.
76) 안경환, 위의 책(註 2), p.362.
77) 안경환, 위의 책(註 2), p.362.
78) 안경환, 위의 책(註 2), p.362
79) 세계 헌정질서에서 1989년은 동유럽과 러시아에서 민주혁명이 일어난 해였다. 1917년 러시아 혁명 이후 71년 동안 계속된 사회주의 헌법질서가, 제2차 세계대전 이후 동부 도이치를 비롯한 이른바 동부 유럽의 모든 사회주의국가와 그 사회주의헌법의 진원지라고 할 수 있는 소비에트 러시아에서 붕괴·해체되었다. 지구상에서 잔존하는 사회주의 헌법체계는 이제 아시아, 아프리카의 몇 개국 밖에 남지 않게 되었다. 김 철, 『러시아 소비에트 법-비교법문화적 연구』 민음사 1989, 같은 사람, 『아메리카 합중국과 러시아의 법 체계 비교연구』 미소비교론, 어문각, 1992.
80) 실정법(국가보안법상 불고지죄)이 인륜에 반하므로 무효라는 주장은 그리

Ⅶ. 출판의 자유에 대한 사건

　세계적으로 동유럽－러시아의 탈 공산주의가 진행되던 1988년 검찰
은 마르크스의 자본론을 번역 출간한 출판사 대표를 국가 보안법 혐의
로 구속하고, 어떤 목사의 북한 방문기를 출판한 출판사 대표를 같은
혐의로 구속하였다. 두 사건의 변론을 맡은 조영래는, 이를 시대착오적
인 것이며 정부의 개방정책과도 맞지 않는 다고 주장하여, 두 사람의
구속자는 구속적부심에서 석방되었다.[81] 이런 역사의 기록은 지금도 한
국 사회에 혼재해 있는 전 시대의 고정관념이 잔존하고 있지 않은가 라
는 의문과 관계있다.

Ⅷ. 민주언론운동협의회 관계사건

　정부의 행정지도가 언론통제의 수단이던 시대가 있었다. 1986년 12
월 당시 문화공보부의 보도지침을 민언협에서 폭로함으로써, 검찰은 기
자 세 명을 외교상 기밀누설죄 등을 적용해서 구속하였다. 조영래는 이
사건의 변호를 맡아서 형사소송법에 규정되어 있으나 실제 재판에서는
발동되는 일이 거의 없었던 법원의 석명권 행사를 요청하였다.[82]
　신문사 압수ㆍ수색 사건, 두 건의 출판인 구속사건, 민주언론운동협
의회 사건은 한국 헌법이 명시하고 있는 언론ㆍ출판의 자유가 권위주
의 시대에 어떤 양상을 가지고 있었는가, 또한 어떤 문제 해결 방법이 시

　　스 비극에서 전형적으로 나타나는 주제이며, 일찍부터 그리스인들은 이를
　　자연법과 실정법과의 대립 문제로 파악하고 있었다.
81) 안경환, 위의 책(註 2), p.365.
82) 안경환, 위의 책(註 2), p.365.

도되었는가에 대한 사례연구라 할 것이다. 세 가지 사건을 구체적으로
따라가 보면, 넓게는 표현의 자유에 포함된 언론·출판의 자유라는 꽤
나 대중화된 헌법상 개념의 한국 권위주의 사회에서의 전개과정을 알
수 있다.[83] 한국에서의 기본권의 전개과정은, 보편적 성격과 특수성을
동시에 띠고 있다.

IX. 조영래 평전의 교훈

어느 인문학 교수는 이 평전을 읽고, "부끄러워져서" 밤새 잘 수 없
었다고 한다. 일생 동안 주로 외국에서 주조한 개념을 정확하게 한국
학생에게 전달하는 역할을 하는 한국의 법학교수가, 조영래에게 어떤
권위도 느끼지 못하고 재수 없게 살다가 무병장수도 못 하고 일찍 죽어
버린 철없는 사람으로 여기지 않고, 한국에서도 시민혁명이 있었으며,[84]
시민운동의 가장 순수한 형태로서의 학생운동이 권위주의 시대에는 표
현의 자유라는 자연권을 주장하였고, 한국의 기본권이 본(Bonn) 기본법
의 기본권 조항의 해석에 의해서 확보된 것이 아니라 조영래와 조영래
를 닮은 많은 사람들의 혼신을 다한 노력에 의해서 한 걸음씩 그 실제

83) 어떤 사회나 권위주의 사회의 해체기에, 그리고 다른 성질의 사회로 넘어
가는 이행기에 표현의 자유의 문제가 다른 기본권을 선도하는 현상을 볼
수 있다. 흔히 표현의 자유의 고전적 예로서 1640년대 절대왕정에서 시민
민주주의 시대로 이행하던 청교도 혁명 전후의 문학적 표현을 들고, 현대
의 예로서는 한국전쟁이라는 제2차 대전 이후의 세계적 관심이 집중된 전
쟁이 진행되던 1950년대 트루먼 시대의 미합중국 판례를 든다. 탈 권위주
의와 신자유주의가 결합된 최근의 한국사회에서의 표현의 자유의 문제는
또 다른 역사적 맥락의 반영으로 보여진다.
84) 사회학자 박영신은 그의 시민사회론에서 한국에서도 서구적 의미의 시민혁
명이 있었다고 논한다. 박영신, 『역사와 사회변동』민영사, 1990년, 같은
사람,『사회학 이론과 현실 인식』민영사, 1992년

모습을 갖추었다는 것을 받아들일 때, 그리고 권위주의와 결합된 명목적 법치주의의 허상을 밀어버릴 때, 비로소 한국 현대사 속에서 벌어진 입헌주의와 법치주의 형성의 역동적인 역사가 바로 보일 것이다.

식민지시대의 유산인 관념론적 법철학의 전통의 연장선상에 서 있는 법이론이나 법철학으로 한국 법학의 창조성을 지연시킨 책임이 있는 사람들, 그리고 법형식주의자85), 명목적 법치주의자86), 개념 법학과 권위주의를 결합시킨 강단법학87)의 챔피언의 후예들이, 조영래의 사건기록과 소송기록을 연구하고 그 변론언어를 교실에서 일상적으로 학생들과 학습할 때, 한국인의 법학적 창의성이 권위주의시대에 조영래와 그와 함께 한 사람들이 섬광처럼 보여준 "통찰과 책임"으로 나타날 것이다.

---

85) 대칭어로는 법 현실주의(legal realism)를 들 수 있다. 법 현실주의에 대해서는 '김철, "포즈너의 공법학 방법론 (1)", 『공법 연구』제 30집 제4호, 2002.'를 참조

86) 한국 현대문화의 법철학적 특징으로서의 외관성과 동반하는 명목성에 대해서는 '김철, "한국 현대문화의 법철학적 고찰", 『현상과 인식』 2001년 봄 / 여름호, 한국인문사회과학회, 2001.'을 참조.

87) 김철, 위의 논문(註 39), p.58.

제4장 사이버 공간의 법이론

Ⅰ. 사이버 법학에 대한 상반된 견해

예일 법과대학을 졸업하고 시카고 법과대학원을 거쳐 현재 스탠포드 법과대학원에서 헌법을 가르치고 있는 로렌스 레식(Lawrence Lessig)교수의 『코드: 사이버 공간의 법이론(code and other laws of cyberspace)』이 연세대학교 법과대학의 김정오 교수의 번역으로 한국어판이 나왔다. 역자가 말하듯이 20세기의 마지막 10년 동안 아메리카의 법학 전문지에 실린 논문 중 가장 많은 것이 사이버 스페이스와 관련된 것이라 한다. 1980년대 미국 법학지의 수천 페이지를 점령했던 비판 법학 운동의 거대한 흐름을 바꿔놓은 것이 바로 사이버 법학이라고 한다. 비판 법학의 대표적인 제2세대라고 할 수 있는 제임스 보일 교수와 잭 볼킨 교수 등이 사이버 스페이스에 관한 저서를 출판한 것을 보더라도 사이버 현상은 미국의 법학계에 엄청난 지각 변동을 가져왔다고 평가할 수 있다고 한다.[88]

그간 한국의 헌법 학회나 다른 학회에서도 여러 가지 다른 이름으로 정보화 사회 및 사이버 현상에 대한 연구발표를 가져왔다. 기본적인 시

---

88) 역자 서문 p9

각은 두 가지로 나뉠 수 있다. 어떤 젊은 학자에 의하면 사이버 현상은 기왕의 법 현상과는 전혀 성질이 다른 것이고 그 증거로는 쓰여지는 용어가 전혀 다르다고 한다. 따라서 기존의 법학 용어와 개념으로는 문제를 포착하거나 해결할 수 없으므로 전혀 다른 법리학이 필요하다. 다른 시각은 사이버 세계 역시 인간의 세계이기 때문에 기존의 법 개념이나 법 이론을 통해서 충분히 해결해 나갈 수 있다는 것이다. 이 두 가지 입장은 사이버 법학의 발상지인 아메리카에 있어서나[89] 한국에 있어서나 같이 존재한다.

어느 몹시 더운 여름방학, 본 필자가 재직하고 있는 대학 도서관의 모든 컴퓨터가 학생들에 의해 모조리 점령되어 있는 것을 보고 감탄한 적이 있다. 그들의 열중한 모습은 무더위에도 불구하고 가히 열반의 경지에 든 것 같았다. 그들의 열중의 대상은 당시 유행하던 "I Love School" 사이트로서 그 해 가을까지 한국의 젊은 세대들을 매료하였다.

한국에 있어서의 사이버 공간은 대체로 대학에서부터 그리고 연구의 목적으로 먼저 쓰여진 듯 하다. 이 점은 아메리카와 마찬가지이다. 점차로 상거래가 사이버 공간에 침투하게 되었는데 한국에 있어서 외환위기 이후 경제부양책으로 벤처 기업을 정부가 집중적으로 육성, 지원하게 된 것이 사이버 공간과 상거래를 연결시킨 큰 계기가 된 듯 하다.

한국에 있어서 사이버 법학에 대한 기존 학자들의 반응은 물론 다양했다. 새로운 세계를 발견한 콜럼버스적 열정으로 학회에서 발표한 학자들에 비해 대부분의 기존 학자들은 냉담했다. 그 이유 중 첫째가 사이버 공간이 가져다주는 경이로움보다 비교적 일찍부터 나타나기 시작한 사이버 공간의 비교육적 부작용을 의식해서이고, 두 번째로는 한국의 법학, 또는 헌법학은 테크놀로지의 진보라는 다분히 산업 사회적인 변수에 대해서 그다지 민감하지 않을 정도의 품위라면 품위, 둔감성이

---

89) 역자 서문 p10, p11

라면 둔감성을 가지고도 충분히 다른 문제에 몰두할 수 있었기 때문이다. 사회 경제적 콘텍스트에 민감하지 않고 항상 같은 모습으로 원칙적인 문제에 고답적으로 천착할 수 있다는 것은 분명히 장점이 될 것이다. 개념적이라 하든 교조적(教條的) 이라 하든 안정감과 일관성에 있어서는 한국 헌법학의 장점이라 할 만 하다.

레식과 같은 헌법학 교수가 사이버 공간의 법리학에 대해서 그처럼 종합적이고 포괄적인 연구서를 발간했다는 것은 처음에는 다소 의외이고 경이롭게 보였다. 왜냐 하면 사이버 공간이 아닌 현실 공간에서 나날이 헤아릴 수 없는 헌법 문제를 만나는 한국의 실정으로서는, 가상 공간에서 벌어지는 문제에 대해서 그토록 많은 시간을 할애할 수 없기 때문이다.

II. 정직함

그러나 원저자 로렌스 레식 교수는 사이버 공간의 발견이 다음과 같은 역사적 사건과 필적하다고 얘기한다. 즉 10년 전 1989년 봄, 유럽의 공산주의는 마치 버팀대가 뽑힌 텐트처럼 무너졌다.

"나와 같은 헌법 학자들에게 이 사건은 충격적이었다"[90]

레식 교수는 1989년에 로스쿨을 졸업하고 시키고 대학에서 강의를 시작했을 때, 그 대학의 중동부 유럽연구소에서 새롭게 전개되는 사태에 대해서 연구와 관찰을 할 기회가 있었다고 한다. 이 서평을 쓰고 있는 필자도 1989년의 동독의 붕괴와 동유럽의 해빙에 비상한 관심을 가

---

90) 같은 책 p31

지고 있었다. 1989년 한국에서는 거의 전례가 없는 러시아와 동유럽의 법 제도에 대한 연구서를 출간한 것이다.[91] 89년의 중부와 동부 유럽의 사태는 본 필자에게도 "나날의 역사"를 체험하는 듯한 지적 흥분을 주었다. 세계 체계가 변화하고 있었다. 포스트 공산주의 이후의 동부 유럽 및 러시아에 대해서 지속적으로 관찰하고 특히 법 제도의 붕괴, 변화, 앞으로의 형성에 대해서 당시 한국 정부가 지원 중이던 어떤 국제 대학원에서 97년부터 99년까지 가르친 적이 있다.

로렌스 레식 교수가 포스트 공산주의 이후의 동부 유럽에 있어서의 아나키적 현상에 대해서 가지고 있는 생각에 대해서 필자는 무릎을 칠 정도로 공감하였다.

> "중부 유럽과 동부 유럽에는 과거 공산주의자였던 사람들에게 어떻게 통치해야 하는가를 가르쳐주려는 미국인들로 가득했다. 하지만 그들의 자문은 장황했고, 어리석기까지 했다. 몇몇 미국인 방문자들은 신흥 입헌 공화국에 말 그대로 헌법을 팔아먹었다. 새로운 나라를 어떻게 통치해야 하는 가에 관한 설익은 생각들이 무수히 많았다."[92]

레식 교수의 이런 솔직함은 세계사의 주류에 속하는 문화권의 헌법학자로는 보기 드문 정직함이 아닐 수 없다. 실제로 외국의 법학자로서 (그가 어느 나라 어느 문명권에 속하든) 한국에 초청되어서 법에 관한 문제로서 자문하거나 충고하거나 학술 발표하는 경우에 가지는 느낌은 다양할 것이다. 한국과 같은 신흥 입헌 공화국에 레식 교수의 표현을 그대로 옮긴 다면 "말 그대로 헌법을 팔아먹는" 외국인 학자들이 있었는지 없었는지 모르겠다. 또한 "새로운 나라를 어떻게 통치해야 하는가에 관한 설익은 생각들이 무수히 많았는지" 모르겠다.

---

91) 김 철, 『러시아 소비에트 법 – 비교법 문화적 연구』, 민영사, 1992
92) 같은 사람 같은 책 제1장 p 31

확실한 것은 동부 유럽에 대한 주류 문화권의 법학자의 영향을 관찰한 레식 교수의 정직함은 지금까지 한국인이 우상 숭배한 여러 나라 외국인 학자의 여러 이름 속에서 오랜만에 전례 없는 신선함과 학자다운 철저함, 그리고 세기말 전후의 시대에서는 찾아보기 힘든 결백성이 느껴진다. 1989년에 예일 법과대학원을 졸업했다면 아직 이 사람은 중견이라 하기 힘들다.

III. 자유지상주의(Libertareanism)

비판 법학의 물줄기를 대체할 만한 힘이 어디서 나왔을까? 새로운 세대로서 레식 교수는 보기 드문 책임감과 윤리감의 소유자로 보인다. "미국의 미사여구"를 지적하는 그의 어조는 자유지상주의에 대한 철저한 분석과 함께 그의 학자적 윤리감의 표현으로 보여진다.

과연 한국은 지난 10년 동안 이른바 자유의 이름의 환상 속에서 몽유병자같이 방황하였다. 많은 한국의 피상적인 지도자들이 "자유", "민주화", "시장의 자유"와 같은 언어에 열중하지 않고 레식 교수와 같은 양심적인 사람의 충고에 귀를 기울였다면 아마도 다른 대안적 사고를 할 수 있지 않았을까?.

"자유지상주의라는 미사여구. 시장이 지배하게 하고 정부의 간섭을 배제하라. 그러면, 반드시 자유와 번영이 싱숙할 것이다. 모든 것들은 스스로 해결할 것이다. 국가의 지나친 규제는 필요없고, 들어설 여지도 없다. 그러나 모든 것이 스스로 해결되지 않았고, 시장이 번창하지도 않았다. 정부는 불구가 되었으며, 불구가 된 정부는 자유에 대한 만병 통치약이 아니었다. 권력은 사라지지 않았다. 단지 정부에서 마피아로 옮겨갔으며, 때로는 국가에 의해서 마피아가 조성되었다. 치안, 사법, 교육, 의료 등 전통적인 국가기능의 필요성이 마술처럼 사라지지 않았다. 필요를 충족시키는 사적 이익들도 등장하지 않았다. 오히려 사적요구들이 충족되지 않았다. 사회의 치안이 사라졌다. 지금의 무정부상태가 이전 세 세대의 온건한 공산주의를 대체하였다. 번쩍이는 네온사인은 나이키를 광고하고 있었고, 연금생활자들은 사기 주식 거래로 생계비를 다 털렸으며, 은행가들이 모스크바 거리에서 훤한 백주에 살해되었다. 하나의 통제 시스템이 또 다른 것으로 대체되었지만, 어떤 시스템도 서구의 자유지상주의자들이 말하는 자유체제는 아니었다."93)

이것은 단순히 기술법을 생업으로 하는 사람의 얘기가 아니다. 레식 교수는 1989년 이후의 세계 체계의 변화와 포스트 공산주의 이후의 신흥 입헌주의 국가들의 진로에 대해서 무엇인가 중요한 증언을 할 수 있는 사람이라고 판단 할 수 있는 이유이다.

Ⅳ. 사이버 공간

한국에 있어서 사이버 공간은 초기의 소수의 연구자 이외에는 3차 산업과 유통업에 관계된 시장 관계자들의 주된 관심사였다. 인터넷으로 편리해진 한국의 대학 관계자나 학생들도 포함된다. 그러나 청소년층의 경우, 게임과 오락과 관계해서 열중했기 때문에 때로는 부정적인 시각을 촉발했다고 볼 수 있다. 물론 전자 산업과 벤처 기업이 당사자인 경우 기왕의 제조업에서의 탈출구로 사용했다고 할 수 있다. 정부는 정보화 사회의 조성자로써 산업화 초창기의 개발적 정열로 밀어 붙였다고

---

93) 로렌스 레식 원저 / 김정오 역, 『코드 사이버 공간의 법이론』, 나남출판사, 2002.

할 수 있다.

아메리카의 경우, 사이버 공간의 내습(來襲)은 포스트 공산주의의 도취감이 쇠퇴해가던 1990년대 중반, "서구에서는 또 다른 새로운 사회가 등장했다" 라고 할 정도로 굉장한 사건이었다.[94] 포스트 공산주의 유럽에서 있었던 새롭고 자유로운 사회에 대한 기대 만큼이나 많은 사람들을 흥분시켰다고 레식 교수는 주장한다.[95] 처음에는 대학과 연구소에서 다음엔 사회 전체에서 사이버 스페이스가 줄 수 있는 자유지상적 유토피아의 새로움이 목표가 되었다고 한다. 과연 러시아와 동부 및 중부 유럽의 포스트 공산주의 사회에 대한 기대와 사이버 스페이스가 줄 수 있는 자유지상적 유토피아에 대한 기대가 같은 길을 갈 것인가?

V. 공동체에 대한 열망

아메리카인들 만큼 "개인의 자유"가 가져 올 수 있는 많은 약속을 신뢰하는 문명은 역사상 보기 드물었다고 할 수 있다. 다른 대륙의 지난 역사에서의 극단적 억압과 집단주의와 약속의 땅을 향한 엑소더스는 신대륙에서 어떤 자유에 대한 유보도 의심하게 했다.

그리고 약 300년이 지났다. 아메리카 헌법이 줄 수 있는 모든 '자유에의 약속'은 수정 1조 표현의 자유에서부터 형사 절차에 대한 모든 보장에 이르기까지, 역사상 어느 문명, 문화, 나라에서도 전례 없을 검토와 논의, 설성과 보완을 거쳤다. 그럼에도 불구하고, 인간의 제도에서는 유토피아는 없었다. 어쨌든 아메리카 인은 그 헌법적 보장이 주는 한도에 있어서는 역사상 가장 자유로운 국민이 되었다.

---

94) 같은 사람 같은 책 p33
95) 같은 사람 같은 책 p33

그러자 공동체의 문제가 나타났다. 제멋대로 일 정도로 자유로운 사람들이 그 제멋대로를 그대로 가지면서 어떻게 공동체(추상적인 의미가 아닌)를 만들고 그 가치를 존속 시켜 나가겠는가의 문제이다.

아메리카인들은 공동체 지향의 역사를 가지고 있다.96) 크레어런스 대로우 Clarence Darrow 의 자서전에 의하면, 그의 성장기의 중서부 농업 주의 촌락 공동체에서는 마을 중심부의 대장간 옆 창고에 모여 마을 일을 의논했다. 순회판사가 올 때까지 자잘한 마을의 치안 문제나 거래의 작은 문제는 이웃 사정을 잘 아는 촌락민 자신들이 사실 관계도 모으고 판단도 했다. 이것이 배심 재판의 기원이다. 때로는 폭설에 길이 막혀 말을 타고 오는 판사가 몇 달 동안 들리지 못 할 경우도 있었다.

산업화, 공업화, 도시화가 사태를 역전 시켰다. 거대 도시는 사람들을 고립시키는 경향이 있다. 또한 청소년 문제가 급증하였다. 청소년의 일탈, 범죄는 공동체의 붕괴 상태를 나타낸다. 아직도 중산층의 거주지역은 범죄 가능 지역과 구별되고 지난 시절의 촌락 공동체 (village)의 정다움이 남아 있지만, 마지막은 가족 집단으로 밖에 환원되지 않는다.

아메리카식 개인주의라는 것의 가장 큰 외관상의 특징은 남녀간의 사랑에 대한 거의 종교적일 정도의 가치 부여이다. 사랑은 모든 다른 가치를 우선할 만한 마력을 가지고 있다. 개인의 자유에 대한 절대적 존중과 비견 할 만한 개인의 사랑에 대한 절대적 존중이라 할 만 하다. 그럼에도 세계 최고의 이혼율을 보여 준다. 사랑에 대한 절대적 지지가 최소 단위로서의 가족 공동체를 지속시키지 못했다고 할 수 있다.

지역 공동체, 촌락 공동체, 생활 공동체보다 더욱 기초 단위인 가족 공동체가 붕괴되고 있다.

---

96) 초기 뉴잉글랜드 시대 때 그랬던 것처럼 - 그러나 청교도 시절 뉴잉글랜드 지역 생활 공동체는 무시무시할 정도로 사회규범이 강했다. 참조. 헤롤드 버만과 김철, 『종교와 제도 - 문명과 역사적 법이론』, 민영사, 1992.

아메리카인들은 이제 가장 기초적인 공동체가 급박해졌다. 어디서 발견할 것인가?

VI. 자유 공동체의 실험

다음의 인용은 레식 교수가 예일 법과 대학원에서 온라인 강의를 통해 체험한 사이버 공동체의 경험이다.[97]

약 한 달 반쯤 지나자 그 그룹은 절정에 도달했다. 그 그룹이 도달할 수 있는 최상의 상태였다. 나는 그 순간을 잘 기억하고 있다. 이른 봄날 오후 나는 누군가 시의 첫 행을 올린 것을 발견했다. 날이 저물도록 아무런 응답도 없이 수업은 시 한 구절로 끝났다. 의견교환에는 리듬이 있었으며, 이제는 시적인 운이 생겨났다. 뉴스그룹은 활기가 있었으며, 사람들은 진정으로 이 공간에 대해서 놀라고 있었다.

아이벡스가 나타난 것은 바로 그때였다. 그때는 우리들이 수업에서 익명성을 논의한 바로 직후였던 것으로 생각된다. 아마도 교육자의 역할을 수행해 왔다는 그의 주장은 사실일 것이다. 그러나 그는 수강생 중 한 명이 등장하고 난 뒤에 나타났으며, 마치 수강생 중 어떤 학생을 공격하기 위해서 나타난 것처럼 보였다. 그 학생의 생각에 대한 공격이 아니라 그에 대한 인신공격이었다. 내가 그것을 읽었을 때 그의 공격이 매우 악의에 차 있고 포괄적인 것이어서 어떻게 이해해야 할지를 몰랐나. 그것이 정말일 수 있을까?

그와 동시에 그 그룹에서 대화가 죽어버렸다. 그냥 멈춰버렸다. 누구도 말이 없었다. 모든 사람들이 우리 공간에 들어온 그 괴물이 다음엔

97) 로렌스 레식 원저 / 김정오 역 『코드 사이버 공간의 법이론』, 제6장 사이버 공간들 p.189~191

누군가에게 그의 광기를 돌릴지 두려워하는 것 같았다. 희생자가 그 공격으로 인해 받은 상처를 분명하게 밝히면서 응대할 때까지 기다려야만 했다. 아이벡스의 글은 삭제되었다. 희생자는 분노하고 상처를 받았고, 반격을 했다.

그러나 그의 공격은 또 다른 악순환의 고리를 부추길 뿐이었으며, 처음보다 더욱 비열해졌다. 이 사태에 대해서 다른 수강생들도 참을 수 없었다. 수강생들의 무수한 캐릭터들이 아이벡스를 가명 뒤에 숨어있는 겁쟁이이며 그가 말한 것은 구역질나는 것이라고 공격했다. 그러나 어떤 것도 효과가 없었다. 아이벡스는 무자비할 정도로 극도로 추한 모습으로 계속해서 되돌아왔다.

그 공간은 바뀌었다. 대화는 쇠퇴했고 사람들은 떠났다. 어떤 사람들은 발생한 사태가 혐오스러워서 떠났고, 어떤 사람들은 아이벡스의 다음 표적이 되기 싫어서 떠났다. 사람들이 아이벡스를 공격하기 위해 모였을 때 잠시나마 활력이 있었다. 그러나 그가 계속해서 되돌아 올 때마다 사태는 더욱 악화되었고, 결국 대부분의 사람들이 그 공간을 떠났다(한번은 아이벡스가 자신이 부당하게 당했다는 것을 항의하려고 되돌아왔다. 일주일 전부터 그는 아무 것도 게시하지 않았으며, 누군가 아이벡스의 가면을 쓰고 아이벡스의 이름으로 게시하였다고 주장했다. 따라서 진짜 아이벡스인 그는 모함을 받았다고 주장했다. 학생들은 거의 동정하지 않았다).

그러나 온라인 수업만 변한 것이 아니었다. 매주 학생들을 대할 때마다 나는 분위기가 침체된 것을 느꼈다. 누구도 그가 예일 법대생이라는 사실을 믿을 수 없었지만, 학생들은 강의실에서 그의 존재를 느끼고 있었다. 그는 그들의 급우였다. 현실공간에서는 미소와 농담 뒤에 숨어 있었고, 사이버 스페이스에서는 사악한 일을 서슴지 않았다. 이 악마가 미소 뒤에 숨어 있다는 생각이 미소에 대해서 느끼는 학생들의 감정을 변화시켰다.

Ⅶ. 제이크 - 위험한 공동체

다음의 실례는 사이버 공간의 규제 필요성에 대한 가장 강력한 사례
가 될 것이다.98)

어느 날 밤 모스크바에 사는 16세의 소녀가 제이크의 소설을 읽었다.
그녀는 그것을 아버지에게 보여주었고, 그녀의 아버지는 미시간 대학
졸업생인 리처드 뒤발에게 보여주었다. 뒤발은 그 소설에 충격을 받았
고, 그 계정에 'umich. edu' 라는 꼬리가 붙어 있음을 보고 화가 났다.
그는 자신의 모교에 전화하여 항의하였다. 미시간 대학 당국은 그의 항
의를 심각하게 받아들였다.

대학은 경찰에 통보하였으며, 경찰은 제이크에게 수갑을 채워 유치장
에 구속하였다. 많은 의사들이 베이커를 검진하였고, 몇몇 의사들은 그
를 위험한 인물이라고 진단하였다. 정부는 의사들의 의견을 받아들였다.
특히 경찰이 그의 컴퓨터를 압수하고 제이크와 그의 캐나다 독자 사이
에 오간 이메일을 발견한 후에 구속이 이루어졌다. 그 독자는 사이버
공간에 발표된 이야기들 중 일부를 현실공간에서 실행하려는 계획을 세
우고 있었다. 적어도 이메일에는 그러한 내용들이 나타나 있었다. 그러
나 누구도 두 사람이 실제로 범죄의사가 있었다고는 확실하게 말할 수
없었다. 제이크는 그것이 모두 완전한 허구라고 주장했으며, 사실상 그
의 기록들에는 완전한 허구가 아닌 어떤 것을 기술하고 있음을 입증할
만한 증거가 거의 없었다.

연방검찰청은 제이크를 교사범으로 기소하였다. 제이크는 자신의 이
야기들이 단지 말에 지나지 않으며, 미국헌법 수정조항 제1조에 따른
보호를 받아야한다고 주장하였다. 한달 반 후에 법원은 제이크의 의견
을 받아들였고 검찰의 기소는 기각되었다.

---

98) 같은 사람, 같은 책, 제2장 사이버 공간의 네 가지 퍼즐

여기에서 나는 제이크 베이커의 글이 헌법상 보호되어야 하는지에 관해서는 다루지 않겠다. 나의 관심은 제이크 베이커라는 인물 그 자체에 있다. 현실 공간 사회는 그를 규범적으로 명백히 무해하다고 규정하였지만, 사이버 공간에서는 어떠한 제재도 없이 자유롭게 폭력적인 작가가 될 수 있었다.

사실상 제이크는 작가이자 동시에 출판가였다. 그는 소설들을 썼고 글들을 끝내는 동시에 발표했다. 그 글들은 불과 며칠만에 전세계의 3천만 대의 컴퓨터에 도달할 수 있었다. 그의 잠재적 독자수는 베스트셀러의 톱 15위까지를 모두 합한 수치의 두 배 이상으로 많았다. 물론 그가 자신의 작품으로부터 한 푼도 얻지 못했지만, 그의 소설에 대한 인기는 대단했다. 제이크는 다른 방법으로는 자신의 소설을 발견하기 매우 힘들었을 대중들 속으로 자신의 악행을 주입할 수 있는 방법을 발견했던 것이다(허슬러조차 이와 같은 방식으로 발행하지 못할 것이다).

물론 제이크가 소설을 발행할 수 있는 다른 방법들도 있었다. 그는 자신의 작품을 허슬러에게 제공할 수도 있었다. 그러나 현실세계의 어떤 출판사도 제이크에게 그렇게 두터운 독자층을 안겨주지는 못했을 것이다. 제이크의 독자층은 잠재적으로 수백만 명이었으며, 국가와 대륙, 문화와 취향을 초월하여 퍼져 있었다.

이러한 확산은 네트워크의 힘에 의해 가능해질 수 있었다. 어느 장소에 있는 누구도 모든 곳에 있는 모든 사람들에게 알릴 수 있다. 네트워크는 검열, 편집 혹은 책임 등이 없는 출판을 허용한다.

Ⅷ. 규제의 문제: '동부 연안 코드'와 '서부 연안 코드'

이미 알고 있듯이 자유의 문제는 공동체에 있어서의 규제의 문제가 된다. 현실 공간에 있어서의 규제의 문제는 한국에 있어서도 규제법의 문제가 된다. 규제법의 타당성이나 정당성에 의문이 생겼을 때 헌법적 문제가 된다.

사이버 공간에 있어서의 규제의 문제가 현실 공간에 있어서의 규제의 문제와 다른 점은 무엇인가? 이 점에 대하여 레식 교수는 다음의 경험을 얘기한다.

> "전형적인 하버드 법대교수인 레식 교수는 나무사이에서 춤을 추면서도 숲 전체를 보지 못 한다. (실리콘 밸리의 프로그래머들로 나오는) 서부 연안 코드와 (정부 법률가로부터 나오는) 동부 연안 코드에 대한 그의 악보는 매우 정교하게 다듬어졌지만 그 둘간의 진정한 차이점을 완전히 간과하고 있다.
>
> 그 훌륭한 교수는 시장기구를 통해 고객의 행동을 통제하려는 사기업의 노력과 법의 강제력을 통해 모든 시민들의 행동을 통제하는 정부기관의 노력에 대해 똑같이 '규제'라는 용어를 적용한 것처럼 보인다. 서부 연안 코드의 제작자나 납품업자들이 (그들이 아무리 이기적이고, 독점적이고, 사악하고, 무능하다고 할지라도) 총이나 경찰 배지를 휴대하지 않는 한, 나는 어느 때라도 동부연안코드의 집행자들 보다는 그들을 선택할 것이다."

이 공개된 '편집자에게의 편지'는 인터넷 관련 기업의 회장이 레식 교수가 쓴 "코드가 법이다"라는 에세이가 발표 된 후 같은 잡지에 실린 것이다.99)

이 편지에서 쓰여진 용어로서 두 종류의 코드(Code)가 문제되고 있다. 첫 번째 코드는 의회가 제정한 코드이다. 이것은 통상 잘 알려진 성문법이라는 뜻의 영어문자이다. 세법이나 연방법전처럼 의회는 성문법령들을 쉴새없이 통과시킨다. 이들 성문법은 또한 시행령과 같은 하

---

99) 같은 사람 같은 책, 제1부 제7장, p.228-229

위 행정입법에 의해서 직접 국민에게 또는 공무원에게 또는 기업에게 지시하고 명령한다. 기본적으로는 제정법을 통한 명령에 의한 통제는 국가의 역사만큼이나 오래된 것이다. 아메리카의 경우 이와 같은 제정법 또는 성문법과 그것의 하위법령에 의한 통제의 테크닉은 주로 워싱턴의 정부기구(의회와 행정부)에 의해서 행해지고 워싱턴 DC는 동부 연안에 있기 때문에 '동부 연안 코드'(East Coast Code)라고 레식 교수가 이름지었다. 동부 연안 코드가 있다면 대칭적으로 '서부 연안 코드'(West Coast Code)가 용어상 성립한다. 서부 연안 코드는 코드 제작자들이 제정하는 코드이며, 그것은 사이버 스페이스를 작동하게 하는 소프트웨어와 하드웨어 내부에 새겨져 있는 명령들이다. 레식 교수는 동부 연안 코드의 규제와 서부 연안 코드의 규제의 관계에 대해서 많은 설명을 할애하고 있다. 전통적인 법학자는 국가 법 체계에 의한 성문법 혹은 제정법의 규제 능력에 대해서 항상 관심을 가져왔다. 또한 의심할 여지없이 국가 법 체계가 시장의 행동에 대해서 규제를 하고 있다. 사이버 스페이스의 법문제에서 전혀 새로운 점은 이른바 서부 연안 코드, 즉 소프트웨어와 하드웨어 자체가 그 제작자들에 의해서 규정하는 능력이 있다는 것이다. 즉 레식 교수는 이 능력 자체를 일종의 규제력이라고 본다. 서부 연안 코드의 규제력에 대해서 많은 예증을 하고 있다.

레식 교수는 제1부 규제 능력과, 제2부 코드와 다른 규제자들에 걸친 8개장에서 다음의 되풀이되는 주제를 증명하려고 한다.

우선 그는 J S Mill의 자유론에서 사이버 스페이스의 자유에 대한 출발점을 찾는다.[100] 그리고 자유를 위협하는 요소는 변화한다는 것을 되새긴다. 19세기 말 영국에서는 사회 규범이(빅토리아주의 보수적인 윤리관을 애기하는 것 같다), 1920년대까지는 미국의 국가의 언론에 대한 제약이(이 부분에 대해서는 서평 필자의 기억이 나지 않는다), 때로는 시장

---

100) 같은 사람 같은 책, 7장 198

기구가 그 조직 형태 자체로서 어떤 자유를 불가능하게 했다고 한다 (계약자유가 계약공정으로 옮아간 이유로서 설명이 된다). 그러나 어느 시기, 어떤 사회에서는 시장이 자유의 적이 아니라 자유의 비결일 수 도 있다고 한다.101)(시장이 자유의 비결이 어떤 조건에서는 될 수 있다는 것을 레식 교수의 탁견이고 아메리카 사회의 축복이라고 보여진다.)

"만일 19세기 중반에 자유를 위협했던 것이 사회 규범이었고, 20세기 초반에는 국가 권력, 그리고 20세기 중반의 대부분에는 시장이 자유를 위협했다. 20세기말부터 21세기에 이르는 시기에 주목해야 될 것은 또 다른 규제자 즉, 코드라는 사실을 파악해야 된다."

규제가 어떻게 이루어지는가에 대한 보다 포괄적인 이해가 필요하며, 정부, 사회규범, 시장 그리고 코드와 같은 규제를 행하는 것들 중에서 어떤 하나의 세력이 미치는 단일 효과 이상의 것에 관심을 집중시켜야 한다.102)

IX. 넓은 의미의 코드

책 전체에서 가장 인상적인 부분은 지금까지 인문사회 과학자들이 몰랐던 코드에 대한 얘기이다. 즉 소프트웨어와 하드웨어의 규정적 능력에 관한 수많은 예회와 역사적 비유이다. 많은 부분이 건축 또는 이에 상응하는 "테크놀로지의 규정력"에 대한 이야기이다. 법학자들은 지금까지 규제의 능력이 규제법에만 있다고 생각하였다. 그러나 저자가 예

---

101) 같은 사람, 같은 책, 7장 199
102) 같은 사람, 같은 책, 7장 200

를 든 것처럼 파리의 꾸불꾸불한 골목과 거리는 1789년의 대혁명 때 바리게이트를 쳐서 왕의 군대가 진입하는 것을 유효하게 저지할 수 있었다. 즉 파리의 시가지 거리의 상태가 (건축 또는 토목이라고 할 수 있다.) 혁명의 진행을 규정할 수 있었다는 얘기다 (이 경우에도 코드의 규제력이라는 말을 쓰고 있다. 이 때의 코드는 architecture를 말한다.). 또한 인종 차별주의자들이 거주지역을 구별하기 위해서, 즉 흑백인들의 거주공간을 분리하기 위해서 다리를 놓을 때 또는 철로를 건설할 때 토목공사와 건축공사를 이용한 예를 들고 있다. 이런 건축 또는 토목의 규정력을 저자는 "코드의 규제"라고 이름 붙이고 있다. 인터넷의 역사에서 많은 기술들이 이와 같은 규정력을 가지고 있고 테크놀로지의 이와 같은 규정력을 시장의 힘을 이용해서 점차로 사실상 규제가 시작되었다고 하고 있다. 말하자면 지금까지의 법의 규제와 함께 테크놀로지의 규제가 진행되는 것이며 수많은 사례가 등장한다. 그리고 독자는 요약할 수 없는 이 수많은 사례에서 인터넷의 발전과정에서 나타난 "공개 코드 운동" 또는 "자유 코드 운동"의 영웅적인 선각자들을 만나고 초기의 사이버 공간이 왜 그렇게 활기차고 새로운 공간의 기대를 사람들에게 주었는가를 비로소 이해하게 된다. 그 다음에 진행된 시장의 개입은 초기의 진행과는 다른 방향이 될 수 밖에 없었다. 이 대목에서 한국의 공법학자들은 지금까지 사이버 공간 이전의 여러 케이스에서 나타난 규제자와 피규제자의 관계가 사이버 공간 이후에는 달라지고 지금까지의 규제의 이론과는 다른 방향을 가고 있다는 것을 알게 된다.

Ⅹ. 공개 코드 운동

서평 필자는 레식 교수의 넷 코드의 역사에 흥미를 느꼈다. 테크놀로지의 발전사는 여러 프로토콜(FTP, SMTP, Gopher, HTTP, HTML, 맨 마지막 두 개의 프로토콜이 우리가 즐겨 쓰고 있는 WWW를 탄생시켰다고 한다.)의 탄생에 이어서 수많은 응용프로그램을 산출해 내었다. "어느 누구도 프로토콜을 독점할 수 없었기 때문에 그것을 실행하는 프로그램들도 독점될 수 없었다."[103] 이러한 포로토콜을 활용하는 소프트웨어 대부분은 적어도 초창기에는 공개되었다고 한다. 그리고 이러한 공개성은 초기의 넷 성장에 지대한 역할을 했다. 다른 사람들은 프로그램이 어떻게 실행되는지 알아낼 수 있었고, 이 샘플을 통해 프로토콜을 더 잘 활용할 수 있는 방법을 터득할 수 있었다. 이 경위는 테크놀로지의 발전사에서 초기 연구자들의 순수한 특징을 나타내주는 것으로 주목할 만한 단계라고 생각이 된다. 즉 아직 시장의 힘이 개입하기 이전의 인간의 자유로운 창의성이 세계의 발전에 순수하게 기여한 최신의 예라고 생각된다.

공개성, 재산권이나 계약과 같은 시장을 배경으로 한 법적 장치와 관계없는 자유로움, 즉 코드에의 자유로운 접근은 지금 우리 한국인들이 쓰고 있는 인터넷을 탄생시켰던 붐을 불러일으켰다고 한다. 이것은 놀라운 일이다. 인터넷이 본격화 된 것은 1991년 이후이다. 따라서 1990년 전후에도 시장의 힘이나 시장의 힘이 협조하고 있는 재산권이나 채권법상의 계약 같은 법적 장치와 관계없이 인간의 과학에 대한 정열, 진보에 대한 신념, 무상으로 자신의 귀중한 연구 결과를 다른 사람과 공유할 수 있었던 참된 의미의 공개성과 자유에의 의지가 인터넷의 발명을 뒷받침하였다는 것이다. 흔히 후기 자본주의에 있어시의 신업지본의 압도적인 힘이나 순수한 연구자의 예속적 지위 같은 것을 비관론적으로 설파하기도 하나(그리고 많은 경우에 있어서 사실이었다.) 인터넷과 관계된 프로토콜의 진보에 있어서는 전혀 다른 양상이 나타났다는

---

103) 같은 사람 같은 책 제8장 공개 코드의 한계 p.237, 나남출판, 2000

것이다. 기업들이 인터넷을 주목하게 된 것은 그 다음 단계에 이르러서
비로소 눈독을 들이기 시작하였다는 것이다. 즉 인터넷의 역사상 상업
적 모델의 소프트웨어를 만들어내기 위한 노력은 이와 달랐다. 초기에
순수한 과학자와 발명가들이 그 업적을 사유화하거나 비공개로 해서 개
인적 이득을 독점하지 않았는데 비해서 상용 소프트웨어 판매상들은 태
도가 달랐다. 이상적인 과학자들이 "자유 소프트웨어(공짜 소프트웨어)"
에 관심이 있었던 데 비해서 상인들은 비공개 소프트웨어를 만들었고
이를 위해서 법과 그리고 소프트웨어를 보호하기 위한 자체 코드를 만
들었던 것이다. 이 부분이 서평의 필자로서는 대단히 주의해야할 점이
라고 생각한다. 과학을 포함한 학문의 자유의 후기 산업사회에 있어서
의 위치에 대해서 최근의 한국의 학계는 대단히 곤란한 입장에 있다고
본다. 어찌된 일인지 모든 과학상의 발명, 중요한 고안 같은 것들이 기
업화되어야 한다고 생각하고 있고 (모든 공학상의 노력이 벤처 산업과
연결되어야만 된다고 정부가 꼬셔서 그렇단 얘긴지) 사소한 노력도 유
상이어야 된다고 생각하는 듯 하다. 어조를 달리하면 정부, 기업, 과학
계, 과학자 모두 일체가 되어서 돈독이 올라있는 듯 하다. 그리고 이런
풍조는 경제우선주의 유행가, 자본주의 세상이라는 유행가와 함께 조금
도 다른 반성의 빛이 보이지 않는다. 상식적으로 생각해보라. 인류의 역
사에서 모든 중요하고 가치있는 업적들은 적어도 그 업적의 창시자의
경우에 있어서는 "금전적 보상을 바라서" 그와 같은 고심참담한 노력을
한 것은 아니었다. 모차르트와 베토벤이 궁정을 위해서 작곡을 했다고
하더라도, 그들의 음악적 정열은 동시대의 시민이 그들의 음악을 연주
했을 때 금전적 보상을 바라지는 않았을 것 같다. 인터넷의 역사에 있
어서 가장 결정적인 프로토콜의 개발이 비공개 코드로서가 아니라 누구
든지 접근할 수 있으며 누구든지 응용할 수 있는 흡사 "공유지"에 자유
출입할 수 있는 그런 상태에서 발달되었다는 것은 돈독이 올라있는 정

부, 기업, 대학 모두에게 경각심을 불러일으킬 만하다. 자유로운 소프트웨어의 성장을 촉진시키기 위한 인류의 노력 중에서 리차드 스톨멘(1985)과 핀란드 헬싱키 대학의 한 대학생이었던 리누스 토발즈(1991)는 공개 소프트웨어 운동의 영웅으로서 한국인도 주목해야 할 사람이다. 두 사람의 연구결과의 GNU / Linux의 코드는 그 결과를 누구나 볼 수 있도록 공표되는 연구 프로그램과 같은 것이다. 모든 것이 공적이다. 다른 누구의 승낙을 받지 않고도 누구든 이 기획에 참여할 수 있다고 한다.

과학사의 근대는 놀라운 시기였다. 그리고 산업자본의 등장과 함께 인류의 근대는 끝이 났다고 생각이 되었다. 그러나 인터넷의 진보과정에서 다시 한번 감동적인 인류의 계몽시기가 빛을 발했다고 보고되어지고 있다. 왜 사람들이 인터넷의 진보과정에 열광했는가?

XI. 외계인의 지구 침략

1996년에 출시된 <인디펜던스 데이>(Independence day)라는 끔찍한 영화가 있었다. 그 스토리는 외계인의 침략에 관한 것이었다. 외계인들이 처음 나타났을 때, 많은 지구인들은 그들을 열렬히 환영하였다. 이상주의자들에겐 이들을 적대시할 하등의 이유도 없었다. 그래서 이전에는 단지 꿈같아 보이던 외계인들과의 만남을 낙관하는 지구인들은 흥분의 도가니에 빠졌다.

그러나 외계인이 나타나고 열렬한 환영이 끝난 직후 분위기가 바뀐다. 곧 지구의 지도자들은 이 외계인들의 의도가 우호적이 아니란 사실을 깨닫게 된다. 사실 이들의 의도는 매우 위험스런 것이었다. 이러한 사실을 깨달은 지 얼마 안되어 지구는 함락된다 (제프 골드브럼만 유일하게 무슨 일이 일어날 지 미리 감지한다. 물론 그는 항상 제일 먼저 알게 되지만).

내 이야기도 이와 유사하다(비록 나는 그렇게까지 끔찍하지 않았기를 바라지만). <인디펜던스 데이>에서 지구인들이 외계인들을 대하였던 것처럼 우리는 넷을 적극 환영하였고 기뻐하였다. 우리는 그 최종적인 결과에 대해서 어떠한 물음도 없이 넷의 성장은 우리의 삶 속에 받아들였다. 그러나 어느 시점이 되면 우리 역시 잠재된 위험을 깨닫게 될 것이다. 우리는 사이버 스페이스가 그 자체의 자유를 보장하는 것이 아니라 오히려 엄청난 통제의 잠재력을 지니고 있음을 이해하게 될 것이다. 그러나 질문할 것이다. 우리는 어떻게 대응해야 하는가?104)

XII. 자유와 규제의 문제

<인디펜던스 데이>에서 설정된 외계인에 대한 지구인의 열광과 그 추세는 사이버 공간의 자유와 규제에 있어서의 앞으로의 전개될 문제에 대한 예언이라고 할 수 있다.

레식 교수가 가장 힘들여 설명하는 관계는 넷과 관계된 자유의 확보에 관계된 사회규범이라는 힘, 시장의 힘, 정부 규제의 힘, 그리고 코드의 힘의 관계이다. 한마디로 이 교수는 우리의 자유를 둘러싸고 있는 두 가지 힘인 시장과 정부의 조건에 대해서 최선의 분석을 하고 있다. 이 부분에 대해서는 독자가 직접 읽고 파악하길 바란다.

---

104) 같은 사람, 같은 책, 제5장 코드의 규제 p.145

XⅢ. 맺음말

책 제3부는 지적 재산권과 프라이버시, 표현의 자유와 같은 이전에도 있었던 문제들이 사이버 공간에서 어떻게 응용되는가를 상세하게 다루고 있다. 책 제4부에서는 당면한 문제들에 대한 대응방안을 또한 논하고 있다. 각각의 항목에 관심이 있는 독자에게는 가장 최근에 발생한 이러한 법 문제에 대한 깊이 있고 치밀한 설명과 예시가 기다리고 있다.

이 책은 물론 사이버 공간을 위주로한 법 문제를 다루고 있다. 그러나 저자 레식 교수는 이미 헌법학 교수로서 현실공간에 있어서의 모든 문제에 대해서 정통하고 있는 것처럼 보인다. 역사적이며 고전적인 이해와 함께 가장 돋보이는 것은 사이버 공간의 내습 이후 다시 말하자면 정보화 혁명 이후 나타난 새로운 현상에 대해서 지금까지의 다른 과학자와 달리 법학자의 고전적이며 정통적인 이해와 함께 전혀 다른 현상에 대한 과학 철학적이며 포괄적인 이해를 시도하고 있다. 책 전편에 흐르는 것은 저자인 레식 교수의 법체계나 이를 동반하는 가치 체계에 대한 근본적인 전망과 통찰이다. 이 근본적 전망과 통찰 위에서 사이버 공간이라는 비교적 새로운 현상을 접근했기 때문에 종전의 정보혁명을 다룬 다른 분야의 학자들처럼 경망스럽지 않고 호들갑떨지 않는다. 그러나 새로운 언어로 신선한 자세로 작은 문제나 큰 문제를 기존의 어떤 법학자도 접근할 수 있도록 흥미진진하게 인도하고 있다. 번역자인 김정오 교수는 비판법 이론을 잘 이해하는 역량 있는 학자로 알려져 있다. 이번에는 레식 교수 스스로가 신시카고 학파라고 할만큼 분석언어로는 법의 경제분석 언어를 쓰고 있다. 동부 연안의 코드(법을 의미함)와 서부 연안의 코드(소프트웨어 같은 테크놀로지를 의미함)의 규제분석에 있어서 법 경제학의 비용 분석 방식이 모든 설명에 두드러진다. 따라서 법문장의 서술에 투입과 산출이라는 비교적 단순한 경제학적 방식에 익숙하지 않은 한국의 헌법학자들도 이 재미있는 책을 통해서 사이버 공간뿐만 아니라 갖가지 다양한 최신 테크놀로지의 발전에 따른 정부 규제의 응답에 대해서 법의 경제분석적 표현에 대해서 통찰을 얻을 수 있을 것이다.

붙이는 글

여기 실은 글들은 한국 공법학회 『공법 연구』· 한국 헌법학회 『헌법학 연구』· 한국 인문사회과학회 『현상과 인식』· 한국 사회 이론학회 『사회 이론』에 발표된 논문과 한국 인문사회과학회(현상과 인식) 주최 학술 대회의 발표문을 출발점으로 삼았다. 그리하여 여러 주제들을 더 쉽게 풀어 한국 대학의 용어에 맞추어서 대학원 강의와 학부 상급 학년 강의에서 사용하였다.

이 과정에 참여한 숙명여자대학교 대학원 및 학부 학생들에게 고맙다고 인사한다. 또한 어려운 연구서의 기획과 편집의 모든 일을 맡아준 한국학술정보(주) 출판사업팀의 신재훈 선생과 짧은 시간 내에 훌륭하게 일을 해준 여러분에게 거듭 거듭 고맙다고 하고 싶다.

필자에게 책 출간의 동기를 부여해준 여러분에게 이 책을 헌정한다.

2007년 8월
김 철

· 저자 ·

김 철   · 약 력 ·
서울대학교 법과대학 졸업
동 대학 박사과정 수료
University of Michigan Law School Graduate Study 졸업
University of Santa Clara Law School 및 New York University Law
School 연구 교수 역임
前한국공법학회 부회장, 前한국헌법학회 부회장, 前한국사회이론학회 회장
現한국인문사회과학회 『현상과 인식』 회장
現한국법철학회, 한국법사학회, 법과사회이론학회, 법 심리학회, 도산법연구
회 회원
서울대학교 법과대학 행정대학원, 고려대학교 국제대학원, 서울시립대학교,
숭실대학교, 서강대학교, 경희대학교, 홍익대학교 출강.
現숙명여자대학교 법과대학 교수

한국 법학의 철학적 기초

· 초판 인쇄 2007년 8월 27일
· 초판 발행 2007년 8월 27일

· 지 은 이 김 철
· 펴 낸 이 채종준
· 펴 낸 곳 한국학술정보㈜
          경기도 파주시 교하읍 문발리 526-2
          파주출판문화정보산업단지
          전화 031) 908-3181(대표) · 팩스 031) 908-3189
          홈페이지 http://www.kstudy.com
          e-mail(출판사업부) publish@kstudy.com
· 등   록 제일산-115호(2000. 6. 19)
· 가   격 33,000원

ISBN   978-89-534-7555-7 93360 (Paper Book)
       978-89-534-7556-4 98360 (e-Book)